鍾泰 著

鍾泰著作集

附册

詩經（鍾泰批注本）

老子章義（鍾泰批注本）

廢字廢義表

上海古籍出版社

目録

詩經

（鍾泰批注本）

嘉慶十年冬至栞版

詩經

寧化伊秉綬題

詩經　老子章義　廢字廢義表

詩經傳序

或有問於予曰。詩何爲而作也。予應之曰。人生而靜。天之性也。感於物而動。性之欲也。夫既有欲矣。則不能無思。既有思矣。則不能無言。既有言矣。則言之所不能盡。而發於咨嗟咏歎之餘者。必有自然之音響節族（音奏）而不能已焉。此詩之所以作也。曰。然則其所以教者何也。曰。詩者。人心之感物而形於言之餘也。心之所感有邪正。故言之所形有是非。惟聖人在上則其所感者無不正而其言皆足以爲教其或感之之雜而所發不能無可擇者則上之人必思所以自反而因有以勸懲之是亦所以爲教也昔周盛時上自郊廟朝廷而下達於鄉黨閭巷其言粹然無不出於正者聖人固已協之聲律而用之鄉人用之邦國以化天下至於列國之詩則天子巡守亦必陳而觀之以行黜陟之典降自昭穆而後寖以陵夷至於東遷而遂廢不講矣孔子

生於其時既不得位無以行勸懲黜陟之政於是特舉其籍而討論之去其重複正其紛亂而其善之不足以為法惡之不足以為戒者則亦刊而去之以從簡約示久遠使夫學者即是而有以考其得失善者師之而惡者改焉是以其政雖不足以行於一時而其教實被於萬世是則詩之所以為教者然也曰然則國風雅頌之體其不同若是何也曰吾聞之凡詩之所謂風者多出於里巷歌謠之

作。所謂男女相與詠歌。各言其情者也。惟周南召南。親被文王之化以成德。而人皆有以得其性情之正。故其發於言者。樂而不過於淫。哀而不及於傷。是以二篇獨爲風詩之正經。自邶而下。則其國之治亂不同。人之賢否亦異。其所感而發者。有邪正是非之不齊。而所謂先王之風者。於此焉變矣。若夫雅頌之篇。則皆成周之世。朝廷郊廟樂歌之辭。其語和而莊。其義寬而密。其作者往往聖人之徒。

固所以爲萬世法程而不可易者也。至於雅之變者，亦皆一時賢人君子閔時病俗之所爲，而聖人取之。其忠厚惻怛之心，陳善閉邪之意，尤非後世能言之士所能及之。此詩之爲經，所以人事浹於下，天道備於上，而無一理之不具也。曰：然則其學之也當奈何？曰：本之二南以求其端，參之列國以盡其變，正之於雅以大其規，和之於頌以要其止，此學詩之大旨也。於是乎章句以綱之，訓詁以紀之，諷詠以昌之涵濡以體之察之情性隱微之間審之言行樞機之始則脩身及家平均天下之道其亦不待他求而得之於此矣問者唯唯而退余時方輯詩傳因悉次是語以冠其篇云

淳熙四年丁酉冬十月戊子新安朱熹序

詩經篇目

第一卷

國風

第二卷

詩經

邶

柏舟　綠衣　燕燕
日月　終風　擊鼓
凱風　雄雉　匏有苦葉
谷風　式微　旄丘　簡兮
泉水　北門　北風　靜女
新臺　二子乘舟

鄘

柏舟　牆有茨
君子偕老　桑中
鶉之奔奔　定之方中
蝃蝀　相鼠　干旄　載馳

衛

淇奧　考槃　碩人
氓　竹竿　芄蘭
河廣　伯兮
有狐　木瓜

邶鄘衛共三十九篇

王

十篇

黍離　君子于役
君子陽陽　揚之水
中谷有蓷　兔爰　葛藟
采葛　大車　丘中有麻

第三卷

鄭 二十一篇

齊 十一篇

魏 七篇

十畝之間　伐檀
碩鼠

唐

十二篇
蟋蟀　山有樞
揚之水　椒聊
綢繆　杕杜　羔裘　鴇羽
無衣　有杕之杜
葛生
采苓

秦

十篇
車鄰　駟驖　小戎
蒹葭　終南　黃鳥
晨風　無衣
渭陽　權輿

陳

十篇
宛丘　東門之枌
衡門　東門之池
東門之楊　墓門　防有鵲巢
月出　株林　澤陂

檜

四篇
羔裘　素冠　隰有萇楚
匪風

詩經

第五卷

彤弓之什

彤弓　菁菁者莪
六月　采芑　車攻
吉日　鴻鴈　庭燎
沔水　鶴鳴

祈父之什

祈父　白駒　黃鳥
我行其野　斯干
無羊　節南山　正月
十月之交　雨無正

小旻之什

小旻　小宛　小弁
巧言　何人斯
巷伯　谷風　蓼莪
大東　四月

北山之什

北山　無將大車
小明　鼓鍾　楚茨
信南山　甫田　大田
瞻彼洛矣　裳裳者華

第六卷

大雅　三十一篇

詩經

生民之什
生民　行葦　既醉
鳧鷖　假樂　公劉
泂酌　卷阿
民勞　板

第七卷

蕩之什
蕩　抑　桑柔
雲漢　崧高　烝民
韓奕　江漢　常武
瞻卬　召旻

第八卷

頌　共四十篇

周頌清廟之什
清廟　維天之命
維清　烈文
天作　昊天有成命　我將
時邁　執競　思文

周頌臣工之什

周頌閔予小子之什

周頌三十一篇

魯頌

商頌

詩經卷之一

國風一

國者。諸侯所封之域。而風者。民俗歌謠之詩也。謂之風者。以其被上之化以有言。而其言又足以感人。如物因風之動以有聲。而其聲又足以動物也。是以諸侯采之以貢於天子。天子受之而列於樂官。於以考其俗尚之美惡。而知其政治之得失焉。舊說二南爲正風。所以用之閨門鄉黨邦國而化天下也。十三國爲變風。則亦領在樂官。以時存肄。備觀省而垂監戒耳。合之凡十五國云。

周南一之一

周。國名。南。南方諸侯之國也。周國本在禹貢雍州境内岐山之陽。后稷十三世孫古公亶父始居其地。傳子王季歷至孫文王昌。辟國寖廣。於是徙都于豐。而分岐周故地以爲周公旦召公奭之采邑。且使周公

爲政於國中而名公宣布於諸侯於是
德化大成於內而南方諸侯之國江沱
汝漢之閒莫不從化蓋三分天下而有
其二焉至子武王發又遷于鎬遂克商
而有天下武王崩子成王誦立周公相
之制作禮樂乃采文王之世風化所及
民俗之詩被之筦弦以爲房中之樂而
又推之以及於鄉黨邦國所以著明先
王風俗之盛而使天下後世之脩身齊
家治國平天下者皆得以取法焉蓋其
得之國中者雜以南國之詩而謂之周
南言自天子之國而被於諸侯不但國
中而已也其得之南國者則直謂之召
南言自方伯之國被於南方而不敢以
繫于天子也岐周在今鳳翔府岐山縣
豐在今京兆府鄠縣終南山北南方之
國卽今興元府京西湖北等路諸州鎬
在豐東二十五里小序曰關雎麟趾之

龔橙詩本誼
關雎思得淑女配君子也天地之至造端夫婦正始之道王化之基莫先乎此故周公用之樂章孔子定爲風始

詩本音凡詩中語助之辭皆從上文一字爲韻如兮也之只矣哉止思焉哉斯且忌猗之類皆不入韻又有二字不入韻者著之乎而是也至特用其一則遂以入韻其君也哉誰昔然矣人之爲言胡得焉是也

化王者之風故繫之周公南言化自北而南也鵲巢騶虞之德諸侯之風也先王之所以教故繫之召公斯言得之矣

鳩州逑皆十八尤聲類幽類

關關雎音疽**鳩在河之洲窈**音杳**窕**徒了反**淑女君子好逑**音求○興也關關雎雄相應之和聲也雎鳩水鳥一名王雎狀類鳧鷖今江淮閒有之生有定耦而不相亂耦常並遊而不相狎故毛傳以爲摯而有別列女傳以爲人未嘗見其乘居而匹處者蓋其性然也河北方流水之通名洲水中可居之地也窈窕幽閒之意淑善也女者未嫁之稱蓋指文王之妃大姒爲處子時而言也君子則指文王也好亦善也逑匹也毛傳云摯字與至通言其情意深至也○興者先言他物以引起所詠之辭也周之文王生有聖德又得聖女姒氏以爲之配宮中之人於其始至見其有

詩

幽閒貞靜之德故作是詩言彼關關然之雎鳩則相與和鳴於河洲之上矣此窈窕之淑女則豈非君子之善匹乎言其相與和樂而恭敬亦若雎鳩之情摯而有別也後凡言興者其文意皆放此云漢匡衡曰窈窕淑女君子好逑言能致其貞淑不貳其操情欲之感無介乎容儀宴私之意不形乎動靜夫然後可以配至尊而爲宗廟主此綱紀之首王化之端也可謂善說詩矣

○參初金反差初宜反荇音杏菜左右流之窈窕淑女寤寐求之求之不得寤寐思服叶蒲北反悠哉悠哉輾音展轉反側

興也參差長短不齊之貌荇接余也根生水底莖如釵股上青下白葉紫赤圓徑寸餘浮在水面或左或右言無方也流順水之流而取之也或寤或寐言無時也服猶懷也悠長也輾者轉之半轉者輾之

周反者輾之過側者轉之留皆臥不安席之意○此章本其未得而言彼參差之荇菜則當左右無方以流之矣此窈窕之淑女則當寤寐不忘以求之矣蓋此人此德世不常有求之不得則無以配君子而成其內治之美故其憂思之深不能自已至於如此也○

參差荇菜左右采叶此禮反之窈窕淑女琴瑟友叶羽已反之參差荇菜左右芼音帽叶音邈之窈窕淑女鐘鼓樂音洛之

興也采取而擇之也芼熟而薦之也琴五弦或七弦瑟二十五弦皆絲屬樂之小者也友者親愛之意也鐘金屬鼓革屬樂之大者也樂則和平之極也○此章據今始得而言彼參差之荇菜既得之則當采擇而亨芼之矣此窈窕之淑女既得之則當親愛而娛樂之矣蓋此人此德世不常有幸而得之則有以配君子而成

內治。故其喜樂尊奉之意不能自已。又如此云。

關雎三章。一章四句。二章章八句。

通論作五章章四句
凡四言窈窕淑女則四章也
按二十章仍應以作兩四句章為是

孔子曰。關雎樂而不淫。哀而不傷。愚謂此言爲此詩者。得其性情之正。聲氣之和也。蓋德如雎鳩。摯而有別。則后妃性情之正。固可以見其一端矣。至於寤寐反側。琴瑟鐘鼓。極其哀樂。而皆不過其則焉。則詩人性情之正。又可以見其全體也。獨其聲氣之和。有不可得而聞者。雖若可恨然學者姑卽其辭而玩其理。以養心焉。則亦可以得學詩之本矣。○匡衡曰。妃匹之際。生民之始。萬福之原。婚姻之禮正。然後品物遂而天命全。孔子論詩以關雎爲始。言大上者民之父母。后夫人之行。不侔乎天地。則無以奉神靈之統而理萬物之宜。自上世以來。三代興廢

葛覃婦事也又取婦教与
關雎同歌補關雎之不及

未有不由此者也

葛之覃兮施[音異]于中谷維葉萋萋黄鳥于飛集于灌木其鳴喈喈[叶居奚反○賦也葛草名蔓生可爲絺綌者覃延施移也中谷谷中也萋萋盛貌黄鳥鸝也灌木叢木也喈喈和聲之遠聞也○賦者敷陳其事而直言之者也蓋后妃既成絺綌而賦其事追敘初夏之時葛葉方盛而有黄鳥鳴於其上也後凡言賦者放此]

○葛之覃兮施于中谷維葉莫莫是刈[音乂]是濩[音鑊]爲絺[音癡]爲綌[音隙叶去略反]服之無斁[音亦叶弋灼反○賦也莫莫茂密貌刈斬濩煑也精曰絺麤曰綌斁厭也]

○此言盛夏之時葛既成矣於是治以爲布而服之無厭蓋親執其勞而知其成之不易

詩本音古無平上去入四聲通爲一音此章以平上通爲一韻詳見音論古人四聲一貫條

通論私細服衣蒙服非禮衣之不辭也又此詩不重末章而餘波若連若斷一篇精神生動處則在末章也

所以心誠愛之。雖極垢弊而不忍厭棄也。○**言告師氏言告言歸**

薄污我私薄澣音緩**我衣害**音曷**澣害否**如字**歸寧**

父母。賦也。言辭也。師女師也。薄猶少也。污煩撋之以去其污。猶治亂而曰亂也。澣則濯之而已。私燕服也。衣禮服也。害何也。寧安也。謂問安也。○上章既成絺綌之服矣。此章遂告其師氏使告于君子以將歸寧之意且曰盍治其私服之污而澣其禮服之衣乎。何者當澣而何者可以未澣乎。我將服之以歸寧於父母矣。

葛覃三章章六句

此詩后妃所自作故無贊美之辭。然於此可以見其已貴而能勤。已富而能儉。已長而敬不弛於師傅。已嫁而孝不衰於父母。是皆德之厚而人所難也。小序以爲后妃之本。庶幾近之。

采采卷耳（上聲）不盈頃（音傾）筐。嗟我懷人，寘彼周行（叶戶郎反）。○賦也。采采，非一采也。卷耳，枲耳，葉如鼠耳，叢生如盤。頃，欹也。筐，竹器。懷，思也。人，蓋謂文王也。寘，舍也。周行，大道也。后妃以君子不在而思念之，故賦此詩。託言方采卷耳，未滿頃筐，而心適念其君子，故不能復采，而寘之大道之旁也。

○陟彼崔（音摧）嵬（音巍），我馬虺（音灰）隤（音頹）。我姑酌彼金罍，維以不永懷（叶胡隈反）。○賦也。陟，升也。崔嵬，土山之戴石者。虺隤，馬罷不能升高之病。姑，且也。罍，酒器，刻為雲雷之象，以黃金飾之。永，長也。○此又託言欲登此崔嵬之山，以望所懷之人而往從之，則馬罷病而不能進，於是且酌金罍之酒，而欲其不至於長以為念也。

○陟彼高岡，我馬玄黃。我姑酌彼兕（音似）

詩經國風　卷耳　一之五

樛木婦人樂得記君子也
文選寡婦賦注云草之託
樛木喻婦人之託夫家

詩經

觥音肱叶古黃反維以不永傷賦也山脊曰岡玄黃玄馬而黃病極而變色也兕野牛一角青色重千斤觥爵也以兕角爲爵也○陟彼砠音疽矣我馬瘏音塗矣我僕痡音敷矣云何吁矣賦也石山戴土曰砠瘏馬病不能進也痡人病不能行也吁憂歎也爾雅注引此作盱張目望遠也詳見何人斯篇

卷耳四章章四句此亦后妃所自作可以見其貞靜專一之至矣豈當文王朝會征伐之時羑里拘幽之日而作歟然不可考矣

南有樛音鳩木葛藟音壘纍音雷之樂音洛只音紙君子福履綏之興也南南山也木下曲曰樛藟葛類纍猶繫也只語助辭君子自衆

妾而指后妃猶言小君內子也履祿綏安也○后妃能逮下而無嫉妒之心故衆妾樂其德而稱願之曰南有樛木則葛藟纍之矣樂只君子則福履綏之矣○南有樛木葛藟荒之樂只君子福履將之興也荒奄也將猶扶助也○南有樛木葛藟縈烏營反之樂只君子福履成之興也縈旋成就也

樛木三章章四句

螽音終斯羽詵詵音莘兮宜爾子孫振振音眞兮比也螽斯蝗屬長而青長角長股能以股相切作聲一生九十九子詵詵和集貌爾指螽斯也振振盛貌○比者以彼物比此物也后妃不妒忌而子孫衆多故衆妾以螽斯之羣處和

桃夭男女及時也

詩經

集而子孫眾多比之言其有是德而宜有是福也後凡言比者放此○螽斯羽薨薨兮宜爾子孫繩繩兮比也薨薨羣飛聲繩繩不絕貌○螽斯羽揖揖兮音緝宜爾子孫蟄蟄兮比也揖揖會聚也蟄蟄亦多意

此篇朱注勝毛傳毛訓振振為仁厚繩繩為戒慎蟄蟄為和集皆嫌鑿

螽斯三章章四句

爾雅華荂也

毛傳夭夭其少壯也不如朱注言少好能得物情

桃之夭夭音腰灼灼其華音花之子于歸宜其室家興也桃木名華紅實可食夭夭少好之貌灼灼華之盛也木少則華盛之子是子也此指嫁者而言也婦人謂嫁曰歸周禮仲春令會男女然則桃之有華正婚姻之時也宜者和順之意室謂夫婦所居家謂一門之內○文王之化自家而國男女以正婚姻以時

古音姑

俞樾羣經平議蕡者大也有蕡其實言其實之大也汝墳篇遵彼汝墳傳曰墳大防也靈臺篇賁鼓維鏞傳曰賁大鼓也蕡與墳賁字異而義同

又肅肅乃說兔罝之形文選西京賦飛罕潚箾薛綜注曰潚箾罕形也李善曰說文曰罕網也潚音肅箾音朔然則以肅肅說罝猶潚箾說罕形肅肅疊字也潚箾疊韻也

兔罝婦人美夫也 劉向列女傳安貧賤而不忘乎道者唯至德者能之詩云云鹽鐵論兔罝之所刺以人非干城腹心美在以則刺在彼也毛序后妃之化若非婦人美夫則不偏已

故詩人因所見以起興而歎其女子之賢知其必有以宜其室家也○桃之夭夭有蕡音文其實之子于歸宜其家室興也蕡實之盛也家室猶室家也○桃之夭夭其葉蓁蓁音臻之子于歸宜其家人興也蓁蓁葉之盛也家人一家之人也

桃夭三章章四句

肅肅兔罝音嗟又子余反與夫叶椓之丁丁音爭赳赳武夫公侯干城興也肅肅整飭貌罝罟也丁丁椓杙聲也赳赳武貌干盾也干城皆所以扞外而衛內者○化行俗美賢才衆多雖罝兔之野人而其才之可用猶如此故詩人因其所事以起興而美之而文王德化之盛因可見矣○肅肅兔罝

桃夭 兔罝

施于中逵。赳赳武夫。公侯好仇。叶渠之反。○興也。逵。九達之道。仇。與逑同。匡衡引關雎亦作仇字。公侯善匹。猶曰聖人之耦。則非特干城而已。歎美之無已也。下章放此。

○肅肅兔罝。施于中林。赳赳武夫。公侯腹心。興也。中林。林中。腹心。同心同德之謂。則又非特好仇而已也。

兔罝三章。章四句。

采采芣音浮苢音以。薄言采叶此禮反之。采采芣苢。薄言有叶羽已反之。賦也。芣苢。車前也。大葉長穗。好生道旁。采。始求之也。有。既得之也。○化行俗美。家室和平。婦人無事。相與采此芣苢。而賦其事以相樂也。采之未詳何用。或曰。其子治產難。

○采采芣苢。薄言掇都奪反之。采采

芣苢薄言捋（力活反）之。賦也。掇，拾也。捋，取其子也。○采采芣苢薄言袺（音結）之。采采芣苢薄言襭（音絜）之。賦也。袺，以衣貯之而執其衽也。襭，以衣貯之而扱其衽於帶閒也。

芣苢三章，章四句。

南有喬木，不可休息。漢有游女，不可求思。漢之廣（叶古曠反）矣，不可泳（叶于誑反）思。江之永（叶弋亮反）矣，不可方（叶甫妄反）思。興而比也。上竦無枝曰喬。思，語辭也。篇內同。漢水出興元府嶓冢山，至漢陽軍大別山入江。江漢之俗，其女好游，漢魏以後猶然，如大堤之曲可見也。泳，潛行也。江水出永康軍岷山，東流與漢水合，東北入海。永，長也。方，桴也。○文王之化

詩經　國風

言自近而遠。先及於江漢之閒。而有以變其淫
亂之俗。故其出游之女。人望見之。而知其端
莊靜一。非復前日之可求矣。因以喬
木起興。江漢爲比。而反復詠歎之也。○翹翹音喬錯薪。言刈其楚。之子于歸。言秣其馬。叶滿補反
漢之廣矣。不可泳思。江之永矣。不可方思。興而
比也。翹翹。秀起之貌。錯。雜也。楚。木名。荊屬。之
子。指游女也。秣。飼也。○以錯薪起興而欲秣
其馬。則悅之至。以江漢爲比。
而歎其終不可求。則敬之深。○翹翹錯薪。言
刈其蔞。音閭之子于歸。言秣其駒。漢之廣矣。不
可泳思。江之永矣。不可方思。興而比也。蔞。蒿也。葉似艾。青
白色。長數寸。生水
澤中。駒。馬之小者。

汝墳，婦人思行役也。列女傳：周南大夫妻。大夫受命平治水土，過時不來，大夫之妻恐其懈于王事，蓋與其鄰人陳素所與大夫言：國家多難，惟勉強之，無有譴怒，遺父母憂。生于亂世，迫于暴虐，然而仕者，為父母在故也。後漢書周磐傳注韓說序辭異也，魯韓說相表裏。

按此即飢者易為食，渴者易為飲，亂世而得賢，今有以此矣。

漢廣三章，章八句。

遵彼汝墳，伐其條枚。音梅。未見君子，惄音溺。如調音周。飢。賦也。遵，循也。汝水出汝州天息山，徑蔡潁州入淮。墳，大防也。枝曰條，榦曰枚。惄，飢意也。調，一作輖，重也。○汝旁之國，亦先被文王之化者，故婦人喜其君子行役而歸，因記其未歸之時，思望之情如此，而追賦之也。

（馬瑞辰：防亦段墳為坋。）
（述聞：終南云有條有梅，條亦木名。遵彼汝墳，伐其條枚，猶言陟彼南岡，伐其柞薪。）
（枚，五灰；飢，六脂，並隆聲，古平聲脂類。韓詩作𢙊。）
（焦氏易林：過時不遇，惄如旦飢。）
（輖，朝之段借。）

○遵彼汝墳，伐其條肄。音異。既見君子，不我遐棄。賦也。斬而復生曰肄。遐，遠也。○伐其枚而又伐其肄，則踰年矣。至是乃見其君子之歸，而喜其不遠棄我也。

（馬瑞辰：肄，段借。）
（肄，韻六至，同脂類去聲。）

○魴音房。魚赬音檉。尾，王室如燬。音毀。下同。雖則如燬，父母孔邇。比也。魴，魚名，身廣而薄，少力細鱗。赬，赤也。魚勞則尾赤，魴尾本白而今赤，則勞甚矣。

（韓詩作焜。）
（古讀若燬。）
（尾，七尾；燬，四紙，是入同脂類上聲。）

詩經

王室指紂所都也。燬焚也。父母指文王也。孔甚。邇近也。○是時文王三分天下有其二。而率商之叛國以事紂。故汝墳之人。猶以文王之命供紂之役。其家人見其勤苦而勞之曰。汝之勞既如此。而王室之政方酷烈而未已。雖其酷烈而未已。然文王之德如父母然。望之甚近。亦可以忘其勞矣。此序所謂婦人能閔其君子。猶勉之以正者。蓋曰雖其別離之久。思念之深。而其所以相告語者。猶有尊君親上之意。而無情愛狎昵之私。則其德澤之深。風化之美。皆可見矣。一說。父母甚近。不可以懈於王事而貽其憂。亦通。

汝墳三章章四句

麟之趾。振振音眞公子。叶獎里反于音吁嗟麟兮。興也。麟麕身牛尾馬蹄。毛蟲之長也。趾。足也。麟之足不踐生草。不履生蟲。振振。仁厚貌。于嗟。歎辭。○

麟小是公族也　文選王融序注義公
族之盛也
麟振詩文言韻
趾子六止之類
三章皆脂微韻　兩首章平聲　二三章去聲
三章上聲　界限甚明
麟聯韻

文王后妃德脩于身。而子孫宗族皆化於善。故詩人以麟之趾興公之子。言麟性仁厚。故其趾亦仁厚。文王后妃仁厚。故其子亦仁厚。然言之不足故又嗟歎之。言是乃麟也。何必麕身牛尾而馬蹄。然後爲王者之瑞哉。

○麟之定。音訂 振振公姓。于嗟麟兮。興也。定。額也。麟之額未聞。或曰。有額而不以抵也。公姓。公孫也。姓之爲言生也。

○麟之角。叶盧谷反 振振公族。于嗟麟兮。興也。麟一角。角端有肉。公族。公同高祖。祖廟未毀。有服之親。

麟之趾三章章三句 序以爲關雎之應得之。

周南之國十一篇三十四章百五十九句 按此篇首五詩。皆言后妃之德。關雎舉其全體而言也。葛覃卷

詩經國風 一之十

耳。言其志行之在己。樛木螽斯。美其德惠之及人。皆指其一事而言也。其辭雖主於后妃。然其實則皆所以著明文王身脩家齊之效也。至於桃夭兔罝芣苢。則家齊而國治之效。漢廣汝墳。則以南國之詩附焉。而見天下已有可平之漸矣。若麟之趾。則又王者之瑞。有非人力所致而自至者。故復以是終焉。而序者以爲關雎之應也。夫其所以至此。后妃之德固不爲無所助矣。然妻道無成。則亦豈得而專之哉。今言詩者。或乃專美后妃。而不本於文王。其亦誤矣。

召南一之二

召。地名。召公奭之采邑也。舊說扶風雍縣南有召亭卽其地。今雍縣析爲岐山天興二縣。未知召亭的在何縣。餘已見周南篇。

維鵲有巢。維鳩居叶姬御反之。之子于歸。百兩如字又音亮御音迓叶魚據反之。興也。鵲鳩皆鳥名。鵲善爲巢。其巢最爲完固。鳩性拙不能爲巢。或有居鵲之成巢者。之子。指夫人也。兩。一車也。一車兩輪。故謂之兩。御。迎也。諸侯之子嫁於諸侯。送御皆百兩也。○南國諸侯被文王之化。能正心脩身以齊其家。其女子亦被后妃之化。而有專靜純一之德。故嫁於諸侯。而其家人美之曰。維鵲有巢。則鳩來居之。是以之子于歸。而百兩迎之也。此詩之意。猶周南之有關雎也。○維鵲有巢。維鳩方之。之子于歸。百兩將之。興也。方。有之也。將。送也。○維鵲有巢。維鳩盈之。之子于歸。百兩成之。興也。盈。滿也。謂衆媵姪娣之多。成。成其禮也。

詩經國風

鵲巢三章，章四句。

于以采蘩，于沼于沚。于以用之，公侯之事。叶上止反。○賦也。于，於也。蘩，白蒿也。沼，池也。沚，渚也。事，祭事也。○南國被文王之化，諸侯夫人能盡誠敬以奉祭祀，而其家人敘其事以美之也。或曰：蘩所以生蠶，蓋古者后夫人有親蠶之禮。此詩亦猶周南之有葛覃也。

○于以采蘩，于澗之中。于以用之，公侯之宮。賦也。山夾水曰澗。宮，廟也。或曰：即記所謂公桑蠶室也。

○被音備之僮僮，音同夙夜在公。被之祁祁，薄言還音旋歸。賦也。被，首飾也。編髮爲之。僮僮，竦敬也。夙，早也。公，公所也。祁祁，舒遲貌。去事有儀也。祭義曰：及祭之後，陶陶遂遂，如將復入然。不欲遽去，愛敬之無已也。或曰：

草蟲婦人思行役也

公。卽所謂公桑也。

采蘩三章章四句

喓喓音腰草蟲趯趯阜螽。未見君子。憂心忡忡。音充亦既見止。亦既覯止。我心則降。音杭叶乎攻反。○賦也。喓喓聲也。草蟲蝗屬。奇音青色。趯趯躍貌。阜螽蠜也。忡忡猶衝衝也。止語辭。覯遇。降下也。○南國被文王之化。諸侯大夫行役在外。其妻獨居。感時物之變。而思其君子如此。亦若周南之卷耳也。

○陟彼南山。言采其蕨。未見君子。憂心惙惙。音拙亦既見止。亦既覯止。我心則說。音悅。○賦也。登山蓋託以望君子。蕨鼈也。初生無葉時可食。亦感時物之變也。惙惙憂貌。

詩經

○陟彼南山言采其薇未見君子我心傷悲亦既見止亦既覯止我心則夷。賦也。薇似蕨而差大。有芒而味苦。山間人食之。謂之迷蕨。胡氏曰。疑卽莊子所謂迷陽者。夷平也。

草蟲三章章七句。

于以采蘋南澗之濱于以采藻于彼行潦音老○賦也。蘋水上浮萍也。江東人謂之藾。濱厓也。藻聚藻也。生水底。莖如釵股。葉如蓬蒿。行潦流潦也。○南國被文王之化。大夫妻能奉祭祀。而其家人敘其事以美之也。○下

于以盛之維筐及筥音舉于以湘之維錡音蟻及釜音父○賦也。方曰筐。圓曰筥。湘烹也。蓋粗熟而淹以爲菹也。錡釜屬。有足曰錡。無足

甘棠思召伯也

曰釜。○此足以見其循序有常。嚴敬整飭之意。

○于以奠之。宗室牖下。叶後五反誰其尸之。有齊音齋季女。賦也。奠。置也。宗室。大宗之廟也。大夫士祭於宗室。牖下。室西南隅。所謂奧也。尸。主也。齊。敬貌。季。少也。祭祀之禮。主婦主薦豆。實以葅醢。少而能敬。尤見其質之美。而化之所從來者遠矣。

采蘋三章。章四句。

蔽芾音廢甘棠。勿翦勿伐。召伯所茇。音鈸○賦也。蔽芾。盛貌。甘棠。杜棃也。白者爲棠。赤者爲杜。翦。翦其枝葉也。伐。伐其條榦也。伯。方伯也。茇。草舍也。○召伯循行南國。以布文王之政。或舍甘棠之下。其後人思其德。故愛其樹而不忍傷也。

○蔽芾甘棠。勿翦勿敗。叶蒲寐反召伯所憩。音器○賦

詩經國風　采蘋　甘棠　一之十三

也。敗，折。憩，息也。勿敗，則非特勿伐而已。愛之愈久而愈深也。下章放此。○蔽芾甘棠，勿翦勿拜，叶變制反。召伯所說。音稅。○賦也。拜，屈。說，舍也。勿拜，則非特勿敗而已。

甘棠三章，章三句。

厭入聲浥音邑行露，豈不夙夜，叶羊茹反。謂行多露。○賦也。厭浥，濕意。行，道。夙，早也。○南國之人遵召伯之敎，服文王之化，有以革其前日淫亂之俗。故女子有能以禮自守，而不爲强暴所污者，自述已志，作此詩以絕其人。言道間之露方濕，我豈不欲早夜而行乎？畏多露之沾濡而不敢爾。蓋以女子早夜獨行，或有强暴侵陵之患，故託以行多露，而畏其沾濡也。○誰謂雀無角，叶盧谷反。何以穿我屋。誰謂女音汝無家。叶音谷何以速我獄。雖速我獄。室家不足。興也。家謂以媒聘求爲室家之禮也。速，召致也。○貞女之自守如此。然猶或見訟而召致於獄。因自訴而言。人皆謂雀有角。故能穿我屋。以興人皆謂汝於我嘗有求爲室家之禮。故能致我於獄。然不知汝雖能致我於獄。而求爲室家之禮初未嘗備。如雀雖能穿屋。而實未嘗有角也。○誰謂鼠無牙。叶五紅反何以穿我墉。誰謂女無家。叶各空反何以速我訟。叶祥容反雖速我訟。亦不女從。興也。牙，牡齒也。墉，牆也。○言汝雖能致我於訟。然其求爲室家之禮有所不足。則我亦終不汝從矣。

行露三章。一章三句。二章章六句。

羔羊之皮叶蒲何反素絲五紽音駝退食自公委音威蛇音移叶唐何反委蛇。賦也。小曰羔，大曰羊。皮，所以爲裘，大夫燕居之服。素，白也。紽未詳，蓋以絲飾裘之名也。退食，退朝而食於家也。自公，從公門而出也。委蛇，自得之貌。○南國化文王之政，在位皆節儉正直，故詩人美其衣服有常，而從容自得如此也。○

羔羊之革叶訖力反素絲五緎音域委蛇委蛇自公退食。賦也。革，猶皮也。緎，裘之縫界也。○

羔羊之縫音逢素絲五總音宗委蛇委蛇退食自公。賦也。縫，縫皮合之以爲裘也。總亦未詳。

羔羊三章，章四句。

殷其靁婦人思行役也

殷音隱其靁。在南山之陽。何斯違斯。莫敢或遑。振振音眞君子。歸哉歸哉。興也。殷。靁聲也。山南曰陽。何斯。斯此人也。違斯。斯此所也。遑。暇也。振振。信厚也。○南國被文王之化。婦人以其君子從役在外而思念之。故作此詩。言殷殷然靁聲。則在南山之陽矣。何此君子獨去此而不敢少暇乎。於是又美其德。且冀其早畢事而還歸也。○殷其靁。在南山之側。叶莊力反何斯違斯。莫敢遑息。振振君子。歸哉歸哉。興也。息。止也。○殷其靁。在南山之下。叶後五反何斯違斯。莫或遑處。上聲振振君子。歸哉歸哉。興也。

殷其靁三章。章六句。

詩經國風　一之十五

詩經

摽音殍有梅其實七兮求我庶士迨其吉兮賦也摽落也梅木名華白實似杏而酢庶衆迨及也吉吉日也○南國被文王之化女子知以貞信自守懼其嫁不及時而有强暴之辱也故言梅落而在樹者少以見時過而太晚矣求我之衆士其必有及此吉日而來者乎○摽有梅其實三叶疏簪反兮求我庶士迨其今兮賦也梅在樹者三則落者又多矣今今日也蓋不待吉矣○摽有梅頃音傾筐墍許器反之求我庶士迨其謂之賦也墍取也頃筐取之則落之盡矣謂之則但相告語而約可定矣

摽有梅三章章四句

嘒音噦彼小星三五在東肅肅宵征夙夜在公寔命不同與也。嘒，微貌。三五，言其稀。蓋初昏或將旦時也。肅肅，齊遬貌。宵，夜。征，行也。寔，與實同。命，謂天所賦之分也。○南國夫人承后妃之化，能不妒忌以惠其下，故其衆妾美之如此。蓋衆妾進御於君，不敢當夕。見星而往，見星而還，故因所見以起興，其於義無所取，特取在東在公兩字之相應耳。遂言其所以如此者，由其所賦之分不同於貴者，是以深以得御於君爲夫人之惠，而不敢致怨於往來之勤也。○嘒彼小星維參所森反與昴叶力求反肅肅宵征抱衾與裯音儔寔命不猶與也。參昴，西方二宿之名。衾，被也。裯，襌被也。與，亦取與昴與裯二字相應。猶，亦同也。

小星二章章五句。呂氏曰。夫人無妒忌之行。而賤妾安於其命。所謂上好仁而下必好義者也。

江有汜。音祀。叶羊里反 之子歸。不我以。不我以。其後也悔。叶虎洧反。○興也。水決復入為汜。今江陵漢陽安復之間。蓋多有之。之子。媵妾指嫡妻而言也。婦人謂嫁曰歸。我。媵自我也。能左右之曰以。謂挾己而偕行也。○是時汜水之旁。媵有待年於國。而嫡不與之偕行者。其後嫡被后妃夫人之化。乃能自悔而迎之。故媵見江水之有汜。而因以起興。言江猶有汜。而之子之歸。乃不我以。雖不我以。然其後也亦悔矣。○江有渚。之子歸。不我與。不我與。其後也處。興也。渚。小洲也。水岐成渚。與。猶以也。處。安也。得其所安也。○江有沱。

野有死麕，衰世之風也。平王之世，男女失時，禮簡詞存也。舊唐書禮儀志：平王東遷，諸侯侮法，男女失冠昏之節，野麕之刺興焉。[illegible]說與唐末盖用韓說

音跎之子歸。不我過。音戈不我過。其嘯也歌。興也。沱，江之別者。過，謂過我而與俱也。嘯，蹙口出聲以舒憤懣之氣。言其悔時也。歌，則得其所處而樂也。

江有汜三章，章五句。陳氏曰：小星之夫人，惠及媵妾，而媵妾盡其心。江沱之嫡，惠不及媵妾，而媵妾不怨。蓋父雖不慈，子不可以不孝，各盡其道而已矣。

野有死麕，俱倫反旗春叶白茅包之。叶補苟反有女懷春，吉士誘之。興也。麕，獐也。鹿屬，無角。懷春，當春而有懷也。吉士，猶美士也。○南國被文王之化，女子有貞潔自守，不為強暴所污者，故詩人因所見以興其事而美之。或曰

江有汜　野有死麕

詩問野有死麕戒淫也仍為貞女安鄙女之辭一章二章亦他人敘言有女三章自明己志故言之

詩經

賦也。言美士以白茅包其死麕而誘懷春之女也。○林有樸蒲木反樕音速野有死鹿白茅純音豚束有女如玉。興也。樸樕小木也。鹿獸名。有角。純束猶包之也。如玉者美其色也。上三句興下一句也。或曰賦也。言以樸樕藉死鹿束以白茅而誘此如玉之女也。○舒而脫脫音兌兮無感我帨音稅兮無使尨美邦反也吠。符廢反。○賦也。舒遲緩也。脫脫舒緩貌。感動。帨巾。尨犬也。○此章乃述女子拒之之辭。言姑徐徐而來。毋動我之帨。毋驚我之犬。以甚言其不能相及也。其凜然不可犯之意蓋可見矣。

首章隔句韻

野有死麕三章。二章章四句。一章三句。

何彼襛矣美王姬之

何彼襛音濃。與雝叶。矣唐棣音第之華曷不肅雝王

石經監本注疏說文並從衣作襛

文王齊侯之女子平王之外孫女嫁于諸侯以其母始嫁之車送之禮儀疏引鄭膏肓齊侯嫁女以其母始嫁之車遠送之蓋之家說之序美王姬誤

詩某音云首章以襛字為韻二章以矣字為韻古人之文変化不拘若此按矣與李子協特偶合非有意為之段氏之說過鑿

姬之車。興也。襛。盛也。猶曰戎戎也。唐棣。移也。似白楊。肅。敬。雝。和也。周王之女姬姓。故曰王姬。○王姬下嫁於諸侯。車服之盛如此。而不敢挾貴以驕其夫家。故見其車者。知其能敬且和以執婦道。於是作詩以美之曰。何彼戎戎而盛乎。乃唐棣之華也。此何不肅肅而敬。雝雝而和乎。乃王姬之車也。此乃武王以後之詩。不可的知其何王之世。然文王大姒之教。久而不衰。亦可見矣。

車九魚華侯入九麻又車侯在九麻再出並魚韻

○何彼襛矣。華如桃李。平王之孫。齊侯之子。叶獎里反。○興也。李。木名。華白。實可食。舊說。平。正也。武王女。文王孫。適齊侯之子。或曰。平王。即平王宜臼。齊侯。即襄公諸兒。事見春秋。未知孰是。○以桃李二物。興男女二人也。

○其釣維何。維絲伊緡。齊侯之子。平王之孫。叶須倫反。○興也。伊。亦維也。緡。綸也。絲之合而為綸。猶男

緡古音眉孫二十三魂陽聲二下反韻

何彼襛矣　騶虞

詩經

女之合而為昏也。

何彼襛矣三章章四句。

彼茁音拙者葭音加壹發五豝音巴于音吁嗟乎騶虞叶音牙。○賦也。茁，生出壯盛之貌。葭，蘆也，亦名葦。發，發矢。豝，牡豕也。一發五豝，猶言中必疊雙也。騶虞，獸名，白虎黑文，不食生物者也。○南國諸侯承文王之化，脩身齊家以治其國。而其仁民之餘恩，又有以及於庶類。故其春田之際，草木之茂，禽獸之多，至於如此。而詩人述其事以美之，且歎之曰：此其仁心自然，不由勉強，是即眞所謂騶虞矣。○彼茁者蓬壹發五豵音宗于嗟乎騶虞叶五紅反○賦也。蓬，草名。一歲曰豵。亦小豕也。

詩本音首章以葭豝虞爲韻二章以蓬豵爲韻而虞字則合前章集傳不得其解乃以首章之虞叶音牙二章之虞叶五紅反一詩之中而兩音其音矣至秦詩權輿之篇則又謂宜首章以渠餘輿爲韻二章以簋飽爲韻而輿字則合前章亦與此詩歸雅有叠叶者不能以輿而叶簋飽也故愚以爲此古人後章韻前章之法不得以說而強於上句宜其迷謬而不合矣　或曰古騶虞權輿之詩若然其第二章歌之則其韻何所承乎曰古人歌詩於宗廟朝會之樂皆用全篇春秋列國卿大夫賦詩始有斷章如騶虞權輿之詩必非古其首章但歌二章之理且古人之詩有義同而必二章三章者非故爲是重疊之辭也取其被之管絃者長其節餘意一章而止則短促不成節奏合二三章爲一闋而後章韻前章也　陸深曰詩中有三章而辭義無大相遠者乃樂家摘取之類蓋以三三成摘合之三闋之疊是已

騶虞二章章三句。文王之化。始於關雎。而至於麟趾。則其化之入人者深矣。形於鵲巢。而及於騶虞。則其澤之及物者廣矣。蓋意誠心正之功。不息而久。則其熏蒸透徹。融液周徧。自有不能已者。非智力之私所能及也。故序以騶虞爲鵲巢之應。而見王道之成。其必有所傳矣。

召南之國十四篇四十章百七十七句。愚按鵲巢至采蘋。言夫人大夫妻。以見當時國君大夫被文王之化。而能脩身以正其家也。甘棠以下。又見由方伯能布文王之化。而國君能脩之家以及其國也。其辭雖無。及於文王者。然文王明德新民之功。至是而其所施者溥矣。抑所謂其民皞皞而不知爲之者與。唯何彼穠矣之詩。

詩經

爲不可曉。當闕所疑耳。○周南名南二國。凡二十五篇。先儒以爲正風。今姑從之。○孔子謂伯魚曰。女爲周南名南矣乎。人而不爲周南名南。其猶正牆面而立也與。○儀禮。鄉飲酒。鄉射。燕禮。皆合樂周南關雎葛覃卷耳。名南鵲巢采蘩采蘋。燕禮又有房中之樂。鄭氏注曰。弦歌周南名南之詩而不用鐘磬云房中者。后夫人之所諷誦以事其君子。○程子曰。天下之治。正家爲先。天下之家正。則天下治矣。二南。正家之道也。陳后妃夫人大夫妻之德。推之士庶人之家一也。故使邦國至於鄉黨皆用之。自朝廷至於委巷。莫不謳吟諷誦。所以風化天下。

詩經卷之二

邶一之三

邶鄘衛三國名在禹貢冀州西阻太行北逾衡漳東南跨河以及兗州桑土之野及商之季而紂都焉武王克商分自紂城朝歌而北謂之邶南謂之鄘東謂之衛以封諸侯邶鄘不詳其始封衛則武王弟康叔之國也衛本都河北朝歌之東淇水之北百泉之南其後不知何時并得邶鄘之地至懿公為狄所滅戴公東徙渡河野處漕邑文公又徙居于楚丘朝歌故城在今衛州衛縣西二十二里所謂殷墟衛故都即今衛縣漕楚丘皆在滑州大抵今懷衛澶相滑濮等州開封大名府界皆衛境也但邶鄘地既入衛其詩皆為衛事而猶繫其故國之名則不可曉而舊說以此下十三國皆為變風焉

汎芳梵反彼柏舟。亦汎其流。耿耿古幸反不寐。如有隱憂。微我無酒。以敖音翱以遊。比也。汎，流貌。柏，木名。耿耿，小明。憂之貌也。隱，痛也。微，猶非也。○婦人不得於其夫。故以柏舟自比。言以柏為舟。堅緻牢實。而不以乘載。無所依薄。但汎然於水中而已。故其隱憂之深如此。非為無酒可以敖遊而解之也。列女傳以此為婦人之詩。今考其辭氣卑順柔弱。且居變風之首。而與下篇相類。豈亦莊姜之詩也歟。○我心匪鑒。不可以茹。音孺亦有兄弟。不可以據。薄言往愬。逢彼之怒。賦也。鑒，鏡。茹，度。據，依。愬，告也。○言我心既匪鑒而不能度物。雖有兄弟。而又不可依以為重。故往告之而反遭其怒也。○我心匪石。不可轉也。我心匪席。不可卷音捲也。威儀棣棣。不可選也。賦也。棣棣富而閑習之貌。選簡擇也。○言石可轉。而我心不可轉。席可卷。而我心不可卷。威儀無一不善。又不可得而簡擇取舍。皆自反而無闕之意。○憂心悄悄七小反慍于羣小。覯音垢閔既多。受侮不少。靜言思之。寤辟音闢有摽音殍○賦也。悄悄。憂貌。慍。怒意。羣小。衆妾也。言見怒於衆妾也。覯。見。閔。病也。辟拊心也。摽。拊心貌。○日居月諸。胡迭音垤而微。心之憂矣。如匪澣音緩衣。靜言思之。不能奮飛。比也。居諸。語辭。迭。更。微。虧也。匪澣衣。謂垢汚不濯之衣。奮飛。如鳥奮翼而飛去也。○言日當常明。月則有時而虧。猶正嫡當尊。衆妾當卑。今衆妾反勝正嫡。是日月更迭而虧。是以憂之至於煩寃

綠衣莊姜傷己也　用韻　序

次第四

通論世泛指治絲之人

憒眊。如衣不澣之衣。恨不能奮起而飛去也。

柏舟五章，章六句。

綠兮衣兮，綠衣黃裏。心之憂矣，曷維其已。比也。綠，蒼勝黃之間色。黃，中央土之正色。間色賤而以爲衣。正色貴而以爲裏。言皆失其所也。已，止也。○莊公惑於嬖妾，夫人莊姜賢而失位，故作此詩。言綠衣黃裏，以比賤妾尊顯而正嫡幽微。使我憂之不能自已也。

○綠兮衣兮，綠衣黃裳。心之憂矣，曷維其亡。比也。上曰衣。下曰裳。記曰。衣正色。裳間色。今以綠爲衣。而黃者自裏轉而爲裳。其失所益甚矣。亡之爲言忘也。

○綠兮絲兮，女音汝所治平聲兮。我思古人，俾無訧音尤，叶于其反兮。比也。

燕燕定姜送歸婦也
王黃集解韓詩衛定姜歸其婦送之而作列女傳衛姑定姜者衛定公之夫人公子之母也公子既死其婦

女指其君子而言也。治謂理而織之也。俾使。訧過也。○言綠方爲絲。而女又治之。以比妾方少艾。而女又嬖之也。然則我將如之何哉。亦思古人有嘗遭此而善處之者。以自勵焉。使不至於有過而已。○

絺兮綌兮。淒音妻其以風。叶孚愔反我思古人。實獲我心。比也。淒寒風也。○絺綌而遇寒風。猶己之過時而見棄也。故思古人之善處此者。眞能先得我心之所求也。

綠衣四章章四句。莊姜事見春秋傳。此詩無所考。姑從序說。下三篇同。

燕燕于飛。差初宜反池其羽。之子于歸。遠送于野。瞻望弗及。泣涕如雨。興也。燕。鳦也。謂之燕燕者。重言之也。差池。

詩經國風　二之三

無子畢三年之喪定姜歸其婦自送之于野恩愛哀思而賦燕燕之詩與韓異鄭注坊記戴嬀大歸于陳莊姜送之作此詩定姜無子立庶子衎是為獻公畜孝也寡人獻公當思先君定公以孝于寡人用韓說惟史記完母死莊公令夫人齊女子之是為桓公是戴嬀卒于桓公未立以前此為送厲嬀也言送于歸不言先君之思已毛序云莊姜送歸妾謹次綠衣日月之間故誤　次第二十一

先君之思以畜寡人言以因而意在彼也左傳獻公出奔齊及竟使祝宗告亡且告無罪定姜曰余以巾櫛事先君而暴妾使余二罪也

詩經

不齊之貌。之子。指戴嬀也。歸。大歸也。○莊姜無子。以陳女戴嬀之子完爲已子。莊公卒。完即位。嬖人之子州吁弑之。故戴嬀大歸于陳。而莊姜送之。作此詩也。○燕燕于飛。頡與絜同之。頏與杭同之。之子于歸。遠于將之。瞻望弗及。佇立以泣。興也。飛而上曰頡。飛而下曰頏。將。送也。佇立。久立也。○燕燕于飛。下上上聲其音。之子于歸。遠送于南。瞻望弗及。實勞我心。興也。鳴而上曰上音。鳴而下曰下音。送于南者。陳在衛南。○仲氏任平聲只音紙。其心塞淵叶一均反。終溫且惠。淑愼其身。先君之思。以勖寡人。賦也。仲氏。戴嬀字也。以恩相信曰任。只。語辭。塞。實。淵。深。終。竟。溫。和。惠。順。淑。善也。先君。謂莊公也。

勖，勉也。寡人，寡德之人，莊姜自稱也。○言戴嬀之賢如此。又以先君之思勉我，使我常念之而不失其守也。楊氏曰：州吁之暴，桓公之死，戴嬀之去，皆夫人失位不見答於先君所致也。而戴嬀猶以先君之思勉其夫人，眞可謂溫且惠矣。

燕燕四章，章六句。

日居月諸，照臨下土。乃如之人兮，逝不古處。胡能有定，寧不我顧。叶果五反。○賦也。日居月諸，呼而訴之也。之人，指莊公也。逝，發語辭。古處，未詳。或云以古道相處也。胡寧，皆何也。○莊姜不見答於莊公，故呼日月而訴之，言日月之照臨下土久矣。今乃有如是之人，而不以古道相處，是其心志回惑，亦何能有定哉？而何爲其獨不我顧也。見棄如此，而猶有望之之意焉。此詩之所以爲厚也。○日居月諸，下土是冒。乃如之人兮，逝不相好。呼報反 胡能有定，寧不我報。賦也。冒，覆也。報，答也。

○日居月諸，出自東方。乃如之人兮，德音無良。胡能有定，俾也可忘。賦也。日旦必出東方。月望亦出東方。德音美其辭。無良，醜其實也。俾也可忘，言何獨使我爲可忘者邪。

○日居月諸，東方自出。父兮母兮，畜我不卒。胡能有定，報我不述。賦也。畜，養。卒，終也。不得其夫，而歎父母養我之不終。蓋憂患疾痛之極，呼父母。人之至情也。述，循也。言不循義理也。

日月四章，章六句。此詩當在燕燕之前。下篇放此。

終風莊姜傷己也遭州吁之暴見侮慢而不能正也　用毛序

次第六

終風且暴。顧我則笑。叶音燥謔許約反浪笑敖。音傲中心是悼。比也。終風，終日風也。暴，疾也。謔，戲言也。浪，放蕩也。悼，傷也。○莊公之爲人，狂蕩暴疾，莊姜蓋不忍斥言之，故但以終風且暴爲比。言雖其狂暴如此，然亦有顧我則笑之時，但皆出於戲慢之意，而無愛敬之誠，則又使我不敢言，而心獨傷之耳。蓋莊公暴慢無常，而莊姜正靜自守，所以忤其意而不見答也。○終風且霾。與埋同惠然肯來。莫往莫來。悠悠我思。比也。霾，雨土蒙霧也。惠，順也。悠悠，思之長也。○終風且霾，以比莊公之狂惑也。雖云狂惑，然亦或惠然而肯來，但又有莫往莫來之時，則使我悠悠而思之。望其君子之深，厚之至也。○終風且曀。與縊同不日有曀。寤言不寐。願言則嚏。音帝

詩經國風　終風　二之五

擊鼓經刪吁用兵也

用毛序

次第八

同。○比也。陰而風曰曀。有，又也。不日有曀，言既曀矣，不旋日而又曀也。亦比人之狂惑暫開而復蔽也。願，思也。嚏，鼽嚏也。人氣感傷閉鬱，又爲風霧所襲，則有是疾也。○

曀曀其陰，虺虺其靁。寤言不寐，願言則懷。

比也。曀曀，陰貌。虺虺，靁將發而未震之聲。以比人之狂惑愈深而未已也。懷，思也。

終風四章，章四句。說見上。

擊鼓其鏜，踊躍用兵。土國城漕，我獨南行。

賦也。鏜，擊鼓聲也。踊躍，坐作擊刺之狀也。兵，謂戈戟之屬。土，土功也。國，國中也。漕，衛邑名。○衛人從軍者自言其所爲，因言衛國之民，或役土功於國，或築城於漕，而我獨南行，有鋒鏑死亡之憂，危苦尤甚也。○

從孫子仲，平陳與宋。不

我以歸憂心有忡。與充同○賦也孫氏子仲字。時軍帥也平和也合二
國之好也舊說以此爲春秋隱公四年州吁
自立之時宋衛陳蔡伐鄭之事恐或然也以
猶與也言不與我而歸也○爰居爰處爰喪息浪反其馬于
以求之于林之下。賦也爰於也於是居於是處於是喪其馬而求之於
林下見其失伍離次無鬭志也○死生契與挈同闊與子成說
執子之手與子偕老。賦也契闊隔遠之意成說謂成其約誓之言○
從役者念其室家因言始爲室家之時期以
死生契闊不相忘棄又相與執手而期以偕
老也○于音吁下同嗟闊兮不我活兮于嗟洵音荀兮
不我信師人反兮。賦也于嗟歎辭也闊契闊也活生洵信也信與申同○言

詩經國風 二之六

凱風子自責也曾子立孝曰有子七人母氏勞苦子之辭也盧注忠子自責任過之詞孟子曰凱風親之過小者也親之過小而怨是不可磯也後漢書姜肱性篤孝事繼母恪勤感凱風之義兄弟同被而寢不入房室以慰母心蓋事後母詩毛序美孝子也續序衛之淫風流行雖有七子之母猶不能安其室故美七子能盡其孝道以慰其母心而成其志紬案言七子已成母自責以善母說詩者何必得坐以淫風流行傷孝子之心乎由孫諧

詩經

昔者契闊之約如此。而今不得活。偕老之信如此。而今不得伸。意必死亡。不復得與其室家遂前約之信也。

通論春秋宣十二年宋師伐陳衛人救陳因陳宋之爭而平之故曰平陳與宋陳宋主衛之南故曰我獨南行其時衛有孫良夫之子文子林父所云孫子仲者不知即其父若子在也 又擊鼓擊鼛鼓以役眾也喚土國句踊躍用兵喚南行句

擊鼓五章章四句。

凱風自南。吹彼棘心。棘心夭夭。夭與腰同母氏劬勞。叶音僚。○比也。南風謂之凱風。長養萬物者也。棘小木。叢生多刺難長。而心又其稚弱而未成者也。夭夭少好貌。劬勞病苦也。○衛之淫風流行。雖有七子之母。猶不能安其室。故其子作此詩。以凱風比母。棘心比子之幼時。蓋曰。母生眾子。幼而育之。其劬勞甚矣。本其始而言。以起自責之端也。○

凱風自南。吹彼棘薪。母氏聖善。我無令人。興也。聖。叡。令。善也。○棘可以爲薪。則成矣。然非美材。故以興子之壯大而無善也。復以聖善稱其母。而自謂無令人。其自責也深矣。

○爰有寒泉。在浚之下。叶後五反有子七人。母氏勞苦。興也。浚。衛邑。○諸子自責。言寒泉在浚之下。猶能有所滋益於浚。而有子七人。反不能事母。而使母至於勞苦乎。於是乃若微指其事。而痛自刻責。以感動其母心也。母以淫風流行。不能自守。而諸子自責。但以不能事母。使母勞苦爲辭。婉辭幾諫。不顯其親之惡。可謂孝矣。下章放此。

○睍與演同睆與莞同黃鳥。載好其音。有子七人。莫慰母心。興也。睍睆。清和圓轉之意。○言黃鳥猶能好其音以悅人。而我七子。獨不能慰悅母心哉。

凱風四章。章四句。

詩經國風　二之七

詩經

雄雉于飛，泄泄其羽。泄與異同 我之懷矣，自詒伊阻。與也。雉，野雞。雄者有冠長尾，身有文采，善鬭。泄泄，飛之緩也。懷，思。詒，遺。阻，隔也。○婦人以其君子從役于外，故言雄雉之飛，舒緩自得如此。而我之所思者，乃從役于外，而自遺阻隔也。

○雄雉于飛，下上其音。上時掌反 展矣君子，實勞我心。與也。下上其音，言其飛鳴自得也。展，誠也。言誠又言實，所以甚言此君子之勞我心也。

○瞻彼日月，悠悠我思。叶新齋反 道之云遠，曷云能來。叶陵之反 ○賦也。悠悠，思之長也。見日月之往來，而思其君子從役之久也。

○百爾君子，不知德行。行下孟反，叶戶郎反 不忮與至同 不求，何用不臧。賦也。百，猶凡也。忮，害。求，貪。臧，善也。○

言凡爾君子。豈不知德行乎。若能不忮害。又不貪求。則何所爲而不善哉。憂其遠行之犯患。冀其善處而得全也。

雄雉四章。章四句。

匏有苦葉。濟有深涉。深則厲。淺則揭。與器同

比也。匏。瓠也。匏之苦者不可食。特可佩以渡水而已。然今尚有葉。則亦未可用之時也。濟。渡處也。行渡水曰涉。以衣而涉曰厲。褰衣而涉曰揭。○此刺淫亂之詩。言匏未可用。而渡處方深。行者當量其淺深而後可渡。以比男女之際。亦當量度禮義而行也。

○有瀰與米同濟盈。有鷕以小反雉鳴。濟盈不濡軌。與晷同。叶居有反雉鳴求其牡。

比也。瀰。水滿貌。鷕。雌雉聲。軌。車轍也。飛曰雌雄。走曰

詩本音元戴侗曰此章上半句瀰与鷕叶下半句盈与鳴協亦一句而兩韻也又按濟在十一薺雉在五旨與瀰鷕同為脂類濟雉之相協正与瀰鷕相協同於此兩句蓋無字不韻也

詩經

牝牡。○夫濟盈必濡其轍。雉鳴當求其雄。此常理也。今濟盈而曰不濡軌。雉鳴而反求其牡。以比淫亂之人。不度禮義。非其配耦。而犯禮以相求也。○雝雝鳴鴈。叶魚旰反旭許玉反日始旦。士如歸妻。迨冰未泮。賦也。雝雝。聲之和也。鴈。鳥名。似鵝。畏寒。秋南春北。旭日初出貌。昏禮納采用鴈。親迎以昏。而納采請期以日。歸妻以冰泮而納采請期。迨冰未泮之時。○言古人之於婚姻。其求之不暴。而節之以禮。如此。以深刺淫亂之人也。○招招音韶舟子。叶獎里反人涉卬否。卬與昂同否。叶蒲美反人涉卬否。卬須我友。叶羽軌反。○比也。招招。號名之貌。舟子。舟人主濟渡者。卬。我也。○舟人招人以渡。人皆從之。而我獨否者。待我友之招而後從之也。以比男女必待其配耦而相從。而刺此人之不然也。

雁三十諫旦二十八翰泮二十九換並原類

馬段以泮爲韵

子六止否友誤入四十四有並之類

釋文韓詩招招聲也

匏有苦葉四章章四句。

習習谷風，以陰以雨。黽勉同心，不宜有怒。叶暖五反。采葑采菲，與封與匪。無以下體。德音莫違，反。采葑采菲同。及爾同死。叶想止反。○比也。習習，和舒也。東風謂之谷風。葑，蔓菁也。菲，似葍，莖麤葉厚而長，有毛。下體，根也。葑菲根莖皆可食，而其根則有時而美惡。德音，美譽也。○婦人爲夫所棄，故作此詩，以敘其悲怨之情。言陰陽和而後雨澤降，如夫婦和而後家道成。故爲夫婦者，當黽勉以同心，而不宜至於有怒。又言采葑菲者，不可以其根之惡而棄其莖之美；如爲夫婦者，不可以其顏色之衰而棄其德音之善。但德音之不違，則可以與爾同死矣。

○行道遲遲，中心有違。不遠伊邇，薄送

賦曰違世業之可懷曹大家曰違
恨也違或作愇是其證也中
心有違猶云中心有恨釋文引韓
詩曰違很也很恨義同廣雅釋
詁曰很恨也韓說殆勝於毛矣

詩經札記涇清渭濁涇之清以
比己涇以右渭而濁己之清矣
有新婚而濁杜詩在山泉水清
出山泉水濁正此意

平議禮表記襄二十五年左傳引
此詩作皇恤我後皇古讀若況
南書無逸篇無皇曰漢石經作
毋兄曰皇自敬德正義曰王肅本
皇作況漢石經作則兄曰敬德

詩經

我畿。音祈誰謂荼音徒苦其甘如薺音泚宴爾新昏。如兄如弟。待禮反○賦而比也。遲遲，舒行貌。違，相背也。畿，門內也。荼，苦菜，蓼屬也。詳見良耜。薺，甘菜。宴，樂也。新昏，夫所更娶之妻也。○言我之被棄，行於道路，遲遲不進，蓋其足欲前而心有所不忍，如相背然。而故夫之送我，乃不遠而甚邇，亦至其門內而止耳。又言荼雖甚苦，反甘如薺，以比己之見棄，其苦有甚於荼，而其夫方且宴樂其新昏，如兄如弟，而不見恤。蓋婦人從一而終，今雖見棄，猶有望夫之情，厚之至也。○涇以渭濁。湜湜音殖其沚。音止宴爾新昏。不我屑以。毋逝我梁。毋發我笱。與苟同我躬不閱。遑恤我後。胡口反○比也。涇、渭，二水名。涇水出今原州百泉縣笄頭山，東南至永興軍高陵入渭。渭

詩何言涇本
濁因渭之濁
益見猶夫本
增色因新婚
搆之濁益甚乎
又瑞玉曰毋逝我
梁毋發我笱
言新婦毋于

水出渭州渭源縣鳥鼠山至同州馮翊縣入河 湜湜清貌 沚小渚也 屑潔 以與 逝之也 梁堰石障水而空其中以通魚之往來者也 笱以竹爲器而承梁之空以取魚者也 閱容也 ○涇濁渭清然涇未屬渭之時雖濁而未甚見 由二水既合而清濁益分然其別出之渚流或稍緩則猶有清處婦人以自比其容貌之衰久矣又以新昏形之益見憔悴然其心則固猶有可取者但以故夫之安於新昏故不以我爲潔而與之耳又言毋逝我之梁毋發我之笱以比欲戒新昏毋居我之處毋行我之事而又自思我身且不見容何暇恤我已去之後哉知不能禁而絕意之辭也 ○就其深矣方之舟之

就其淺矣泳之游之何有何亡黽勉求之凡民有喪匍音蒲匐蒲卜反救叶居尤反之 興也方桴舟船也潛行曰

詩經

泳浮水曰游匍匐手足並行急遽之甚也婦人自陳其治家勤勞之事言我隨事盡其心力而爲之深則方舟淺則泳游不計其有與亡而勉强以求之又周睦其鄰里鄉黨莫不盡其道也○不我能慉與畜同反以我爲讎既阻我德賈音古用不售與壽同叶市周反昔育恐育鞠與菊同及爾顛覆與福同既生既育比予于毒賦也慉養阻却鞠窮也○承上章言我於女家勤勞如此而女既不我養而反以我爲仇讎惟其心既拒却我之善故雖勤勞如此而不見取如賈之不見售也因念其昔時相與爲生惟恐其生理窮盡而及爾皆至於顛覆今既遂其生矣乃反比我於毒而棄之乎張子曰育恐謂生於恐懼之中育鞠謂生於困窮之際亦通○我有旨蓄勑六反亦

以御音語冬。宴爾新昏，以我御窮。有洸音光有潰。音繪既詒我肄。音異不念昔者，伊余來塈。興也。旨，美。蓄，聚。御，當也。洸，武貌。潰，怒色也。肄，勞。塈，息也。○又言我之所以蓄聚美菜者，蓋欲以禦冬月乏無之時。至於春夏，則不食之矣。今君子安於新昏而厭棄我，是但使我禦其窮苦之時。至於安樂則棄之也。又言於我極其武怒，而盡遺我以勤勞之事。曾不念昔者我之來息時也。追言其始見君子之時接禮之厚，怨之深也。

谷風六章，章八句。

式微式微，胡不歸。微君之故，胡為乎中露。賦也。式，發語辭。微，猶衰也。再言之者，言衰之甚也。微，猶非也。中露，露中也。言有霑濡之辱，而無

詩經

所芘覆也。○舊說以爲黎侯失國而寓於衛。其臣勸之曰。衰微甚矣。何不歸哉。我若非以君之故。則亦胡爲而辱於此哉。○

式微式微。胡不歸。微君之躬。胡爲乎泥中。

賦也。泥中言有陷溺之難。而不見拯救也。

式微二章。章四句。

此無所考。姑從序說。

旄丘之葛叶居曷反兮。何誕音憚之節兮。叔兮伯叶音逼兮。何多日也。

興也。前高後下曰旄丘。誕。闊也。叔伯。衛之諸臣也。○舊說黎之臣子自言久寓於衛。時物變矣。故登旄丘之上。見其葛長大而節疏闊。因託以起興曰。旄丘之葛。何其節之闊也。衛之諸臣。何其多日而不見救也。此詩本責衛君。而但斥其臣。可見其優柔而不迫也。○

何其處也。必有與也。何其久

叶舉里反也。必有以也。賦也。處，安處也。與，與國也。以，他故也。○因上章何多日也而言，何其安處而不來，意必有與國相俟而俱來耳。又言何其久而不來，意其或有他故而不得來耳。詩之曲盡人情如此。

○狐裘蒙戎，匪車不東。叔兮伯兮，靡所與同。賦也。大夫狐蒼裘。蒙戎，亂貌，言弊也。○又自言客久而裘弊矣，豈我之車不東告於女乎？但叔兮伯兮不與我同心，雖往告之而不肯來耳。至是始微諷切之。或曰：狐裘蒙戎，指衛大夫而譏其憒亂之意；匪車不東，言非其車不肯東來救我也，但其人不肯與俱來耳。今按：黎國在衛西，前說近是。

○瑣音鎖兮尾兮，流離之子。叶獎里反叔兮伯兮，褎音又如充耳。賦也。瑣，細；尾，末也。流離，漂散也。褎，多笑貌。充耳，塞耳也。耳聾之人恒多笑。○言黎之君臣

詩經

流離瑣尾。若此其可憐也。而衛之諸臣。褎然如塞耳而無聞。何哉。至是然後盡其辭焉。流離患難之餘。而其言之有序而不迫如此。其人亦可知矣。

旄丘四章章四句。說同上篇。

簡兮簡兮。方將萬舞。日之方中。在前上處。上聲○賦也。簡。簡易不恭之意。萬者。舞之總名。武用干戚。文用羽籥也。日之方中。在前上處。言當明顯之處。○賢者不得志而仕於伶官。有輕世肆志之心焉。故其言如此。若自譽而實自嘲也。○碩人俁俁。音語公庭萬舞。有力如虎。執轡如組。音祖○賦也。碩。大也。俁俁。大貌。轡。今之韁也。組。織絲爲之。言其柔也。御能使馬。則轡柔如組矣。○又自譽其才之無所不備。亦上章之意也。○左手執

籥音藥右手秉翟音笛叶直角反赫如渥音握赭音者叶陟略反公言錫爵

賦也。執籥秉翟者。文舞也。籥如笛而六孔。或曰三孔。翟。雉羽也。赫。赤貌。渥。厚漬也。赭。赤色也。言其顏色之充盛也。公言錫爵。即儀禮燕飲而獻工之禮也。以碩人而得此。則亦辱矣。乃反以其賚予之親洽為榮。而誇美之。亦玩世不恭之意也。○

山有榛音臻隰有苓音零云誰之思。西方美人。彼美人兮。西方之人兮。

興也。榛。似栗而小。下濕曰隰。苓。一名大苦。葉似地黃。即今甘草也。西方美人。託言以指西周之盛王。如離騷亦以美人目其君也。又曰西方之人者。歎其遠而不得見之辭也。○賢者不得志於衰世之下國。而思盛際之顯王。故其言如此。而意遠矣。

泉水許穆夫人言志也
思歸唁兄又思至齊
因齊子以謀救衛也
毛序衛女思歸讀序嫁
于諸侯父母終思歸寧
而不得非許穆
夫人之思
次第十八
諸姬謂齊桓諸夫人左
傳齊桓公內嬖如夫人者
六人長衛姬少衛姬諸姑
謂長衛姬伯姊少衛姬

詩經

簡兮四章三章章四句一章六句。舊三章章六句今改定。○張子曰。爲祿仕而抱關擊柝則猶恭其職也。爲伶官則雜於侏儒俳優之間。不恭甚矣。其得謂之賢者。雖其迹如此。而其中固有以過人。又能卷而懷之。是亦可以爲賢矣。東方朔似之。

說文引作泌　馬瑞辰段借

毖音祕彼泉水。亦流于淇。有懷于衛。靡日不思。孌音臠彼諸姬。聊與之謀。叶謨悲反○興也。毖泉始出之貌。泉水即今衛州共城之百泉也。淇水出相州林慮縣東流。泉水自西北而東南來注之。孌好貌。諸姬謂姪娣也。○衛女嫁於諸侯。父母終。思歸寧而不得。故作此詩。言毖然之泉水。亦流于淇矣。我之有懷于衛。則亦無日而不思矣。是以即諸姬而與之謀。爲歸衛之計。

通論諸姬即下章之諸姑伯姊也
毛傳聊願也
箋聊且略之辭
音媒
謂思姬與之謀
按水五旨衛十三祭並脂類之五之陽句韻

如下兩章之云也。○出宿于泲，音濟飲餞音踐于禰，音你女子有行，遠去聲父母兄弟。問我諸姑，遂及伯姊。叶獎里反。○賦也。泲，地名。飲餞者，古之行者必有祖道之祭。祭畢，處者送之，飲於其側而後行也。禰，亦地名。皆自衛來時所經之處也。諸姑伯姊，即所謂諸姬也。○言始嫁來時，則固已遠其父母兄弟矣，況今父母既終，而復可歸哉。是以問於諸姑伯姊，而謀其可否云耳。鄭氏曰：國君夫人，父母在則歸寧，沒則使大夫寧於兄弟。

○出宿于干，叶居焉反飲餞于言。載脂載舝，音轄，叶下介反還音旋車言邁。遄市專反臻于衛，不瑕有害。○賦也。干、言，地名。適衛所經之地也。脂，以脂膏塗其舝，使滑澤也。舝，車軸也。不駕則脫之，設之而後行也。還，回旋也。旋其嫁來之車也。遄疾。臻至也。瑕何。古音相近通用。○言如是則其至衛疾矣。然豈不害於義理乎。疑之而不敢遂之辭也。

○我思肥泉。茲之永歎。叶宅涓反思須與漕。叶徂侯反我心悠悠。駕言出遊。以寫我憂。

賦也。肥泉。水名。須。漕。衛邑也。悠悠。思之長也。寫。除也。○既不敢歸。然其思衛地不能忘也。安得出遊於彼。而寫其憂哉。

泉水四章。章六句。楊氏曰。衛女思歸。發乎情也。其卒也不歸。止乎禮義也。聖人著之於經。以示後世。使知適異國者。父母終。無歸寧之義。則能自克者知所處矣。

出自北門。叶眉貧反憂心殷殷。終窶音巨且貧。莫知我艱。叶居銀反已焉哉。叶將其反，下同天實爲之，謂之何哉。

北也。北，北門，背陽向陰。殷殷，憂也。窶者，貧而無以爲禮也。○衛之賢者處亂世，事暗君，不得其志，故因出北門而賦以自比。又歎其貧窶，人莫知之，而歸之於天也。

○王事適我，政事一埤音琵益我。我入自外，室人交徧讁音責，叶竹棘反我。已焉哉，天實爲之，謂之何哉。

賦也。王事，王命使爲之事也。適，之也。政事，其國之政事也。一，猶皆也。埤，厚。室，家。讁，責也。○王事既適我矣，政事又一切以埤益我。其勞如此，而窶貧又甚，室人至無以自安，而交徧讁我，則其困於內外極矣。

○王事敦叶都回反我，政事一埤遺去聲，叶夷回反我。我入自外，室人交徧摧徂回反我。已焉哉天實爲之謂之何哉。

北門三章章七句。

賦也。敦猶投擲也。遺加。摧沮也。○楊氏曰忠信重祿所以勸士也。至於窶貧而莫知其艱，則無勸士之道矣，仕之所以不得志也。先王視臣如手足，豈有以事投遺之而不知其艱哉，然不擇事而歸之於天，所以爲忠臣也。奈何而歸之於天。

北風其涼，雨雪其雱。惠而好我，攜手同行。其虛其邪，既亟只且。

○比也。北風，寒涼之風也。雱，雪盛貌。惠，愛。行，去也。虛，寬貌。邪，一作徐，緩也。言北風雨雪以比國家危亂將至，而氣象愁慘也。故欲與其相好之人去而避之。

（眉批）北風排虐也，友朋男女之詩。毛序樹虐也，次第三十。

（眉批）毛鄭詩釋惠棟曹大家注，職列作徘，盍三家之說。曰志無虛邪亦讀失徒，是按古音徐，口下只協魚韻。邪恩居斯建，采統管子水地篇，欲不行民曰爲邪行，無邪時則門訓富用治法，詳必事備盡然。嚣邪易林剝之，需上雉邪實。

（旁註）詩本音此章之我之虛邪目皆通上文爲一韻。

（旁註）漢書陽雲賦上滂陽類。音旁，去。說文濟博世籀文作雱。

（旁註）叶戶郎反，行釋文胡郎反。

（旁註）詩車舝音且又讀如徐，釋文邪讀入麻韻，急景類。音徐。

（旁註）音紙，且音疽，下同。

去而避之。且曰。是尚可以寬徐乎。彼其禍亂之迫已甚。而去不可不速矣。○北風其喈。音皆叶君奚反雨雪其霏。音非惠而好我。攜手同歸。其虛其邪。既亟只且。比也。喈疾聲也。霏雨雪分散之狀。歸者。去而不反之辭也。○莫赤匪狐。莫黑匪烏。惠而好我。攜手同車。其虛其邪。既亟只且。比也。狐獸名。似犬黄赤色。烏鵶黑色。皆不祥之物。人所惡見者也。所見無非此物。則國將危亂可知。同行同歸。猶賤者也。同車。則貴者亦去矣。

北風三章。章六句。

靜女其姝。音樞俟我於城隅。愛而不見。搔音騷首

躊待孟城隅終日至暮不
見齊侯未知其說韓詩外
傳曰賢者精氣閬溢而後
傷時不可過也乃陳情欲以
歌道義詩曰愛而不
見搔首躊躇急
時解也此
斷章誼　次第三十一
詩釋說文無懌字新附有之
經典通釋用言部說之釋也漢
書王尊傳蕃邪消釋師古曰釋
解也言懌文選琴賦其康樂
者閒之則歆愉懽釋

踟音池蹰音廚。○賦也。靜者，閒雅之意。姝，美色也。城隅，幽僻之處。不見者，期而不至也。踟蹰，猶躑躅也。此淫奔期會之詩也。○**靜女其孌，貽我彤**音同**管**。叶古宄反**彤管有煒**，音偉**說**音悅**懌**音亦**女美**。賦也。孌，好貌。於是則見之矣。彤管，未詳何物，蓋相贈以結殷勤之意耳。煒，赤貌。言既得此物，而又悅懌此女之美也。○**自牧歸荑，洵美且異。匪女**音汝**之為美，美人之貽**。與異同○賦也。牧，外野也。歸，亦貽也。荑，茅之始生者。洵，信也。女，指荑而言也。○言靜女又贈我以荑，而其荑亦美且異。然非此荑之為美，特以美人之所貽，故其物亦美耳。

靜女三章，章四句。

新臺有泚音此河水瀰瀰音米燕婉之求籧音蕖篨音除不鮮斯淺反，叶想止反。○賦也。泚，鮮明也。瀰瀰，盛也。燕，安。婉，順也。籧篨，不能俯疾之醜者也。蓋籧篨本竹席之名，人或編以爲囷，其狀如人之擁腫而不能俯者，故又因以名此疾也。鮮，少也。○舊說以爲衛宣公爲其子伋娶於齊，而聞其美，欲自娶之，乃作新臺於河上而要之。國人惡之，而作此詩以刺之。言齊女本求與伋爲燕婉之好，而反得宣公醜惡之人也。

○新臺有洒音璀，叶先典反河水浼浼音每，叶美辨反燕婉之求籧篨不殄賦也。洒，高峻也。浼浼，平也。殄，絕也。言其病不已也。

○魚網之設鴻則離之燕婉之求得此戚施興也。鴻，鴈之大者。離，麗也。戚施，不能仰，亦醜疾也。○言設魚網而反得鴻以興求燕婉而反得醜疾之人。所得非所求也。

新臺三章章四句。凡宣姜事。首末見春秋傳。然於詩則皆未有考也。諸篇放此。

二子乘舟。汎汎芳劒反其景。叶舉兩反願言思子。中心養養。賦也。二子。謂伋壽也。乘舟。渡河如齊也。景。古影字。養養。猶漾漾。憂不知所定之貌。○舊說以爲宣公納伋之妻。是爲宣姜。生壽及朔。朔與宣姜。愬伋於公。公令伋之齊。使賊先待於隘而殺之。壽知之。以告伋。伋曰。君命也。不可以逃。壽竊其節而先往。賊殺之。伋至。曰。君命殺我。壽有何罪。賊又殺之。國人傷之而作是詩也。○二子乘舟。汎汎其逝。願言思子。不瑕有害。賦也。逝。往也。不瑕。疑辭。義見泉水。此則見其不歸而疑之也。

二子乘舟二章章四句。太史公曰。余讀世家言。至於宣公之子。以婦見誅。弟壽爭死以相讓。此與晉太子申生不敢明驪姬之過同。俱惡傷父之志。然卒死亡。何其悲也。或父子相殺。兄弟相戮。亦獨何哉。

邶十九篇七十二章三百六十三句。

鄘一之四說見上篇。

汎彼柏舟。在彼中河。髧音萏彼兩髦。實維我儀。叶牛何反之死矢靡它。音拖母也天叶鐵因反只音紙下同不諒人只。

興也。中河。中於河也。髧。髮垂貌。兩髦者。剪髮夾囟。子事父母之飾。親死然

詩經

後去之。此蓋指共伯也。我。共姜自我也。儀。匹。之。至。矢。誓。靡。無也。只。語助辭。諒。信也。○舊說以爲衛世子共伯蚤死。其妻共姜守義。父母欲奪而嫁之。故共姜作此以自誓。言柏舟則在彼中河。兩髦則實我之匹。雖至於死。誓無它心。母之於我。覆育之恩。如天罔極。而何其不諒我之心乎。不及父者。疑時獨母在。或非父意耳。

○

汎彼柏舟。在彼河側。髧彼兩髦。實維我特。之死矢靡慝。音忒母也天只。不諒人只。

興也。特。亦匹也。慝。邪也。以是爲慝。則其絕之甚矣。

柏舟二章章七句

牆有茨。不可埽也。叶蘇后反中冓音姤之言。不可道也。叶徒厚反所可道也。言之醜也。

興也。茨。蒺藜也。蔓生細葉。子有

三角刺人。中冓謂舍之交積材木也。道。言。醜惡也。○舊說以爲宣公卒。惠公幼。其庶兄頑烝於宣姜。故詩人作此詩以刺之。言其閨中之事。皆醜惡而不可言。理或然也。○牆有茨不可襄也中冓之言不可詳也所可詳也言之長也。興也。襄。除也。詳。詳言之也。言之長。長者不欲言而託以語長難竟也。○牆有茨不可束也中冓之言不可讀也所可讀也言之辱也。興也。束。束而去之也。讀。誦言也。辱。猶醜也。

牆有茨三章章六句

楊氏曰。公子頑通乎君母。閨中之言至不可讀。其汙甚矣。聖人何取焉。而著之於經也。蓋自古淫亂之君。自以爲密於閨門之中。世無得而知者。故自肆而不反。聖人所以著之於經。使後世爲惡

者知雖閨門之言亦無隱而不彰也其爲訓戒深矣

君子偕老副笄六珈音加叶居河反**委委**音威**佗佗**音駝**如山如河象服是宜**叶牛何反**子之不淑云如之何**賦也君子夫也偕老言偕生而偕死也女子之生以身事人則當與之同生與之同死故夫死稱未亡人言亦待死而已不當復有他適之志也副祭服之首飾編髮爲之笄衡笄也垂于副之兩旁當耳其下以紞懸瑱珈之言加也以玉加於笄而爲飾也委委佗佗雍容自得之貌如山安重也如河弘廣也象服法度之服也淑善也○言夫人當與君子偕老故其服飾之盛如此而雍容自得安重寬廣又有以宜其象服今宣姜之不善乃如此雖有是服亦將如之何哉言不稱也○**玼**音此**兮玼兮其之翟**

又髢字下曰髲部字君子偕老二章讀若揥皆帝江君云說文作鬄易則在本部

孔疏連斗樞云帝之言諦元命苞云天之言瑱二者皆取名以見德

經說等語后妃六服之次展衣宜白詩云瑳兮瑳兮其之展也又云瑳瑳展色正相同說文玉部瑳玉色鮮白衣部展丹縠衣以白玉擬丹縠語意不倫從鄭則白玉白衣適相稱也

平議紲當作褻褻說文衣部兩引此經褻衣第下曰是褻袢也袢字下曰是褻袢也蓋褻本字紲段字

叶去聲也鬒音軫髮如雲不屑髢音第也玉之瑱吐殿
反也象之揥敕帝反也揚且音疽之皙音錫叶征例反也
胡然而天也胡然而帝也賦也玼鮮盛貌翟衣祭服刻繒爲翟
雉之形而彩畫之以爲飾也鬒黑也如雲言多而美也屑潔也髢髲髢也人少髮則以髢
益之髮自美則不潔於髢而用之也瑱塞耳也象骨也揥所以摘髮也揚眉上廣也且
助語辭皙白也胡然而天胡然而帝言其服飾容貌之美見者驚猶鬼神也○瑳
上聲兮瑳兮其之展音戰叶諸延反也蒙彼縐音皺絺是
紲音屑袢音半叶汾乾反也子之清揚揚且之顏叶魚堅反
也展如之人兮邦之媛音院叶于權反也賦也瑳亦鮮盛貌展

桑中淫奔之詩毛序刺奔也
次第三十二

詩經

衣者。以禮見於君及見賓客之服也。蒙。覆也。縐絺。絺之蹙蹙者。當暑之服也。紲袢。束縛意。以展衣蒙絺綌而爲之紲袢。所以自斂飭也。或曰。蒙。謂加絺綌於褻衣之上。所謂表而出之也。清。視清明也。揚。眉上廣也。顏。額角豐滿也。展。誠也。美女曰媛。見其徒有美色。而無人君之德也。

通論此篇為神女感甄之濫觴山河天帝廣攬遐觀驚心動魄傳神寫意有非言辭可釋之妙

君子偕老三章。一章七句。一章九句。一章八句。

東萊呂氏曰。首章之末云。子之不淑。云如之何。責之也。二章之末云。胡然而天也。胡然而帝也。問之也。三章之末云。展如之人兮。邦之媛也。惜之也。辭益婉而意益深矣。

爰采唐矣。沬音妹之鄉矣。云誰之思。美孟姜矣。

唐草唐鄉某地中陽上曲上濮陽趙

期我乎桑中叶諸良反要音腰我乎上宮叶居王反送我乎淇之上叶辰羊反矣賦也。唐蒙菜也。一名兎絲也。沬衛邑也。書所謂妹邦者也。孟長也。姜齊女。言貴族也。桑中、上宮、淇上又沬鄉之中小地名也。要猶迎也。○衛俗淫亂。世族在位。相竊妻妾。故此人自言將采唐於沬。而與其所思之人。相期會迎送如此也。

○爰采麥叶訖力反矣沬之北矣云誰之思美孟弋矣期我乎桑中要我乎上宮送我乎淇之上矣賦也。麥穀名。秋種夏熟者。弋春秋或作姒。蓋杞女夏后氏之後。亦貴族也。○

爰采葑矣沬之東矣云誰之思美孟庸矣期我乎桑中要我乎上宮送我乎淇之上矣賦也。

旂姓閻若璩言姜女云兩庸國聲相近書母若大姒嫔嫔漢書引作庸庸故知庸即閻也或謂鄘古作庸本庸姓姓國即鄘之派自出此妄說無據古未有以姓名其國者

平議庸姓疑即熊姓春秋所書魯夫人姜氏為多而亦有弋氏熊氏襄四年夫人弋氏薨宣八年夫人熊氏薨是又魯衛兄弟國其所與爲昏姻者宜亦大略相近

鶉奔左公子洩右公子職刺宣公也　左傳宣公烝于夷姜生急子屬諸右公子為之取于齊而美公取之生壽及朔屬壽于左公子夷姜縊宣姜與公子朔構急子公使諸齊使盜殺諸莘二公子故怨惠公

序以鶉鵲刺姜與我以爲兄不合

次第十二

葑。蔓菁也。庸。未聞。疑亦貴族也。

桑中三章章七句。樂記曰。鄭衛之音。亂世之音也。比於慢矣。桑閒濮上之音。亡國之音也。其政散。其民流。誣上行私而不可止也。按桑閒即此篇。故小序亦用樂記之語。

鶉音純之奔奔。鵲之彊彊。音姜人之無良。我以爲兄。叶虛王反。○興也。鶉。䳺屬。奔奔彊彊。居有常匹。飛則相隨之貌。人。謂公子頑。良。善也。○衛人刺宣姜與頑非匹耦而相從也。故爲惠公之言以刺之曰。人之無良。鶉鵲之不若。而我反以爲兄。何哉。

彊良十陽兄汲入十二庚陽類

欲釋之於是乎釋詞指事之訓言人於是乎良

韓詩外傳引作何以爲兄

○鵲之彊彊。鶉之奔奔。叶逋珉反人之無良。我以爲君。興也。人。謂宣姜。君。小君也。

奔二十三魂君二十文展類

鶉之奔奔二章章四句。范氏曰。宣姜之惡。不可勝道也。國人疾而刺之。或遠言焉。或切言焉。遠言之者。君子偕老是也。切言之者。鶉之奔奔是也。衛詩至此。而人道盡。天理滅矣。中國無以異於夷狄。人類無以異於禽獸。而國隨以亡矣。胡氏曰。楊時有言。詩載此篇。以見衛爲狄所滅之因也。故在定之方中之前。因以是說考於歷代。凡淫亂者。未有不至於殺身敗國而亡其家者。然後知古詩垂戒之大。而近世有獻議。乞於經筵不以國風進講者。殊失聖經之旨矣。

定音訂之方中。作于楚宮。揆之以日。作于楚室。樹之榛栗。椅音醫桐梓漆。爰伐琴瑟。賦也。定。北方之宿。營室星也。此星昏而正中。夏正十月也。於是時可以營制宮室。故謂之營室。楚宮。楚丘之宮也。揆。度也。樹八尺之臬。而度其日之出入之景。以定東西。又參日中之景。以正南北也。楚室。猶楚宮。互文以協韻耳。榛。栗。二木。其實榛小栗大。皆可供籩實。椅。梓實桐皮。桐。梧桐也。梓。楸之疎理白色而生子者。漆。木有液黏黑。可飾器物。四木皆琴瑟之材也。爰。於也。○衛爲狄所滅。文公徙居楚丘。營立宮室。國人悅之而作是詩以美之。蘇氏曰。種木者求用於十年之後。其不求近功。凡此類也。

○**升彼虛**音墟叶起呂反**矣。以望楚矣。望楚與堂。景山與京。**叶居良反**降觀于桑。卜云其吉。終焉允臧。**賦也。虛。故城也。楚。楚丘也。堂。楚丘之旁邑也。景。測景以正方面也。與既景廼岡之景同。或曰。景。山名。見商頌。京。高丘也。桑。木名。葉可飼蠶者。觀之以察其土宜也。允，信。臧，善也。○此章本其始之望景觀卜，而言以至於終而果獲其善也。

○靈雨既零，命彼倌音官人，星言夙駕，說音稅于桑田。叶徒因反。匪直也人，秉心塞淵。叶一均反。騋音來牝三千。叶倉新反。

○賦也。靈，善。零，落也。倌人，主駕者也。星，見星也。說，舍止也。秉，操。塞，實。淵，深也。馬七尺以上爲騋。○言方春時雨既降而農桑之務作，文公於是命主駕者晨起駕車，亟往而勞勸之。然非獨此人所以操其心者誠實而淵深也。蓋其所畜之馬，七尺而牝者亦已至於三千之衆矣。蓋人操心誠實而淵深，則無所爲而不成，其致此富盛宜矣。記曰：問國君之富，數馬以對。今言騋牝之衆如此，則生息之蕃可見，而衞國之富亦可知矣。此章又要其終而言也。

蝃蝀刺奔也 後漢書楊賜傳注韓詩序刺奔女也詩言蝃蝀在東者邪色乘陽人君淫泆之徵臣爲君父隱諱故言莫之敢指韓序既曰刺奔女注又誤屬人君列女傳引不知命也言嬖色殞命也韓外傳亦曰不肖者精化始具而生氣感動觸情縱欲反亂施化是以年歲

定之方中三章章七句。按春秋傳。衛懿公九年冬。狄入衛。懿公及狄人戰于熒澤而敗。死焉。宋桓公迎衛之遺民渡河而南。立宣姜子申以廬于漕。是爲戴公。是年卒。立其弟燬。是爲文公。於是齊桓公合諸侯以城楚丘而遷衛焉。文公大布之衣。大帛之冠。務材訓農。通商惠工。敬教勸學。授方任能。元年革車三十乘。季年乃三百乘。

蝃音帝蝀音凍在東。莫之敢指。女子有行。遠去聲父母兄弟。比也。蝃蝀。虹也。日與雨交。倏然成質似有血氣之類。乃陰陽之氣。不當交而交者。蓋天地之淫氣也。在東者莫虹也。虹隨日所映。故朝西而莫東也。○此刺淫奔之詩。言蝃蝀在東。而人不敢指。以比淫奔之惡。人不可道。况女子有行。又當遠其父母兄弟。

依釋之猶有也

指弟皆莫叶十一齊脂類

豈可不顧此而冒行乎。○朝隮音賫于西。崇朝其雨。女子有行。遠兄弟父母。叶滿補反。○比也。隮，升也。周禮十煇。九曰隮。注以爲虹。蓋忽然而見。如自下而升也。崇，終也。從旦至食時爲終朝。言方雨而虹見。則其雨終朝而止矣。蓋淫慝之氣。有害於陰陽之和也。今俗謂虹能截雨。信然。○乃如之人也。懷昏姻也。大無信也。叶斯人反不知命也。叶彌并反賦也。乃如之人。指淫奔者而言。昏姻，謂男女之欲。程子曰。女子以不自失爲信。命，正理也。○言此淫奔之人。但知思念男女之欲。是不能自守其貞信之節。而不知天理之正也。程子曰。人雖不能無欲。然當有以制之。無以制之。而惟欲之從。則人道廢而入於禽獸矣。以道制欲。則能順命。

詩經國風　蝃蝀　相鼠

蝃蝀三章。章四句。

相(去聲)鼠有皮。(叶蒲何反)人而無儀。(叶牛何反)人而無儀。不死何爲。(叶吾何反○興也。相，視也。鼠，蟲之可賤惡者。○言視彼鼠而猶必有皮。可以人而無儀乎。人而無儀。則其不死亦何爲哉。)○相鼠有齒。人而無止。人而無止。不死何俟。(叶羽巳反又音始○興也。止，容止也。俟，待也。)○相鼠有體。人而無禮。人而無禮。胡不遄死。(叶想止反○興也。體，支體也。遄，速也。)

相鼠三章。章四句。

孑孑(音結)干旄。在浚(音峻)之郊。(叶音高)素絲紕(音避)之良馬四之。彼姝音樞者子，何以畀音痺之。賦也。孑孑特出之貌。干旄，以旄牛尾注於旗干之首，而建之車後也。浚，衛邑名。邑外謂之郊。紕，織組也。蓋以素絲織組而維之也。四之，兩服兩驂，凡四馬以載之也。姝，美也。子，指所見之人也。畀，與也。○言衛大夫乘此車馬，建此旌旄，以見賢者。彼其所見之賢者，將何以畀之而答其禮意之勤乎。

○孑孑干旟，在浚之都。素絲組音祖之，良馬五之。彼姝者子，何以予音與之。賦也。旟，州里所建鳥隼之旗也。上設旌旄，其下繫斿，斿下屬縿，皆畫鳥隼也。下邑曰都。五之，五馬，言其盛也。

○孑孑干旌，在浚之城。素絲祝之，良馬六之。彼姝者子，何以告音谷之。賦也。析羽爲旌。干旌，蓋析翟羽設於旗干之首載馳許穆夫人爲衛亡不辟歸唁遂至于齊謀救衛也 列女傳許穆夫人者衛懿公之女初許求之齊亦求之懿公將與許女因傅母而言曰古者諸侯之有女子也所以苞苴玩弄繫援於大國也今許小而遠齊大而近今舍近而求遠離大而附小一旦有車馳之難孰可與慮社稷衛侯

詩經

也。城。都城也。祝。屬也。六之。六馬。極其盛而言也。

干旄三章。章六句。此上三詩。小序皆以爲文公時詩。蓋見其列於定中載馳之間故爾。他無所考也。然衛本以淫亂無禮。不樂善道而亡其國。今破滅之餘。人心危懼。正其有以懲創往事。而興起善端之時也。故其爲詩如此。蓋所謂生於憂患。死於安樂者。小序之言。疑亦有所本云。

載馳載驅。叶祛尤反歸唁衛侯。驅馬悠悠。言至於漕。叶徂侯反大夫跋涉。我心則憂。賦也。載。則也。弔失國曰唁。悠悠。遠而未至之貌。草行曰跋。水行曰涉。○宣姜之女爲許穆公夫人。閔衛之亡。馳驅而歸。將以唁衛侯於漕邑。未至。而許之大夫。有奔走跋涉而來者。夫人知其必將以不可歸之義來告故心以爲憂也。既而終不果歸。乃作此詩以自言其意爾。○既不我嘉。不能旋反。視爾不臧。我思不遠。既不我嘉。不能旋濟。視爾不臧。我思不閟。賦也。嘉、臧、皆善也。遠、猶忘也。濟、渡也。自許歸衛。必有所渡之水也。閟、閉也。止也。言思之不止也。○言大夫既至而果不以我歸爲善。則我亦不能旋反而濟以至於衛矣。雖視爾不以我爲善。然我之所思終不能自已也。

○陟彼阿丘。言采其蝱。音盲叶謨郎反女子善懷。亦各有行。叶戶郎反許人尤之。眾穉音稚且狂。賦也。偏高曰阿丘。蝱、貝母也。主療鬱結之疾。善懷、多憂思也。猶漢書云岸善崩也。行、道。尤、過也。○又言以其既不適衛而思終不止也。故其在塗。或升高以舒憂想之情。或采蝱以療鬱

詩經國風　三之二十六

許穆夫人賦載馳齊侯使公子無虧戍曹明夫人之力也夫人至齊因齊子也

詩緝

結之疾。蓋女子所以善懷者。亦各有道。而許國之衆人以爲過。則亦少不更事而狂妄之人爾。許人守禮。非穉且狂也。但以其不知已情之切至。而言若是爾。然而卒不敢違焉。則亦豈眞以爲穉且狂哉。

○**我行其野。芃芃**音蓬**其麥。**叶訖力反**控于大邦。誰因誰極。大夫君子。無我有尤。**叶于其反**百爾所思。**叶新齋反**不如我所之。**

賦也。芃芃。麥盛長貌。控。持而告之也。因。如因魏莊子之因。極。至也。大夫。郎跋涉之大夫君子。謂許國之衆人也。○又言歸塗在野。而涉芃芃之麥。又自傷許國之小而力不能救。故思欲爲之控告于大邦。而又未知其將何所因而何所至乎。大夫君子。無以我爲有過。雖爾所以處此百方。然不如使我得自盡其心之爲愈也。

淇奧美武公之德 用毛序

按此次第二

詩釋釋文云韓詩竹作藩音徒沃反云藩篇筑也石經同陸氏隋唐間人所引蓋熹平石經漢石經爲魯詩是魯韓毛義並同藩正字竹段借字毛詩古文故多同音段借

載馳四章二章章六句二章章八句事見春秋傳舊說此詩五章一章六句二章三章四句四章六句五章八句蘇氏合二章三章以爲一章按春秋傳叔孫豹賦載馳之四章而取其控于大邦誰因誰極之意與蘇說合今從之范氏曰先王制禮父母沒則不得歸寧者義也雖國滅君死不得往赴焉義重於亡故也

鄘國十篇二十九章百七十六句

衞一之五

陸璣草木疏廣要引竹譜云淇園衞地殷紂竹箭園也……又晉淇衞之箭傳云淇衞箘簵又云下淇園之竹以爲楗又云伐淇園之竹以爲矢

韓詩作有邲君子邲美貌

瞻彼淇奧音與郁同綠竹猗猗音醫叶於何反有匪君子如切如磋平聲如琢如磨瑟兮僩兮音限赫兮咺兮

詩經國風衞 淇奧 二之二十七

況晚反兮。有匪君子。終不可諼。音喧叶況遠反兮。興也。淇水名。奧。隈也。綠。色也。淇上多竹。漢世猶然。所謂淇園之竹是也。猗猗。始生柔弱而美盛也。匪。斐通。文章著見之貌也。君子。指武公也。治骨角者。既切以刀斧。而復磋以鑢鐋。治玉石者。既琢以槌鑿。而復磨以沙石。言其德之脩飭。有進而無已也。瑟。矜莊貌。僴。威嚴貌。咺。宣著貌。諼。忘也。○衛人美武公之德。而以綠竹始生之美盛。興其學問自脩之進益也。大學傳曰。如切如磋者。道學也。如琢如磨者。自脩也。瑟兮僴兮者。恂慄也。赫兮咺兮者。威儀也。有斐君子。終不可諼兮者。道盛德至善。民之不能忘也。○瞻彼淇奧。綠竹青青。音精。有匪君子。充耳琇瑩。音營。會音[illegible]弁如星。瑟兮僴兮。赫兮咺兮。有匪君子。終不可諼兮。

興也。青青，堅剛茂盛之貌。充耳，瑱也。琇瑩，美石也。天子玉瑱，諸侯以石。會，縫也。弁，皮弁也。以玉飾皮弁之縫中，如星之明也。○以竹之堅剛茂盛，興其服飾之尊嚴，而見其德之稱也。

○瞻彼淇奧，綠竹如簀。音責，叶側歷反。有匪君子，如金如錫，如圭如璧。寬兮綽兮，猗音倚重平聲較音角兮。善戲謔兮，不爲虐兮。

○興也。簀，棧也。竹之密比似之，則盛之至也。金錫，言其鍛鍊之精純。圭璧，言其生質之溫潤。寬，宏裕也。綽，開大也。猗，歎辭也。重較，卿士之車也。較，兩輢上出軾者，謂車兩旁也。善戲謔，不爲虐者，言其樂易而有節也。○以竹之至盛，興其德之成就，而又言其寬廣而自如，和易而中節也。蓋寬綽無斂束之意，戲謔非莊厲之時，皆常情所忽，而易致過差之地也。然猶可觀而必有節焉，則其動容周旋之間。無適而非禮。亦可見矣。禮曰。張而不弛。文武不能也。弛而不張。文武不爲也。一張一弛。文武之道也。也。此之謂也。

通論宋雅謂綠為王芻竹為萹蓄是使為綠色之竹二章不可又言青青矣又錫即銀考工記攻金之工皆曰金錫金即銅錫即銀故曰金戰分錫居戰以為斧斤戈戟刀之屬栗氏為量煎金錫聲中黄鐘之宮假如以今之錫豈可攙和作斧斤戟刀而量法能聲中宮乎

淇奧三章章九句。按國語。武公年九十有五。猶箴儆于國曰。自卿以下。至于師長士。苟在朝者。無謂我老耄而舍我。必恪恭於朝。以交戒我。遂作懿戒之詩以自警。而賓之初筵。亦武公悔過之作。則其有文章而能聽規諫。以禮自防也可知矣。衛之他君。蓋無足以及此者。故序以此詩爲美武公。而今從之也。

孔子曰吾於淇奧見學之可以為君子

文選吳都賦引韓詩考槃在干　澗釋文引韓詩作干

澗三十諫寬二十七桓言諼二十元原類

考槃在澗。叶居賢反。碩人之寬。叶區權反。獨寐寤言。永矢弗諼。音喧。賦也。考成也。槃盤桓之意。言成其隱處之室也。陳氏曰。考扣也。槃

經説考字讀如向句槃繳曲般旋也

衍釋獨於且也在于而切不至於

百姓者獨行貞

考槃刺莊公也不能繼先公之業使賢者退而窮處毛序

考槃士失志也

次第三十五

則當次雄雉有善(?)業

詩閟槃木為屋曰槃

平議王肅說首章弗諼曰先王之道長自誓不敢忘也說次章弗過曰長以道自誓不敢過差其義甚正卒章弗告亦當依肅義說之茲讀方佳

碩人姻嫁莊姜也 列女傳

器名。蓋扣之以節歌。如鼓盆拊缶之爲樂也。二說未知孰是。山夾水曰澗。碩，大。寬，廣。永，長。矢，誓。諼，忘也。○詩人美賢者隱處澗谷之間，而碩大寬廣，無戚戚之意。雖獨寐而寤言，猶自誓其不忘此樂也。○考槃在阿，碩人之薖。音科 獨寐寤歌，永矢弗過。音戈 ○賦也。曲陵曰阿。薖義未詳，或云亦寬大之意也。永矢弗過，自誓所願不踰於此，若將終身之意也。○考槃在陸，碩人之軸。獨寐寤宿，永矢弗告。音谷 ○賦也。高平曰陸。軸，盤桓不行之意。寤宿，已覺而猶臥也。弗告者，不以此樂告人也。

考槃三章，章四句。

碩人其頎，音祈 衣去聲 錦褧音穎 衣。齊侯之子，衛侯

詩經

之妻東宮之妹邢侯之姨譚公維私。賦也。碩人指莊姜也。碩，長貌。錦，文衣也。褧，禪也。錦衣而加褧焉，爲其文之太著也。東宮，太子所居之宮。齊太子得臣也。繫太子言之者，明與同母，言所生之貴也。女子後生曰妹。妻之姊妹曰姨。姊妹之夫曰私。邢侯、譚公，皆莊姜姊妹之夫，互言之也。諸侯之女嫁於諸侯，則尊同，故歷言之。○莊姜事見邶風綠衣等篇。春秋傳曰：莊姜美而無子，衛人爲之賦碩人，即謂此詩。而其首章極稱其族類之貴，以見其爲正嫡小君，所宜親厚，而重歎莊公之昏惑也。○

手如柔荑音啼膚如凝脂，領如蝤音囚蠐音齊，齒如瓠音互犀。螓音秦首蛾眉，巧笑倩兮，美目盼叶匹見反兮。○賦也。茅之始生曰荑，言柔而白也。凝脂，脂寒而凝者，亦言白也。領，頸也。蝤蠐，木蟲之平議說文金部鑣馬銜也巾部幩馬纏鑣扇汗也是扇汗之名屬幩不屬鑣傳文人君以朱纏鑣为句扇汗且以为飾为句扇汗之字乃言其用非言其名後人或即其用而名之謂之扇汗亦謂之排沫要是幩之異名陸氏誤以鑣扇汗之字連讀乃以扇汗为鑣之異名則失之矣續漢書輿服志曰乘輿象鑣亦扇汗王公列侯朱鑣係之扇汗而知鑣與扇汗非一物也

白而長者。瓠犀，瓠中之子，方正潔白，而比次整齊也。螓，如蟬而小，其額廣而方正。蛾，蠶蛾也。其眉細而長曲。倩，口輔之美也。盼，黑白分明也。○此章言其容貌之美，猶前章之意也。

○碩人敖敖，音翶說音稅于農郊。叶音高四牡有驕，音蹺叶音高朱幩鑣鑣，音標翟茀音弗以朝。音潮叶直豪反大夫夙退，無使君勞。○賦也。敖敖，長貌。説，舍也。農郊，近郊也。四牡，車之四馬。驕，壯貌。幩，鑣飾也。鑣者，馬銜外鐵，人君以朱纏之也。鑣鑣，盛也。翟，翟車也。夫人以翟羽飾車。茀，蔽也。婦人之車，前後設蔽。夙，早也。玉藻曰：君日出而視朝，退適路寢聽政，使人視大夫，大夫退，然後適小寢釋服。○此言莊姜自齊來嫁，舍止近郊，乘是車馬之盛，以入君之朝。國人樂得以爲莊公之配，故謂諸大夫朝於君者，宜早退，無使君勞於政事，不得與夫

敖敖六豪，郊五肴，驕鑣朝四宵，宵韻

依玉篇銜作鑣

文選上林賦注引詩稅于農郊

人相親。而歎今之不然也。○河水洋洋。北流活活。音括叶户劣反施罛音孤濊濊。呼活反叶許月反鱣音邅鮪音洧發發。音撥叶方月反葭音加菼他覽反揭揭。音孑庶姜孽孽。庶士有朅。

音挈。○賦也。河在齊西衛東北流入海。洋洋。盛大貌。活活。流貌。施。設也。罛。魚罟也。濊濊。罟入水聲也。鱣。魚似龍。黃色。銳頭。口在頷下。背上腹下皆有甲。大者千餘斤。鮪。似鱣而小。色青黑。發發。盛貌。菼。薍也。亦謂之荻。揭揭。長也。庶姜。謂姪娣。孽孽。盛飾也。庶士。謂媵臣。朅。武貌。○言齊地廣饒。而夫人之來。士女佼好。禮儀盛備如此。亦首章之意也。

碩人四章。章七句。

氓之蚩蚩。音癡抱布貿音茂絲。叶新齊反匪來貿絲。來即我謀。叶謨悲反送子涉淇。至于頓丘。叶祛奇反匪我愆期。子無良媒。叶謨悲反將音鏘子無怒。秋以為期。

賦也。氓。民也。蓋男子而不知其誰何之稱也。蚩蚩。無知之貌。蓋怨而鄙之也。布。幣。貿。買也。貿絲。蓋初夏之時也。頓丘。地名。愆。過也。將。願也。請也。○此淫婦為人所棄。而自敘其事以道其悔恨之意也。夫既與之謀而不遂往。又責所無以難其事。再為之約以堅其志。此其計亦狡矣。以御蚩蚩之氓。宜其有餘。而不免於見棄。蓋一失其身。人所賤惡。始雖以欲而迷。後必以時而悟。是以無往而不困耳。士君子立身一敗。而萬事瓦裂者。何以異此。可不戒哉。

○乘彼垝音鬼垣音袁以望復關。叶圭員反不見復關。泣涕漣漣。音連既見復關。載笑載言。爾卜爾

言

筮體無咎言以爾車來以我賄呼罪反遷賦也垝毀

垣墻也復關男子之所居也不敢顯言其人
故託言之耳龜曰卜著曰筮體兆卦之體也
賄財遷徙也○與之期矣故及期而乘垝垣
以望之既見之矣於是問其卜筮所得卦兆
之體若無凶咎之言則以爾之
車來迎當以我之賄往遷也

○桑之未落

其葉沃若于音呼下同嗟鳩兮無食桑葚音甚叶知林反

于嗟女兮無與士耽叶持林反士之耽兮猶可說

也女之耽兮不可說也比而興也沃若潤澤
貌鳩鶻鳩也似山雀
而小短尾青黑色多聲葚桑實也鳩食葚多
則致醉耽相樂也說解也○言桑之潤澤以
比己之容色光麗然又念其不可恃此而從
欲忘反故遂戒鳩無食桑葚以興下句戒女

無與士耽也。士猶可說。而女不可說者。婦人被棄之後。深自愧悔之辭。主言婦人無外事。唯以貞信爲節。一失其正。則餘無足觀爾。不可便謂士之耽惑。實無所妨也。

○桑之落矣。其黃而隕。叶于貧反自我徂爾。三歲食貧。淇水湯湯。音傷漸音尖車帷裳。女也不爽。叶師莊反士貳其行。去聲叶戶郎反士也罔極。二三其德。比也。隕落。徂往也。湯湯。水盛貌。漸。漬也。帷裳。車飾。亦名童容。婦人之車則有之。爽。差。極。至也。○言桑之黃落。以比己之容色凋謝。遂言自我往之爾家。而値爾之貧。於是見棄。復乘車而渡水以歸。復自言其過不在此而在彼也。

○三歲爲婦。靡室勞矣。夙興夜寐。靡有朝矣。叶直豪反言既遂矣。至于暴矣。兄平議三歲四句皆自言有功於夫家宜見恩禮之意故言我三歲爲婦靡一家之人無居室之勞矣我夙興夜寐靡一家之人無有朝起者矣言由我獨任其勞故也

詩釋隸釋史晨碑飲酒畔宮注伯嗣碑修序畔校周公禮殿記閟建畔宮古泮畔古同音假借

弟不知。咥音戲其笑叶音燥矣。靜言思之。躬自悼矣。賦也。靡，不。夙，早。興，起也。咥，笑貌。○言我三歲爲婦。盡心竭力。不以室家之務爲勞。早起夜臥。無有朝旦之暇。與爾始相謀約之言既遂。而爾遽以暴戾加我。兄弟見我之歸。不知其然。但咥然其笑而已。蓋淫奔從人。不爲兄弟所齒。故其見棄而歸。亦不爲兄弟所恤。理固有必然者。亦何所歸咎哉。但自痛悼而已。○及爾偕老。老使我怨。淇則有岸叶魚戰反。隰則有泮叶匹見反。總角之宴。言笑晏晏叶伊佃反。信誓旦旦叶得絹反。不思其反叶孚絢反。反是不思叶新齎反。亦已焉哉叶將黎反。○賦而興也。及，與也。泮，涯也。高下之判也。總角，女子未許嫁則未笄。但結髮爲飾也。晏晏，和柔也。旦旦，明

竹竿衛女思歸也。適異國而不見荅。用毛序說明亦未指夫人作。次第十六

也。○言我與汝本期偕老。不知老而見棄如此。徒使我怨也。淇則有岸矣。隰則有泮矣。而我總角之時。與爾宴樂言笑。成此信誓。曾不思其反復以至於此也。此則興也。既不思其反復而至此矣。則亦如之何哉。亦已而已矣。傳曰。思其終也。思其復也。思其反。反之謂也。

氓六章章十句。

籊籊音笛竹竿。以釣于淇。豈不爾思。遠莫致之。

賦也。籊籊。長而殺也。竹。衛物。淇。衛地也。○衛女嫁於諸侯。思歸寧而不可得。故作此詩。言思以竹竿釣于淇水。而遠不可致也。○

泉源在左。淇水在右。叶羽軌反女子有行。遠去聲父母兄弟。叶滿彼反。○賦也。泉源。即百泉也。在衛之西北。而東南流入淇。故曰在左。淇在衛之西南。而東流與泉源合。故曰在右。○

芄蘭刺在位非人也　毛序

刺惠公，蓋謂惠公所用非人

次第三十七

思二水之在衛，而自歎其不如也。○淇水在右，泉源在左。巧笑之瑳，上聲佩玉之儺。乃可反○賦也。瑳，鮮白色。笑而見齒，其色瑳然。猶所謂粲然皆笑也。儺，行有度也。○承上章言二水在衛，而自恨其不得笑語遊戲於其間也。○淇水滺滺，音由檜楫松舟。駕言出遊，以寫我憂。○賦也。滺滺，流貌。檜，木名，似柏。楫，所以行舟也。○與泉水之卒章同意。

竹竿四章，章四句。

芄音丸蘭之支，童子佩觿。音畦雖則佩觿，能不我知。容兮遂兮，垂帶悸兮。其季反○興也。芄蘭，草，一名蘿摩，蔓生。斷之有白汁，可啖。支，枝同。觿，錐也。以象骨爲之，所以解結，成人之佩，非童子之飾也。知，猶智

河廣 [redacted]宋襄公母歸于衛思宋作 用毛序

次第十七

說苑宋襄公為太子請於桓公曰請使目夷立公曰何故對曰臣之舅在衛愛臣若終立則不可以往是甚事也

也言其才能不足以知於我也容遂舒緩放肆之貌悸帶下垂之貌○芄蘭之葉童子佩韘雖則佩韘能不我甲容兮遂兮垂帶悸兮興也韘決也以象骨爲之著右手郎大射所謂朱極三是也以朱韋爲之用以彄沓右手食指將指無名指也甲長也言其才能不足以長於我也

芄蘭二章章六句此詩不知所謂不敢強解

誰謂河廣一葦音偉杭之誰謂宋遠跂音企予望叶武方反之賦也葦蒹葭之屬杭度也衛在河北宋在河南○宣姜之女爲宋桓公夫人生襄公而出歸于衛襄公即位夫人思之而義不可往蓋嗣君承父之重與祖爲體母

出與廟絕。不可以私反。故作此詩。言誰謂河廣乎。但以一葦加之。則可以渡矣。誰謂宋國遠乎。但一跂足而望。則可以見矣。明非宋遠而不可至也。乃義不可而不得往耳。〇

誰謂河廣。曾不容刀。誰謂宋遠。曾不崇朝。賦也。

小船曰刀。不容刀。言小也。崇。終也。行不終朝而至。言近也。

河廣二章章四句。

范氏曰。夫人之不往義也。天下豈有無母之人歟。有千乘之國而不得養其母。則人之不幸也。爲襄公者。將若之何。生則致其孝。沒則盡其禮而已。衛有婦人之詩。自共姜至於襄公之母六人焉。皆止於禮義而不敢過也。夫以衛之政教淫僻。風俗傷敗。然而女子乃有知禮而畏義如此者。則以先王之化。猶有存焉故也。

伯兮朅音挈兮。邦之桀兮。伯也執殳音殊爲去聲王前驅。賦也。伯，婦人目其夫之字也。朅，武貌。桀，才過人也。殳，長丈二而無刃。○婦人以夫久從征役而作是詩。言其君子之才之美如是。今方執殳而爲王前驅也。○自伯之東，首如飛蓬。豈無膏沐，誰適音的爲容。賦也。蓬，草名。其華如柳絮，聚而飛，如亂髮也。膏，所以澤髮者。沐，滌首去垢也。適，主也。○言我髮亂如此，非無膏沐可以爲容，所以不爲者，君子行役，無所主而爲之故也。傳曰：女爲說己容。○其雨其雨，杲杲古老反出日。願言思伯，甘心首疾。比也。其者，冀其將然之辭。○冀其將然而杲然日出，以比望其君子之歸而不歸也。是以不堪憂思之苦，而寧甘心於首疾也。○焉音煙得諼音萱草

初學記引詩焉得萱草本亦作釋訓釋文
詩云焉得蕿草毛傳蕿草令人善忘
本借文十異
平議背即北字古背北同字國語
吳語曰吳師大北韋昭注曰北古之背字
是也傳以經但言北未言堂故增北堂
釋之

詩經

言樹之背。音佩 背毒千六陽讀不之類 願言思伯。使我心痗。音妹○賦也。諼忘也。 晦去聲

諼草合歡。食之令人忘憂者。背北堂也。痗病也。○言焉得忘憂之草。樹之北堂以忘吾憂乎。然終不忍忘也。是以寧不求此草。而但願言思伯。雖至於心痗而不辭爾。心痗則其病益深。非特首 箋桓五年蔡人衛人陳人從王伐鄭衛宣公時也 疾而已也。

伯兮四章章四句。范氏曰。居而相離則思期而不至則憂。此人之情也。文王之遣戍役。周公之勞歸士。皆敘其室家之情。男女之思。以閔之。故其民悅而忘死。聖人能通天下之志。是以能成天下之務。兵者毒民於死者也。孤人之子。寡人之妻。傷天地之和。名水旱之災。故聖王重之。如不得已而行。則告以歸期。念其勤勞。哀傷慘怛。不啻在已。是以治世之詩。則言其君上閔恤

之情。亂世之詩。則錄其室家怨思之苦。以爲人情不出乎此也。

有狐綏綏。在彼淇梁。心之憂矣。之子無裳。比也。

狐者妖媚之獸。綏綏獨行求匹之貌。石絕水曰梁。在梁則可以裳矣。○國亂民散。喪其妃耦。有寡婦見鰥夫而欲嫁之。故託言有狐獨行。而憂其無裳也。○

有狐綏綏。在彼淇厲。心之憂矣。之子無帶。

叶丁計反。○比也。厲。深水可涉處也。帶所以申束衣也。在厲則可以帶矣。○

有狐綏綏。在彼淇側。心之憂矣。之子無服。

叶蒲北反。○比也。濟乎水。則可以服矣。

有狐三章。章四句。

投我以木瓜。叶攻乎反 報之以瓊琚。音居 匪報也。永

次一依原次第之

以爲好去聲也比也木瓜楙木也實如小瓜酢可食瓊玉之美者琚佩玉名

言人有贈我以微物我當報之以重寶而猶未足以爲報也但欲其長以爲好而不忘耳疑亦男女相贈答之辭如靜女之類

○投我以木桃報之以瓊瑤匪報也永以爲好也比也瑤美玉也

○投我以木李報之以瓊玖音久叶舉里反匪報也永以爲好也比也玖亦玉名也

木瓜三章章四句

衛國十篇三十四章二百三句張子曰衛國地濱大河其地土薄故其人氣輕浮其地平下故其人質柔弱其地肥

饒。不費耕耨。故其人心怠惰。其人情性如此。則其聲音亦淫靡。故聞其樂。使人懈慢而有邪僻之心也。鄭詩放此。

王一之六

王謂周東都洛邑。王城畿內方六百里之地。在禹貢豫州大華外方之間。北得河陽。漸冀州之南也。周室之初。文王居豐。武王居鎬。至成王周公始營洛邑。爲時會諸侯之所。以其土中。四方來者道里均故也。自是謂豐鎬爲西都。而洛邑爲東都。至幽王嬖褒姒。生伯服。廢申后及太子宜臼。宜臼奔申。申侯怒。與犬戎攻宗周。弑幽王于戲。晉文侯鄭武公迎宜臼于申而立之。是爲平王。徙居東都王城。於是王室遂卑。與諸侯無異。故其詩不爲雅而爲風。然其王號未替也。故不曰周而曰王。其地。則今河南府及懷孟等州是也。

黍離壽憂兄伋將見害也劉向新序衛宣公之子壽閔其兄之且見害作憂思之詩黍離之詩是也御覽八百四十二韓詩黍離伯封作也薛君曰詩人求己兄不得憂不識物視黍以為稷伯封蓋壽字與尹吉甫子伯奇弟同字故曹植以此詩為尹氏作

本誼段入邶鄘衛次第十二蓋依魯韓家說

彼黍離離彼稷之苗行邁靡靡中心搖搖知我者謂我心憂不知我者謂我何求悠悠蒼天叶鐵因反此何人哉賦而興也黍穀名苗似蘆高丈餘穗黑色實圓重離離垂貌稷亦穀也一名穄似黍而小或曰粟也邁行也靡靡猶遲遲也搖搖無所定也悠悠遠貌蒼天者據遠而視之蒼蒼然也○周既東遷大夫行役至于宗周過故宗廟宮室盡爲禾黍閔周室之顛覆彷徨不忍去故賦其所見黍之離離與稷之苗以興行之靡靡心之搖搖既歎時人莫識已意又傷所以致此者果何人哉追怨之深也○彼黍離離彼稷之穗音遂行邁靡靡中心如醉知我者謂我心憂不知我者謂我何求悠悠蒼天

詩補未微字四部字一非字堂相安序

靡古讀若麼證大甲依

苗搖四宵憂求十八尤幽宵通韻

穗醉六至

此何人哉。賦而興也。穗秀也。穗垂如心之醉。故以起興。○彼黍

離離彼稷之實行邁靡靡中心如噎 於悉反。噎音咽。叶衛武賀噎十大厲同上脂類

知我者謂我心憂不知我者謂我何求悠悠

蒼天此何人哉。賦而興也。噎憂深不能喘息如咽之然。稷之實如心之噎。

故以起興。

黍離三章章十句。

元城劉氏曰常人之情於憂樂之事初遇之則其心變焉次遇之則其變少衰三遇之則其心如常矣至於君子忠厚之情則不然其行役往來固非一見也初見稷之苗矣又見稷之穗矣又見稷之實矣而所感之心終始如一不少變而愈深此則詩人之意也。

君子于役思行役也
毛序刺平王也續君子行役無期度大夫思其危難以風風詩
無大夫作

詩則雞棲日夕羊牛來暮此是行人室家之候待不正則又何勿思

詩釋說文人部佸合也从人昏聲引詩此文佸會一聲之轉釋文韓詩至也上文曷至哉韓詩訓至亦通下羊牛下括傳括至也括与佸通耳車牽德音來括傳括會也釋文本文作佸說文言部話籀文從會作譮

詩經

王韻役知支部

君子于役。不知其期。曷至哉。叶將黎反雞棲音西于塒。音時日之夕矣。羊牛下來。叶陵之反君子于役。如之何勿思。叶新齎反○賦也。君子。婦人目其夫之辭。鑿牆而棲曰塒。日夕則羊先歸而牛次之。○大夫久役于外。其室家思而賦之曰。君子行役。不知其反還之期。且今亦何所至哉。雞則棲于塒矣。日則夕矣。牛羊則下來矣。是則畜產出入。尚有旦暮之節。而行役之君子。乃無休息之時。使我如何而不思也哉。○君子于役。不日不月。曷其有佸。音括叶戶劣反雞棲于桀。日之夕矣。羊牛下括。音聒叶古劣反君子于役。苟無飢渴。叶巨列反○賦也。佸。會。桀。杙。括。至。苟。且也。○君子行役之久。不可計以日月。而又不知其何時可以來會也。亦庶幾其免於飢渴而已矣。此憂之深而思之切也。

君子于役二章，章八句。

君子陽陽，左執簧，音黃右招我由房，其樂音洛只音止且。音疽○賦也。陽陽，得志之貌。簧，笙竽管中金葉也。蓋笙竽皆以竹管植於匏中，而竅其管底之側，以薄金葉障之，吹則鼓之而出聲，所謂簧也。故笙竽皆謂之簧。笙十三簧，或十九簧，竽十六簧也。由，從也。房，東房也。只、且，語助辭。○此詩疑亦前篇婦人所作。蓋其夫既歸，不以行役爲勞，而安於貧賤以自樂，其家人又識其意而深歎美之，皆可謂賢矣。豈非先王之澤哉。或曰：序說亦通，宜更詳之。○君子陶陶，左執翿，音桃右招我由敖，音翺其樂只且。賦也。陶陶，和樂之貌。翿，舞者所

揚之水怨役也　毛序刺平王也。德不撫其民而遠屯戍于母家，周人怨思焉

本迹相詩意亦闕作石勢激揚

持羽旄之屬。

敖。舞位也。

君子陽陽二章章四句。

揚之水，不流束薪。彼其音記之子，不與我戍申。懷叶胡威反哉懷哉，曷月予還音旋歸哉。

興也。揚，悠揚也。水緩流之貌。彼其之子，戍人指其室家而言也。戍，屯兵以守也。申，姜姓之國，平王之母家也。在今鄧州信陽軍之境。懷，思。曷，何也。○平王以申國近楚，數被侵伐，故遣畿內之民戍之。而戍者怨思，作此詩也。興取之不二字，如小星之例。

○揚之水，不流束楚。彼其之子，不與我戍甫。懷哉懷哉，曷月予還歸哉。

興也。楚，木也。甫，即呂也。亦姜姓。書呂刑，禮記作甫刑，而孔氏以爲呂侯後

爲甫侯是也。當時蓋以申故而并戍之。今未知其國之所在。計亦不遠於申許也。○

揚之水。不流束蒲。古反 彼其之子。不與我戍許。懷哉懷哉。曷月予還歸哉。興也。蒲。蒲柳。春秋傳云。董澤之蒲。杜氏云。蒲楊柳可以爲箭者是也。許。國名。亦姜姓。今潁昌府許昌縣是也。

揚之水三章。章六句。申侯與犬戎攻宗周而弒幽王。則申侯者。王法必誅。不赦之賊。而平王與其臣庶不共戴天之讎也。今平王知有母而不知有父。知其立己爲有德。而不知其弒父爲可怨。至使復讎討賊之師。反爲報施酬恩之舉。則其忘親逆理。而得罪於天已甚矣。又况先王之制。諸侯有故。則方伯連帥以諸侯之師討之。王室有故。則方伯連帥以諸侯之師救之。天

中谷有蓷傷弃婦也毛序
閔周也續夫婦
衰薄也凶年相弃

子鄉遂之民供貢賦衛王室而已。今平王不能行其威令於天下，無以保其母家，乃勞天下之民，遠爲諸侯戍守，故周人之戍申者，又以非其職而怨思焉，則其衰儒微弱而得罪於民，又可見矣。嗚呼，詩亡而後春秋作，其不以此也哉。

說文鸂云水鳥而乾也詩曰鸂其乾矣

中谷有蓷，吐雷反暵音罕其乾矣。有女仳音痞離，嘅其嘆音灘矣。嘅其嘆矣，遇人之艱難矣。

暵或作熯說文曰暵乾也 釋文暵呼旦反 乾呼寒反 鸂二十五寒

乾也又呂樞乾貌 又水部灘水濡而乾也 又小鷄聲詩曰鸂其乾矣

說文 蓷萑也

興也。蓷，鵻也，葉似萑，方莖白華，華生節間，即今益母草也。暵，燥。仳，別也。嘅，歎聲。艱難，窮厄也。○凶年饑饉，室家相棄，婦人覽物起興，而自述其悲歎之辭也。

○中谷有蓷，暵其脩，叶式竹反矣。有女仳離，條其歗叶息六反矣。條其歗矣，遇人之不淑矣。

脩古九歗三中淑怺誤以屋幽類

釋文脩本或作蓨

古讀若蓨

古讀嘯

毛傳脩且乾也

興也。脩，長也。或曰：乾也，如脯之謂脩也。條，條然，歗貌。

毛條其歗矣 條條然歗也

歗蹙口出聲也悲恨之深不止於嘆矣淑善也古者謂死喪饑饉皆曰不淑蓋以吉慶爲善事凶禍爲不善事雖今人語猶然也○曾氏曰凶年而遽相棄背蓋衰薄之甚者而詩人乃曰遇斯人之艱難遇斯人之不淑而無怨懟過甚之辭焉厚之至也○中谷有蓷暵其濕矣有女仳離啜張劣反其泣矣啜其泣矣何嗟及矣興也暵濕者旱甚則草之生於濕者亦不免也啜泣貌何嗟及矣言事已至此末如之何窮之甚也

中谷有蓷三章章六句范氏曰世治則室家相保者上之所養也世亂則室家相棄者上之所殘也其使之也勤其取之也厚則夫婦日以衰薄而凶年不免於離散矣伊尹曰匹夫匹婦不獲自盡民主罔與成厥

兔爰傷亂世以人羅網居子罹禍也　毛序閔周也蓋閔周之失刑讀桓王失信諸侯背叛構怨連禍王師傷敗君子不樂其生非詩誼各後皆平王此何以爲桓王詩

功故讀詩者於一物失所而知王政之惡一女見棄而知人民之困周之政荒民散而將無以爲國於此亦可見矣

有兔爰爰雉離于羅我生之初尚無爲叶吾禾反我生之後逢此百罹叶良何反尚寐無吪比也兔性陰狡爰爰緩意雉性耿介離麗羅網尚猶罹憂也尚庶幾也吪動也○周室衰微諸侯背叛君子不樂其生而作此詩言張羅本以取兔今兔狡得脫而雉以耿介反離于羅以比小人致亂而以巧計幸免君子無辜而以忠直受禍也爲此詩者蓋猶及見西周之盛故曰方我生之初天下尚無事及我生之後而逢時之多難如此然既無如之何則但庶幾寐而不動以死耳或曰興也以兔爰興無爲以雉離興百罹也下章放此○有兔爰

羅七歌叶以爲羅在五支微類

罹古音羅

爲古音譌

葛藟親族之怨 毛序王族刺平王也周室道衰棄其九族
釋文皇甫士安以为桓王之詩
崔集注本亦作桓王

爰雉離于罦。音孚叶步謝反我生之初尚無造我生之後逢此百憂叶一笑反尚寐無覺音教叶居笑反○比也罦覆車也可以掩兔造亦爲也覺寤也○有兔爰爰雉離于罿音衝我生之初尚無庸我生之後逢此百凶尚寐無聰比也罿罬也即罦也或曰施羅於車上也庸用聰聞也無所聞則亦死耳

罦憂十八尤 造卅二晧 又三十七号 並误 覺三十六效 误並韻

兔爰三章章七句

緜緜葛藟音壘在河之滸音虎終遠去聲兄弟謂他人父謂他人父亦莫我顧叶果五反○興也緜緜長而不絕之貌岸上曰滸○世衰民散有去其鄉里家族而流離失所者作此詩以自歎言緜緜葛藟

則在河之滸矣。今乃終遠兄弟。而謂他人爲已父。已雖謂彼爲父。而彼亦不我顧。則其窮也甚矣。

○**緜緜葛藟。在河之涘。**音俟。叶矣始二音。**終遠兄弟。謂他人母。**叶滿彼反。**謂他人母。亦莫我有。**叶羽已反。○興也。水涯曰涘。謂他人父者。其妻則母也。有識有也。春秋傳曰。不有寡君。

○**緜緜葛藟。在河之漘。**音脣。**終遠兄弟。謂他人昆。**叶古匀反。**謂他人昆。亦莫我聞。**叶微匀反。○興也。夷上洒下曰漘。漘之爲言脣也。昆。兄也。聞。相聞也。

葛藟三章。章六句。

采葛思人也　毛序思讒也。而續無說

彼采葛兮。叶音謁。**一日不見。如三月兮。**賦也。采葛所以

大車息夫人作 列女傳楚虜息君將妻其夫人，夫人見息君曰：人生要一死而已，何至自苦，妾無須臾而忘君也，終不以身更貳醮，生離于地上，豈如死歸于地下哉。乃作詩曰：穀則異室，死則同穴，有如不信，有如皦日。遂自殺。與左傳生堵敖及成王而不言大異，然則大車檻檻謂因息君也，子謂之服

爲絺綌。蓋淫奔者託以行也。故因以指其人，而言思念之深，未久而似久也。○彼采蕭。叶疎鳩反兮，一日不見，如三秋兮。賦也。蕭，荻也。白葉莖麤，科生。有香氣。祭則爇以報氣。故采之。曰三秋，則不止三月矣。○彼采艾兮，一日不見，如三歲。本與艾叶兮。賦也。艾，蒿屬。乾之可灸，故采之。曰三歲，則不止三秋矣。

蕭三蕭秋十九幽類
艾（？）歲十三祭（？）同脂類 可讀祭

采葛三章，章三句。

大車檻檻，毳。尺銳反衣如菼。吐敢反豈不爾思，畏子不敢。賦也。大車，大夫車。檻檻，車行聲也。毳衣，天子大夫之服。菼，蘆之始生也。毳衣之屬，衣繢而裳繡，五色皆備，其青者如菼。爾，淫奔者相命之辭也。子，大夫也。不敢，不敢

檻五十四檻菼敢四十九敢談類

詩釋 按傳菼騅也本釋言文 乍是釋文作騅 夫騅馬色也 說文糸部綼帛騅色也从糸剡聲 詩曰毳衣如綼 艸部菿萑之初生曰菼曰騅从艸剡聲

大車 丘中有麻

詩經

奔也。○周衰。大夫猶有能以刑政治其私邑者。故淫奔者畏而歌之如此。然其去二南之化則遠矣。此可以觀世變也。

○大車哼哼。哼音吞毳衣如璊。音門豈不爾思。畏子不奔。賦也。哼哼重遲之貌。璊玉赤色。五色備則有赤。

○穀則異室。死則同穴。叶戶橘反謂予不信。有如皦音皎日。賦也。穀生。穴壙。皦白也。○民之欲相奔者。畏其大夫。自以終身不得如其志也。故曰生不得相奔以同室。庶幾死得合葬以同穴而已。謂予不信有如皦日。約誓之辭也。

大車三章。章四句。

丘中有麻。彼留子嗟。彼留子嗟。將音搶其來施施。

通乎檜夫人以取其國而遷都焉公羊傳 桓公爲周司徒甚得周衆與東土之人也見國語何楷世本古義引公羊傳説略同毛序思賢也讀莊王不明賢人放逐國人思之未得事實王風終于平王亦不得有莊王詩傳子國子嗟父蓋即桓武公子

施○叶蛇○賦也。麻，穀名，子可食，皮可績爲布者。子嗟，男子之字也。將，願也。施施，喜悅之意。○婦人望其所與私者而不來，故疑丘中有麻之處，復有與之私而留之者，今安得其施施然而來乎。

○丘中有麥，彼留子國。彼留子國，將其來食。賦也。子國，亦男子字也。來食，就我而食也。

○丘中有李，彼留之子。叶獎里反彼留之子，貽我佩玖。叶舉里反○賦也。之子，并指前二人也。貽我佩玖，冀其有以贈己也。

丘中有麻三章，章四句。

詩論以詩與白駒意正同首句即主彼留子嗟即繫之維之義語所其來施施即貴其來思所是來食即食我場苗食我場藿貽我佩玖即毋金玉爾音而有遐心

王國十篇，二十八章，百六十二句。

緇衣武公爲周司徒甚得周衆也　毛序美武公也

續父子並爲周司徒善于其職國人宜之故美其德　季明德以爲武公好賢之詩

平議六篇中言子者皆設爲周天子之辭儀禮覲禮天子賜侯氏以車服此即所謂敝予又改爲予其云適子之館者覲禮天子賜舍是也其云還予授子之粲者覲禮饗禮乃歸是也

詩經卷之三

又朱記跟　王公羊疏許氏云　初學記雜衆引許慎五經異義曰今鄭詩二十一篇說婦人者十九故鄭聲淫也

鄭一之七

鄭。邑名。本在西都畿內咸林之地。宣王以封其弟友爲采地。後爲幽王司徒。而死於犬戎之難。是爲桓公。其子武公掘突。定平王於東都。亦爲司徒。又得虢檜之地。乃徙其封而施舊號於新邑。是爲新鄭。咸林在今華州鄭縣。新鄭即今之鄭州是也。其封域山川。詳見檜風。

緇衣之宜兮。敝予又改爲兮。適子之館兮。叶古玩反還予授子之粲兮。

詩閒敝還皆七字句　馬會八段皆

館二十九換粲二十八翰

賦也。緇。黑色。緇衣。卿大夫居私朝之服也。宜。稱。改。更。適。之。館。舍。粲。餐也。或曰。粲。粟之精鑿者。○舊說鄭桓公武公相繼爲周司徒。善於其職。周人愛之。故作是詩。言子之服緇衣也。甚宜。敝則我將爲子更爲之。且將適子之館。旣還而又授子以粲。○緇衣之好兮，敝予又改造叶在早反兮，適子之館兮，還予授子之粲兮。賦也。言好之無已也。

好，猶宜也。○緇衣之蓆叶祥籥反兮，敝予又改作兮，適子之館兮，還予授子之粲兮。賦也。蓆，大也。程子曰：蓆有安舒之義。服稱其德，則安舒也。

緇衣三章，章四句。記曰：好賢如緇衣。又曰：於緇衣見好賢之至。

將音槍仲子兮，無踰我里，無折音哲我樹杞。豈敢愛之，畏我父母。叶滿彼反仲可懷叶胡威反也，父母之言亦可畏叶於非反也。賦也。將，請也。仲子，男子之字也。我，女子自我也。里，二

叔于田，國人說共叔也。毛序
刺莊公也。續云：叔處于京，繕甲治兵以出于田，國人說而歸之。

十五家所居也。杞，柳屬也。生水旁，樹如柳，葉麤而白，色理微赤，蓋里之地域溝樹也。○莆田鄭氏曰：此淫奔者之辭。○將仲子兮，無踰我牆，無折我樹桑。豈敢愛之，畏我諸兄。叶虛陽反 仲可懷也，諸兄之言，亦可畏也。賦也。牆，垣也。古者樹牆下以桑。○將仲子兮，無踰我園，無折我樹檀。叶徒沿反 豈敢愛之，畏人之多言。仲可懷也，人之多言，亦可畏也。賦也。園者，圃之藩，其内可種木也。檀，皮青，滑澤，材彊韌，可爲車。

將仲子三章，章八句。

叔于田，叶池因反 巷無居人。豈無居人，不如叔也，平議：中庸仁者人也，鄭注曰人也讀如相人偶之人，以人意相存問之言。然則古所謂仁者，乃以人意相存問之意，故其字從人從二。此章以仁稱叔，見有叔則能以人意相存問，故若有人；無叔則莫能以人意相存問，故若無人也。詩人之辭非如後人簡且拙，讀者晉意言巷無居人，故言洵美且仁；次章言巷無飲酒，故曰洵美且好；三章言巷無服馬，故曰洵美且武。末一句皆與首句相應。說文馬部曰馬，武也。於人言仁，猶於馬言武，皆古訓也。

大叔于田，刺莊公也。叔多才而好勇，不義而得眾。毛序

洵美且仁。賦也。叔，莊公弟共叔段也。事見春秋。田，取禽也。巷，里塗也。洵，信。美，好也。仁，愛人也。○段不義而得眾，國人愛之，故作此詩。言叔出而田，則所居之巷若無居人矣。非實無居人也，雖有而不如叔之美且仁，是以若無人耳。或疑此亦民間男女相悅之辭也。○叔于狩，叶始九反。巷無飲酒。豈無飲酒，不如叔也，洵美且好。叶許厚反。○賦也。冬獵曰狩。○叔適野，叶上與反。巷無服馬。叶滿補反。豈無服馬，不如叔也，洵美且武。賦也。適，之也。郊外曰野。服，乘也。

叔于田三章，章五句。

大叔于田，乘乘下去聲馬。叶滿補反。執轡如組，音祖。兩驂

如舞。叔在藪。音叟叶素苦反火烈具舉。襢音但裼音錫暴虎。獻于公所。將音槍叔無狃。音紐叶女古反戒其傷女。音汝。○賦也。叔亦段也。車衡外兩馬曰驂。如舞。謂諧和中節。皆言御之善也。藪。澤也。火。焚而射也。烈。熾盛貌。具。俱也。襢裼。肉袒也。暴。空手搏獸也。公。莊公也。狃。習也。國人戒之曰。請叔無習此事。恐其或傷汝也。蓋叔多材好勇。而鄭人愛之如此。○叔于田。乘乘黃。兩服上襄。兩驂鴈行。音杭叔在藪。火烈具揚。叔善射忌。音記又良御忌。叶魚駕反抑磬音慶控苦貢反忌。抑縱送忌。賦也。乘黃。四馬皆黃也。衡下夾轅兩馬曰服。襄。駕也。馬之上者爲上駕。猶言上駟也。鴈行者。驂少次服後。如鴈行也。揚。起也。忌。抑。皆語助辭。騁馬曰

詩經國風　三之三

詩經

磬。止馬曰控。舍拔曰縱。覆彇曰送。○叔于田。乘乘鴇。音保叶補苟反兩服齊首。兩驂如手。叔在藪。火烈具阜。叔馬慢叶黃半反忌。叔發罕叶虛旰反忌抑釋掤音冰忌抑鬯音暢弓叶姑弘反忌。賦也。驪白雜毛曰鴇。今所謂烏驄也。齊首如手。兩服並首在前而兩驂在旁。稍次其後。如人之兩手也。阜。盛慢。遲也。發。發矢也。罕。希。釋。解也。掤。矢箭蓋。春秋傳作冰。鬯。弓囊也。與韔同。言其田事將畢。而從容整暇如此。亦喜其無傷之辭也。

大叔于田三章。章十句。陸氏曰。首章作大叔于田者誤。

蘇氏曰。二詩皆曰叔于田。故加大以別之。不知者乃以段有大叔之號而讀曰泰。又加大於首章。失之矣。

清人國人美高克也
左傳鄭人惡高克使帥師次于河上久而弗召師潰而歸高克奔陳鄭人爲之賦清人此言詩有爲高克賦者衛人所爲賦碩人同上鄭人謂文公下鄭人謂國人非謂詩人惡高克也毛序刺文公所謂一國之事系一人之本僧高克好利而不顧其君文公退之不以道欲以中序刺誼而非詩誼不如序用大師之誼故也

清人在彭。叶普郎反駟介旁旁。音崩叶補岡反二矛重平聲英。叶於良反河上乎翺翔。賦也。清邑名。清人清邑之人也。彭河上地名。駟介四馬而被甲也。旁旁馳驅不息之貌。二矛酋矛夷矛也。英以朱羽爲矛飾也。酋矛長二丈。夷矛長二丈四尺。並建於車上。則其英重疊而見。翺翔遊戲之貌。○鄭文公惡高克使將清邑之兵禦狄於河上。久而不召。師散而歸。鄭人爲之賦此詩。言其師出之久。無事而不得歸。但相與遊戲如此。其勢必至於潰散而後已爾。

○清人在消。駟介麃麃。音標二矛重喬。河上乎逍遙。賦也。消亦河上地名。麃麃武貌。矛之上句曰喬。所以懸英也。英弊而盡。所存者喬而已。

○清人在軸。叶音胄駟介陶陶。叶徒候反左旋右抽。叶敕救反中軍

羔裘美鴻氏孔氏子人
氏也　何楷說舍命司直疑
美叔詹之事三英蓋三

作好。叶許候反。○賦也。軸，亦河上地名。陶陶，樂而自適之貌。左，謂御在將車之左，執轡而御馬者也。旋，還車也。右，謂勇力之士，在將車之右，執兵以擊刺者也。抽，拔刃也。中軍，謂將在鼓下，居車之中，即高克也。好，謂容好也。○東萊呂氏曰：言師久而不歸，無所聊賴，姑遊戲以自樂，必潰之勢也。不言已潰而言將潰，其情深，其辭危矣。

清人三章，章四句。事見春秋。○胡氏曰：人君擅一國之名寵，生殺予奪，惟我所制耳。使高克不臣之罪已著，按而誅之可也。情狀未明，黜而退之可也。愛惜其才，以禮馭之，亦可也。烏可假以兵權，委諸竟上，坐視其離散而莫之䘏乎？春秋書曰：鄭棄其師，其責之深矣。

羔裘如濡，叶而朱、而由二反。洵直且侯。叶洪姑、洪鉤二反。彼

良也毛序刺朝也蓋謂刺文公不能從孔叔以下齊而用申侯以從楚蓋刺申侯世子華等繪五言古之君子以風其朝未得事實

述聞直謂正人之過也主正人過曰謂之司直淮南主術篇湯有司直之人呂氏春秋自知篇作湯有司過之士漢書百官公卿表丞相司直掌佐丞相舉不法是也平議傳曰三英三德也三德即具本詩直也侯也武也所謂三德也

襄二十七年左傳及晏子雜篇並作彼己之子

韓詩外傳作舍命不偷

其音記之子。舍音赦命不渝。叶容朱容周二反。○如濡潤澤也。洵信。直順。侯美也。其語助辭。舍處。渝變也。○言此羔裘潤澤，毛順而美，彼服此者，當生死之際，又能以身居其所受之理，而不可奪。蓋美其大夫之辭，然不知其所指矣。○羔裘豹飾，孔武有力。彼其之子，邦之司直。賦也。飾緣袖也。禮，君用純物，臣下之，故羔裘而以豹皮爲飾也。孔甚也。豹甚武而有力，故服其所飾之裘者如之。司主也。○羔裘晏兮，三英粲兮。彼其之子，邦之彥。叶魚旰反。賦也。晏鮮盛也。三英，裘飾也，未詳其制。粲光明也。彥士之美稱。

羔裘三章，章四句。

詩經 國風 羔裘 遵大路　三之五

遵大路，淫女見棄之詩。毛序：思君子也。續：莊公失道，君子去之，國人思望。莊公詩不當次文公後。

女曰雞鳴，淫女思有家也。毛序刺不說德也。續云陳古義以刺今不說德而好色。誤。傅詩詛易林雞鳴同興，思配無家，執佩持鳧，莫使致之。為淫女之思明甚。

遵大路兮。摻所覽反執子之袪叶起據反兮。無我惡去聲兮。不寁音昝故也。賦也。遵，循。摻，擥。袪，袂。寁，速。故，舊也。○淫婦爲人所棄，故於其去也。擥其袪而留之曰，子無惡我而不留。故舊不可以遽絕也。宋玉賦有遵大路兮攬子祛之句。亦男女相說之辭也。○遵大路兮。摻執子之手兮。無我䰩音讎叶齒九反兮。不寁好叶許口反也。賦也。䰩與醜同。欲其不以己爲醜而棄之也。好，情好也。

遵大路二章，章四句。

女曰雞鳴。士曰昧旦。子興視夜。明星有爛。將翱將翔。弋鳧音符與鴈。賦也。昧，晦。旦，明也。昧旦，天欲旦，昧晦未辨之際

旦爛二十八翰雁三十諫

也。明星。啓明之星。先日而出者也。弋。繳射。謂以生絲繫矢而射也。鳧。水鳥。如鴨。青色。背上有文。○此詩人述賢夫婦相警戒之詞。言女曰雞鳴。以警其夫。而士曰昧旦。則不止於雞鳴矣。婦人又語其夫曰。若是則子可以起而視夜之如何。意者明星已出而爛然。則當翺翔而往。弋取鳧鴈而歸矣。其相與警戒之言如此。則不留於宴昵之私可知矣。○

弋言加叶居之居何二反之。與子宜叶魚奇魚何二反之。宜言飲酒。與子偕老。叶呂吼反琴瑟在御。莫不靜好。叶許厚反。○賦也。加。中也。史記所謂以弱弓微繳加諸鳧鴈之上。是也。宜。和其所宜也。內則所謂鴈宜麥之屬。是也。○射者男子之事。而中饋。婦人之職。故婦謂其夫。既得鳧鴈以歸。則我當爲子和其滋味之所宜。以之飲酒相樂。期於偕老。而琴瑟之在御者。亦莫不安靜而和好。其和樂而不淫可見矣。

○知子之來之，叶六直反。雜佩以贈之。叶音則。知子之順之，雜佩以問之。知子之好之，去聲。雜佩以報之。

賦也。來之，致其來者。如所謂脩文德以來之。雜佩者，左右佩玉也。上橫曰珩，下繫三組，貫以蠙珠。中組之半貫一大珠曰瑀，末懸一玉，兩端皆銳曰衝牙。兩旁組半各懸一玉，長博而方曰琚，其末各懸一玉，如半璧而內向曰璜。又以兩組貫珠，上繫珩兩端，下交貫於瑀，而下繫於兩璜，行則衝牙觸璜而有聲也。呂氏曰：非獨玉也，觿燧箴管，凡可佩者皆是也。贈，送。順，愛。問，遺也。○婦又語其夫曰：我苟知子之所致而來及所親愛者，則當解此雜佩以送遺報答之。蓋不惟治其門內之職，又欲其君子親賢友善，結其驩心，而無所愛於服飾之玩也。

有女同車說人也毛序刺忽也鄭不當次文公後此欲歸之上而誤其世次續云刺忽不昏于齊卒無助見逐又誤傳忽誼

山有扶蘇淫女之詞毛序刺忽也續所美非美然

女曰雞鳴三章。章六句。

有女同車。顏如舜華。舜叶芳無反將翱將翔。佩玉瓊琚。彼美孟姜。洵美且都。賦也。舜。木槿也。樹如李。其華朝生暮落。孟。字。姜。姓。洵。信。都。閑雅也。○此疑亦淫奔之詩。言所與同車之女。其美如此。而又歎之曰。彼美色之孟姜。信美矣而又都也。○有女同行。叶戶郎反顏如舜英。叶於良反將翱將翔。佩玉將將。音鏘彼美孟姜。德音不忘。賦也。英猶華也。將將。聲也。德音不忘。言其賢也。

有女同車二章。章六句。

山有扶蘇。隰有荷華。叶芳無反不見子都。乃見狂

經說狂且与下章乃見狡童相對且字非語辭也且字讀如姐文選憂憤詩恃愛肆姐狂且之且即肆姐之姐言其狂妄而肆姐無狀

蘀兮感時相親也毛序刺忽也續君弱臣彊不倡而和

且。音疽○興也。扶蘇。扶胥。小木也。荷華。芙蕖也。子都。男子之美者也。狂。狂人也。且。語辭也○淫女戲其所私者曰。山則有扶蘇矣。隰則有荷華矣。今乃不見子都。而見此狂人何哉。

○山有橋松。隰有游龍。不見子充。乃見狡童。興也。上竦無枝曰橋。亦作喬。游枝葉放縱也。龍。紅草也。一名馬蓼。葉大而色白。生水澤中。高丈餘。子充。猶子都也。狡童。狡獪之小兒也。

山有扶蘇二章章四句

蘀音托兮蘀兮。風其吹女。女音汝叔兮伯兮。倡予倡去聲和去聲叶戶圭反女。興也。蘀。木槁而將落者也。女。指蘀而言也。叔伯。男子之字也。予。女子自予也。女。叔伯也。○此淫女之辭。言蘀兮蘀兮。則風將吹女矣。叔兮伯兮。則盍倡予而予將和女矣。○蘀兮蘀兮風其漂女。叔兮伯兮倡予要女。音腰興也。漂，飄同。要，成也。

蘀兮二章章四句。

彼狡童兮不與我言兮維子之故使我不能餐兮。七丹反，叶七宣反賦也。此亦淫女見絕而戲其人之詞。言悅己者衆，子雖見絕，未至於使我不能餐也。○彼狡童兮不與我食兮維子之故使我不能息兮。賦也。息，安也。

狡童二章章四句。

子惠思我褰裳涉溱。音臻子不我思豈無他人。

丰婦人思改適也毛序刺亂也

詩經

狂童之狂也且音疽○賦也惠愛也溱鄭水名狂童猶狂且狡童也且語辭也○淫女語其所私者曰子惠然而思我則將褰裳而涉溱以從子子不我思則豈無他人之可從而必於子哉狂童之狂也且亦謔之之辭

○子惠思我褰裳涉洧叶于已反子不我思豈無他士狂童之狂也且賦也洧亦鄭水名士未娶者之稱

褰裳二章章五句

子之丰兮音風叶芳用反俟我乎巷兮叶胡貢反悔予不送兮賦也丰豐滿也巷門外也○婦人所期之男子已俟乎巷而婦人以有異志不從既則悔之而作是詩也

○子之昌兮俟我乎堂兮悔予

東門之墠思奔也毛序刺亂也續男女有不待禮而相奔者也

不將兮。賦也。昌盛壯貌。將亦送也。○衣去聲錦褧同絅衣裳錦褧裳。叔兮伯兮。駕予與行。叶戶郎反。○賦也。褧禪也。叔伯或人之字也。○婦人既悔其始之不送而失此人也。則曰我之服飾既盛備矣。豈無駕車以迎我而偕行者乎。○裳錦褧裳。衣錦褧衣。叔兮伯兮。駕予與歸。賦也。婦人謂嫁曰歸。

丰四章。二章章三句。二章章四句。

東門之墠。音善叶上演反茹音如藘音閭在阪。音反叶孚臠反其室則邇。其人甚遠。賦也。東門。城東門也。墠。除地町町者。茹藘。茅蒐也。一名茜。可以染絳。陂者曰阪。門之旁有墠。墠之外有阪。阪之上有草。識其所與淫者之居也。

室邇人遠者思之而未得見之辭也。○東門之栗，有踐家室。豈不爾思？子不我即。賦也。踐，行列貌。門之旁有栗，栗之下有成行列之家室，亦識其處也。即，就也。

東門之墠二章，章四句。

風雨思人也　毛序思君子也

風雨淒淒，淒音妻雞鳴喈喈。音皆，叶居奚反既見君子，云胡不夷？賦也。淒淒，寒涼之氣。喈喈，雞鳴之聲。風雨晦冥，蓋淫奔之時。君子，指所期之男子也。夷，平也。○淫奔之女言當此之時，見其所期之人而心悅也。○風雨瀟瀟，雞鳴膠膠。叶音驕既見君子，云胡不瘳？叶憐蕭反。○賦也。瀟瀟，風雨之聲。膠膠，猶喈喈也。瘳，病愈也。言積思之病，至此而愈也。○

風雨如晦。叶呼洧反雞鳴不已。既見君子。云胡不喜。賦也。晦昏。已止也。

風雨三章章四句。

青青子衿。音金悠悠我心。縱我不往。子寧不嗣音。賦也。青青純緣之色。具父母衣純以青。子男子也。衿領也。悠悠思之長也。我女子自我也。嗣音繼續其聲問也。此亦淫奔之詩。○青青子佩。叶蒲眉反悠悠我思。叶新齎反縱我不往。子寧不來。叶陵之反○賦也。青青組綬之色。佩佩玉也。○挑兮達兮。音獺叶他悅反在城闕兮。一日不見。如三月兮。賦也。挑輕儇跳躍之貌。達放恣也。

揚之水閔無臣也蓋文公殺世子華盡逐羣公子文公死後子蘭得納自晉子瑕亦挾楚求入所謂終鮮兄弟維予二人也蓋作于瑕敗之前用毛序續閔忽無忠臣良士終以死亡則何以不類次

出其東門說人也　班固說鄭國山居谷汲土狹而險男女亟聚會故其俗淫詩出

詩經

子衿三章章四句。

詩閔師儒闕其弟子失學而作

揚之水。不流束楚。終鮮上聲兄弟。維予與女。女汝同無信人之言。人實迋音誑女。興也。兄弟婚姻之稱。禮所謂不得嗣爲兄弟是也。予女。男女自相謂也。人。他人也。迋與誑同。○淫者相謂言揚之水則不流束楚矣。終鮮兄弟則維予與女矣。豈可以他人離閒之言而疑之哉。彼人之言。特誑女耳。○揚之水。不流束薪。終鮮兄弟。維予二人。無信人之言。人實不信。叶斯人反。○興也。

揚之水二章章六句。

出其東門。有女如雲。雖則如雲。匪我思存。縞

其東门溱与洧斯其風也毛序閔亂也續公子五爭兵革不息男女相弃人思保其室家

詩釋說文綦帛蒼艾色也從糸畀聲詩曰縞衣綦巾未嫁女所服曰不借綥或從其綦周禮弁師注薄借綦即詩是所謂不借綥也

音杲衣綦音其巾。聊樂音洛我員。音云○賦也。如雲美且衆也。縞白色。綦蒼艾色。縞衣綦巾。女服之貧陋者。此人自目其室家也。員與云同。語辭也。○人見淫奔之女而作此詩。以爲此女雖美且衆。而非我思之所存。不如己之室家。雖貧且陋。而聊可以自樂也。是時淫風大行。而其間乃有如此之人。亦可謂能自好而不爲習俗所移矣。羞惡之心。人皆有之。豈不信哉。

○出其闉音因闍音都有女如荼。音徒雖則如荼。匪我思且。音疽縞衣茹藘。聊可與娛。○賦也。闉曲城也。闍城臺也。荼茅華。輕白可愛者也。且語助辭。茹藘可以染絳。故以名衣服之色。娛樂也。

出其東門二章章六句。

詩閔出其東门話賢也雖見衆好而思不忘淫泆之情生于不足綦縞堪娛禮稱不厭謂之賢者也

詩經國風

出其東门 野有蔓草

野有蔓草男女思遇也
毛序思遇時也續民窮兵革男女失時思不期而會

溱洧淫風也
後漢書注韓詩曰溱與洧說人今鄭國之俗三月上巳于溱洧兩水之上執蘭招魂續魄

野有蔓草。零露漙音團叶上兗反兮。有美一人。清揚婉兮。邂逅相遇。適我願叶五遠反兮。賦而興也。蔓。延也。漙。露多貌。清揚眉目之間。婉然美也。邂逅不期而會也。○男女相遇於野田草露之間。故賦其所在以起興。言野有蔓草。則零露漙矣。有美一人。則清揚婉矣。邂逅相遇。則得以適我願矣。

○野有蔓草。零露瀼瀼。有美一人。婉如清揚。邂逅相遇。與子偕臧。賦而興也。瀼瀼。亦露多貌。臧。美也。與子偕臧。言各得其所欲也。

野有蔓草二章章六句

溱與洧方渙渙叶于元反兮。士與女方秉蕑音閒叶古

祓除不祥也毛序刺亂也兵革不息男女相弃淫風大行莫之能救

賢反兮。女曰觀乎。士曰既且。且音疽且往觀乎洧之外。洵訏音吁且樂。音洛維士與女。伊其相謔。贈之以勺藥。

賦而興也。渙渙。春水盛貌。蓋冰解而水散之時也。蕑。蘭也。其莖葉似澤蘭。廣而長節。節中赤。高四五尺。且。語辭。洵。信。訏。大也。勺藥。亦香草也。三月開花。芳色可愛。○鄭國之俗。三月上巳之辰。采蘭水上以祓除不祥。故其女問於士曰。盍往觀乎。士曰。吾已既往矣。女復要之曰。且往觀乎。蓋洧水之外。其地信寬大而可樂也。於是士女相與戲謔。且以勺藥爲贈。而結恩情之厚也。此詩淫奔者自敘之辭。

○溱與洧。瀏音留其清矣。士與女。殷其盈矣。女曰觀乎。士曰既且。且往觀乎。洧之外。洵訏且樂。維士與女。伊

詩經國風　溱洧　三之十二

其將謔贈之以勺藥。賦而興也。瀏深貌。殷眾
也。將當作相聲之誤也。

溱洧二章章十二句。

鄭國二十一篇五十三章二百八十
三句。鄭衛之樂皆爲淫聲。然以詩考
之。鄭詩三十有九。而淫奔之詩二十
有一。衛詩二十有九。而淫奔之詩考
才四之一。鄭詩二十。而悅女之詩
詩已不翅七之五。衛猶爲男女之語。
辟而鄭皆爲女惑男之語。衛人猶多
刺譏懲創之意。而鄭人幾於蕩然無
復羞愧悔悟之萌。是則鄭聲之淫有
甚於衛。故夫子論爲邦。獨以鄭聲
爲戒而不及衛。蓋舉重而言。固自
有次第也。詩可以觀豈不信哉。

齊一之八齊。國名本少昊時爽鳩氏所
居之地。在禹貢爲青州之域。

御覽九百四十四韓詩章句雞鳴
誤人可辟君章句雞連鳴蠅
蠅聲相似詩攷韓詩章句
蠅聲說人也又選注雞鳴齊
詩冀夫人及君早起而視朝
皆以蠅聲爲比視朝與
甚明若以蠅聲爲此詩詞
故斷章取義毛序思賢妃
之道誤讀思字不
知毛序諷詩意也

三旦生可說文蠅成戚
第六韻即韻詞大腹同類中山逼从
出此花韻蠅之韻謂之田雜香泉
雜狗秋蠅曰沙濕嫩嘉曰蠅或昌
俗曰但以呼埔蕴蝗蠅或暮
蝗或曰童蠅在廷說詩者誤解解

周武王以封太公望。東至于海。西至于
河南至于穆陵。北至于無棣。太公姜姓。
本四岳之後。既封於齊。通工商之業。便
魚鹽之利。民多歸之。故爲大國。今青齊
淄濰德棣等
州是其地也。

雞既鳴矣朝（音潮）既盈矣匪（盈釋作西滿鳴上庚韻人下韻）雞則鳴（新釋即作平聲）蒼蠅之聲。
賦也。言古之賢妃御於君所。至於將旦之時。
必告君曰。雞既鳴矣。會朝之臣既盈矣。欲
令君早起而視朝也。然其實非雞之鳴也。乃
蒼蠅之聲。蓋賢妃當夙興之時。心常恐晚。而不
故聞其似者而以爲眞。非其心存警畏。而不
忌慢故凉賢妃夙夜警戒
也。

○東方明，矣朝既昌矣匪東方（叶謨陽反）則明（明叶謨郎反）蒼蠅之聲。
明也。東方明則日將出。
則。此敬也。故詩人敍其事而美之。

○月出之光。矣朝既昌矣匪東方則明。
賦也。東方昌盛也。此再告也。○蟲飛薨薨

詩經 國風 齊 雞鳴 還

還從禽也。毛序：刺荒也。譏哀公好田獵，國人化之，謂之賢好。

蕘甘與子同夢叶莫騰反會且歸矣無庶予子憎。賦也。蟲飛夜將旦而百蟲作也。甘樂。會朝也。○此三告也。言當此時我豈不樂與子同寢而夢哉。然羣臣之會於朝者俟君不出將散而歸矣。無乃以我之故而并以子爲憎乎。

雞鳴三章章四句。

子之還音旋兮遭我乎猺音鐃之閒叶居賢反兮並驅從兩肩兮揖我謂我儇許全反兮。賦也。還便捷之貌。猺山名也。從逐也。獸三歲曰肩。儇利也。○獵者交錯於道路。且以便捷輕利相稱譽如此。而不自知其非也。則其俗之不美可見。而其來亦必有所自矣。

○子之茂叶莫口反兮遭我乎猺之道叶徒厚反兮並驅從兩牡兮揖

我謂我好叶許厚反兮。賦也。茂。美也。○子之昌兮。遭我乎峱之陽兮。並驅從兩狼兮。揖我謂我臧兮。賦也。昌。盛也。山南曰陽。狼。似犬。銳頭白頰。高前廣後。臧。善也。

還三章章四句。

俟我於著音宁叶直居反乎而。充耳以素叶孫租反乎而。尚之以瓊華叶芳無反乎而。賦也。俟。待也。我。嫁者自謂也。著。門屏之間也。充耳以纊懸瑱。所謂紞也。尚。加也。瓊華。美石似玉者。卽所以爲瑱也。○東萊呂氏曰。昏禮。壻往婦家親迎。既奠鴈。御輪而先歸。俟於門外。婦至則揖以入。時齊俗不親迎。故女至壻門。始見其俟已也。○俟我於庭乎而。充耳以青乎而。

詩經國風　三之十四

堂導以出是俟於堂也

東方之日說色也 文選高唐賦注辟君章句言所說者顏色美盛若東方之日 毛序刺衰也續君臣失道男女淫奔

釋文[redacted]曰韓詩平議張篇體無咎言作履履幸也此經履字當從韓詩說訓為幸履我即者幸我就也履我發者幸我行也皆男女淫奔私相冀幸之辭履之為幸蓋古語有然韓說必非無據

詩經

尚之以瓊瑩音榮乎而。賦也。庭。在大門之內。寢門之外。瓊瑩。亦美石似玉者。○呂氏曰。此昏禮所謂壻道婦及寢門揖入之時也。○俟我於堂乎而充耳以黃乎而尚之以瓊英叶於良反乎而。賦也。瓊英。亦美石似玉者。○呂氏曰。升階而後至堂。此昏禮所謂升自西階之時也。

著三章章三句。

東方之日兮彼姝音樞者子在我室兮在我室兮履我即兮。興也。履。躡。即。就也。言此女躡我之跡而相就也。○東方之月兮彼姝者子在我闥叶宅悅反兮在我闥兮履我發叶方月反兮。興也。闥。門內也。發。行去也。言躡我而行去也。

東方未明刺無節也 用毛序 讀朝廷興居無節號令不時挈壺氏不能掌其節

東方之日二章，章五句。

東方未明，叶謨郎反 顛倒上聲 衣裳。顛之倒之，叶都妙反 自公召之。賦也。自，從也。羣臣之朝，別色始入。○此詩人刺其君興居無節，號令不時。言東方未明而顛倒其衣裳，則既早矣，而又已有從君所而來召之者焉。蓋猶以爲晚也。或曰：所以然者，以有自公所而召之者故也。○東方未晞，顛倒裳衣。倒之顛之，叶典因反 自公令之。去聲，叶力呈反 賦也。晞，明之始升也。令，號令也。○折音哲 柳樊圃，叶博故反 狂夫瞿瞿。音句 不能辰夜，叶羊茹反 不夙則莫。音慕。○比也。柳，楊之下垂者，柔脆之木也。樊，藩也。圃，菜園也。瞿瞿，驚顧之貌。夙，早也。○折柳樊圃，雖不足恃，然狂夫見之，猶驚

南山刺襄公通魯之姜也毛序同續大夫遇是惡作詩而去之無其誼

顧而不敢越。以比辰夜之限甚明。人所易知。今乃不能知。而不失之早。則失之莫也。

東方未明三章章四句。

南山崔崔音摧雄狐綏綏。魯道有蕩。齊子由歸。既曰歸止。曷又懷叶胡威反止。比也。南山齊南山也。崔崔高大貌。狐邪媚之獸。綏綏求匹之貌。魯道適魯之道也。蕩平易也。齊子襄公之妹魯桓公夫人文姜。襄公通焉者也。由從也。婦人謂嫁曰歸。懷思也。止語辭。○言南山有狐以比襄公居高位而行邪行。且文姜既從此道歸於魯矣。襄公何爲而復思之乎。○

葛屨五兩如字又音亮冠緌音蕤雙叶所終反止。魯道有蕩。齊子庸止。既曰庸止。曷又從止。比也。兩二屨也。緌冠上飾也。屨必兩。緌必雙物各有耦不可亂也庸用也用此道以嫁於魯也從相從也○蓺麻如之何衡音橫從音宗其畝取去聲妻如之何必告音谷父母既曰告止曷又鞠音菊止興也蓺樹鞠窮也○欲樹麻者必先縱橫耕治其田畝欲娶妻者必先告其父母今魯桓公既告父母而娶矣又曷爲使之得窮其欲而至此哉○析薪如之何匪斧不克取妻如之何匪媒不得既曰得止曷又極止興也克能也極亦窮也

南山四章章六句春秋桓公十八年公與夫人姜氏如齊公薨於齊傳曰公將有行遂與姜氏如齊申繻曰女有家男有室無相瀆也謂之

甫田危襄公不忌魯莊而勤遠略也毛序大夫刺襄公也續無禮義而求大功不修德而求諸侯
總角丱兮突而弁兮謂魯莊公也莊公生于桓公六年桓十八年薨于齊莊公才十三歲莊公四年及齊人狩禚突而弁兮已齊人初為君危豈知魯卒忌讎寧思遠謂遷紀伐衛
平議廿三為言貫也昭十九年穀梁傳羈貫成童范甯注曰羈貫謂交午翦髮以為飾是其義也

有禮。易此必敗。公會齊侯于濼。遂及文姜如齊。齊侯通焉。公謫之。以告。夏四月享公。使公子彭生乘公。公薨于車。此詩前二章刺齊襄。後二章刺魯桓也。

無田音佃甫田。維莠音酉驕驕。叶音高無思遠人。勞心忉忉。音刀○比也。田。謂耕治之也。甫。大也。莠。害苗之草也。驕驕。張王之意。忉忉。憂勞也。○言無田甫田也。田甫田而力不給。則草盛矣。無思遠人也。思遠人而人不至。則心勞矣。以戒時人厭小而務大。忽近而圖遠。將徒勞而無功也。○

無田甫田。維莠桀桀。無思遠人。勞心怛怛。叶旦悅反。○比也。桀桀。猶驕驕也。怛怛。猶忉忉也。○

婉兮孌兮。叶龍舂反總角丱兮。音慣，叶古縣反未幾上聲見兮。突而弁兮。比也。婉孌。少好貌。丱。兩角貌。未

盧令齊人美襄公也
毛序刺荒也續襄公好田獵畢弋陳古以風焉美襄公也与詩不合

幾。未多時也。丱。忽然高出之貌。弁。冠名。○言總角之童。見之未久。而忽然戴弁以出者。非其躐等而強求之也。蓋循其序而勢有必至耳。此又以明小之可大。邇之可遠。能循其序而脩之。則可以忽然而至其極。若躐等而欲速。則反有所不達矣。

甫田三章。章四句。

盧令令。音零 其人美且仁。賦也。盧。田犬也。令令。犬頷下環聲。○此詩大意與還略同。○盧重環。平聲 其人美且鬈。音權 ○賦也。重環。子母環也。鬈。鬚鬢好貌。○盧重鋂。音梅 其人美且偲。音鰓 ○賦也。鋂。一環貫二也。偲。多鬚之貌。春秋傳所謂于思。即此字。古通用耳

盧令三章。章二句。

詩經 國風 甫田 盧令 敝笱

三之十七

敝笱刺魯哀姜歸魯之侈知魯莊公不能制也毛序刺文姜則初歸之刺不當在南山既歸之後釋文韓詩其魚遺遺言不能制也易林敝笱有梁魴逸不禁

詩經

敝笱在梁。其魚魴鰥。音關叶古倫反。齊子歸止。其從去聲。如雲。比也。敝。壞。笱。罟也。魴鰥。大魚也。歸。歸齊也。如雲。言衆也。○齊人以敝笱不能制大魚。比魯莊公不能防閑文姜。故歸齊而從之者衆也。

○敝笱在梁。其魚魴鱮。音序。齊子歸止。其從如雨。比也。鱮。似魴厚而頭大。或謂之鰱。如雨。亦多也。

○敝笱在梁。其魚唯唯。上聲。齊子歸止。其從如水。比也。唯唯。行出入之貌。如水。亦多也。

毛唯唯出入不制箋唯唯行相隨順之貌

釋文云韓詩作遺遺言不能制也毛韓義同

敝笱三章。章四句。按春秋魯莊公二年。夫人姜氏會齊侯于禚。四年。夫人姜氏享齊侯于祝丘。五年。夫人姜氏如齊師。七年。夫人姜氏會齊侯于防。又會齊侯于穀。

載驅刺魯哀姜也魯莊公待年以取襄公季女越竟內幣越竟親迎与夫人約然後入魯敝笱載驅之詩人早知其後來有通而叔之事為齊魯羞也

載驅薄薄音泊簟茀朱鞹音擴魯道有蕩齊子發夕。叶祥龠反○賦也。薄薄，疾驅聲。簟，方文席也。茀，車後戶也。朱，朱漆也。鞹，獸皮之去毛者。蓋車革質而朱漆也。夕，猶宿也。發夕，謂離於所宿之舍。○齊人刺文姜乘此車而來會襄公也。○四驪音離濟濟上聲垂轡濔濔音你魯道有蕩齊子豈弟。音愷悌叶待禮反○賦也。驪，馬黑色也。濟濟，美貌。濔濔，柔貌。豈弟，樂易也。言無忌憚羞恥之意也。○汶音問水湯湯音傷行人彭彭音邦魯道有蕩齊子翺翔。○賦也。汶，水名，在齊南魯北二國之竟。湯湯，水盛貌。彭彭，多貌。言行人之多，亦以見其無恥也。○汶水滔滔音叨行人儦儦音標叶音褒魯道有蕩齊子遊敖。○賦也。滔滔，流貌。

妄也焦氏所謂旦夕欲速也
釋文韓詩發旦也箋謂豈
弟爲闓圛皆三家古說也毛
刺襄公猶云與文姜淫則發
夕亦不當在
既歸之後

猗嗟刺魯莊公齊讎不
報也

詩經

儦儦。衆貌。遊敖。猶翺翔也。

載驅四章。章四句。

猗嗟昌兮。頎音祈而長兮。抑若揚兮。美目揚兮。巧趨蹌兮。射則臧兮。賦也。猗嗟。歎辭。昌。盛也。頎。長貌。抑而若揚美之盛也。揚。目之動也。蹌。趨翼如也。臧。善也。○齊人極道魯莊公威儀技藝之美如此。所以刺其不能以禮防閑其母。若曰惜乎其獨少此耳。○

猗嗟名兮。美目清兮。儀既成兮。終日射音石侯。不出正音征兮。展我甥叶桑經反兮。賦也。名。猶稱也。言其威儀技藝之可名也。清。目清明也。儀既成。言其終事而禮無違也。侯。張布而射之者也。正。設的於侯中而射之者也。大射。則張皮侯而設鵠。賓射則張布侯而設正。展誠也。姊妹之子曰甥。言稱其爲齊侯之甥。而又以明非齊侯之子。此詩人之微辭也。按春秋桓公三年。夫人姜氏至自齊。六年九月。子同生。卽莊公也。十八年。桓公乃與夫人如齊。則莊公誠非齊侯之子矣。○

猗嗟孌叶龍眷反**兮。清揚婉**叶許願反**兮。舞則選**去聲**兮。射則貫**叶扃縣反**兮。**

四矢反叶孚絢反**兮。以禦亂**叶靈眷反**兮。**賦也。孌好貌。清目之美也。揚眉之美也。婉亦好貌。選異於衆也。或曰齊於樂節也。貫中而貫革也。四矢禮射每發四矢。反復也。中皆得其故處也。言莊公射藝之精。可以禦亂。如以金僕姑射南宮長萬可見。

猗嗟三章章六句。

或曰。子可以制母乎。趙子曰。夫死從子。通乎其下。況國君乎。君者人神之主。風教之本也。不能正家。如正國何。若莊公者。

哀痛以思父。誠敬以事母。威刑以馭下。車馬僕從。莫不俟命。夫人徒往乎。夫人之往也。則公哀敬之不至。威命之不行耳。東萊呂氏曰。此詩三章。譏刺之意皆在言外。嗟歎再三。則莊公所大闕者。不言可見矣。

齊國十一篇。三十四章。一百四十三句。

魏一之九

魏。國名。本舜禹故都。在禹貢冀州雷首之北。析城之西。南枕河曲。北涉汾水。其地陿隘。而民貧俗儉。蓋有聖賢之遺風焉。周初以封同姓。後爲晉獻公所滅而取其地。今河中府解州。即其地也。蘇氏曰。魏地入晉久矣。其詩疑皆爲晉而作。故列於唐風之前。猶邶鄘之於衛也。今按篇中公行公路公族皆晉官。疑實晉詩。又恐魏亦嘗有此官。蓋不可考矣。

糾糾音赳葛屨可以履霜摻摻音纖女手可以縫裳要音腰之襋音棘之好人服叶蒲北反之○興也糾糾繚戾寒涼之意夏葛屨冬皮屨摻摻猶纖纖也女婦未廟見之稱也娶婦三月廟見然後執婦功要裳要襋衣領好人猶大人也○魏地陿隘其俗儉嗇而褊急故以葛屨履霜起興而刺其使女縫裳又使治其要襋而遂服之也此詩疑即縫裳之女所作○

好人提提宛然左辟音避佩其象揥維是褊心是以爲刺叶音砌○賦也提提安舒之意宛然讓之貌也讓而辟者必左揥所以摘髮用象爲之貴者之飾也其人如此若無有可刺矣所以刺之者以其褊迫急促如前章之云耳

葛屨二章一章六句一章五句廣漢張氏曰夫

汾沮洳刺世族不賢之人不在位也　韓外傳君子盛德而卑虛己而受人雖在下位民願戴之詩云彼其之子美如英云云又曰君子蕩蕩乎其義不可亂嘆乎其廉不可劇溫乎其仁厚之寬大起乎其度殊乎世也故曰美如玉云云毛序刺儉僭刺不得禮與詩不合

子謂與其奢也寧儉。則儉雖失中。本非惡德。然而儉之過。則至於吝嗇迫隘。計較分毫之間。而謀利之心始急矣。葛屨汾沮洳。園有桃。三詩。皆言其急迫瑣碎之意。

彼汾音焚沮去聲洳音孺言采其莫音慕彼其音記之子。美無度。美無度。殊異乎公路。與也。汾。水名。出太原晉陽山。西南入河。沮洳。水浸處下濕之地。莫。菜也。似柳葉厚而長。有毛刺。可爲羹。無度。言不可以尺寸量也。公路者。掌公之路車。晉以卿大夫之庶子爲之。○此亦刺儉不中禮之詩。言若此人者。美則美矣。然其儉嗇褊急之態。殊不似貴人也。○彼汾一方。言采其桑。彼其之子。美如英。叶於良反美如英。殊異乎公行音杭○興也一方彼一方也史記扁鵲視見垣一方人英華也公行即公路也以其主兵車之行列故謂之公行也○彼汾一曲言采其藚音續彼其之子美如玉美如玉殊異乎公族興也一曲謂水曲流處藚水舄也葉如車前草公族掌公之宗族晉以卿大夫之適子為之

汾沮洳三章章六句

園有桃其實之殽心之憂矣我歌且謠音遙不知我者謂我士也驕彼人是哉叶將黎反子曰何其音基心之憂矣其誰知之其誰知之蓋亦勿思叶新齋反○興也殽食也合曲曰歌徒歌曰謠其語辭○詩人憂其國小而無政故

詩經國風　三之二十一

天下曰字在句中語助解之鄭箋訓子曰之曰爲某於亦語辭不爲義

作是詩。言園有桃。則其實之殽矣。心有憂。則我歌且謠矣。然不知我之心者。見其歌謠而反以爲驕。且曰彼之所爲已是矣。而子之言獨何爲哉。蓋舉國之人莫覺其非。而反以憂之者爲驕也。於是憂者重嗟歎之。以爲此之可憂。初不難知。彼之非我。特未之思耳。誠思之。則將不暇非我而自憂矣。

園有棘。其實之食。心之憂矣。聊以行國。叶于逼反 不知我者。謂我士也罔極。彼人是哉。子曰何其。心之憂矣。其誰知之。其誰知之。蓋亦勿思。興也。棘。棗之短者。聊。且。略之辭。歌謠之不足。則出遊於國中而寫憂也。極。至也。罔極。言其心縱恣無所至極。

棘實枯之三面職國于在德

刪一字也

毛棘棗也段玉裁曰對文則棘爲小棗叢生者散文

園有桃二章章十二句。

詩序廣義是篇一氣六行自己心事全不……字無醒……

通論此蓋謂桃棘果實之賤者園有之猶可以爲食興國之無人也故直接以心之憂矣云云詩之興體不一在乎善會之而已

陟彼岵音戶兮瞻望父兮父曰嗟予子行役夙夜無已上慎旃哉猶來無止賦也。山無草木曰岵。上猶尚也。○孝子行役不忘其親，故登山以望其父之所在，因想像其父念己之言曰：嗟乎我之子行役夙夜勤勞不得止息，又祝之曰：庶幾慎之哉，猶可以來歸無止於彼而不來也。蓋生則必歸，死則止而不來矣。或曰：止，獲也。言無爲人所獲也。○

陟彼屺音起兮瞻望母叶滿彼反兮母曰嗟予季行役夙夜無寐上慎旃哉猶來無棄賦也。山有草木曰屺。季，少子也。尤憐愛少子者，婦人之情也。無寐，亦言其勞之甚也。棄，謂死而棄其尸也。○

陟彼岡兮瞻望兄叶虛王反兮兄曰嗟予弟行役夙夜必偕叶舉

詩經　國風　三之二十二

皆之其義一也首章行役夙夜無已傳曰無解倦次章行役夙夜無寐傳曰無耆寐卒章言必偕傳曰必偕其前四章之意言夙夜之間無有自從也

十畝之間在位思荒也

毛序刺時也續云言其國削小民無所依不合

詩經

里反上愼旃哉猶來無死叶想止反○賦也山脊曰岡必偕言與其儕同作同止不得自如也

詩詞瑞玉曰夙夜無已思不止也夙夜無寐思之長也夙夜必偕夢見之也皆述父母兄念己之辭不主行役者言

陟岵三章章六句○

釋詞顏師古注漢書揚雄傳曰行且也按李善注文選洞簫賦魏文帝與吳質書並云行猶且也蓋舊有此訓

十畝之間叶居賢反兮桑者閑閑叶胡田反兮行與子還叶音旋兮賦也十畝之間郊外所受場圃之地也閑閑往來者自得之貌行猶將也還猶歸也○政亂國危賢者不樂仕於其朝而思與其友歸於農圃故其辭如此

閒閑二元山還二十七刪又二仙

○十畝之外叶五墜反兮桑者泄泄音異兮行與子逝兮賦也十畝之外鄰圃也泄泄猶閑閑也逝往也

外泄逝十三祭

十畝之間二章章三句

伐檀傷君子不遇自食其力也 文選上林賦注張揖曰伐檀刺賢者不遇明主也 御覽五百七十八大周正樂曰伐檀者魏國女之所作也賢者隱蔽素餐在位閔傷怨曠失其嘉會能治人者食于人不能治者食于田今賢者隱退伐木小人在位食祿懸珍奇積百穀并包有土德澤不加百姓王道之不施毛序刺貪也續在位貪鄙無功受祿君子不得進仕同

平議廣雅釋詁稛繶纏並訓束故則三百纏者三百繶也三百億者三百稛也其實皆三百束也說文叀部叀專小謹也……故則三百束者三百叀也

坎坎伐檀叶徒沿反兮寘之河之干叶居焉反兮河水清且漣音連猗音醫不稼不穡胡取禾三百廛直連反兮不狩不獵胡瞻爾庭有縣音玄貆音暄兮彼君子兮不素餐叶七宣反兮賦也坎坎用力之聲檀木可爲車者寘與置同干厓也漣風行水成文也猗與兮同語辭也書斷斷猗大學作兮莊子亦云而我猶爲人猗是也種之曰稼斂之曰穡胡何也一夫所居曰廛狩亦獵也貆貉類素空餐食也○詩人言有人於此用力伐檀將以爲車而行陸也今乃寘之河干則河水清漣而無所用雖欲自食其力而不可得矣然其志則自以爲不耕則不可以得禾不獵則不可以得獸是以甘心窮餓而不悔也詩人述其事而歎之以爲是眞能不空食者後世若徐穉之

詩經

流。非其力不食。其厲志蓋如此。○坎坎伐輻音福叶筆力反兮。寘之河之側叶莊力反兮。河水清且直猗。不稼不穡。胡取禾三百億兮。不狩不獵。胡瞻爾庭有縣特兮。彼君子兮。不素食兮。賦也。輻。車輻也。伐木以爲輻也。直。波文之直也。十萬曰億。蓋言禾秉之數也。獸三歲曰特。○坎坎伐輪兮。寘之河之漘音脣兮。河水清且淪猗。不稼不穡。胡取禾三百囷丘倫反兮。不狩不獵。胡瞻爾庭有縣鶉音純兮。彼君子兮。不素飧音孫叶素倫反兮。賦也。輪。車輪也。伐木以爲輪也。淪。小風水成文。轉如輪也。囷。圓倉也。鶉。鶉屬。熟食曰飧。

詩釋文引韓詩云順流而風爲淪。文貌。文選謝希逸月賦注引韓詩章句注沿西風曰淪。釋名水小波爲淪。淪倫也。水文相次有倫理也

漢書地理志引此詩亦作猗字諸

輻猶入廛側直億倉二十四特二十五穡文穡亦賦韻多

四歲爲肩與毛互異

說文豣三歲曰豣傳云三歲曰肩豣特

五歲曰豣爾雅釋獸三歲作四歲廣雅釋獸豣特也

韓詩淪鶉十六諄囷十七真飧二十三魂

詩聞熟食水澆飯也 旦曰饔夕曰飧

伐檀三章章九句。

碩鼠碩鼠無食我黍三歲貫音慣女音汝莫我肯顧。叶果五反逝將去女適彼樂音洛土樂土樂土下同爰得我所。比也。碩大也。三歲言其久也。貫習。顧念。逝往也。樂土有道之國也。爰於也。○民困於貪殘之政。故託言大鼠害己而去之也。○碩鼠碩鼠無食我麥。叶訖力反三歲貫女莫我肯德逝將去女適彼樂國。叶于逼反樂國樂國爰得我直。比也。德歸恩也。直猶宜也。○碩鼠碩鼠無食我苗叶音毛三歲貫女莫我肯勞逝將去女適彼樂郊。叶音高樂郊樂平議韓詩外傳兩引此文並作逝將去女適彼樂土爰得我所又引次章亦云逝將去女適彼樂國適彼樂國爰得我直疑以韓詩爲正詩中疊句成文者甚多如中谷有蓷篇疊嘅其歎矣嘅其歎矣兩句丘中有麻篇疊彼留子嗟彼留子嗟兩句東方之日篇疊在我室兮在我室兮兩句汾沮洳篇疊美無度美無度兩句皆是也毛與韓本旨不異因古人遇疊句有不書止於字下加二畫以識之宋書樂志所載樂府詞皆是又秋胡行疊顧登泰華山神人共遨遊二句則書作顧〻登〻泰〻華〻山〻神〻人〻共〻遨〻遊〻是其例矣此詩亦當作逝〻彼〻樂〻土〻傳寫誤作樂樂土耳

詩經

郊誰之永號○音毫○比也勞勤苦也謂不以往樂郊則無復有害已永號長呼也言旣者當復爲誰而永號乎

碩鼠三章章八句

魏國七篇十八章一百二十八句

唐一之十 唐國名本帝堯舊都在禹貢冀州之域大行恒山之西大原大岳之野周成王以封弟叔虞爲唐侯南有晉水至子燮乃改國號曰晉後徙曲沃又徙居絳其地土瘠民貧勤儉質朴憂深思遠有堯之遺風焉其詩不謂之晉而謂之唐蓋仍其始封之舊號耳唐叔所都在今大原府曲沃及絳皆在今絳州

蟋蟀在堂，歲聿其莫。音暮 今我不樂，音洛 下同 日月
其除。去聲 無已大康，音泰 職思其居。叶音據 好去聲 樂
無荒，良士瞿瞿。音句 ○賦也。蟋蟀，蟲名，似蝗而小，正黑，有光澤如漆，有角
翅。或謂之促織，九月在堂。聿，遂。莫，晚。除，去也。
大康，過於樂也。職，主也。瞿瞿，卻顧之貌。○唐
俗勤儉，故其民閒終歲勞苦，不敢少休。及其
歲晚務閒之時，乃敢相與燕飲爲樂。而言今
蟋蟀在堂，而歲忽已晚矣。當此之時而不爲
樂，則日月將舍我而去矣。然其憂深而思遠
也，故方燕樂而又遽相戒曰：今雖不可以不
爲樂，然不已過於樂乎？盍亦顧念其職之所
居者，使其雖好樂而無荒，若彼良士之長慮
而卻顧焉，則可以不至於危亡也。蓋其民俗
之厚，而前聖遺
風之遠如此。○蟋蟀在堂，歲聿其逝。今我

詩經

不樂日月其邁叶力制反無已大康職思其外叶五墜反好樂無荒良士蹶蹶賦也逝邁皆去也外餘也其所治之事固當思之而所治之餘亦不敢忽蓋其事變或出於平常思慮之所不及故當過而備之也蹶蹶動而敏於事也○蟋蟀在堂役車其休今我不樂日月其慆音叨叶佗侯反無已大康職思其憂好樂無荒良士休休賦也庶人乘役車歲晚則百工皆休矣慆過也休休安閑之貌樂而有節不至於淫所以安也

蟋蟀三章章八句

山有樞隰有榆子有衣裳弗曳弗婁子有車

物侈不中禮國人閔之唐之變風乃作毛序刺晉昭公也續云不能修道以正其國有財不能用有鍾鼓不能以自樂有朝廷不能洒掃政荒民散將以危亡四鄰謀取其國而不知詩非其誼

馬弗馳。弗驅。宛其死矣。他人是愉。興也。樞。荎也。今刺榆也。榆。白枌也。婁。亦曳也。馳。走。驅。策也。宛。坐見貌。愉。樂也。○此詩蓋亦答前篇之意而解其憂。故言山則有樞矣。隰則有榆矣。子有衣裳車馬。而不服不乘。則一旦宛然以死。而他人取之以爲已樂矣。蓋言不可不及時爲樂。然其憂愈深而意愈蹙矣。

○山有栲。音考。叶去九反。隰有杻。音紐。子有廷內。弗洒弗埽。叶蘇后反。子有鍾鼓。弗鼓弗考。叶去九反。宛其死矣。他人是保。叶補苟反。○興也。栲。山樗也。似樗。色小白。葉差狹。杻。檍也。葉似杏而尖。白色。皮正赤。其理多曲少直。材可爲弓弩榦者也。考。擊也。保。居有也。

○山有漆。音七。隰有栗。子有酒食。何不日鼓瑟。且以喜樂。音洛。且以永日。宛其死矣，他人入室。興也。君子無故，琴瑟不離於側。永，長也。人多憂則覺日短，飲食作樂可以永長此日也。

山有樞三章，章八句。

揚之水，白石鑿鑿。音作素衣朱襮，音博從子于沃。叶鬱鎛反既見君子，云何不樂。音洛○比也。鑿鑿，巉巖貌。襮，領也。諸侯之服，繡黼領而丹朱純也。子，指桓叔也。沃，曲沃也。○晉昭侯封其叔父成師于曲沃，是爲桓叔。其後沃盛强而晉微弱，國人將叛而歸之，故作此詩。言水緩弱而石巉巖，以比晉衰而沃盛，故欲以諸侯之服從桓叔于曲沃，且自喜其見君子而無不樂也。

○揚之水，白石皓皓。叶胡暴反素衣朱繡，叶先妙反從子于

椒聊美忠臣不黨曲沃也
說苑士欲立義行道毋論難易而後能行之立身著名無顧利害而後能成之詩曰彼其之子碩大且篤非良篤修激之君子其誰能行之

鵠。叶居號反 皞見君子。云何其憂。叶一笑反。○比也。朱繡。卽朱襮也。鵠。曲沃邑也。○揚之水。白石粼粼。我聞有命。叶彌幷反 不敢以告人。○比也。粼粼。水清石見之貌。聞其命而不敢以告人者。爲之隱也。桓叔將以傾晉。而民爲之隱。蓋欲其成矣。○李氏曰。古者不軌之臣。欲行其志。必先施小惠以收衆情。然後民翕然從之。田氏之於齊。亦猶是也。故其召公子陽生於魯。國人皆知其已至。而不言。所謂我聞有命。不敢以告人也。

揚之水三章。二章章六句。一章四句。

椒聊之實。蕃衍盈升。彼其音記之子。碩大無朋。椒聊且。音疽 遠條且。興而比也。椒。樹似茱萸。有鍼刺。其實味辛而香烈。聊。

語助也。朋比也。且歎辭。遠條長枝也。○椒之蕃盛則采之盈升矣彼其之子則碩大而無朋矣椒聊且遠條且歎其枝遠而實益蕃也此不知其所指序亦以爲沃也○椒聊之實蕃衍盈匊音菊彼其之子碩大且篤椒聊且遠條且興而比也兩手曰匊篤厚也。

椒聊二章章六句

綢音儔繆平聲束薪三星在天叶鐵因反今夕何夕見此良人子兮子兮如此良人何興也綢繆猶纏綿也三星心也在天昏始見於東方建辰之月也良人夫稱也○國亂民貧男女有失其時而後得遂其婚姻之禮者詩人敘其婦語夫之辭曰方綢繆以束薪也而仰見三星之在天今夕

杕杜感亂而懷兄弟也
毛序刺時也。獨居不能親其宗族骨肉離散獨居而

平議邂逅乃古語莊子胠篋篇解垢同異之變多則辭垢邪邂逅也與同異班言是邂逅之字各自為義邂之言解散也逅之言構合也故亦作解構淮南子俶真篇孰肯解構人間之事乎高誘注曰解構猶合會也構爲合會解非合會而連言之曰解構今之解往往如是史記刺客傳多人不能無生得失因失而連言得倉公傳緩急無可使者因急而連言緩後漢書何進傳先帝嘗與太后不快幾至成敗因敗而連言成皆其例也說見日知錄卷二十七野有蔓草篇邂逅相遇毛傳曰邂逅不期而會是專說逅字之義此傳曰邂逅解說之貌是專說邂字之義也毛公生六國時猶通古語因知邂逅二字各自為義但於野有蔓草篇謂因逅而連言邂於此篇又謂因邂而連言逅故前後異義也

不知其何夕也。而忽見良人之在此。既又自謂曰。子兮子兮。其將柰此良人何哉。喜之甚而自慶之辭也。○綢繆束芻。叶側九反三星在隅。叶語口反今夕何夕。見此邂音械逅。音候叶狠口反子兮子兮。如此邂逅何。興也。隅。東南隅也。昏見之星至此。則夜久矣。邂逅。相遇之意。此爲夫婦相語之辭也。○綢繆束楚。三星在戶。今夕何夕。見此粲者。叶章與反子兮子兮。如此粲者何。興也。戶。室戶也。戶必南出。昏見之星至此。則夜分矣。粲。美也。此爲夫語婦之辭也。或曰。女三爲粲。一妻二妾也。

釋文韓邂遘不固之貌

毛邂逅解說之貌

綢繆三章。章六句。

說文木部杕樹貌從木大聲引詩此文

有杕音第之杜。其葉湑湑。上聲獨行踽踽。音矩豈無

詩經國風　綢繆　杕杜　三之二十八

無兄弟將為沃所并與昭[?]賴九宗之助正反非也

集說杕部睘下曰在元部杕杜之章讀菁姓江君云字從支選注引作煢煢

劉師培曰睘讀為煢

他人。不如我同父。嗟行之人。胡不比音鼻焉。人無兄弟。胡不佽音次焉。興也。杕特也。杜赤棠也。湑湑盛貌。踽踽無所親之貌。同父兄弟也。比輔。佽助也。○此無兄弟者自傷其孤特而求助於人之辭。言杕然之杜其葉猶湑湑然。人無兄弟則獨行踽踽。曾杜之不如矣。然豈無他人之可與同行也哉。特以其不如我兄弟。是以不免於踽踽耳。於是嗟歎行路之人。何不閔我之獨行而見親。憐我之無兄弟而見助乎。○有杕之杜。其葉菁菁音精。獨行睘睘音瓊。豈無他人。不如我同姓。叶桑經反嗟行之人。胡不比焉。人無兄弟。胡不佽焉。興也。菁菁亦盛貌。睘睘。無所依貌。

杕杜二章，章九句。

羔裘豹袪，音嶇自我人居居。豈無他人？維子之故。賦也。羔裘，君純羔，大夫以豹飾。袪，袂也。居居，未詳。○羔裘豹褎，音袖自我人究究。豈無他人？維子之好。去聲，叶呼侯反。○賦也。褎，猶袪也。究究，亦未詳。

羔裘二章，章四句。此詩不知所謂，不敢强解。

肅肅鴇羽，集于苞栩。音許王事靡盬，音古不能蓺稷黍。父母何怙？音戸悠悠蒼天，曷其有所？比也。肅肅，羽聲。鴇，鳥名，似鴈而大，無後趾。集，止也。苞，叢生也。栩，柞櫟也，其子爲皁斗，殼可以染皁者。

是也。盬，不攻緻也。藝，樹。怙，恃也。○民從征役而不得養其父母，故作此詩，言鴇之性不樹止，而今乃飛集于苞栩之上，如民之性本不便於勞苦，今乃久從征役，而不得耕田以供子職也。悠悠蒼天，何時使我得其所乎。○

肅肅鴇翼，集于苞棘。王事靡盬，不能藝黍稷，父母何食。悠悠蒼天，曷其有極。比也。極，已也。○

肅肅鴇行，音杭集于苞桑。王事靡盬，不能藝稻粱，父母何嘗。悠悠蒼天，曷其有常。比也。行，列也。稻，即今南方所食稻米，水生而色白者也。粱，粟類也，有數色。嘗，食也。常，復其常也。

鴇羽三章，章七句。

無衣武公始并晉國昭周而得服命爲列侯也
毛序美武公也讀武公始并晉國其大夫爲之請命乎天子之使而作詩無可美而已有不臣之意

經說典命云凡諸侯之適子誓于天子則下其君之禮一等□晉爲侯伯當七命其適子降一等當六命首章豈曰無衣七兮請正君也次章豈曰無衣六兮請立太子也

豈曰無衣七兮。不如子之衣。安且吉兮。賦也。侯伯七命。其車旗衣服皆以七爲節。子。天子也。○史記。曲沃桓叔之孫武公伐晉滅之。盡以其寶器賂周釐王。王以武公爲晉君。列於諸侯。此詩蓋述其請命之意。言我非無是七章之衣也。而必請命者。蓋以不如天子之命服之爲安且吉也。蓋當是時。周室雖衰。典刑猶在。武公既負弑君篡國之罪。則人得討之。而無以自立於天地之閒。故賂王請命。而爲說如此。然其倨慢無禮。亦已甚矣。釐王貪其寶玩。而不思天理民彝之不可廢。是以誅討不加。而爵命行焉。則王綱於是乎不振。而人紀或幾乎絕矣。嗚呼痛哉。○豈曰無衣六兮。不如子之衣。安且燠兮。音郁。賦也。天子之卿六命。變七言六者。謙也。不敢以當侯伯之命。得受六命之服。比於天子之卿亦幸矣。燠。煖也。言其可以久也。

無衣二章章三句。

有杕之杜。生于道左。彼君子兮。噬音逝肯適我。中心好去聲之。曷飲食音嗣之。比也。左。東也。噬。發語辭。曷。何也。○此人好賢而恐不足以致之。故言此杕然之杜。生于道左。其蔭不足以休息。如己之寡弱。不足恃賴。則彼君子者。亦安肯顧而適我哉。然其中心好之。則不已也。但無自而得飲食之耳。夫以好賢之心如此。則賢者安有不至。而何寡弱之足患哉。○有杕之杜。生于道周。彼君子兮。噬肯來遊。中心好之。曷飲食之。比也。周。曲也。

葛生悼亡也　毛序刺晉獻公也續
公好攻戰國人多喪國實
婦悼夫也世說袁羊詩劉
恢恢在内眠未起袁因作
詩調之曰角枕粲文茵錦
衾爛長筵劉甚銜之可
知易林葛生蒙棘華不得
實讒佞為政使恩壅塞
其說不可知已

征傳役從予美亡句中韻美
与此韻与亡字韻言予美則亡此矣
亡此者誰与獨處而已反覆嗟歎
所謂繁音促節也

詩經札記世說新語排調袁羊
嘗詣劉恢恢在内眠未起袁因作
詩調之曰角枕粲文茵錦衾爛
長筵劉尚晉明帝女主見詩不
平曰袁羊古之遺狂則前人固作
悼亡解矣鄭下箋云居墳墓也
室猶塚壙則所謂蘞蔓于域者
即塋域也所云葛生蒙棘者即
陳風所謂墓門有棘者也

有杕之杜二章，章六句。

葛生蒙楚，蘞音廉蔓于野。叶上與反予美亡此，誰與獨處。

興也。蘞，草名，似栝樓，葉盛而細。蔓，延也。予美，婦人指其夫也。○婦人以其夫久從征役而不歸，故言葛生而蒙于楚，蘞生而蔓于野，各有所依託，而予之所美者獨不在是，則誰與而獨處於此乎。

○葛生蒙棘，蘞蔓于域。予美亡此，誰與獨息。

興也。域，塋域也。息，止也。

○角枕粲兮，錦衾爛兮。予美亡此，誰與獨旦。

賦也。粲、爛，華美鮮明之貌。獨旦，獨處至旦也。

○夏之日，冬之夜。叶羊茹反百歲之後，歸于其居。叶姬御反

○賦也。夏日永，冬夜永。居，墳墓也。○夏日冬夜，獨居憂思，於是為切。

詩經

然君子之歸無期，亦可得而見矣。要死而相從耳。鄭氏曰：言此者，婦人專一，義之至，情之盡。蘇氏曰：思之深而無異心，此唐風之厚也。○冬之夜，夏之日。上同。百歲之後，戶叶音歸于其室。賦也。室，壙也。

葛生五章，章四句。

采苓采苓，首陽之巔。叶典因反。人之為言，苟亦無信。叶斯人反。舍旃舍旃，苟亦無然。人之為言，胡得焉。比也。首陽，首山之南也。巔，山頂也。旃，之也。○此刺聽讒之詩。言子欲采苓於首陽之巔乎？然人之為是言以告子者，未可遽以為信也。姑舍置之而無遽以為然，徐察而審聽之，則造言者無所得而讒止矣。或曰：興也。下章放此。○采苦采苦，首陽之下。叶後五反人之爲言。苟亦無與。舍旃舍旃。苟亦無然。人之爲言。胡得焉。比也。苦。苦菜也。生山田及澤中。得霜甜脆而美。與。許也。

○采葑采葑。首陽之東。人之爲言。苟亦無從。舍旃舍旃。苟亦無然。人之爲言。胡得焉。比也。從。聽也。

采苓三章。章八句。

唐國十二篇。三十三章。二百三句。

秦一之十一

秦。國名。其地在禹貢雍州之域。近鳥鼠山。初伯益佐禹治水有功。賜姓嬴氏。其後中潏居西戎以保西垂。六世孫大駱生成及非子。

章鄰美秦仲也 用毛序續

秦仲始大有車馬禮樂侍御之好

非子事周孝王。養馬於汧渭之閒。馬大繁息。孝王封爲附庸而邑之秦。至宣王時。犬戎滅成之族。宣王遂命非子曾孫秦仲爲大夫。誅西戎不克。見殺。及幽王爲西戎犬戎所殺。平王東遷。秦仲孫襄公以兵送之。王封襄公爲諸侯。曰能逐犬戎。卽有岐豐之地。襄公遂有周西都畿內八百里之地。至玄孫德公。又徙於雍。秦。卽今之秦州。雍。今京兆府興平縣是也。

有車鄰鄰。有馬白顛。叶典因反 未見君子。寺人之令。平聲。○賦也。鄰鄰。衆車之聲。白顛。額有白毛。今謂之的顙。君子。指秦君。寺人。內小臣也。令。使也。○是時秦君始有車馬。及此寺人之官。將見者必先使寺人通之。故國人創見而誇美之也。

○阪音反有漆。隰有栗。既見君子。並坐

鼓瑟。今者不樂。音洛逝者其耋。音垤叶地一反○興也。八十曰耋。○阪則有漆矣。隰則有栗矣。既見君子。則並坐鼓瑟矣。失今不樂。則逝者其耋矣。○

阪有桑。隰有楊。既見君子。並坐鼓簧。今者不樂。逝者其亡。○興也。簧。笙中金葉。吹笙則鼓動之以出聲者也。

車鄰三章。一章四句。二章章六句。

駟驖音鐵

駟驖孔阜。六轡在手。公之媚子。從公于狩。叶始九反○賦也。駟驖。四馬皆黑色如鐵也。孔。甚也。阜。肥大也。六轡者。兩服兩驂各兩轡。而驂馬內兩轡。納之於軜。故惟六轡在手也。媚子。所親愛之人也。此亦前篇之意也。○

奉時辰牡。辰牡孔碩。叶常灼反公曰左之。舍音捨拔音則獲。叶黃郭反。○賦也。時。是。辰。時也。牡。獸之牡者也。辰牡者。冬獻狼。夏獻麋。春秋獻鹿豕之類。奉之者。虞人翼以待射也。碩。肥大也。公曰左之者。命御者使左其車以射獸之左也。蓋射必中其左。乃爲中殺。五御所謂逐禽左者。爲是故也。拔。矢括也。曰左之而舍拔無不獲者。言獸之多而射御之善也。○遊于北園。四馬旣閑。叶胡田反。輶音由車鸞鑣。音標載獫音驗歇驕。音囂。○賦也。田事已畢。故遊于北園。閑。調習也。輶。輕也。鸞。鈴也。效鸞鳥之聲。鑣。馬銜也。驅逆之車。置鸞於馬銜之兩旁。乘車則鸞在衡。和在軾也。獫歇驕皆田犬名。長喙曰獫。短喙曰歇驕。以車載犬。蓋以休其足力也。韓愈畫記有騎擁田犬者。亦此類。

駟驖三章。章四句。

小戎婦人思從軍也 周宣王命秦仲誅西戎西戎殺秦仲宣王立其子莊公與兵七千使伐西戎破之史記當作于此時 毛序美襄公也 讀婦人閔其君子以服征退 錄先全車鄰駟鐵小戎之詩在之則當是莊公世

小戎俴音踐收。五楘音木梁輈。音舟游環脅驅。叶俱懼反又居錄反陰靷。音胤鋈音沃續。叶辭屢反又如字文茵音因暢轂。叶又去聲駕我騏音其馵。音注又之錄反言念君子。溫其如玉。在其板屋。亂我心曲。賦也。小戎。兵車也。俴淺也。收。軫也。謂車前後兩端橫木所以收歛所載者也。凡車之制廣皆六尺六寸。其平地任載者爲大車。則軫深八尺。兵車則軫深四尺四寸。故曰小戎俴收也。五。五束也。楘。歷錄然文章之貌也。梁輈從前軫以前稍曲而上。至衡則向下鉤之。衡橫於輈下。而輈形穹隆上曲如屋之梁。又以皮革五處束之。其文章歷錄然也。游環。靷環也。以皮爲環。當兩服馬之背上。游移前却無定處。引兩驂馬之外轡貫其中而執之。所以制驂馬使不得外出。左傳曰。如驂之有靳是

詩經

也。脅驅。亦以皮爲之。前係於衡之兩端。後係於軫之兩端。當服馬脅之外。所以驅驂馬使不得內入也。陰。揜軓也。軓在軾前。而以板橫側揜之。以其陰暎此軓。故謂之陰也。靷。以皮二條。前係驂馬之頸。後係陰版之上也。鋈續。陰版之上有續靷之處。消白金沃灌其環。以爲飾也。蓋車衡之長六尺六寸。止容二服。驂馬之頸不當於衡。故別爲二靷以引車。亦謂之靳。左傳曰。兩靷將絕。是也。文茵。車中所坐虎皮褥也。暢。長也。轂者。車輪之中。外持輻內受軸者也。大車之轂一尺有半。兵車之轂長三尺二寸。故兵車曰暢轂。騏。騏文也。馬左足白曰馵。君子。婦人目其夫也。溫其如玉。美之之辭也。板屋者。西戎之俗以版爲屋。心曲。心中委曲之處也。○西戎者。秦之臣子所與不共戴天之讎也。襄公上承天子之命。率其國人往而征之。故其從役者之家人。先誇車甲之盛如此。而後及其私情。蓋以義興師。則雖婦人亦知勇於赴敵而無所怨矣。○四牡孔阜六轡在手騏駵音留是中叶諸仍反騧音瓜驪音離是驂叶疏簪反龍盾之合鋈以觼音厥軜音納言念君子溫其在邑叶於合反方何為期胡然我念之賦也赤馬黑鬣曰駵。中兩服馬也。黃馬黑喙曰騧。驪黑色也。盾干也。畫龍於盾合而載之以為車上之衞必載二者備破毀也。觼環之有舌者。軜驂內轡也。置觼於軾前以係軜故謂之觼軜。亦消沃白金以為飾也。邑西鄙之邑也。方將也。將以何時為歸期乎。何為使我思念之極也。○俴駟孔羣厹音求矛鋈錞音隊叶朱倫反蒙伐有苑叶音氳虎韔音暢鏤音漏膺交韔二弓叶姑宏反竹閉緄音袞縢音滕言念君

詩經國風　三之三十五

呂氏紀序意曰秋甲子朔朔之日良人請問十二紀注良人君子也

蒹葭刺襄公既受岐西之地而沿戎俗未能求賢用周禮也

序刺襄公也未能用周禮將無以固其國

子。載寢載興。厭厭平聲良人。秩秩德音。叶一陵反。○賦也。俴駟。四馬皆以淺薄之金爲甲。欲其輕而易於馬之旋習也。孔甚羣和也。厹矛三隅矛也。鋈錞以白金沃矛之下端平底者也。蒙雜也。伐中干也。盾之別名。苑文貌。畫雜羽之文於盾上也。虎韔以虎皮爲弓室也。鏤膺鏤金以飾馬當胷帶也。交韔交二弓於韔中。謂顛倒安置之。必二弓以備壞也。閉弓檠也。儀禮作䪐。緄繩縢約也。以竹爲閉而以繩約之於弛弓之裏。檠弓體使正也。載寢載興言思之深而起居不寧也。厭厭安也。秩秩有序也。

小戎三章章十句。

蒹音兼葭音加蒼蒼。白露爲霜。所謂伊人。在水一方。遡音素洄音回從之。道阻且長。遡游從之。宛在

詩誦陳卧子謂此詩乃追懷西周而作大有見

水中央。賦也。蒹似萑而細高數尺。又謂之薕。葭蘆也。蒹葭未敗。而露始爲霜。秋水時至。百川灌河之時也。伊人。猶言彼人也。一方彼一方也。遡洄。逆流而上也。遡游。順流而下也。宛然。坐見貌。在水之中央。言近而不可至也。○言秋水方盛之時。所謂彼人者。乃在水之一方。上下求之而皆不可得。然不知其何所指也。

○蒹葭淒淒。白露未晞。所謂伊人。在水之湄。遡洄從之。道阻且躋。遡游從之。宛在水中坻。音遲。○賦也。淒淒猶蒼蒼也。晞乾也。湄。水草之交也。躋。升也。言難至也。小渚曰坻。

○蒹葭采采。叶此禮反白露未已。所謂伊人。在水之涘。叶以始二音遡洄從之。道阻且右。叶羽軌反遡游從之。宛在水中沚。

詩緝

賦也。采采，言其盛而可采也。已，止也。右，不相直而出其右也。小渚曰沚。

蒹葭三章，章八句。

終南何有？有條有梅。叶莫悲反 君子至止，錦衣狐裘。叶渠之反 顏如渥丹，渥音握 其君也哉。叶將黎反 ○

興也。終南，山名，在今京兆府南。條，山楸也，皮葉白，色亦白，材理好，宜爲車版。君子，指其君也。至止，至終南之下也。錦衣狐裘，諸侯之服也。玉藻曰：君衣狐白裘，錦衣以裼之。渥，漬也。其君也哉，言容貌衣服稱其爲君也。此秦人美其君之辭，亦車鄰駟驖之意也。○

終南何有？有紀有堂。君子至止，黻衣繡裳。黻音弗 佩玉將將，音鏘 壽考不忘。

興也。紀，山之廉角也。堂，山之寬平處也。黻之狀亞，兩已相戾也。繡刺繡也。將將佩玉聲也。壽考不忘者。欲其居此位。服此服。長久而安寧也。

終南二章。章六句。

交交黃鳥。止于棘。誰從穆公。子車奄息。維此奄息。百夫之特。臨其穴。叶戶橘反惴惴其慄。彼蒼者天。叶鐵因反殲音尖我良人。如可贖兮。人百其身

興也。交交。飛而往來之貌。從穆公。從死也。子車氏。奄息名。特傑出之稱。穴壙也。惴惴懼貌。慄懼。殲盡。良善。贖貿也。○秦穆公卒。以子車氏之三子爲殉。皆秦之良也。國人哀之。爲之賦黃鳥。事見春秋傳。即此詩也。言交交黃鳥。則止于棘矣。誰從穆公。則子車奄息也。蓋以所見起興也。臨穴而惴慄。蓋生納之壙中也。三子皆國之良。而一旦殺之。若可貿以他人。

則人皆願百其身以易之矣。○交交黃鳥。止于桑。誰從穆公。子車仲行。音杭維此仲行。百夫之防。臨其穴。惴惴其慄。彼蒼者天。殲我良人。如可贖兮。人百其身。與也。防當也。言一人可以當百夫也。○交交黃鳥。止于楚。誰從穆公。子車鍼。音拑虎。維此鍼虎。百夫之禦。臨其穴。惴惴其慄。彼蒼者天。殲我良人。如可贖兮。人百其身。與也。禦猶當也。

黃鳥三章。章十二句。春秋傳曰。君子曰。秦穆公之不爲盟主也宜哉。死而棄民。先王違世。猶貽之法。而況奪之善人乎。今縱無法。以遺後

晨風思君子也。藝文類聚三十[illegible]相思 与管寧書曰思請見于蓬廬之側承訓誨于道德之門

嗣。而又收其良以死。難以在上矣。君子是以知秦之不復東征也。愚按穆公於此。其罪不可逃矣。但或以爲穆公遺命如此。而三子自殺以從之。則三子亦不得爲無罪。今觀臨穴惴慄之言。則是康公從父之亂命。迫而納之於壙。其罪有所歸矣。又按史記。秦武公卒。初以人從死。死者六十六人。至穆公遂用百七十七人。而三良與焉。蓋其初特出於戎翟之俗。而無明王賢伯以討其罪。於是習以爲常。則雖以穆公之賢而不免。論其事者。亦徒閔三良之不幸。而歎秦之衰。至於王政不綱。諸侯擅命。殺人不忌。至於如此。則莫知其爲非也。嗚呼。俗之弊也久矣。其後始皇之葬。後宮皆令從死。工匠生閉墓中。尚何怪哉。

鴥音聿彼晨風。叶孚愔反鬱彼北林。未見君子。憂心

欽欽。如何如何。忘我實多。興也。鴥。疾飛貌。晨風。鸇也。鬱。茂盛貌。君子。指其夫也。欽欽。憂而不忘之貌。○婦人以夫不在。而言鴥彼晨風。則歸於鬱然之北林矣。故我未見君子。而憂心欽欽也。彼君子者。如之何而忘我之多乎。此與扊扅之歌同意。蓋秦俗也。

○山有苞櫟。音歷。叶歷各反。隰有六駁。音剝。未見君子。憂心靡樂。音洛。如何如何。忘我實多。興也。駁。梓榆也。其皮青白如駁。○山則有苞櫟矣。隰則有六駁矣。未見君子。則憂心靡樂矣。靡樂。則憂之甚也。

○山有苞棣。隰有樹檖。未見君子。憂心如醉。如何如何。忘我實多。興也。棣。唐棣也。檖。赤羅也。實似梨而小。酢可食。如醉。則憂又甚矣。

晨風三章章六句。

豈曰無衣與子同袍叶步謀反王于興師脩我戈矛與子同仇賦也袍襺也戈長六尺六寸矛長二丈王于興師以天子之命而興師也○秦俗强悍樂於戰鬬故其人平居而相謂曰豈以子之無衣而與子同袍乎蓋以王于興師則將脩我戈矛而與子同仇也其懽愛之心足以相死如此蘇氏曰秦本周地故其民猶思周之盛時而稱先王焉或曰興也取與子同三字爲義後章放此○

豈曰無衣與子同澤叶徒洛反王于興師脩我矛戟叶訖約反與子偕作賦也澤裏衣也以其親膚近於垢澤故謂之澤戟車戟也長丈六尺○

豈曰無衣與子同裳王于興師脩

渭陽太子罃送晉文公思母之作也康公之

詩經

我甲兵。叶蒲芒反與子偕行。叶戶郎反賦也行往也。

無衣三章章五句秦人之俗大抵尚氣槩先勇力忘生輕死。故其見於詩如此然本其初而論之岐豐之地文王用之以興二南之化如彼其忠且厚也秦人用之未幾而一變其俗至於如此則已悍然有招八州而朝同列之氣矣何哉雍州土厚水深其民厚重質直無鄭衛驕惰浮靡之習以善導之則易以興起而篤於仁義以猛驅之則其强毅果敢之資亦足以强兵力農而成富强之業非山東諸國所及也嗚呼後世欲爲定都立國之計者誠不可不監乎此而凡爲國者其於導民之路尤不可不審其所之也

我送舅氏曰至渭陽何以贈之路車乘去聲黃

母晉獻公之女也。後漢書馬援傳注韓詩曰：秦康公送舅晉文公于渭之陽，念母之不見也，曰：我見舅氏，如母存焉。列女傳：太子罃思母穆姬之恩而送其舅氏，作詩。毛序：康公念母，續之穆公納文公，康公時為太子，及其即位，思而作是詩。按于前之篇晨風、無衣為康公詩也。

賦也。舅氏，秦康公之舅，晉公子重耳也。出亡在外，穆公召而納之。時康公爲太子，送之渭陽而作此詩。渭，水名。秦時都雍，至渭陽者，蓋東行送之於咸陽之地也。路車，諸侯之車也。乘黄，四馬皆黄也。

○**我送舅氏，悠悠我思。**叶新齎反。**何以贈之？瓊瑰**音媯**玉佩。**叶蒲眉反。

思古韵又[illegible]之佩古作[illegible]讀与備同

○賦也。悠悠，長也。序以爲時康公之母穆姬已卒，故康公送其舅而念母之不見也。或曰穆姬之卒不可考，此但别其舅而懷思耳。瓊瑰，石而次玉。

渭陽二章，章四句。

按春秋傳，晉獻公烝於齊姜，生秦穆夫人、太子申生。娶犬戎胡姬，生重耳。小戎子生夷吾。驪姬生奚齊，其娣生卓子。驪姬譖申生，申生自殺。又譖二公子，二公子皆出奔。獻公卒，奚齊、卓子繼立，皆爲大權輿游士之詩毛序刺康公遺忘先君之舊臣與賢者然責人口腹夏屋不若何賢之有穆公雖得由余百里奚蹇叔丕豹公孫枝之輩而晚年悔過退多有之我不欲一个之臣經訓昧之何先君舊臣之有厥悔哺啜康公正善承先志者專用美刺一語說詩不顧本詛其蔽有如斯已

夫里克所弒。秦穆公納夷吾。是爲惠公。卒。子圉立。是爲懷公。立之明年。秦穆公又名重耳而納之。是爲文公。王氏曰。至渭陽者。送之遠也。悠悠我思者。思之長也。路車乘黃。瓊瑰玉佩者。贈之厚也。廣漢張氏曰。康公爲大子。送舅氏而念母之不見。是固良心也。而卒不能自克於令狐之役。怨欲害乎良心也。使康公知循是心。養其端而充之。則怨欲可消矣。

於我乎夏屋渠渠。今也每食無餘。于音吁嗟乎。不承權輿。賦也。夏大也。渠渠深廣貌。承繼也。權輿始也。○此言其君始有渠渠之夏屋以待賢者。而其後禮意寖衰。供億寖薄。至於賢者每食而無餘。於是歎之。言不能繼其始也。○於我乎每食四簋。叶己有反今也每食不飽叶捕苟反于嗟乎不承權輿。賦也。簋，瓦器，容斗二升。方曰簠，圓曰簋。簠盛稻粱，簋盛黍稷。四簋，禮食之盛也。

權輿二章，章五句。漢楚元王敬禮申公、白公、穆生。穆生不嗜酒，元王每置酒，嘗爲穆生設醴。及王戊即位，常設，後忘設焉。穆生退曰：可以逝矣。醴酒不設，王之意怠。不去，楚人將鉗我於市。遂稱疾。申公、白公强起之曰：獨不念先王之德歟？今王一旦失小禮，何足至此？穆生曰：先王之所以禮吾三人者，爲道之存故也。今而忽之，是忘道也。忘道之人，胡可與久處？豈爲區區之禮哉？遂謝病去。亦此詩之意也。

秦國十篇，二十七章，一百八十一句。

宛丘刺巫俗也漢書曰匡衡傳陳夫人好巫而民淫祠地理志周武王妻胡公以元女大姬婦人尊貴好祭祀用史巫故其俗巫鬼擊鼓于宛丘之上婆娑于枌樹之下有大姬歌舞遺風毛序刺幽公續荒淫無度未得其實

詩經

陳一之十二陳。國名。大皞伏羲氏之墟。在禹貢豫州之東。其地廣平。無名山大川。西望外方。東不及孟諸。周武王時。帝舜之胄有虞閼父爲周陶正。武王賴其利器用。與其神明之後。以元女大姬妻其子滿。而封之于陳。都于宛丘之側。與黄帝帝堯之後。共爲三恪。是爲胡公。大姬婦人尊貴。好樂巫覡歌舞之事。其民化之。今之陳州。即其地也。

子之湯音蕩兮。宛丘之上兮。洵音荀有情兮。而無望兮。賦也。子指遊蕩之人也。湯蕩也。四方高中央下曰宛丘。洵信也。望人所瞻望也。○國人見此人常遊蕩於宛丘之上。故敘其事以刺之。言雖信有情思而可樂矣。然無威儀可瞻望也。

○坎其擊鼓。宛丘之下。叶後戶反無冬無

夏叶與下同値音治其鷺羽。賦也。坎，擊鼓聲。値，植也。鷺，春鉏。今鷺鷥好而潔白，頭上有長毛十數枚。羽，以其羽爲翳，舞者持以指麾也。言無時不出遊而鼓舞於是也。

○坎其擊缶音否宛丘之道叶徒厚反無冬無夏値其鷺翿。音導，叶殖有反。○賦也。缶，瓦器，可以節樂。翿，翳也。

宛丘三章，章四句。

東門之枌音文宛丘之栩音許子仲之子婆娑音梭其下。叶後五反。○賦也。枌，白楡也，先生葉，卻著莢，皮色白。子仲之子，子仲氏之女也。婆娑，舞貌。○此男女聚會歌舞，而賦其事以相樂也。

○穀旦于差音日叶七何反南方之原不績其麻叶謨婆反市也婆娑。賦也。穀，善。

差。擇也。○既差擇善旦以會于南方之○穀原。於是棄其業以舞於市而往會也。

旦于逝越以鬷音宗邁叶力制反視爾如荍音翹貽我握椒。賦也。逝往。越於。鬷衆也。邁行也。荍芘芣也。又名荆葵。紫色。椒芬芳之物也。○言又以善旦而往。於是以其衆行。而男女相與道其慕悅之辭曰。我視爾顏色之美。如芘芣之華。於是遺我以一握之椒。而交情好也。

東門之枌三章章四句。

衡門之下可以棲音西遲泌音祕之洋洋可以樂音洛飢。賦也。衡門。横木爲門也。門之深者。有阿塾堂宇。此惟横木爲之。棲遲。遊息也。泌泉水也。洋洋。水流貌。○此隱居自樂而無求者之辭。言衡門雖淺陋然亦可以遊息。泌水雖不可飽然亦可以玩樂而忘飢也○豈其食魚必河之魴音房豈其取音娶妻必齊之姜賦也姜齊姓○豈其食魚必河之鯉豈其取妻必宋之子叶獎里反○賦也子宋姓

衡門三章章四句

東門之池可以漚烏豆反麻叶謨婆反彼美淑姬可與晤音悞歌興也池城池也漚漬也治麻者必先以水漬之晤猶解也○此亦男女會遇之辭蓋因其會遇之地所見之物以起興也○東門之池可以漚紵音苧彼美淑姬可與晤語興也紵麻屬○東門之池可以漚菅音間叶居賢反彼美淑姬可與晤言

東門之楊，說人不至也。毛序：刺時。續：昏姻失時，男女多違，親迎不至也。至不合

墓門，刺陳佗淫也。毛序：刺陳佗也。續云：陳佗無良師傅，以至于

詩經

興也。菅葉似茅而滑澤。莖
有白粉。柔韌宜爲索也。

東門之池三章，章四句。

東門之楊，其葉牂牂。音臧 昏以爲期，明星煌煌。
興也。東門，相期之地也。楊，柳之揚起者也。牂
牂，盛貌。明星，啓明也。煌煌，大明貌。○此亦男
女期會而有負約不至者。
故因其所見以起興也。○東門之楊，其葉
肺肺。音沛 昏以爲期，明星晢晢。音制 ○興也。肺
肺，猶牂牂也。晢
晢，猶煌煌也。

東門之楊二章，章四句。

墓門有棘，斧以斯之。夫也不良，國人知之。知

而不已。誰昔然矣。興也。墓門。凶僻之地。多生荆棘。斯。析也。夫。指所刺之人也。誰昔。昔也。猶言疇昔也。○言墓門有棘。則斧以斯之矣。此人不良。則國人知之矣。國人知之。猶不自改。則自疇昔而已然。非一日之積矣。所謂不良之人。亦不知其何所指也。

○墓門有梅。有鴞萃止。夫也不良。歌以訊叶息悴反之。訊予不顧。叶果五反顛倒思予。叶演女反。興也。鴟鴞。惡聲之鳥也。萃。集。訊。告也。顛倒。狼狽之狀。○墓門有梅。則有鴞萃之矣。夫也不良。則有歌其惡以訊之者矣。訊之而不予顧。至於顛倒。然後思予。則豈有所及哉。或曰。訊予之予疑當依前章作而字。

墓門二章。章六句。

防有鵲巢說人也
爾雅惕惕愛也郭注韓
詩以為悅人故言愛也
毛序憂讒賊也謂所
悅有間之者誰侜予美
之心也讀序宣公信
讒君子憂懼非証

詩經

防有鵲巢。邛音窮有旨苕。音條叶徒刀反誰侜予美。心焉忉忉。音刀○興也。防人所築以捍水者。邛丘。旨美也。苕苕饒也。莖如勞豆而細。葉似蒺藜而青。其莖葉綠色可生食。如小豆藿也。侜侜張也。猶鄭風之所謂迂也。予美。指所與私者也。忉忉憂貌。○此男女之有私。而憂或間之之辭。故曰防則有鵲巢矣。邛則有旨苕矣。今此何人。而侜張予之所美。使我憂之而至於忉忉乎。○中唐有甓。音闢邛有旨鷊。音逆誰侜予美。心焉惕惕。音剔○興也。廟中路謂之唐。甓瓴甋也。鷊小草。雜色如綬。惕惕猶忉忉也。

防有鵲巢二章章四句

月出危虛公說夏
姬見惡于徵舒也

月出皎兮。佼音絞人僚音了兮。舒窈音杳糾音矯兮。勞心悄兮。興也。皎，月光也。佼人，美人也。僚，好貌。窈，幽遠也。糾，愁結也。悄，憂也。○此亦男女相悅而相念之辭。言月出則皎然矣，佼人則僚然矣，安得見之而舒窈糾之情乎，是以爲之勞心而悄然也。

○月出皓音昊兮，佼人懰音柳，叶朗老反兮。舒懮音黝受叶時倒反兮，勞心慅音草兮。興也。懰，好貌。懮受，憂思也。慅，猶悄也。

○月出照兮，佼人燎音料兮。舒夭上聲紹音部兮，勞心慘當作懆，七邪反兮。興也。燎，明也。天紹，糾緊之意。慘，憂也。

月出三章，章四句。

胡爲乎株林，從夏上聲南。匪適株林，從夏南。叶尼心反，下同。賦也。株林，夏氏邑也。夏南，徵舒字也。○靈公淫於夏徵舒之母，朝夕而往夏氏

詩經　國風　　三之四十五

澤陂思君子也毛序刺時也言靈公君臣淫于其國男女相悅憂思感傷孫嘉淦詩義折中以爲傷泄冶也

詩經

之邑。故其民相與語曰。君胡爲乎株林乎。曰從夏南耳。然則非適株林也。特以從夏南故耳。蓋淫乎夏姬。不可言也。故以從其子言之。詩人之忠厚如此。○駕我乘去聲馬。叶滿補反說音稅于株野。叶上與反乘平聲我乘駒。朝食于株。賦也。說，舍也。馬六尺以下曰駒。

株林二章章四句。春秋傳。夏姬。鄭穆公之女也。嫁於陳大夫夏御叔。靈公與其大夫孔寧儀行父通焉。洩冶諫不聽而殺之。後卒爲其子徵舒所弒。而徵舒復爲楚莊王所誅。

彼澤之陂。叶音波有蒲與荷。音何有美一人。傷如之何。寤寐無爲。涕泗音四滂沱。興也。陂，澤障也。蒲，水草。可爲席者荷芙蕖也自目曰涕自鼻曰泗○此詩之旨與月出相類言彼澤之陂則有蒲與荷矣有美一人而不可見則雖憂傷而如之何哉寤寐無爲涕泗滂沱而已矣○彼澤之陂有蒲與蕑音閒叶居賢反有美一人碩大且卷音權寤寐無爲中心悁悁音娟○興也蕑蘭也卷鬢髮之美也悁悁猶悒悒也○彼澤之陂有蒲菡萏叶待檢反有美一人碩大且儼寤寐無爲輾轉伏枕叶知險反○興也菡萏荷華也儼矜莊貌輾轉伏枕卧而不寐思之深且久也

澤陂三章章六句

陳國十篇二十六章一百二十四句

東萊呂氏曰。變風終於陳靈。其間男女夫婦之詩。一何多邪。曰。有天地。然後有萬物。有萬物。然後有男女。有男女。然後有夫婦。有夫婦。然後有父子。有父子。然後有君臣。有君臣。然後有上下。有上下。然後禮義有所錯。男女者。三綱之本。萬事之先也。正風之所以爲正者。舉其正者以勸之也。變風之所以爲變者。舉其不正者以戒之也。道之升降。時之治亂。俗之汙隆。民之死生。於是乎在。錄之煩悉。篇之重複。亦何疑哉。

潛夫論志氏姓曾在河伊之間其君驕貪嗇儉減爵損祿羣臣卑讓上下不臨詩人憂之

檜一之十三

檜。國名。高辛氏火正祝融之墟。在禹貢豫州外方之北。滎波之南。居溱洧之間。其君妘姓。祝融之後。周衰。爲鄭桓公所滅而遷國焉。今之鄭州。即其地也。蘇氏以爲檜詩皆爲鄭作。如邶鄘之於衛也。未知是否。

羔裘大夫以道去其君也 用毛序續云國小而迫君好衣服非謹

素冠刺不能三年也 用毛序

羔裘逍遙。狐裘以朝。音潮叶直勞反豈不爾思。勞心忉忉。音刀

○賦也。緇衣羔裘。諸侯之朝服。錦衣狐裘。其朝天子之服也。舊說檜君好潔其衣服。逍遙遊宴。而不能自強於政治。故詩人憂之。

○羔裘翱翔。狐裘在堂。豈不爾思。我心憂傷。

賦也。翱翔。猶逍遙也。堂。公堂也。

○羔裘如膏。去聲日出有曜。叶羊號反豈不爾思。中心是悼。

賦也。膏。脂所漬也。日出有曜。日照之則有光也。

羔裘三章。章四句。

庶見素冠兮。棘人欒欒兮。音鸞勞心慱慱兮。音團

賦也。庶。幸也。縞冠素紕。既祥之冠也。黑經白緯曰縞。緣邊曰紕。棘。急也。喪事欲其總總爾

詩緝

哀遽之狀也。欒欒瘠貌。慱慱憂勞之貌。○祥冠。祥則冠之。禫則除之。今人皆不能行三年之喪矣。安得見此服乎。當時賢者庶幾見之。至於憂勞也。○**庶見素衣兮。我心傷悲兮。聊與子同歸兮。**賦也。素冠則素衣矣。與子同歸。愛慕之辭也。○**庶見素韠**音畢。**兮我心蘊**上聲**結**叶訖力反**兮。聊與子如一兮。**賦也。韠蔽膝也。以韋爲之。冕服謂之韍。其餘曰韠。韠從裳色。素衣素裳。則素韠矣。蘊結思之不解也。與子如一。甚於同歸矣。

素冠三章章三句。按喪禮爲父爲君斬衰三年。昔宰予欲短喪。夫子曰。予生三年。然後免於父母之懷。予也有三年之愛於其父母乎。三年之喪。天下之通喪也。傳曰。子夏三年之喪畢。見於夫子。援琴而弦。衎衎而樂。作

萇楚，男女之思也。毛序：疾恣
也。檜國人疾其君淫恣
而思無情欲者不合
樂子之無知，樂子之無
家，子之萇楚也。

述聞：猗儺，美盛之貌。小雅隰桑
篇「隰桑有阿，其葉有難」，傳曰：「阿
然美貌，難然盛貌。」阿難與猗儺
同，字又作旖旎。楚辭九辯曰：「竊
悲夫蕙華之曾敷兮，紛旖旎乎
都房。」王逸注曰：「旖旎，盛貌。」詩言猗
旎其華，蓋本於詩之家
詩釋：楚之辭九辯「紛旖旎乎都房」，王逸章句引
詩「旖旎其華」，九歎章句同，旖旎即猗儺也

而已。先王制禮，不敢不及。夫子曰：君子也。閔子騫三年之喪畢，見於夫子，援琴而弦，切切而哀，作而曰：先王制禮，不敢過也。夫子曰：君子也。子路曰：敢問何謂也？夫子曰：子夏哀已盡，能引而致之於禮，故曰君子也。閔子騫哀未盡，能自割以禮，故曰君子也。夫三年之喪，賢者之所輕，不肖者之所勉。

平議：國語魯語「澤不伐夭」，韋注曰：「草木未成曰夭。」漢書貨殖傳「澤不伐夭」，師古注曰：「夭謂草木之方長未成者。」

隰有萇（音長）楚猗（音婀）儺（音娜）其枝。夭（平聲）之沃沃。樂（音洛）子之無知。賦也。萇楚，銚弋，今羊桃也。子如小麥，亦似桃。猗儺，柔順也。夭，少好貌。沃沃，光澤貌。子，指萇楚也。○政煩賦重，人不堪其苦，歎其不如草木之無知而無憂也。

毛：沃沃，壯佼也

○隰有萇楚，猗儺其華。夭之沃沃，樂子之無家。賦也。無家，言無累也。○隰有萇楚，猗儺其實。夭之

詩經　國風　萇楚　匪風　　三之四十八

沃沃樂子之無室。賦也。無室猶無家也。

隰有萇楚三章，章四句。

匪風發叶方月反兮，匪車偈音揭兮。顧瞻周道，中心怛叶旦月反兮。賦也。發，飄揚貌。偈，疾驅貌。周道，適周之路也。怛，傷也。○周室衰微，賢人憂歎而作此詩。言常時風發而車偈，則中心怛然。今非風發也，非車偈也，特顧瞻周道而思王室之陵遲，故中心爲之怛然耳。

○匪風飄叶匹妙反兮，匪車嘌音漂，叶匹妙反兮。顧瞻周道，中心弔兮。賦也。回風曰飄。嘌，漂搖不安之貌。弔，亦傷也。

○誰能亨魚，溉音蓋之釜鬵音尋。誰將西歸，懷之好音。興也。溉，滌也。鬵，釜屬。西歸，歸於周也。○誰能亨魚乎。

有則我願爲之溉其釜鬵。誰將西歸乎。有則我願慰之以好音。以見思之之甚。但有西歸之人。即思有以厚之也。

匪風三章章四句。

檜國四篇十二章四十五句。

曹一之十四

曹國名。其地在禹貢兗州陶丘之北。雷夏菏澤之野。周武王以封其弟振鐸。今之曹州。即其地也。

蜉蝣之羽。衣裳楚楚。叶創舉反 心之憂矣。於我歸處。比也。蜉蝣。渠略也。似蛣蜣。身狹而長角。黃黑色。朝生暮死。楚楚。鮮明貌。○此詩蓋以時人有玩細娛而忘遠慮者。故以蜉蝣爲比而刺之。言蜉蝣之羽翼。猶衣裳之楚楚可愛句溪雜注：管子山權數篇北郭有掘闕而得龜者，注：掘，穿也，穿地至泉爲闕。大戴禮曾子疾病篇：鷹隼以山爲卑而曾巢其上，魚鼈黿鼉以淵爲淺而蹷穴其中。王尚書述聞：蹷者，穿也，言更於淵中穿土爲穴也。掘閱、掘闕、蹷穴皆同義互假。

候人，傷曠女也。所計非色而婉孌者飢。史記晉世家：晉師入曹，數其不用僖負羈而美女乘軒者三百人。毛傳誤以乘軒者爲大夫，因誤說刺近小人。誤以左傳數之以其不用僖負羈而乘軒者三百人爲一事也。許

詩經

也。然其朝生莫死，不能久存，故我心憂之，而欲其於我歸處耳。序以爲刺其君，或然而未有考也。○蜉蝣之翼，采采衣服。叶蒲北反。心之憂矣，於我歸處。比也。采采，華飾也。息，止也。○蜉蝣掘閱，求勿反。麻衣如雪。心之憂矣，於我歸說。音稅，叶輸爇反。○比也。掘閱，未詳。說，舍息也。

段玉裁曰：掘閱雙字，猶風嫉之……

蜉蝣三章，章四句。

通論：此亦興意，言彼候人尚荷戈與祋，任其職則必供其事，彼三百赤芾者何爲耶。

彼候人兮，何上聲。戈與祋。都律、都外二反。彼其音記。之子，三百赤芾。音弗。○興也。候人，道路迎送賓客之官。何，揭。祋，殳也。之子，指小人。芾，冕服之韠也。一命縕芾黝珩，再命赤芾黝珩，三命赤芾蔥珩。大夫以上赤芾乘軒。○此刺

其君遠君子而近小人之辭言彼候人而何戈與祋者宜也彼其之子而三百赤芾何哉晉文公入曹數其不用僖負羈而乘軒者三百人其謂是歟○維鵜音啼在梁不濡其翼彼其之子不稱去聲其服叶蒲北反○興也鵜洿澤水鳥俗所謂淘河也○維鵜在梁不濡其咮音晝彼其之子不遂其媾音垢○興也咮喙遂稱媾寵也遂之爲稱猶今人謂遂意爲稱意○薈音穢兮蔚音畏兮南山朝隮音賫婉兮孌兮季女斯飢○比也薈蔚草木盛多之貌朝隮雲氣升騰也婉少貌孌好貌○薈蔚朝隮言小人衆多而氣燄盛也季女婉孌自保不妄從人而反飢困言賢者守道而反貧賤也

詩經國風　候人　三之五十

候人四章。章四句。

鳲鳩在桑。其子七兮。淑人君子。其儀一兮。其儀一兮。心如結兮。叶訖力反

興也。鳲鳩。秸鞠也。亦名戴勝。今之布穀也。飼子朝從上下。暮從下上。平均如一也。如結。如物之固結而不散也。○詩人美君子之用心均平專一。故言鳲鳩在桑。則其子七矣。淑人君子。則其儀一矣。其儀一。則心如結矣。然不知其何所指也。陳氏曰。君子動容貌。斯遠暴慢。正顏色。斯近信。出辭氣。斯遠鄙倍。其見於威儀動作之閒者。有常度矣。豈固爲是拘拘者哉。蓋和順積中。而英華發外。是以由其威儀一於外。而心如結於內者。從可知也。○

鳲鳩在桑。其子在梅。叶莫悲反淑人君子。其帶伊絲。叶新齋反其帶伊絲。其

弁伊騏。音其。○興也。鳲鳩常言在桑。其子每章異。木。子自飛去。母常不移也。帶。大帶也。大帶用素絲。有雜色飾焉。弁。皮弁也。騏。馬之青黑色者。弁之色亦如此也。書云。四人騏弁。今作綦。○言鳲鳩在桑。則其子在梅矣。淑人君子。則其帶伊絲矣。其帶伊絲。則其弁伊騏矣。言有常度不差忒也。

○鳲鳩在桑。其子在棘。淑人君子。其儀不忒。其儀不忒。正是四國。叶于逼反。○興也。有常度而其心一。故儀不忒。儀不忒。則足以正四國矣。大學傳曰。其爲父子兄弟足法而後民法之也。

○鳲鳩在桑。其子在榛。淑人君子。正是國人。正是國人。胡不萬年。叶尼因反。○興也。儀不忒故能正國人。胡不萬年。願其壽考之辭也。

鳲鳩四章，章六句。

洌音列彼下泉，浸彼苞稂。音郎愾苦愛反我寤嘆，念彼周京。叶居良反。○比而興也。洌，寒也。下泉，泉下流者也。苞，草叢生也。稂，童梁，莠屬也。愾，歎息之聲也。周京，天子所居也。○王室陵夷，而小國困弊，故以寒泉下流而苞稂見傷為比，遂興其愾然以念周京也。

○洌彼下泉，浸彼苞蕭。叶疎鳩反愾我寤嘆，念彼京周。比而興也。蕭，蒿也。京周，猶周京也。

○洌彼下泉，浸彼苞蓍。音尸愾我寤嘆，念彼京師。叶霜夷反。○比而興也。蓍，筮草也。京師，猶京周也。詳見大雅公劉篇。

○芃芃音蓬黍苗，陰雨膏去聲之。四國有王，郇音荀伯勞去聲之。

淮南子精神篇語乃而勞萬民，汜論篇以勞天下之民，高誘注曰：勞，憂也。三家詩並訓勞爲憂，焦氏用其說，故曰憂念周京也。以全詩語意求之，優于毛矣。

詩譜：小國無常，隨世輕重，當周之衰，危根見侵，方其盛時，黍苗芃芃，非陰雨之潤，而膏以興四國，諸侯知有王者，由郇伯至賢，宣上德意以勞來故爾。又下泉序云：思治也。小國困敝，思西周盛時賢伯之功爾。徐氏云：時晉文執曹伯，分曹田，故云。

比而興也。芃芃，美貌。郇伯，郇侯，文王之後，嘗爲州伯，治諸侯有功。○言黍苗既芃芃然矣，又有陰雨以膏之。四國既有王矣，而又有郇伯以勞之。傷今之不然也。

下泉四章，章四句。

程子曰：易剝之爲卦也，諸陽消剝已盡，獨有上九一爻尚存，如碩大之果不見食，將有復生之理。上九亦變，則純陰矣。然陽無可盡之理，變於上則生於下，無間可容息也。陰道極盛之時，其亂可知，亂極則自當思治，故衆心願戴於君子，君子得輿也。詩匪風、下泉，所以居變風之終也。○陳氏曰：亂極而不治，變極而不正，則天理滅矣，人道絕矣。聖人於變風之極，則係之以思治之詩，以示循環之理，以言亂之可治，變之可正也。

曹國四篇，十五章，六十八句。

豳一之十五豳國名在禹貢雍州岐山之北原隰之野虞夏之際棄爲后稷而封於邰及夏之衰棄稷不務棄子不窋失其官守而自竄於戎狄之閒不窋生鞠陶鞠陶生公劉能復脩后稷之業民以富實乃相土地之宜而立國於豳之谷焉十世而大王徙居岐山之陽十二世而文王始受天命十三世而武王遂爲天子武王崩成王立年幼不能莅阼周公旦以冢宰攝政乃述后稷公劉之化作詩一篇以戒成王謂之豳風而後人又取周公所作及凡爲周公而作之詩以附焉豳在今邠州三水縣邰在今京兆府武功縣

七月流火叶虎委反九月授衣叶上聲一之日觱音必發叶芳吠反二之日栗烈叶力制反無衣無褐音曷叶許例反

何以卒歲。三之日于耜。叶羊里反四之日舉趾。同

我婦子。叶奬里反饁音曄彼南畝。叶滿彼反田畯音俊至喜。

賦也。七月斗建申之月。夏之七月也。後凡言月者放此。流下也。火大火心星也。以六月之昏。加於地之南方。至七月之昏。則下而西流矣。九月霜降始寒。而蠶績之功亦成。故授人以衣。使禦寒也。一之日。謂斗建子。一陽之月。二之日。謂斗建丑。二陽之月也。變月言日。言是月之日也。後凡言日者放此。蓋周之先公。已用此以紀候。故周有天下。遂以爲一代之正朔也。觱發風寒也。栗烈氣寒也。褐毛布也。歲夏正之歲也。于往也。耜田器也。于耜言往脩田器也。舉趾舉足而耕也。我家長自我也。饁餉田也。田畯田大夫勸農之官也。○周公以成王未知稼穡之艱難。故陳后稷公劉風化之所由。使瞽矇朝夕諷誦以教之。此章首

金仁山云七月非周公作乃豳之舊詩

詩間再言流火授衣將述女功之始故又本之

又祁祁言遲而春日暄長采蘩人後之行

言七月暑退將寒。故九月而授衣以禦之。蓋十一月以後。風氣日寒。不如是則無以卒歲也。正月則往脩田器。二月則舉趾而耕。少者既皆出而在田。故老者率婦子而餉之。治田早而用力齊。是以田畯至而喜之也。此章前段言衣之始。後段言食之始。二章至五章終前段之意。六章至八章終後段之意。○七月流火。九月授衣。春日載陽。有鳴倉庚。叶古郎反女執懿筐。遵彼微行。叶戶郎反爰求柔桑。春日遲遲。采蘩祁祁。女心傷悲。殆及公子同歸。賦也。載。始也。陽。溫和也。倉庚。黃鸝也。懿。深美也。遵。循也。微行。小徑也。柔桑。穉桑也。遲遲。日長而暄也。蘩。白蒿也。所以生蠶。今人猶用之。蓋蠶生未齊。未可食桑。故以此啖之也。祁祁。衆多也。或曰。徐也。公子。豳公之子也。○再言流火授衣者。將言女功之始。故又本於此。遂言春日始和。有鳴倉庚之時。而蠶始生。則執深筐以求穉桑。然又有生而未齊者。則采蘩者衆。而此治蠶之女。感時而傷悲。蓋是時。公子猶娶於國中。而貴家大族連姻公室者。亦無不力於蠶桑之務。故其許嫁之女。預以將及公子同歸。而遠其父母爲悲也。其風俗之厚。而上下之情。交相忠愛如此。此後章凡言公子者放此。

〇七月流火。八月萑音完葦音偉。蠶月條音挑桑。取彼斧斨音槍。以伐遠揚。猗音伊彼女桑。七月鳴鵙音決。八月載績。載玄載黃。我朱孔陽。爲公子裳。賦也。萑葦。卽蒹葭也。蠶月。治蠶之月。條桑。枝落之。采其葉也。斧。隋銎。斨。方銎。遠揚。遠枝揚起者也。取葉存條曰猗。女桑。小桑也。小桑不可條取。故取其葉而存其條。猗猗然耳。

鵙伯勞也。績緝也。玄黑而有赤之色。朱赤色。陽明也。○言七月暑退將寒。而是歲禦冬之備。亦庶幾其成矣。又當預擬來歲治蠶之用。故於八月萑葦既成之際而收蓄之。將以爲曲薄。至來歲治蠶之月。則采桑以供蠶食。而大小畢取。見蠶盛而人力至也。蠶事既備。又於鳴鵙之後。麻熟而可績之時。則績其麻以爲布。而凡此蠶績之所成者。皆染之。或玄或黃。而其朱者尤爲鮮明。皆以供上。而爲公子之裳。言勞於其事而不自愛以奉其上。蓋至誠慘怛之意。上以是施之。下以是報之也。以上二章。專言蠶績之事。以終首章前段無衣之意。

○四月秀葽。音腰 五月鳴蜩。音條 八月其穫。音鑊 十月隕蘀。音託 一之日于貉。音鶴 取彼狐狸。爲公子裘。叶渠之反 二之日其同。載纘武功。言私其豵。

音獻豜音堅于公○賦也。不榮而實曰秀。葽草名。宗蜩。蟬也。穫。禾之早者可穫也。隕。墜。蘀。落也。謂草木隕落也。貉。狐狸也。于貉猶言于耜。謂往取狐狸也。同。竭作以狩也。纘習而繼之也。豵。一歲豕。豜。三歲豕。○言自四月純陽而歷一陰四陰以至純陰之月。則大寒之候將至。雖蠶桑之功無所不備。猶恐其不足以禦寒。故于貉而取狐狸之皮。以為公子之裘也。獸之小者私之以為己有。而大者則獻之於上。亦愛其上之無已也。此章專言狩獵以終首章前段無褐之意。○五月斯螽音終動股。六月莎音蓑雞振羽。七月在野。叶上與反八月在宇。九月在戶。十月蟋蟀入我牀下。叶後五反穹起弓反窒珍悉反熏許云反鼠。塞入聲向。墐音覲戶。嗟我婦子。叶茲五反曰

詩經國風　三之五十五

任說古者諸侯其於王朝本有不純臣之義故其在國不特器械異制衣服異宜即正朔亦得以異建此詩男改歲承十月之下則以十一月爲歲首建子而不建寅豳人用豳正而七月之詩以七月名篇其義謂七月流火九月授衣夏正也即繼之曰一之日觱發二之日栗烈又繼之曰三之日于耜四之日舉趾以十一月爲一之日順是而數之十二月爲二之日是月爲三之日二月爲四之日此豳正也其卒章曰十月滌場朋酒斯饗曰殺羔羊躋彼公堂稱彼兕觥萬壽無疆蓋夏之十月爲豳之十一月是謂歲終故有躋堂稱壽之事而詩終乎豳人用豳正也公劉遷豳者有夏中葉宜用夏正而其國俗大此及周有天下改殷之建丑者爲建子亦沿豳國之舊俗也

杜子美詩堂前撲棗任西鄰豳風之遺意

爲改歲入此室處。賦也。斯螽莎雞蟋蟀。一物隨時變化而異其名。動股始躍而以股鳴也。振羽能飛而以翅鳴也。宇簷下也。暑則在野。寒則依人。穹空隙也。窒塞也。向北出牖也。墐塗也。庶人蓽戶。冬則塗之。東萊呂氏曰。十月而曰改歲。三正之通於民俗尚矣。周特舉而迭用之耳。○言覲蟋蟀之依人。則知寒之將至矣。於是室中空隙者塞之。熏鼠使不得穴於其中。塞向以當北風。墐戶以禦寒氣。而語其婦子曰。歲將改矣。天旣寒而事亦已。可以入此室處矣。此見老者之愛也。此章亦以終首章前段禦寒之意。○

徂釋爲猶將也

按歲中三年乃韓(?)五首協

曰爲改歲漢書食貨志引作聿爲改歲

說文藿草也詩曰食鬱及藿

爾雅疏韓詩六月食鬱及藿

六月食鬱及薁。音郁 七月亨音烹葵及菽。音叔 八月剝棗。音走 十月穫稻。叶徒苟反 爲此春酒。以介眉壽。叶殖酉反 七月食瓜。叶音孤 八月斷壺。九月叔苴。音疽

音奧

薁一名蘡薁

支之段借令字扑

當作聲

説文叔拾也从又叔聲汝南名收芋爲叔或作紂

豳冠子字問篇中流失船一壺千金亦謂瓠也

詩問蘡薁今俗謂之羊鬭類葡萄而小疑羊鬭即蘡薁聲轉耳

詩問伷伷入邑居蓋藏之又瑞玉曰野廬之居曰屋亟乘之者為來春播百穀又將同婦子往居焉豫治之

采荼音徒薪樗敕書反食音嗣我農夫賦也。鬱，棣屬。薁，蘡薁也。葵，菜名。菽，豆也。剝，擊也。穫稻以釀酒也。介，助也。介眉壽者，頌禱之辭也。壺，瓠也。食瓜斷壺，亦去圃爲場之漸也。叔，拾也。苴，麻子也。荼，苦菜也。樗，惡木也。○自此至卒章，皆言農圃飲食祭祀燕樂，以終首章之意。而此章果酒嘉蔬，以供老疾，奉賓祭。瓜瓠苴荼，以爲常食。少長之義，豐儉之節然也。○九月築場圃音布十月納禾稼叶古護反黍稷重平聲穋音六叶六直反禾麻菽麥叶訖力反嗟我農夫我稼既同上入執宮功晝爾于茅宵爾索綯音陶亟音棘其乘屋其始播百穀賦也。場圃同地。物生之時，則耕治以爲圃而種菜茹。物成之際，則築堅之以爲場而納禾稼。蓋自田而納之於場也。禾者。穀連藁秸之總名。禾之秀實而在野曰稼。先種後熟曰重。後種先熟曰穋。再言禾者。稻秫苽粱之屬皆禾也。同。聚也。宮。邑居之宅也。古者民受五畝之宅。二畝半爲廬在田。春夏居之。二畝半爲宅在邑。秋冬居之。功。葺治之事也。或曰。公室官府之役也。古者用民之力。歲不過三日是也。索。綯也。綯。索也。乘。升也。○言納於場者無所不備。則我稼同矣。可以上入都邑而執治宮室之事矣。故晝往取茅。夜而絞索。亟升其屋而治之。蓋以來歲將復始播百穀。而不暇於此。故也。不待督責而自相警戒。不敢休息如此。呂氏曰。此章終始農事。以極憂勤艱難之意。

○二之日鑿冰沖沖。三之日納于凌音另陰。叶於容反四之日其蚤音早。獻羔祭韭。音九。叶已小反九月肅霜。十月滌音笛場。朋酒斯饗。

詩本音侵韻字與東同用者三見此章之陰蕩首章之諶雲漢二章之臨易四見屯比恒象傳之禽深艮象傳之心若此者蓋出於方音耳　宋吳棫韻補陰叶切引太玄經日飛懸陰萬物融

詩間余問朋酒尊之傳云鄉飲
酒之等云饗羣臣瑞玉曰祭社與
田祖爾春獻羔為祈也冬殺羊為
報也余問公堂傳云學校朱子云
君堂瑞玉曰田畯聽事處也
按萬壽無疆古人上下慶幸之
辭通得稱之至漢猶然見漢
書馬援馮魴傳又吳良傳註
引東觀記歲旦郡門下掾王望
舉觴上壽掾史皆稱萬歲十
雅楚茨朱子以為公卿大夫之詩
亦有萬壽無疆之語

叶虛良反曰殺羔羊。躋音賫彼公堂。稱彼兕觥。音肱叶古黃反萬壽無疆。

賦也。鑿冰謂取冰於山也。沖沖鑿冰之意。周禮。正歲十二月令斬冰。是也。納。藏也。藏冰所以備暑也。淩陰。冰室也。豳土寒多。正月風未解凍。故冰猶可藏也。蚤。蚤朝也。韭。菜名。獻羔祭韭。而後啓之。月令仲春獻羔開冰。先薦寢廟是也。蘇氏曰。古者藏冰發冰。以節陽氣之盛。夫陽氣之在天地。譬猶火之著於物也。故常有以解之。十二月陽氣蘊伏。錮而未發。其盛在下。則納冰於地中。至於二月。四陽作。蟄蟲起。陽始用事。則亦始啓冰而廟薦之。至於四月。陽氣畢達。陰氣將絕。則冰於是大發。食肉之祿。老病喪浴。冰無不及。是以冬無愆陽。夏無伏陰。春無淒風。秋無苦雨。雷出不震。無災霜雹。癘疾不降。民不夭札也。胡氏曰。藏冰開冰。亦聖人輔相燮調之一事耳。不專恃此以爲治也。肅霜氣

鴟鴞邠人為古公作
趙岐孟子注鴟鴞邠
也 風之篇刺邠君曾不

肅而霜降也。滌場者農事畢而埽場地也。兩尊曰朋。鄉飲酒之禮。兩尊壺于房戶閒是也。躋。升也。公堂。君之堂也。稱。舉也。疆。竟也。○張子曰。此章見民忠愛其君之甚。既勸趨其藏氷之役。又相戒速畢場功。殺羊以獻於公。舉酒而祝其壽也。

七月八章章十一句

周禮籥章。中春晝擊土鼓歈豳詩以逆暑。中秋夜迎寒。亦如之。即謂此詩也。王氏曰。仰觀星日霜露之變。俯察昆蟲草木之化。以知天時。以授民事。女服事乎內。男服事乎外。上以誠愛下。下以忠利上。父父子子。夫夫婦婦。養老而慈幼。食力而助弱。其祭祀也時。其燕饗也節。此七月之義也。

鴟鴞鴟鴞。既取我子。 又叶入聲 **無毀我室。** 又叶上聲 **恩**

如此鳥盍大王辟狄從之者日刺為夷狄所侵刺猶傷也初學記岐山按周人為大王所作也大王去邠而邑于岐山自傷為夷狄所侵胃然大息後琴而鼓之可徵其後周公自東土以此詩貽成王名曰鴟鴞以前未有名也毛序周公救亂也猶關雎為畢公作棠棣為召穆公作皆言陳詩之誼

徵孝雜箸鴟鴞刺不密孟子趙注曰鴟鴞邠國之詩也刺邠君曾不若此鳥邠君謂不密也乃在周未作之不密遭夏亂而失官有覆巢取子之危首章所言是也不密既失官棄其世守倉皇奔狄有下民侮予之憂次章所言是也其從君而竄者裹糧而行未有定居三章所言是也其老弱之留邠不能從君而行者雖有室家亦盡漂搖哀求舊君之勞來安集四章所言是也公劉雖居匪康遷邠之民邑於邠見大雅公劉詩民由此懷王業由此建讀其詩不安之忱豳公劉之風化猶可髣髴得之

斯勤斯，鬻音育子之閔叶眉貧反斯。比也。爲鳥言以自比也。鴟鴞，鵂鶹，惡鳥，攫鳥子而食者也。室，鳥自名其巢也。恩，情愛也。勤，篤厚也。鬻，養。閔，憂也。○武王克商，使弟管叔鮮、蔡叔度監于紂子武庚之國。武王崩，成王立，周公相之，而二叔以武庚叛，且流言於國曰：周公將不利於孺子。故周公東征，二年乃得管叔、武庚而誅之。而成王猶未知周公之意也。公乃作此詩以貽王，託爲鳥之愛巢者，呼鴟鴞而謂之曰：鴟鴞鴟鴞，爾既取我之子矣，無更毀我之室也。以我情愛之心、篤厚之意，鬻養此子，誠可憐憫。今既取之，其毒甚矣，況又毀我室乎？以比武庚既敗管蔡，不可更毀我王室也。

○迨天之未陰雨，徹彼桑土音杜，綢音儔繆平聲牖戶。今女音汝下民，或敢侮予叶演女反。○比也。迨，及。徹，取也。桑土，桑根也。綢繆，纏綿也。牖，巢之通氣處。戶，其出入處也。○亦爲鳥言。我及天未陰雨之時。而往取桑根以纏綿巢之隙穴。使之堅固以備陰雨之患。則此下土之民。誰敢有侮予者。亦以比己深愛王室。而預防其患難之意。故孔子贊之曰。爲此詩者。其知道乎。能治其國家。誰敢侮之。○

予手拮音吉据。音居予所捋力活反荼。予所蓄租。胡反予口卒瘏。音徒曰予未有室家。叶古胡反比也。拮据，手口共作之貌。捋，取也。荼，萑苕，可藉巢者也。蓄，積。租，聚。卒，盡。瘏，病也。室家，巢也。○亦爲鳥言。作巢之始。所以拮据以捋荼蓄租。勞苦而至於盡病者。以巢之未成也。以比己之前日所以勤勞如此者。以王室之新造而未集故也。○

予羽譙譙音樵予尾翛翛。音消予室翹翹。風雨所漂搖。予維音嘵嘵。

東山豳人從公东征帰也 毛序周公東征也讀周公東征三年而歸勞歸士大夫美之此從征自歌誤爲大夫作 詩閒裳衣非裳衣非衣古名附注今名行禱

音鬻○比也譙譙殺也翛翛敝也翹翹危也嘵嘵急也○亦爲鳥言羽殺尾敝以成其室而未定也風雨又從而漂搖之則我之哀鳴安得而不急哉以比已旣勞悴王室又未安而多難乘之則其作詩以喩王亦不得而不汲汲也

鴟鴞四章章五句事見書金縢篇

我徂東山慆慆音滔不歸我來自東零雨其濛我東曰歸我心西悲叶謨悲反制彼裳衣勿士行音杭枚蜎蜎音娟者蠋音蜀烝在桑野叶上與反敦音堆彼獨宿亦在車下叶後五反○賦也東山所征之地也慆慆言久也零落也濛雨貌裳衣平居之服也勿士行枚未詳其義鄭氏曰士事也行陳也枚如箸銜之有繣

結項中以止語也蜎蜎動貌蠋桑蟲如蠶者也烝發語辭敦獨處不移之貌此則興也○成王既得鴟鴞之詩又感雷風之變始悟而迎周公於是周公東征已三年矣既歸因作此詩以勞歸士蓋爲之述其意而言曰我之東征既久而歸塗又有遇雨之勞因追言其在東而言歸之時心已西嚮而悲於是制其平居之服而以爲自今可以勿爲行陳銜枚之事矣及其在塗則又覩物起興而自歎曰彼蜎蜎者蠋則在彼桑野矣此敦然而獨宿者則亦在此車下矣○我徂東山慆慆不歸我來自東零雨其濛果臝力果反之實亦施音異于宇伊威在室蠨音蕭蛸音宵在戶町音廷畽他短反鹿場熠音翊燿以照反宵行戶郎反亦可畏叶於非反也伊可懷叶胡

威也。賦也。果蓏栝樓也。施。延也。蔓生延施于宇下也。伊威。鼠婦也。室不埽則有之。蠨蛸。小蜘蛛也。戶無人出入則結網當之。町畽舍傍隙地也。無人焉故鹿以爲場也。熠燿。明不定貌。宵行。蟲名。如螢。夜行喉下有光如螢也。〇章首四句言其往來之勞。在外之久。故每章重言。見其感念之深。遂言已東征而室廬荒廢至於如此。亦可畏矣。然豈可畏而不歸哉。亦可懷思而已。此則述其歸未至而思家之情也。

〇我徂東山。慆慆不歸。我來自東。零雨其濛。鸛鳴于垤。叶地一反婦嘆于室。洒埽穹窒。我征聿至。叶入聲有敦音堆瓜苦。烝在栗薪。自我不見。于今三年。叶尼因反

〇賦也。鸛水鳥似鶴者也。垤。蟻冢也。穹窒見七月。將陰雨則穴處者先知。故蟻出垤而鸛就食之。

詩經

遂鳴于其上也。行者之妻。亦思其夫之勞苦而嘆息於家。於是洒埽穹窒以待其歸。而其夫之行。忽已至矣。因見苦瓜繫於栗薪之上。而曰自我之不見此。亦已三年矣。栗周土所宜木。與苦瓜皆微物也。見之而喜。則其行久而感深可知矣。○

我徂東山。慆慆不歸。我來自東。零雨其濛。倉庚于飛。熠燿其羽。之子于歸。皇駁音其馬。叶滿補反親結其縭。叶離羅二音九十其儀。叶宜俄二音其新孔嘉。叶居宜居何二反其舊如之何。叶奚何二音。○賦而興也。倉庚飛昏姻時也。熠燿鮮明也。黃白曰皇。駵白曰駁。縭。婦人之褘也。母戒女而爲之施衿結帨也。九其儀。十其儀。言其儀之多也。○賦時物以起興。而言東征之歸士。未有室家者。及時而昏姻。既甚美矣。其

破斧美周公述職東征也 白虎通天子五年一巡守

舊有室家者相見而喜嘗如何邪

東山四章章十二句序曰一章言其完也二章言其思也三章言其室家之望女也四章樂男女之得及時也君子之於人序其情而閔其勞所以說也說以使民民忘其死其惟東山乎愚謂完謂全師而歸無死傷之苦思謂未至而思有愴恨之懷至於室家望女男女及時亦皆其心之所願而不敢言者上之人乃先其未發而歌詠以勞苦之則其歡欣感激之情爲如何哉蓋古之勞詩皆如此其上下之際情志交孚雖家人父子之相語無以過之此其所以維持鞏固數十百年而無一旦土崩之患也

既破我斧又缺我斨斨音槍周公東征四國是皇

說文斤部斨方銎斧也從斤爿聲詩曰又缺我斨

三年二伯出述職詩云周公東征四國是皇言東征述職周公黜陟而天下皆正也毛序美周公也述一國之事系一人之本也讀云周大夫以惡四國焉非大夫作

哀我人斯。亦孔之將。賦也。隋銎曰斧。方銎曰斨。征伐之用也。四國。四方之國也。皇。匡也。將。大也。○從軍之士。以前篇周公勞己之勤。故言此以答其意曰。東征之役。既破我斧而缺我斨。其勞甚矣。然周公之爲此舉。蓋將使四方莫敢不一於正而後已。其哀我人也。豈不大哉。然則雖有破斧缺斨之勞。而義有所不得辭矣。夫管蔡流言以謗周公。而公以六軍之衆。往而征之。使其心一有出於自私。而不在於天下。則撫之雖勤。勞之雖至。而從役之士。豈能不怨也哉。今觀此詩。固足以見周公之心。大公至正。天下信其無有一毫自愛之私。抑又以見當是之時。雖被堅執銳之人。亦皆能以周公之心爲心。而不自爲一身一家之計。蓋亦莫非聖人之徒也。學者於此熟玩而有得焉。則其心正大而天地之情眞可見矣。

○既破我斧。又缺我錡。音奇。叶巨何反

述詩正修將大也大匡美義相近廣雅曰將美也首章言將二章言嘉三章言休將嘉休皆美也

周公東征。四國是吪。音哦哀我人斯。亦孔之嘉。叶居何反〇賦也。錡鑿屬。吪化。嘉善也。

〇既破我斧。又缺我銶。音求周公東征。四國是遒。音四哀我人斯。亦孔之休。〇賦也。銶木屬。遒斂而固之也。休美也。

破斧三章。章六句。

范氏曰。象日以殺舜爲事。舜爲天子也。則封之。管蔡啓商以叛周。公之爲相也。則誅之。迹雖不同。其道則一也。蓋象之禍及於舜而已。故舜封之。管蔡流言。將危周公以間王室。得罪於天下。故周公誅之。非周公誅之。天下之所當誅也。周公豈得而私之哉。

伐柯如何。匪斧不克。取去聲妻如何。匪媒不得。

比也。柯，斧柄也。克，能也。媒，通二姓之言者也。○周公居東之時，東人言此，以比平日欲見周公之難。○伐柯伐柯，其則不遠。我遘音姤之子，籩豆有踐。上聲。○比也。則，法也。我，東人自我也。之子，指其妻而言也。籩，竹豆也。豆，木豆也。踐，行列之貌。○言伐柯而有斧，則不過即此舊斧之柯，而得其新柯之法。娶妻而有媒，則亦不過即此見之，而成其同牢之禮矣。東人言此，以比今日得見周公之易，深喜之之辭也。

伐柯二章，章四句。

九罭音域之魚，鱒音尊魴。我覯之子，袞衣繡裳。興也。九罭，九囊之網也。鱒，似鱓而鱗細，眼赤。魴，已見上。皆魚之美者也。我，東人自我也。之子，指本義二章三章云鴻鴈遵渚遵陸，亦謂周公不得居朝廷而留滯東都，譬夫鴻鴈不得飛翔於雲際而下循渚陸也。因謂東都之人曰：我公所以留此者，未得所歸，故處此信宿爾，言終當去也。其曰公歸不復者，言公但未歸耳，歸則不復來也。

周公也。袞衣裳九章。一曰龍。二曰山。三曰華蟲。雉也。四曰火。五曰宗彝。虎蜼也。皆繢於衣。六曰藻。七曰粉米。八曰黼。九曰黻。皆繡於裳。天子之龍。一升一降。上公但有降龍。以龍首卷然。故謂之袞也。○此亦周公居東之時。東人喜得見之。而言九罭之網則有鱒魴之魚矣。我覯之子。則見其袞衣繡裳之服矣。

○**鴻飛遵渚。公歸無所。於女。**音汝**信處。**興也。遵。循也。渚。小洲也。女。東人自相女也。再宿曰信。○東人聞成王將迎周公。又自相謂而言。鴻飛則遵渚矣。公歸豈無所乎。今特於女信處而已。○

鴻飛遵陸。公歸不復。於女信宿。興也。高平曰陸。不復。言將畱相王室而不復來東也。

○**是以有袞衣兮。無以我公歸兮。無使我心悲兮。**賦也。承上二章。言周公信處信宿於此。是以東方有

詩經

此服袞衣之人。又願其且留於此。無遽迎公以歸。歸則將不復來。而使我心悲也。

九罭四章。一章四句。三章章三句。

狼跋其胡。載疐音致其尾。公孫音遜碩膚。赤舄音昔几几。興也。跋。躐也。胡。頷下懸肉也。載。則。疐。跲也。老狼有胡。進而躐其胡。則退而跲其尾。公。周公也。孫。讓。碩。大。膚。美也。赤舄。冕服之舄也。几几。安重貌。○周公雖遭疑謗。然所以處之不失其常。故詩人美之。言狼跋其胡。則疐其尾矣。公遭流言之變。而其安肆自得乃如此。蓋其道隆德盛。而安土樂天。有不足言者。所以遭大變而不失其常也。夫公之被毀以管蔡之流言也。而詩人以爲此非四國之所爲。乃公自讓其大美而不居耳。蓋不使讒邪之口。得以加乎公之忠聖。此可見其愛公之深。敬公之至。而其立言亦有法矣。○

平議瑕古与遐通不遐〻也言其德音所及者遠也

狼疐其尾載跋其胡公孫碩膚德音不瑕叶洪孤反○疐也德音猶令聞也瑕疵病也○程子曰周公之處已也夔夔然存恭畏之心其存誠也蕩蕩然無顧慮之意所以不失其聖而德音不瑕也

胡土穫膚九麌瑕瑕遐入九麻

禮記引詩瑕不謂矣鄭注云瑕之言何也

狼跋二章章四句

范氏曰神龍或潛或飛能大能小其變化不測然得而畜之若犬羊然有欲故也唯其可以畜之是以亦得醢而食之凡有欲之類莫不可制焉唯聖人無欲故天地萬物不能易也富貴貧賤死生如寒暑晝夜相代乎前吾豈有二其心乎哉亦順受之而已矣舜受堯之天下不以爲泰孔子阨於陳蔡而不以爲戚周公遠則四國流言近則王不知而赤舄几几德音不瑕其致一也

通論此及此也几〻正跋〻皃〻反章法奇變

詩經國風　三之六十四

豳國七篇二十七章二百三句。程元問於文中子曰。敢問豳風何風也。曰。變風也。元曰。周公之際。亦有變風乎。曰。君臣相誚。其能正乎。成王終疑周公。則風遂變矣。非周公至誠。其孰卒正之哉。元曰。居變風之末。何也。曰。夷王以下。變風不復正矣。夫子蓋傷之也。故終之以豳風。言變之可正也。惟周公能之。故係之以正。變而克正。危而克扶。始終不失。其本其惟周公乎。係之豳。遠矣哉。○篇章歛豳詩以逆暑迎寒。已見於七月之篇矣。又曰。祈年于田祖。則歛豳雅以樂田畯。祭蜡則歛豳頌以息老物。則考之於詩。未見其篇章之所在。故鄭氏三分七月之詩以當之。其道情思者爲風。正禮節者爲雅。樂成功者爲頌。然一篇之詩。首尾相應乃剟取其一節而偏用之恐無此理故王氏不取而但謂本有是詩而亡之其說近是或者又疑但以七月全篇隨事而變其音節或以爲風或以爲雅或以爲頌則於理爲通而事亦可行如又不然則雅頌之中凡爲農事而作者皆可冠以豳號其說具於大田良耜諸篇讀者擇焉可也。

鹿鳴燕羣臣嘉賓以講道修政也君臣之誼周公以爲樂歌孔子以爲小雅始毛序

詩經卷之四

司馬相如傳揜群雅注張揖曰小雅之材七十四人大雅之材三十一人陸璣曰小雅篇詩凡七十四篇大雅三十一篇以篇數言也

小雅二

荀子大略篇小雅疏今之政以思往者其言有文焉其聲有哀焉有於外者也

雅者正也。正樂之歌也。其篇本有大小之殊。而先儒說又各有正變之別。以今考之。正小雅。燕饗之樂也。正大雅。會朝之樂。受釐陳戒之辭也。故或歡欣和說以盡羣下之情。或恭敬齊莊以發先王之德。辭氣不同。音節亦異。多周公制作時所定也。及其變也。則事未必同。而各以其聲附之。其次序時世。則有不可考者矣。

鹿鳴之什二之一

雅頌無諸國別。故以十篇爲一卷。而謂之什。猶軍法以十人爲什也。

詩本音苹字注平笙字從生韻考三代秦漢之書凡鳴平生字定文陽庚讀者知此三章自吹笙鼓簧以下別爲一韻至祖之詩亦然自黃者之理以下別爲一韻集傳叶音皆非

呦呦音幽鹿鳴。叶音芒食野之苹。叶音旁我有嘉賓。鼓瑟吹笙。叶師莊反吹笙鼓簧。音黃承筐是將。人之

鳴苹笙十一庚誤可類

承者韻

簧十一唐行同文十二庚將十陽

宴羣臣嘉賓儀禮注鹿鳴君與臣下及四方之賓燕講道脩政之樂歌正義引服虔注自鹿鳴至菁莪道文武脩小政定大亂治太平是為正小雅鄭譜鹿鳴之三文王詩皆誤屬文王猶關雎之三以為文王太姒也史記仁義陵遲鹿鳴刺焉王符論怨養賢而鹿鳴思蔡邕琴操鹿鳴者周大臣作王道衰大臣知賢者幽隱故彈弦風諫皆誤以誦詩之誼為本誼猶以關雎為畢公作薑說之以鹿鳴之三為刺康王亦誤于魯詩之說關雎也

禮緇衣子曰私惠不歸德君子不自留焉詩云人之好我示我周行

詩經

好去聲我示我周行（箋云示當作寘寘置也）○叶音杭○興也○呦呦聲之和也○苹藾蕭也○青色白莖如筯○我主人也○賓所燕之客○或本國之臣○或諸侯之使也○瑟笙燕禮所用之樂也○簧笙中之簧也○承奉也○筐所以盛幣帛者也○將行也○奉筐而行幣帛○飲則以酬賓送酒○食則以侑賓勸飽也○周行大道也（毛周至行道也）○古者於旅也語○故欲於此聞其言也○此燕饗賓客之詩也○蓋君臣之分○以嚴爲主○朝廷之禮○以敬爲主○然一於嚴敬○則情或不通○而無以盡其忠告之益○故先王因其飲食聚會○而制爲燕饗之禮○以通上下之情○而其樂歌○又以鹿鳴起興○而言其禮意之厚如此○庶乎人之好我○而示我以大道也○記曰○私惠不歸德○君子不自留焉○蓋其所望於羣臣嘉賓者○唯在於示我以大道○則必不以私惠爲德而自留矣○嗚呼○此其所以和樂而不淫也與○

○呦呦鹿鳴○食野之蒿○我有嘉賓○

蒿敖六豪昭四宵恌三蕭誤傚三十六效

德音孔昭。叶側豪反 視民不恌。他雕反 說文作佻 叶音洮 君子是則是傚。叶胡高反 我有旨酒，嘉賓式燕以敖。音翺 ○興也。蒿，菣也，即青蒿也。孔，甚。昭，明也。視，與示同。恌，偷薄也。敖，游也。○言嘉賓之德音甚明，足以示民使不偷薄，而君子所當則傚，則亦不待言語之間，而其所以示我者深矣。

姚氏通論：視民猶民視，謂小民視之不敢習為偷薄之行，而君子則是以之是傚也

○呦呦鹿鳴，食野之芩。音琴 我有嘉賓，鼓瑟鼓琴。鼓瑟鼓琴，和樂且湛。音耽 叶持林反 我有旨酒，以燕樂嘉賓之心。興也。芩，草名，莖如釵股，葉如竹，蔓生。湛，樂之久也。燕，安也。○言安樂其心，則非止養其體，娛其外而已。蓋所以致其殷勤之厚，而欲其教示之無已也。

芩琴心十二侵湛二十二覃

鹿鳴三章，章八句。按序以此爲燕羣臣嘉賓之詩，而燕禮亦

四牡事君之誼也次鹿鳴与鹿鳴同歌補鹿鳴之不及毛序使臣之勞來文王率諸侯撫叛國而朝事紂故周公作樂以歌文王之道爲後世法皆樂之卑誼續云有功而見知則說非詩誼也

詩經

云。工歌鹿鳴四牡皇皇者華。即謂此也。鄉飲酒用樂亦然。而學記言大學始教宵雅肄三。亦謂此三詩。然則又爲上下通用之樂矣。豈本爲燕羣臣嘉賓而作。其後乃推而用之鄉人也與。然於朝曰君臣焉。於燕曰賓主焉。先王以禮使臣之厚。於此見矣。○范氏曰。食之以禮。樂之以樂。將之以實。求之以誠。此所以得其心也。賢者豈以飲食幣帛爲悅哉。夫婚姻不備。則貞女不行也。禮樂不備。則賢者不處也。賢者不處。則豈得樂而盡其心乎。

四牡騑騑。音非周道倭音威遲。豈不懷歸。王事靡盬。音古我心傷悲。○賦也。騑騑。行不止之貌。周道。大路也。倭遲。回遠之貌。盬。不堅固也。○此勞使臣之詩也。夫君之使臣。臣之事君。禮也。故爲臣者。奔走於王事。特以盡

詩釋文韓詩作倭夷文選嵇
叔夜琴賦體逶迤之威夷注韓詩曰
周道倭夷潘安仁西征賦登崤嶔
之威夷注韓詩曰周道威夷薛
君曰威夷險也潘安仁金谷集作詩
注引韓詩同孫興公天台山賦踐莓
苔而偕迤注韓詩曰道威夷者
也陸佐公石闕銘注引韓詩周
道威夷顏延年秋胡詩行路
正威遲注韓詩曰周道威夷夫子使
詩威遲良馬注韓詩曰周道
倭遲此後人據毛詩改為作倭夷
威倭聲相近夷遲通借漢裴岑紀功
壽碑倭像門即棲遲之假借
也廣雅釋訓威夷險也義本韓詩
漢書地理志右扶風郁夷自注引
詩周道郁夷師古曰韓詩作郁
夷言使臣乘馬行于此道倭郁亦
聲之轉

又說文疒部瘏馬病也从疒多聲
詩曰瘏瘏駱馬又口部嘽喘息也从
口單聲詩曰嘽嘽駱馬漢書大人
賦衍曼流爛瘏以陸離史記司馬
相如傳瘏作壇古瘏嘽聲相近
廣雅瘏瘏疲也與馬勞同意漢
書敘傳顏注引詩作驒驒喘息
之貌

平議昭十七年左傳正義引樊光
謂春秋五祝鳩氏司徒祝鳩即隹
其夫不孝故為司徒是夫不乃孝鳥
其載飛載下或以忘其父母使悲故

其職分之所當爲而已。何敢自以爲勞哉。然
君之心。則不敢以是而自安也。故燕饗之際。
敘其情以閔其勞。言駕此四牡而出使於外。
其道路之回遠如此。當是時。豈不思歸乎。特
以王事不可以不堅固。不敢徇私以廢公。是
以內顧而傷悲也。臣勞於事而不自言。君探
其情而代之言。上下之間。可謂各盡其道矣。
傳曰。思歸者。私恩也。靡盬者。公義也。傷悲者。
情思也。無私恩。非孝子也。無公義。非忠臣也。
君子不以私害公。不以家事辭王事。范氏曰。
臣之事上也。必先公而後私。
君之勞臣也。必先恩而後義。○四牡騑騑嘽（說文引作瘏）
嘽音灘駱音洛馬。叶滿補反豈不懷歸。王事靡盬。不遑
啓處。賦也。嘽嘽。衆盛之貌。白馬黑鬣曰駱。遑。暇。啓。跪。處。居也。○翩翩音篇
者鵻。音隹載飛載下。叶後五反集于苞栩。音許王事靡

詩曰不遑將父不遑將母而有感於翩翩之鵻也南有嘉魚篇亦云翩翩者鵻傳曰鵻壹宿之鳥箋云壹宿者壹意於其所宿之木也下文云嘉賓式燕又思毛公之意謂鵻是壹宿之鳥今夕宿此明夕又宿此与下文又字相應合也然則詩人託物起興各有所取此取其孝彼取其壹雖同一鵻而所取不同

經說上章一言將父一言將母此章承將母而言屬辭之宜耳九曰將父母來諗則異於辭矣詩人之言有具於前而略於後者裳裳者華篇左之左之君子宜之右之右之君子有之下曰維其有之則當承右之而言采綠篇之子于狩言韔其弓之子于釣言綸之繩下曰其釣維何則專承之子于釣而言般篇

盬不遑將父。興也。翩翩，飛貌。鵻，夫不也。今鵓鳩也。凡鳥之短尾者皆鵻屬。將，養也。○翩翩者鵻，猶或飛或下，而集於所安之處。今使人乃勞苦於外，而不遑養其父，此君人者所以不能自安，而深以爲憂也。范氏曰：忠臣孝子之行役，未嘗不念其親。君之使臣，豈待其勞苦而自傷哉？亦憂其憂，如己而已矣。此聖人所以感人心也。○翩翩者鵻，載飛載止，集于苞杞。音起王事靡盬，不遑將母。叶滿彼反。○興也。杞，枸檵也。○駕彼四駱，載驟駸駸。音侵豈不懷歸？是用作歌，將母來諗。音審，叶深。○賦也。駸駸，驟貌。諗，告也。以其不獲養父母之情而來告於君也。非使人作是歌也，設言其情以勞之耳。獨言將母者，因上章之文也。

母古音每

此杞亦止母誤入四十五厚

毛傳諗念也

駸二十一侵誤四十七寑

釋詁諗念也我惟來告母是念也

馬念之傳音殷傳

說釋載且也

夫之牖民如壎如篪如璋如圭如取如攜下曰攜無曰益則尊承其攜而言又曰价人維藩大師維垣大邦維屏大宗維翰懷德維寧宗子維城下曰無俾城壞則尊承宗子維城而言並其例矣

皇皇者華奉使之誼也次鹿鳴与鹿鳴同歌補鹿鳴之不及 毛序君遣使臣用樂章誼續云言遠而有光非詩誼

晉語齊侯妻之甚善焉公子曰吾不動矣必死於此姜曰不然周詩曰華華征夫每懷靡及夙夜征行不遑啟處猶懼無及況其順身縱欲懷安將何及矣人不求及其能及乎

四牡五章。章五句。按序。言此詩所以勞使臣之來。甚協詩意。故春秋傳亦云。而外傳以爲章使臣之勤。所謂使臣。雖叔孫之自稱。亦正合其本事也。但儀禮又以爲上下通用之樂。疑亦本爲勞使臣而作。其後乃移以他用耳。

魯語叔孫穆子聘於晉晉悼公饗之樂及鹿鳴之三而後拜樂三晉侯使行人問焉對曰夫鹿鳴君之所以嘉先君之好也敢不拜嘉四牡君之所以章使臣之勤也敢不拜章皇皇者華君教使臣曰每懷靡及諏謀度詢必咨於周敢不拜教

六章誤九麻夫十虞亦誤魚類 隰及二十六緝合類 楚辭招魂章句侁侁征夫

皇皇者華。叶芳無反于彼原隰。駪駪音莘征夫。每懷靡及。○興也。皇皇。猶煌煌也。華。草木之華也。高平曰原。下濕曰隰。駪駪。衆多疾行之貌。征夫。使臣與其屬也。懷。思也。○此遣使臣之詩也。君之使臣。固欲其宣上德而達下情。而臣之受命。亦惟恐其無以副君之意也。故先王之遣使臣也。美其行道之勤。而述其心之所懷。曰彼煌煌之華。則于彼原隰矣。此駪駪然之征夫。則其所懷思。常若有所不及矣。蓋

韓詩作莘莘 詩服有所不及 將下周諮也

詩經

亦因以爲戒。然其辭之婉而不迫如此。詩之忠厚。亦可見矣。○我馬維駒。六轡如濡。載馳載驅。周爰咨諏。賦也。如濡。鮮澤也。周。徧。爰。於也。咨諏。訪問也。○使臣自以每懷靡及。故廣詢博訪。以補其不及而盡其職也。程子曰。咨訪。使臣之大務。○我馬維騏。音其六轡如絲。叶新齎反載馳載驅。周爰咨謀。叶莫悲反賦也。如絲。調忍也。謀。猶諏也。變文以協韻耳。下章放此。○我馬維駱。六轡沃若。沃。烏毒反載馳載驅。周爰咨度。入聲○賦也。沃若。猶如濡也。度。猶謀也。○我馬維駰。音因六轡既均。載馳載驅。周爰咨詢。賦也。陰白雜毛曰駰。均。調也。詢。猶度也。

常棣燕兄弟而作閔管蔡之失道也以兄弟之誼次君臣 用毛序 呂祖謙讀詩記韓詩序作夫移燕兄弟也謂賦此詩左傳召穆公思周道之不類故糾合宗族于成周而作常棣

皇皇者華五章章四句。按序以此詩爲君遣使臣。春秋內外傳皆云君教使臣。其說已見前篇。儀禮亦見鹿鳴。疑亦本爲遣使臣而作。其後乃移以他用也。然叔孫穆子所謂君教使臣曰。每懷靡及。諏謀度詢。必咨於周。敢不拜教。可謂得詩之意矣。范氏曰。王者遣使於四方。教之以咨諏善道。將以廣聰明也。夫臣欲助其君之德。必求賢以自助。故臣能從善。則可以善君矣。臣能聽諫。則可以諫君矣。未有不自治而能正君者也。

常棣之華。鄂五各反不韡韡。音偉凡今之人。莫如兄弟。待禮反○興也。常棣。棣也。子如櫻桃可食。鄂。鄂然外見之貌。不。猶豈不也。韡韡。光明貌。○此燕兄弟之樂歌。故言常棣之華。則其鄂然而外見者。豈不韡韡乎。凡今之人。

一之詩國語周文公之詩曰
義王肅曰常棣之于武王
既崩周公誅管蔡之後而
在文武治內之篇以刑于寡
妻至于兄弟以御于家邦
此文武之行也故曰之于文
武之正雅以成燕羣臣兄
弟朋友之樂歌此得詩
之誤

通論此周公既誅管蔡
而作後因以為燕兄弟之
樂歌

釋詞每雖也玉篇曰每有雖也詩常棣
曰每有良朋況也永歎言雖有兄弟不如
友生每有猶雖有耳

詩經

則豈有如兄弟者乎○死喪之威兄弟孔懷叶胡隈反原隰裒薄侯反矣兄弟求矣賦也威畏懷思裒聚也○言死喪之禍他人所畏惡惟兄弟為相恤耳至於積尸裒聚於原野之間亦惟兄弟為相求也此詩蓋周公既誅管蔡而作故此章以下專以死喪急難鬭鬩之事為言其志切其情哀乃處兄弟之變如孟子所謂其兄關弓而射之則已垂涕泣而道之者序以為閔管蔡之失道者得之而又以為文武之詩則誤矣大抵舊說詩之時世皆不足信舉此自相矛盾者以見其一端後不能悉辯也○脊音積令音零在原兄弟急難叶泥沿反每有良朋況也永歎音灘叶他涓反○興也脊令雝渠水鳥也況發語辭或曰當作怳○脊令飛則鳴行則搖有急難之意故以起興而言當此之時雖有良朋不

過爲之長歎息而已。力或不能相及也。東萊呂氏曰。疎其所親。而親其所疎。此失其本心者也。故此詩反覆言朋友之不如兄弟。蓋示之以親疎之分。使之反循其本也。本心旣得。則由親及疎。秩然有序。兄弟之親旣篤。朋友之義亦敦矣。初非薄於朋友也。苟雜施而不孫。雖曰厚於朋友。如無源之水。朝滿夕除。胡可保哉。或曰。人之在難。朋友亦可以坐視與。曰。每有良朋。况也永歎。則非不憂憫。但視兄弟急難。爲有差等耳。詩人之辭。容有抑揚。然常棣周公作也。聖人之言。小大高下皆宜。而前後左右不相悖。○

兄弟鬩許歷反**于牆。外禦其務。**音侮**每有良朋。烝也無戎。**叶而主反。○賦也。鬩。鬬狠也。禦。禁也。烝。發語聲。戎。助也。○言兄弟設有不幸鬬狠於內。然有外侮。則同心禦之矣。雖有良朋。豈能有所助乎。富辰曰。兄弟雖有小忿。不廢懿親。

○喪亂既平。既安且寧。雖有兄弟。不如友生。叶桑經反。○賦也。上章言患難之時。兄弟相救。非朋友可比。此章遂言安寧之後。乃有視兄弟不如友生者。悖理之甚也。○儐賓反爾籩豆。飲酒之飫。於據反。兄弟既具。和樂音洛且孺。賦也。儐。陳。飫。饜。具。俱也。孺。小兒之慕父母也。○言陳籩豆以醉飽。而兄弟有不具焉。則無與共享其樂矣。○妻子好去聲合。如鼓瑟琴。兄弟既翕。音吸和樂且湛。音耽叶持林反。○賦也。翕。合也。○言妻子好合。如琴瑟之和。而兄弟有不合焉。則無以久其樂矣。○宜爾室家。叶古胡反樂爾妻帑。音奴是究是圖。亶其然乎。賦也。帑。子。究。窮。圖。謀。亶。信也。○宜爾室家者。兄弟具而後樂且孺也。

樂爾妻帑者。兄弟翕而後樂。樂且湛也。兄弟於人。其重如此。試以是究而圖之。豈不信其然乎。東萊呂氏曰。告人以兄弟之當親。未有不以爲然者也。苟非是究是圖。實從事於此。則亦未有誠知其然者也。不誠知其然。則所知者。特其名而已矣。凡學蓋莫不然。

常棣八章。章四句。此詩首章畧言至親莫如兄弟之意。次章乃以意外不測之事言之。以明兄弟之情。其切如此。三章但言急難。則淺於死喪矣。至於四章。則又以其情義之甚薄。而猶有所不能已者言之。其序若曰。不待死喪。然後相救。但有急難。便當相助。言又不幸而至於或有小忿。猶必共禦外侮。其所以言之者。雖若益輕以約。而所以著夫兄弟之義者。益深且切矣。至於五章。遂言安寧之後。乃謂兄弟不如友生。則是至親反爲路人。而人道或幾伐木，求友也。以朋友次兄弟。文選潘岳賦謝混詩注韓詩序曰：伐木廢，朋友道缺，勞者歌其事。韓詩內傳曰：詩人伐木自苦其事，故以為文。毛序燕朋友故舊。此樂之卒章，謂賈疏遂以為文王，敬故。

乎息矣。故下兩章。乃復極言兄弟之恩。異形同氣。死生苦樂。無適而不相須之意。卒章又申告之。使反復窮極而驗其信然。可謂委曲漸次。說盡人情矣。讀者宜深味之。

伐木丁丁。音爭 鳥鳴嚶嚶。音鶯 出自幽谷。遷于喬木。嚶其鳴矣。求其友聲。相去聲 彼鳥矣。猶求友聲。矧伊人矣。不求友生。叶桑經反 神之聽之。終和且平。興也。丁丁。伐木聲。嚶嚶。鳥聲之和也。幽深。遷。升。喬。高。相。視。矧。況也。此。燕朋友故舊之樂歌。故以伐木之丁丁。與鳥鳴之嚶嚶。而言鳥之求友。遂以鳥之求友。喻人之不可無友也。人能篤朋友之好。則神之聽之。終和且平矣。

○伐木許許。音虎

釃音師酒有藇音序既有肥羜音佇以速諸父寧適不來微我弗顧叶居五反於音烏粲洒去聲埽去聲叶蘇吼反陳饋八簋叶九已反既有肥牡以速諸舅寧適不來微我有咎與也許許衆人共力之聲淮南子曰舉大木者呼邪許蓋舉重勸力之歌也釃酒者或以筐或以草泲之而去其糟也禮所謂縮酌用茅是也藇美貌羜未成羊也速召也諸父朋友之同姓而尊者也微無顧念也於歎辭粲鮮明貌八簋器之盛也諸舅朋友之異姓而尊者也先諸父而後諸舅者親疏之殺也咎過也○言具酒食以樂朋友如此寧使彼適有故而不來而無使我恩意之不至也孔子曰所求乎朋友先施之未能也此可謂能先施矣○伐木于阪叶孚臠反釃酒有衍

籩豆有踐。[聲上]兄弟無遠民之失德乾餱[音矦]以
愆[叶起]有酒湑[聲上]我[音語]無酒酤[音古]我坎坎鼓我
蹲蹲[音存]舞我迨[叶音待]我暇[古雅反後叶音]矣飲此湑矣

釋文蹲本或作墫說文云…

皆在也。先諸舅而後兄弟。朋友之同僚者。無遠近
餪食之薄者也。愆過也。湑亦釃酒也。言人之所以
坎坎擊鼓蹲蹲舞貌。兄弟朋友之義者。酤買也。坎
至於失朋友之義者。非必有愆。亦有大故或但以乾
籩之薄不以分人而至於有愆。故我於朋
友不計有無。但及閒暇則飲酒以相樂也。

伐木三章章十二句。　劉氏曰。此詩每章
首輒云伐木。故知當爲三章。舊作
六章。誤矣。今從其說正之。

天保作洛，既成宗祀

天保定爾，亦孔之固。俾爾單厚，何福不除。

聲□禮者謂宣眾也。固，堅也。除，去也。○俾，使也。爾，指君也。保，安也。固，堅也。單厚者，言天使之多益以莫不庶。庶，眾也。賦也。○人君以鹿鳴以下五詩燕其臣，臣受賜者歌此詩以答其君，言天之安定我君，使之獲福如此也。○

天保定爾，俾爾戩穀。罄無不宜，受天百祿。降爾遐福，維日不足。

戩，福。穀，祿也。罄，盡也。宜，善也。盡善云者，言其所有皆善也。遐，遠也。爾有以受天之祿矣，而又降爾以福，言天人之際，交相與也。○書所謂昭受上帝，天其申命用休。語意正如此。○

天保定爾，以莫不興。如山如阜，如岡如陵，如川之方至，以莫不增。

賦也。鹽，盛也。高平曰陸，大陸曰阜，高大曰陵，如川之方至，以莫不增。

二九三

大修曰周公所作禮樂
先王流此觀天下之心
天下諸侯悉率而來受
命周公退而見文武之
尸者于七百七十二諸侯
於是周公與升歌而絃
至言其盛張之未可量
阜曰陵皆高大之意。川之方也。○

（以下朱筆旁注）

是用孝享
曰卜爾萬壽無疆
爾多福爾德
偏為爾德
首也。百姓庶民也。為爾德者言則而象之猶
僞也日用飲食而已羣眾也。黎黑也猶秦言黔
也。復日月星辰先王嘗
來格也。至也。神之至矣猶言祖考
賦也。神之弔
民之質矣日用飲食羣黎百姓
論藥祠烝嘗于公先王君
吉蠲為饎

助爾而爲德也。○如月之恒，如日之升，如南山之壽，不騫音牽不崩，如松栢之茂，無不爾或承。賦也。升，出也。月上弦而就盈，日始出而就明。騫，虧也。承，繼也。言舊葉將落而新葉已生，相繼而長茂也。

天保六章，章六句。

采薇采薇，薇亦作叶則故反止。曰歸曰歸，歲亦莫音暮止。靡室靡家叶古乎反，玁音險狁音允之故。不遑啓居，玁狁之故。興也。薇，菜名。作，生出地也。莫，晚也。靡，無也。玁狁，北狄也。遑，暇。啓，跪也。○此遣戍役之詩。以其出戍之時，采薇以食，而念歸期之遠也。故爲其自言，而以采薇車彭彭城彼朔方是時四夷賓服稱為中興後漢書馬融傳玁狁侵周宣王立中興之功是以赫赫南仲載在周詩鹽鐵論戎狄猾夏中國不寧周宣王南仲吉甫式遏寇虐詩云出車彭彭城彼朔方王符論邊夷猾夏古今所患宣王中興南仲征邊蔡邕陳伐鮮卑議周宣王命南仲吉甫攘玁狁威蠻荊皆以采薇出車為宣王詩南仲為宣王臣毛序遣戍役也誤以采薇出車杕杜上次魚麗而續序乃曰文王之時西有昆夷之患北有玁狁之難以天子之命將帥遣戍役以守衛中國故歌采薇以遣之出車以勞還杕杜以逍歸乃以南仲為文王臣而書大傳文王受命一年斷虞芮之訟至六年伐崇七年而崩周本紀同無伐玁狁事

起興曰。采薇采薇。則薇亦作止矣。曰歸曰歸。則歲亦莫止矣。然凡此所以使我舍其室家而不暇啓居者。非上之人故爲是以苦我也。直以玁狁侵陵之故。有所不得已而然耳。蓋敘其勤苦悲傷之情。而又風以義也。程子曰。毒民不由其上。則人懷敵愾之心矣。又曰。古者戍役。兩朞而還。今年春莫行。明年夏代者至。復留備秋。至過十一月而歸。又明年中春至。春莫遣次戍者。每秋與冬初。兩番戍者皆在疆圉。如今之防秋也。○采薇采薇薇亦柔止。曰歸曰歸。心亦憂止。憂心烈烈。載飢載渴。叶巨烈反我戍未定。靡使歸聘。與也。柔始生而弱也。烈烈。憂貌。載。則也。定。止。聘。問也。○言戍人念歸期之遠。而憂勞之甚。然戍事未已。則無人可使歸而問其室家之安否也。○采薇采薇薇亦剛止曰歸曰歸歲亦陽止王事靡盬不遑啓處憂心孔疚叶訖力反我行不來叶六直反○興也剛既成而剛也陽十月也時純陰用事嫌於無陽故名之曰陽月也孔甚疚病也來歸也此見士之竭力致死無還心也○彼爾維何維常之華叶芳無反彼路斯何君子之車叶尺奢反戎車既駕四牡業業豈敢定居一月三捷○興也爾華盛貌常常棣也路戎車也君子謂將帥也業業壯也捷勝也○彼爾然而盛者常棣之華也彼路車者君子之車也戎車既駕而四牡盛矣則何敢以定居乎庶乎一月之間三戰而三捷爾○駕彼四牡四牡騤騤求龜反君子所依小人所腓音肥四牡翼翼象弭

音米魚服。叶蒲北反豈不日戒。叶訖力反玁狁孔棘。賦也。騤騤強也。依猶乘也。腓猶芘也。程子曰。腓隨動如足之腓足動則隨而動也。翼翼行列整治之狀。象弭以象骨飾弓弰也。魚獸名似猪東海有之其皮背上斑文腹下純青可為弓鞬矢服也。戒警。棘急也。○言戎車者將帥之所依乘戍役之所芘倚。且其行列整治而器械精好如此豈不日相警戒乎。玁狁之難甚急。誠不可以忘備也。○昔我往矣楊柳依依今我來思雨去聲雪霏霏。芳菲反行道遲遲載渴載飢我心傷悲莫知我哀。叶於希反。○賦也。楊柳蒲柳也。霏霏雪甚貌。遲遲長遠也。○此章又設為役人預自道其歸時之事以見其勤勞之甚也。程子曰此皆極道其勞苦憂傷之情也。上能察其情則雖勞而不怨雖憂而能勵矣。范氏曰。予於采薇。見先王以人道使人。後世則牛羊而已矣。

采薇六章。章八句。

我出我車。于彼牧。叶莫狄反矣。自天子所。謂我來叶六直反矣。名彼僕夫。謂之載叶節力反矣。王事多難去聲維其棘矣。賦也。牧。郊外也。自。從也。天子。周王也。僕夫。御夫也。○此勞還率之詩。追言其始受命出征之時。出車於郊外而語其人曰。我受命於天子之所而來。於是乎名僕夫。使之載其車以行。而戒之曰。王事多難。是行也。不可以緩矣。

○我出我車。于彼郊音高矣。設此旐音兆矣。建彼旄音毛矣。彼旟音餘旐斯。胡不旆旆叶蒲寐反。憂心悄悄。僕夫況瘁音悴。○賦也。郊在牧內。蓋前軍已至牧而後軍猶在郊也。設。陳也。龜蛇曰旐。建立也。旄。注旄於旗干之首也。鳥隼曰旟。鳥隼龜蛇。曲禮所謂前朱雀而後玄武也。楊氏曰。師行之法。四方之星。各隨其方以爲左右前後。進退有度。各司其局。則士無失伍離次矣。旆旆。飛揚之貌。悄悄。憂貌。況。茲也。或云當作怳。○言出車在郊。建設旗幟。彼旗幟者。豈不旆旆而飛揚乎。但將帥方以任大責重爲憂。而僕夫亦爲之恐懼而憔悴耳。東萊呂氏曰。古者出師以喪禮處之。命下之日。士皆泣涕。夫子之言行三軍。亦曰臨事而懼。皆此意也。

○王命南仲。往城于方。出車彭彭。叶鋪郎反旂旐央央。天子命我。城彼朔方。赫赫南仲。玁狁于襄。

賦也。王。周王也。南仲。此時大將也。方。朔方今靈夏等州之地。彭彭。衆盛貌。交龍爲旂。

此所謂左青龍也。央央，鮮明也。赫赫，威名光顯也。襄，除也。或曰：上也，與懷山襄陵之襄同。言勝之也。○東萊呂氏曰：大將傳天子之命以令軍衆，於是車馬衆盛，旂旐鮮明，威靈氣焰，赫然動人矣。兵事以哀敬爲本，而所尚則威。二章之戒懼，三章之奮揚，並行而不相悖也。程子曰：城朔方而玁狁之難除，禦戎狄之道，守備爲本，不以攻戰爲先也。

○**昔我往矣，黍稷方華。**叶芳無反**今我來思，雨雪載塗。王事多難，不遑啓居。豈不懷歸，畏此簡書。**

賦也。華，盛也。塗，凍釋而泥塗也。簡書，戒命也。鄰國有急，則以簡書相戒命也。或曰：簡書，策命臨遣之辭也。○此言其既歸在塗，而本其往時所見，與今還時所遭，以見其出之久也。東萊呂氏曰：采薇之所謂往，遣戍時也。此詩之所謂往，在道時也。采薇之所謂來，戍畢時也。此詩之所謂來歸而在道時也。○喓喓音腰草蟲。趯趯音剔阜螽。未見君子。憂心忡忡。音充既見君子。我心則降。音杭叶胡攻反赫赫南仲。薄伐西戎。賦也。此言將帥之出征也。其室家感時物之變而念之。以為未見而憂之如此。必既見然後心可降耳。然此此南仲。今何在乎。方往伐西戎而未歸也。豈既卻玁狁而還師以伐昆夷也與。薄之為言聊也。蓋不勞餘力矣。○春日遲遲。卉音諱木萋萋。音妻倉庚喈喈。音皆叶居奚反采蘩祁祁。執訊音信獲醜。薄言還音旋歸。赫赫南仲。玁狁于夷。賦也。卉草也。萋萋盛貌。倉庚黃鸝也。喈喈聲之和也。訊其魁首當訊問者也。醜徒眾也。夷平也。○歐陽氏曰。述其歸時。春日暄妍。草木榮茂。而禽鳥和鳴。於此之時。執訊獲醜而歸。豈不樂哉。鄭氏曰。此詩亦伐西戎。獨言平玁狁者。玁狁大。故以爲始。以爲終。

出車六章。章八句。

有杕音第之杜。有睆音莞其實。王事靡盬。繼嗣我日。日月陽止。女心傷止。征夫遑止。賦也。睆。實貌。嗣。續也。陽。十月也。遑。暇也。○此勞還役之詩。故追述其未還之時。室家感於時物之變而思之曰。特生之杜。有睆其實。則秋冬之交矣。而征夫以王事出。乃以日繼日。而無休息之期。至於十月。可以歸而猶不至。故女心悲傷。而曰征夫亦可以暇矣。曷爲而不歸哉。或曰。興也。下章放此。○有杕之杜。其葉萋萋。王事靡盬。我心傷悲。卉木萋止。女心悲止。征夫歸止。賦也。萋萋，盛貌。春將暮之時也。歸止，可以歸也。○陟彼北山。言采其杞。王事靡盬。憂我父母。叶滿洧反檀車幝幝。音闡四牡痯痯。音管，叶古轉反征夫不遠。賦也。檀木堅，宜爲車。幝幝，敝貌。痯痯，罷貌。○登山采杞，則春巳暮而杞可食矣。蓋託以望其君子，而念其以王事詒父母之憂也。然檀車之堅而敝矣。四牡之壯而罷矣。則征夫之歸亦不遠矣。○匪載匪來。叶六直反憂心孔疚。叶訖力反期逝不至。叶朱力反而多爲恤。卜筮偕叶舉里反止。會言近叶渠紀反止。征夫邇止。賦也。載，裝。疚，病。逝，往。恤，憂。偕，俱。會，合也。○言征夫不裝載而來歸，固巳使我念之而甚病矣。況歸期已過而猶不至。則使我多爲憂恤。宜如何哉。故且卜且筮。相襲俱作。合言於繇。而皆曰近矣。則征夫其亦邇而將至矣。范氏曰。以卜筮終之。言思之切而無所不爲也。

杕杜四章章七句。鄭氏曰。遣將帥及戍役。同歌同時。欲其同心也。反而勞之。異歌異日。殊尊卑也。記曰。賜君子小人不同日。此其義也。王氏曰。出而用兵。則均服同食。一衆心也。入而振旅。則殊尊卑。辨貴賤。定衆志也。范氏曰。出車勞率。故美其功。杕杜勞衆。故極其情。先王以己之心爲人之心。故能曲盡其情。使民忘其死以忠於上也。

南陔 此笙詩也。有聲無辭。舊在魚麗之後。以儀禮考之。其篇次當在此。今正之。說見華黍。

鹿鳴之什十篇一篇無辭凡四十六章二百九十七句。

白華之什二之二 毛公以南陔以下三篇無辭。故升魚麗以足鹿鳴什數。而附笙詩二篇於其後。因以南有嘉魚爲次什之首。今悉依儀禮正之。

白華 笙詩也。說見上下篇。

華黍 亦笙詩也。鄉飲酒禮。鼓瑟而歌鹿鳴四牡皇皇者華。然後笙入堂下磬南。北面立。樂南陔白華華黍。燕禮。亦鼓瑟而歌鹿鳴四牡皇皇華。然後笙入立于縣中。奏南陔白華華黍南陔以下。今無以考其名篇之義。然曰笙。曰樂。曰奏。

魚麗罶得才大如鱨鯊魴鱧四友十亂之儔 毛序美萬物盛多能備禮但為天子有酒及下三章陳祖未得魚麗發端 謂續云文武以天保以上治內采薇以下治外始于憂勤終于逸樂故美萬物盛多可告神明章旨不明又誤采薇誤次為文武詩下采薇以下三詩原次魚麗上今移 按移次天保後

而不言歌則有聲而無辭明矣所以知其篇第在此者意古經篇題之下必有譜焉如投壺魯鼓薛鼓之節而亡之耳

詩問陸德明音義云有酒旨絕句且多二字為句後放此此說非也君子有酒旨字

魚麗離音于罶柳音與鱨常音鯊音沙叶蘇何反君子有酒旨且多興也麗歷也罶以曲薄爲笱而承梁之空者也鱨揚也今黃頰魚是也似燕頭魚身形厚而長大頰骨正黃魚之大而有力解飛者鯊鮀也魚狹而小常張口吹沙故又名吹沙君子指主人旨且多旨而又多也此燕饗通用之樂歌即燕饗所薦之羞而極道其美且多見主人禮意之勤以優賓也或曰賦也下二章放此

○魚麗于罶魴鱧禮音君子有酒多且旨興也鱧鮦也又曰鯇也

○魚麗于罶鰋偃音鯉君子有酒旨且有叶羽

巳反。典也。鰋，鮎也。有，猶多也。○物其多矣，維其嘉叶居何反矣。賦也。○物其旨矣，維其偕叶舉里反矣。賦也。○物其有叶羽巳反矣，維其時叶上紙反矣。賦也。蘇氏曰：多則患其不嘉，旨則患其不齊，有則患其不時。今多而能嘉，旨而能齊，有而能時，言曲全也。

魚麗六章，三章章四句，三章章二句。按儀禮鄉飲酒及燕禮，前樂既畢，皆間歌魚麗，笙由庚；歌南有嘉魚，笙崇丘；歌南山有臺，笙由儀。間，代也，言一歌一吹也。然則此六者蓋一時之詩，而皆爲燕饗賓客上下通用之樂。毛公分魚麗以足前什，而說者不察，遂分魚麗以上爲文武詩，嘉魚以下爲成王詩，其失甚矣。

由庚此亦笙詩。說見魚麗。

南有嘉魚。烝然罩罩。音笊君子有酒。嘉賓式燕以樂。音洛叶五教反○興也。南謂江漢之閒。嘉魚。鯉質鱒鯽肌。出於沔南之丙穴。烝然。發語聲也。罩。篧也。編細竹以罩魚者也。重言罩罩。非一之辭也。○此亦燕饗通用之樂。故其辭曰。南有嘉魚。則必烝然而罩罩之矣。君子有酒。則必與嘉賓共之。而式燕以樂矣。此亦因所薦之物。而道達主人樂賓之意也。

○南有嘉魚。烝然汕汕。音訕君子有酒。嘉賓式燕以衎。音看○興也。汕汕。樔也。以薄汕魚也。衎。樂也。

○南有樛音鳩木。甘瓠音護纍音雷之。君子有酒。嘉賓式燕綏之。興也。○東萊呂氏曰。瓠有甘有苦。甘瓠則可食

南山有臺以得人頌周王也　毛序樂得賢也
詩問南山有臺樂得賢也瑞臣曰詩全無燕饗之意序說是

者也。樛木下垂而美實纍之。固結而不可解也。愚謂此興之取義者。似此而實興也。○

翩翩者鵻。之隹反烝然來。叶六直反思。君子有酒。嘉賓式燕又。叶夷昔反思。興也。此興之全不取義者也。思。語辭也。又。既燕而又燕。以見其至誠有加而無已也。或曰。又思。言其又思念而不忘也。

南有嘉魚四章。章四句。說見魚麗。

崇丘說見魚麗。

南山有臺。叶田飴反北山有萊。叶陵之反樂音洛只音紙君子。邦家之基。樂只君子。萬壽無期。興也。臺。夫須。即莎草也。萊。草名。葉香可食者也。君子。指賓客也。此亦燕饗通用之樂。故其辭曰。南山則有臺矣北山則有萊矣樂只君子則邦家之基矣樂只君子則萬壽無期矣所以道達主人尊賓之意美其德而祝其壽也○南山有桑北山有楊樂只君子邦家之光樂只君子萬壽無疆興也○南山有杞北山有李樂只君子民之父母叶滿彼反樂只君子德音不已興也杞樹如栲一名狗骨○南山有栲音考叶音口北山有杻音紐樂只君子遐不眉壽叶直酉反樂只君子德音是茂叶莫口反○興也栲山樗杻檍也遐何通眉壽秀眉也○南山有枸音矩北山有楰音庾樂只君子遐不黃耇音苟叶果五反樂只君子保艾五蓋反

爾後。叶下五反○興也。枸、枳枸。樹高大似白楊。有子著枝端。大如指。長數寸。噉之甘美如飴。八月熟。亦名木蜜。楰、鼠梓。樹葉木理如楸。亦名苦楸。黃、老人髮復黃也。耇、老人面凍黎色如浮垢也。保、安。艾、養也。

南山有臺五章章六句。說見魚麗。

由儀 說見魚麗。

蓼音六彼蕭斯。零露湑上聲兮。既見君子。我心寫兮。叶想羽反燕笑語兮。是以有譽處兮。興也。蓼、長大貌。蕭、蒿也。湑湑然蕭上露貌。君子、指諸侯也。寫、輸寫也。燕、謂燕飲。譽、善聲也。處、安樂也。蘇氏曰：譽豫通。凡詩之譽、皆言樂也。亦通。○諸侯朝於天子。天子與之燕。以示慈惠。故歌此詩。言蓼

彼蕭斯則零露湑然矣既見君子則我心輸寫而無留恨矣是以燕笑語而有譽處也其日既見蓋於其初燕而歌之也○

蓼彼蕭斯零露瀼瀼音壤**既見君子爲龍爲光其德不爽**叶師莊反**壽考不忘**

興也瀼瀼露蕃貌龍寵也爲龍爲光喜其德之辭也爽差也其德不爽則壽考不忘矣褒美而祝頌之又因以勸戒之也○

蓼彼蕭斯零露泥泥音你**既見君子孔燕豈弟宜兄宜弟令德壽豈**音愷叶去禮反

○興也泥泥露濡貌孔甚豈樂弟易也宜兄宜弟猶曰宜其家人蓋諸侯繼世而立多疑忌其兄弟如晉詛無畜羣公子秦鍼懼選之類故以宜兄宜弟美之亦所以警戒之也壽豈壽而且樂也○

蓼彼蕭斯零露濃濃音農**既見君**

子。鞗音條革冲冲。音蟲和鸞雝雝。萬福攸同。興也。濃濃，厚貌。鞗，轡也。革，轡首也。馬轡所把之外，有餘而垂者也。冲冲，垂貌。和、鸞，皆鈴也。在軾曰和。在鑣曰鸞。皆諸侯車馬之飾也。庭燎亦以君子目諸侯，而稱其鸞旂之美，正此類也。攸，所。同，聚也。

蓼蕭四章章六句。

湛湛上聲露斯，匪陽不晞。音希厭厭平聲夜飲，不醉無歸。興也。湛湛，露盛貌。陽，日。晞，乾也。厭厭，安也。亦久也。足也。夜飲，私燕也。燕禮，宵則兩階及庭門皆設大燭焉。○此亦天子燕諸侯之詩。言湛湛露斯，非日則不晞，以興厭厭夜飲，不醉則不歸。蓋於其夜飲之終而歌之也。○

湛湛露斯，在彼豐

莫厭厭夜飲在宗載考興也豐茂也夜飲必於宗室蓋路寢之屬也考成也○湛湛露斯在彼杞棘顯允君子莫不令德興也顯明允信也君子指諸侯爲賓者也令善也令德謂其飲多而不亂德足以將之也○其桐其椅音醫其實離離豈弟君子莫不令儀興也離離垂也令儀言醉而不喪其威儀也

湛露四章章四句春秋傳甯武子曰諸侯朝正於王王宴樂之於是賦湛露曾氏曰前兩章言厭厭夜飲後兩章言令德令儀雖過三爵亦可謂不繼以淫矣

白華之什十篇五篇無辭凡二十三

章。一百四句。

詩經卷之五

彤弓之什二之三

彤弓弨音超兮，受言藏之。我有嘉賓，中心貺叶虛王反之。鐘鼓既設，一朝饗叶虛良反之。

賦也。彤弓，朱弓也。弨，弛貌。貺，與也。大飲賓曰饗。○此天子燕有功諸侯而錫以弓矢之樂歌也。東萊呂氏曰：受言藏之，言其重也。弓人所獻，藏之王府，以待有功，不敢輕與人也。中心貺之，言其誠也。中心實欲貺之，非由外也。一朝饗之，言其速也。以王府寶藏之弓，一朝舉以畀人，未嘗有遲留顧惜之意也。後世視府藏爲己私分，至有以武庫兵賜弄臣者，則與受言藏之者異矣。賞賜非出於利誘，則迫於事勢，至有朝賜鐵券而暮屠戮者，則與中心貺之者異矣。屯膏吝賞，通論右与宥侑通，皆助也。左傳言饗醴命宥，注云以幣物助歡也。

功臣解體。至有印刓而不忍予者。則與一朝饗之者異矣。○彤弓弨兮。受言載（叶子利反）之。我有嘉賓。中心喜（叶去聲）之。鐘鼓既設。一朝右（音又。叶于記反）之。賦也。載。抗之也。喜。樂也。右。勸也。尊也。○彤弓弨兮。受言櫜（音高。叶古號反）之。我有嘉賓。中心好（去聲）之。鐘鼓既設。一朝醻（音酬。叶大到反）之。賦也。櫜。韜。好。說。醻。報也。飲酒之禮。主人獻賓。賓酢主人。主人又酌自飲。而遂酌以飲賓。謂之醻。醻猶厚也。勸也。

通論一朝饗之，謂既賜彤弓之日即饗以之，同在一朝也。

彤弓三章。章六句。春秋傳甯武子曰。諸侯敵王所愾。而獻其功。於是乎賜之彤弓一。彤矢百。玈弓矢千。以覺報宴。注曰。愾。恨怒也。覺。明也。謂

菁菁者莪貢士也
毛序樂育材也
以上文武成康致世之詩
詩釋文選班孟堅靈臺詩注引韓詩菁菁者莪辟君因菁菁盛貌也桃夭傳菁菁至盛貌菁菁聲相近又集韻菁將先切詩菁菁者莪李舟說作葏葏庚韻子仙反子仙切草茂貌

諸侯有四夷之功。王賜之弓矢。又爲歌彤弓以明報功宴樂。鄭氏曰。凡諸侯賜弓矢。然後專征伐。東萊呂氏曰。所謂專征者。如四夷入邊。臣子篡弑。不容待報者。其他則九伐之法。乃大司馬所職。非諸侯所專也。與後世强臣拜表輒行者異矣。

本菁莪既見君子樂且有儀謂此君子樂易而有威儀爾樂易所以容衆有儀所以爲人法也

菁菁音精者莪。在彼中阿。既見君子。樂音洛且有儀。叶五何反○興也。菁菁。盛貌。莪。蘿蒿也。中阿。阿中也。大陵曰阿。君子指賓客也。○此亦燕飲賓客之詩。言菁菁者莪。則在彼中阿矣。既見君子。則我心喜樂而有禮儀矣。或曰。以菁菁者莪比君子容貌威儀之盛也。下章放此。

莪河七歌儀誤五支
詩閔君子謂師儒也

○菁菁者莪。在彼中沚。音止既見君子。我心則喜。興也。中沚。沚中也。喜。樂也。○

六月宣王北伐玁狁美尹吉甫逐之太原而歸也　毛序宣王北伐也　移次吉日

菁菁者莪。在彼中陵。既見君子。錫我百朋。興也。中陵。陵中也。古者貨貝。五貝爲朋。錫我百朋者。見之而喜。如得重貨之多也。○汎芳劒反楊舟。載沉載浮。既見君子。我心則休。比也。楊舟。楊木爲舟也。載。則也。載沉載浮。猶言載淸載濁。載馳載驅之類。以比未見君子而心不定也。休者休休然。言安定也。

菁菁者莪四章。章四句。

六月棲棲。音西戎車既飭。音敕四牡騤騤。音逵載是常服。叶蒲北反玁狁孔熾。我是用急。叶音棘王于出征。以匡王國。叶于逼反○賦也。六月。建未之月也。棲棲。猶遑遑。不安之貌。戎車兵車也。飭整也。騤騤強貌。常服戎事之常服。以韎韋爲弁，又以爲衣，而素裳白舄也。玁狁卽獫狁，北狄也。孔甚熾盛匡正也。○成康旣沒，周室寖衰，八世而厲王胡暴虐，周人逐之，出居于彘。玁狁內侵，逼近京邑。王崩，子宣王靖卽位，命尹吉甫帥師伐之，有功而歸。詩人作歌以序其事如此。司馬法：冬夏不興師。今乃六月而出師者，以玁狁甚熾，其事危急，故不得已而王命於是出征，以正王國也。○

比去聲**物四驪，閑之維則。維此六月，旣成我服，**叶蒲北反**我服旣成，于三十里。王于出征，以佐天子。**叶獎里反

○賦也。比物，齊其力也。凡大事祭祀朝覲會同，毛馬而頒之。凡軍事，物馬而頒之。毛馬齊其色，物馬齊其力，吉事尚文，武事尚強也。則法也。服戎服也。三十里一舍也。古者吉行日五十里，師行日三十里。○

詩閒嚴謂中軍翼謂左右軍又武服上下共之者秋傳云均服振振是謂其武之服也

平議焦穫乃周藪名足釋地周有焦穫郭璞注曰今扶風池陽縣瓠中是也在今陝西西安府三原縣侵鎬及方者侵鎬京而及其方也方猶言也出車篇往城于方猶言往城于京……涇陽……

既比其物而日四驪則其色又齊可以見馬之有餘矣閑習之而皆中法則又可以見教之有素矣於是此月之中卽成我服既成我服卽日引道不徐不疾盡舍而止又見其應變之速從事之敏而不失其常度也王命於此而出征欲其有以敵王所愾而佐天子耳

○四牡脩廣其大有顒玉容反薄伐玁狁以奏膚公有嚴有翼共音恭武之服叶蒲北反共武之服以定王國叶于逼反○賦也脩長廣大也顒大貌奏薦膚大公功嚴威嚴也翼敬也共與供同服事也言將帥皆嚴敬以共武事也○玁狁匪茹整居焦穫音獲侵鎬音浩及方至于涇陽織音志文鳥章白旆央央於良反元戎十乘去聲以先啓行叶戶郎反

史記三王世家裴駰集解引韓嬰章句元戎大戎謂兵車也車有大戎十乘謂車……

○賦也。茹，度。整，齊也。焦、穫、鎬、方，皆地名。焦未詳所在。穫，郭璞以爲瓠中，則今在耀州三原縣也。鎬，劉向以爲千里之鎬，則非鎬京之鎬矣，亦未詳其所在也。方，疑即朔方也。涇陽，涇水之北，在豐鎬之西北，言其深入爲寇也。織，幟字同。鳥章，鳥隼之章也。白旆，繼旐者也。央央，鮮明貌。元，大也。戎車也，軍之前鋒也。啓，開；行，道也。猶言發程也。○言玁狁不自度量，深入爲寇如此，是以建此旌旗，選鋒銳進，聲其罪而致討焉。直而壯，律而臧，有所不戰，戰必勝矣。

○戎車既安叶於連反，如輊音致如軒。四牡既佶音吉，既佶且閑叶胡田反。薄伐玁狁，至于大音泰原。文武吉甫，萬邦爲憲叶許言反。○賦也。輊，車之覆而前也。軒，車之却而後也。凡車從後視之如輊，從前視之如軒，然後適調也。佶，壯健貌。大原，地名，亦曰大鹵。

采芑美方叔受宣王命治兵南征蠻荊也

詩聞瑞玉曰燕喜天子燕而喜之慶賞逐行故多受福祉因自鎬京來歸祉語家人於此行永久矣 又毛謂宣王自征遣吉甫進迎鄭謂獨遣吉甫王不親行瑞玉曰鄭氏是也征之役天子可見 章太炎曰鎬以宵部字韻之蓋宵幽轉最近猶駆之之爲懔之也 太史公自序亦以鎬韻祀此合韻之灼然者

今在大原府陽曲縣。至于大原。言逐出之而已。不窮追也。先王治戎狄之法如此。吉甫。尹吉甫。此時大將也。憲。法也。非文無以附衆。非武無以威敵。能文能武。則萬邦以之爲法矣。

○吉甫燕喜。既多受祉。來歸自鎬。我行永久。叶舉里反 飲去聲御諸友。叶羽已反 炰音庖鱉膾鯉。侯誰在矣。張仲孝友。叶同上。○賦也。祉。福。御。進。侯。維也。張仲。吉甫之友也。善父母曰孝。善兄弟曰友。○此言吉甫燕飲喜樂。多受福祉。蓋以其歸自鎬而行永久也。是以飲酒進饌於朋友。而孝友之張仲在焉。言其所與宴者之賢。所以賢吉甫而善是燕也。

喜祉鯉矣友與六止久友誤入四十四有

友古音以

釋詞矣猶乎也

行釋詞云伊維侯也伊維并訓有

則侯誰在爲有誰在也

六月六章。章八句。

薄言采芑。音起 于彼新田。于此菑。音緇 畝。叶每彼反 方

芑止六止畝誤入四十五厚試以志䄺之翼飭二十四職服誤入一屋革誤入二十一麥

毛序宣王南征　次鴛鴦

叔涖音利止其車三千師干之試叶詩止反方叔率止乘其四騏四騏翼翼路車有奭音赩簟笰音弗魚服叶蒲北反鉤膺鞗音條革叶訖力反

○興也芑苦菜也青白色摘其葉有白汁出肥可生食亦可蒸爲茹即今苦蕒菜宜馬食軍行采之人馬皆可食也田一歲曰菑二歲曰新田三歲曰畬方叔宣王卿士受命爲將者也涖臨也其車三千法當用三十萬衆蓋兵車一乘甲士三人步卒七十二人又二十五人將重車在後凡百人也然此亦極其盛而言未必實有此數也師衆干扞也試肄習也言衆且練也率總率之也翼翼順序貌路車戎路也奭赤貌簟笰以方文竹簟爲車蔽也鉤膺馬婁頷有鉤而在膺有樊有纓也樊馬大帶纓鞅也鞗革見蓼蕭篇

○宣王之時蠻荊背叛王命方叔南征軍行

采芑而食故賦其事以起興曰薄言采芑則于彼新田于此菑畝矣方叔涖止則其車三千師干之試矣又遂言其車馬之美以見軍容之盛也○薄言采芑于彼新田于此中鄉鄉央瑲古陽部衡珩古東皆三十一唐方叔涖止其車三千旂旐央央方叔率止約軝說文車部軝長轂之軝也从車氏聲引詩此文至祖箋云約軝轂飾也軝音祇錯衡叶戶郎反八鸞瑲瑲音倉服其命服朱芾音弗斯皇釋詞斯猶其也有瑲葱珩音衡叶戶郎反○興也中鄉民居詩問不服我服者在道非臨戰故爾其田尤治約束軝轂也以皮纏束兵車之轂而朱之也錯文也鸞在鑣曰鸞馬口兩旁各一四馬故八也瑲瑲聲也命服天子所命之服也朱芾黃朱之芾也皇猶煌煌也瑲玉聲葱蒼色如葱者也○鴥音聿彼飛隼隼說文十上隼從亦至十五質古讀若蜹息允反其飛戾天亦集爰止方叔涖止

其車三千。師干之試。方叔率止。鉦人伐鼓。陳師鞠音菊旅。顯允方叔。伐鼓淵淵叶於巾反振旅闐闐。音田叶徒鄰反。○興也。隼。鷂屬。急疾之鳥也。戾。至也。鉦。鐃也。鐲也。伐。擊也。鉦以靜之。鼓以動之。鉦鼓各有人。而言鉦人伐鼓。互文也。鞠。告也。二千五百人爲師。五百人爲旅。此言將戰。陳其師旅而誓告之也。陳師鞠旅。亦互文耳。淵淵。鼓聲。平和不暴怒也。謂戰時進士衆也。振。止也。旅。衆也。言戰罷而止其衆以入也。春秋傳曰。出曰治兵。入曰振旅。是也。闐闐。亦鼓聲也。或曰盛貌。程子曰。振旅亦以鼓行金止。○言隼飛戾天。而亦集於所止。以興師衆之盛。而進退有節。如下文所云也。○蠢爾蠻荊。大邦爲讎。方叔元老。克壯其猶。方叔率止。執訊音信獲醜叶尺由反戎車嘽嘽。音灘嘽嘽焞焞。音推如霆如雷。顯允方叔。征伐玁狁。蠻荊來威。叶音隈○賦也。蠢者。動而無知之貌。蠻荊。荊州之蠻也。大邦。猶言中國也。元。大。猶。謀也。言方叔雖老。而謀則壯也。嘽嘽。衆也。焞焞。盛也。霆。疾雷也。方叔蓋嘗與於北伐之功者。是以蠻荊聞其名而皆來畏服。

采芑四章。章十二句。

我車既攻。我馬既同。四牡龐龐。音籠駕言徂東。賦也。攻。堅。同。齊也。傳曰。宗廟齊豪。尚純也。戎事齊力。尚强也。田獵齊足。尚疾也。龐龐。充實也。東。東都洛邑也。○周公相成王。營洛邑爲東都。以朝諸侯。周室既衰。久廢其禮。至于宣王。內脩政事。外攘夷狄。復文武之竟土。脩車馬。備器械。復會諸侯於東都。因田獵而選車徒焉。故詩人作此以美之。○田車既好。叶許厚反首章汎言將往東都也。

四牡孔阜。東有甫草。叶此苟反駕言行狩。叶始苟反○賦也。田車，田獵之車。好，善也。阜，盛大也。甫草，甫田也。後爲鄭地，今開封府中牟縣西圃田澤是也。宣王之時，未有鄭國，圃田屬東都畿內，故往田也。○此章指言將往狩于圃田也。

○之子于苗。叶毛音選徒囂囂。音翺建旐設旄。搏獸于敖。○賦也。之子，有司也。苗，狩獵之通名也。選，數也。囂囂，聲衆盛也。數車徒者其聲囂囂，則車徒之衆可知，且車徒不譁而惟數者有聲，又見其靜治也。敖，近滎陽地名也。○此章言至東都而選徒以獵也。

○駕彼四牡。四牡奕奕。赤芾金舄。會同有繹。○賦也。奕奕，連絡布散之貌。赤芾，諸侯之服。金舄，赤舃而加金飾。亦諸侯之服也。時見曰會。殷見曰同。繹，陳列聯屬之貌也。○此章言諸侯來會朝於東都也。○**決拾既佽**音次，與柴叶。**弓矢既調**讀如同，與同叶。**射夫既同，助我舉柴**音恣。○賦也。決以象骨爲之，著於右手大指，所以鉤弦開體。拾以皮爲之，著於左臂以遂弦，故亦名遂。佽，比也。調，謂弓強弱與矢輕重相得也。射夫，蓋諸侯來會者。同，協也。柴，說文作掌，謂積禽也。使諸侯之人助而舉之，言獲多也。○此章言既會同而田獵也。○**四黃既駕，兩驂不猗**音意，叶於箇反。**不失其馳**叶徒臥反。**舍**音捨。**矢如破**叶普過反。○賦也。猗，偏倚不正也。馳，馳驅之法也。舍矢如破，巧而力也。蘇氏曰：不善射御者，詭遇則獲，不然不能也。今御者不失其馳驅之法，而射者舍矢如破，則可謂善射御矣。○此章言田獵而見其射御之善也。○蕭蕭馬鳴，悠悠旆旌。徒御不驚，大庖不盈。賦也。蕭蕭、悠悠，皆閑暇之貌。徒，步卒也。御，車御也。驚，如漢書夜軍中驚之驚。不驚，言比卒事不諠譁也。大庖，君庖也。不盈，言取之有度，不極欲也。蓋古者田獵獲禽，面傷不獻，踐毛不獻，不成禽不獻。擇取三等：自左膘而射之，達於右腢，爲上殺，以爲乾豆，奉宗廟；達右耳本者次之，以爲賓客；射左髀達於右䯚，爲下殺，以充君庖。每禽取三十焉，每等得十，其餘以與士大夫習射於澤宮，中者取之。是以獲雖多而君庖不盈也。張子曰：饌雖多而無餘者，均及於衆而有法耳。凡事有法，則何患乎不均也。舊說不驚，驚也；不盈，盈也。亦通。○此章言其終事嚴而頒禽均也。

○之子于征，有聞音問無聲。允矣君子，展也大成。賦也。允，信。展，誠也。聞師之行而

詩經 小雅　五之八

釋詞：玉篇曰不詞也，毛傳亦云不驚驚也，不盈盈也。隨隱漫錄曰：蕭蕭馬鳴，靜中有動也；悠悠旆旌，動中有靜也。梁書王籍入若邪溪詩：蟬噪林逾靜，鳥鳴山更幽。顏之推云：蕭蕭馬鳴，悠悠旆旌，毛傳言不諠譁也，每歎此解有情致，籍詩生於此意耳。

鳴驚十二庚，旌盈十四清

征聲成十四清

釋詞：允矣猶允也，同。禮記緇衣引作允也君子，長發曰允也天子。

此指毛傳

吉日宣王田西都因北伐也。毛序同。續贊不明此因田而頌北伐也。故原次車攻最林吉日。車攻田獵獲禽，宣王飲酒以告嘉功，明為魚藻六月張本。車攻為東都南伐，非此一事，要及之以田獵相次，未觀情事。伐獵先而鑾剎感此以先六月後采芑，則吉亦当先車攻，明非忍古。　秋次荃

詩經

不聞其聲。言至肅也。信矣其君子也。誠哉其大成也。○此章總叙其事之始終而深美之

車攻八章章四句。以五章以下考之，恐當作四章章八句。

吉日維戊，叶莫卩反既伯既禱。叶丁卩反田車既好，叶許卩反四牡孔阜。升彼大阜，從其羣醜。賦也。戊，剛日也。伯，馬祖也，謂天駟房星之神也。醜，衆也，謂禽獸之羣衆也。○此亦宣王之詩。言田獵將用馬力，故以吉日祭馬祖而禱之。既祭而車牢馬健，於是可以歷險而從禽也。以下章推之，是日也其戊辰與。

○吉日庚午，既差我馬。叶滿浦反獸之所同，麀音憂鹿麌麌。音語漆沮平聲之從，天子之所。賦也。庚午，亦剛日也。差，擇，齊其足也。同，聚也。鹿牝曰麀。麌麌，衆多也。漆、沮，水名，在西都畿內涇

渭之北，所謂洛水，今自延韋流入鄜坊，至同州入河也。○戊辰之日既禱矣，越三日庚午，遂擇其馬而乘之，視獸之所聚，麀鹿最多之處而從之，惟漆沮之旁爲盛，宜爲天子田獵之所也。○

瞻彼中原，其祁孔有。叶羽已反儦儦俟俟，音標俟叶于紀反或羣或友。叶羽已反悉率左右，叶羽已反以燕天子。叶獎理反○賦也。中原，原中也。祁，大也。趣則儦儦，行則俟俟。獸三曰羣，二曰友。燕，樂也。○言從王者視彼禽獸之多，於是率其同事之人，各共其事，以樂天子也。○

既張我弓，既挾我矢，發彼小豝，音巴殪音意此大兕，以御賓客，且以酌醴。賦也。發，發矢也。豕牝曰豝。一矢而死曰殪。兕，野牛也。言能中微而制大也。御，進也。醴，酒名。周官五齊，二曰醴齊，注曰：醴成而汁滓相

詩經

將。如今甜酒也。○言射而獲禽以爲俎實。進於賓客而酌醴也。

吉日四章。章六句。東萊呂氏曰。車攻吉日。所以爲復古者何也。蓋蒐狩之禮。可以見王賦之復焉。可以見軍實之盛焉。可以見師律之嚴焉。可以見上下之情焉。可以見綜理之周焉。欲明文武之功業者。此亦足以觀矣。

鴻鴈于飛。肅肅其羽。之子于征。劬勞于野。叶上與反。爰及矜人。哀此鰥寡。○叶果五反。○興也。大曰鴻。小曰鴈。肅肅。羽聲也。之子。流民自相謂也。征。行也。劬勞。病苦也。矜。憐也。老而無妻曰鰥。老而無夫曰寡。○舊說。周室中衰。萬民離散。而宣王能勞來還定安集之。故流民喜之而作此詩。追敘其始而言曰。鴻鴈于飛。則肅肅其羽矣。之子于征則劬勞于野矣。且其劬勞者。皆鰥寡可哀憐之人也。然今亦未有以見其爲宣王之詩。後三篇放此。

○鴻鴈于飛，集于中澤。叶徒洛反。之子于垣，音袁。百堵皆作。雖則劬勞，其究安宅。叶達各反。○興也。中澤，澤中也。一丈爲板，五板爲堵。究，終也。○流民自言鴻鴈集于中澤，以興已之得其所止而築室以居，今雖勞苦而終獲安定也。

○鴻鴈于飛，哀鳴嗷嗷。音翺。維此哲人，謂我劬勞。維彼愚人，謂我宣驕。叶音高。○比也。流民以鴻鴈哀鳴自比而作此歌也。哲，知也。宣，示也。知者聞我歌，知其出於劬勞，不知者謂我閒暇而宣驕也。韓詩云：勞者歌其事。魏風亦云：我歌且謠，不知我者謂我士也驕。大抵歌多出於勞苦，而不知者常以爲驕也。

庭燎后諫王也　毛序美宣王也因以箴之無箴誼　列女傳宣王早朝晏起后夫人不出于房姜后脫簪待罪于永巷使其傅母通言于王宣王遂勤于政事卒成中興之名　易林庭燎夜明追古傷令陽弱不至陰雄坐庚　未央未艾蓋追古鄉晨蓋傷今也　移次無第下

鴻鴈三章章六句。

夜如何其。音基 夜未央。庭燎之光。君子至止。鸞聲將將。音槍 ○賦也。其。語辭。央。中也。庭燎。大燭也。諸侯將朝。則司烜以物百枚并而束之。設於門內也。君子。諸侯也。將將。鸞鑣聲。○王將起視朝。不安於寢。而問夜之早晚曰。夜如何哉。夜雖未央。而庭燎光矣。朝者至而聞其鸞聲矣。

○夜如何其。夜未艾。叶音乂 庭燎晣晣。音制。與艾叶。君子至止。鸞聲噦噦。音諱 ○賦也。艾。盡也。晣晣。小明也。噦噦。近而聞其徐行聲有節也。

○夜如何其。夜鄉晨。音向 釋詞鄉方也 說文晨早昧爽也 庭燎有煇。音熏 君子至止。言觀其旂。古音芹 叶渠斤反 ○賦也。鄉晨。近曉也。煇。火氣也。天欲明而見其煙光相雜也。既至而觀其旂，則辨色矣。

庭燎三章，章五句。

沔音緬彼流水，朝潮音宗于海。叶虎洧反鴥惟必反彼飛隼，載飛載止。嗟我兄弟，邦人諸友。叶羽軌反莫肯念亂，誰無父母。叶滿洧反○興也。沔，水流滿也。諸侯春見天子曰朝，夏見曰宗。○此憂亂之詩。言流水猶朝宗于海，飛隼猶或有所止。而我之兄弟諸友，乃無肯念亂者。誰獨無父母乎，亂則憂或及之，是豈可以不念哉。

○沔彼流水，其流湯湯。音傷鴥彼飛隼，載飛載揚。念彼不蹟，音迹載起載行。叶戶郎反心之憂矣，不可弭忘。○興也。湯湯，波流

詩聞民亦言在位者不敢

論言假之民爾

盛貌。不瀆。不循道也。載起載行，言憂念之深，不遑寧處也。弭，止也。水盛隼揚，以興憂念之不能忘也。○鴥彼飛隼，率彼中陵。陵　懲興十六蒸　民之訛言，寧莫之懲。我友敬矣，讒言其興。釋詞其乃也我友敬矣而讒言乃興故毛傳曰疾王不能察讒也　興也。率，循。訛，僞。懲，止也。○隼之高飛，猶循彼中陵。而民之訛言，乃無懲止之者。然我之友誠能敬以自持矣，則讒言何自而興乎。始憂於人，而卒反諸己也。

沔水三章，二章章八句，一章六句。疑當作三章章八句。卒章脫前兩句耳。

壽新録案史記滑稽傳論衡藝增篇風俗論聲音篇文選東方畫贊若容難後漢書注五十九初學記一白帖一百九十四文選注十三又卅四又四十二皆引詩鶴鳴九皋無于字貫昌朝羣經音辨引詩亦無于字是北宋人所見古本亦唐石經有于字今本並因

段玉裁曰古書引詩無于字凡本見唐石經九皋誤

鶴鳴賢者處世之道也

易林鶴鳴九皋避世隱居抱道守貞竟不相隨

後漢書楊震傳野無鶴鳴之道朝無小人之

鶴鳴于九皋，聲聞音問于野。野誤入三十五馬遵八語　叶上與反　魚潛在淵，或在于渚。樂音洛彼之園，園二十二元檀二十五寒　釋詞爰有樹檀也　爰有樹檀。叶徒沿反其下維

悔毛序
誨宣王
鶴鳴九皋聲聞于野
名不可隱也魚潛在淵或
在于渚与世推移无忘
不得隱顯皆無心也檀
之爱蘀玉之借石可以
知處世之道也

詩釋離騷章句引詩鶴鳴九皋
王逸云澤曲曰皋釋文引韓詩云
九皋九折之澤王充論衡藝增
篇詩云鶴鳴九皋聲聞于天言
鶴鳴九折之澤聲猶聞于天以
喻君子修德窮僻名猶達朝
廷也本韓詩說

通論小序謂誨宣王誨字意
似近陸農師曰記曰能博喻然後
能爲師鶴鳴一章皆比而不賦也
此解誨字意

蘀。音託他山之石可以爲錯。入聲○比也。鶴鳥名。長頸。竦身。高脚。頂赤。身白。頸尾黑。其鳴高亮。聞八九里。皐。澤中水溢出所爲坎。從外數至九。喻深遠也。蘀。落也。錯。礪石也。○此詩之作。不可知其所由。然必陳善納誨之辭也。蓋鶴鳴于九皐。而聲聞于野。言誠之不可揜也。魚潛在淵。而或在于渚。言理之無定在也。園有樹檀。而其下維蘀。言愛當知其惡也。他山之石。而可以爲錯。言憎當知其善也。由是四者。引而伸之。觸類而長之。天下之理。其庶幾乎。

○鶴鳴于九皐。聲聞于天。叶鐵因反魚在于渚。或潛在淵。叶一均反樂彼之園。爰有樹檀。其下維穀。他山之石。可以攻玉。比也。穀一名楮。惡木也。攻。錯也。○程子曰。玉之溫潤。天下之至美也。石之麤厲。天下之至惡也。然兩玉相

祈父孫子責司馬也
毛序刺宣王　王符論班
祿頗願父刺白帖刺司馬
非其人書傳殷彝
司馬亦彝圻父
移次鴻雁
胡轉予于恤印林杜而言
予恤謂其父死事　正義引許

磨。不可以成器。以石磨之。然後玉之爲器。得以成焉。猶君子之與小人處也。橫逆侵加。然後脩省畏避。動心忍性。增益預防。而義理生焉。道德成焉。吾聞諸邵子云。

鶴鳴二章。章九句。

彤弓之什十篇。四十章。二百五十九句。疑脫兩句。當爲二百六十一句。

祈父之什二之四

圻父殷借

祈父。音甫 予王之爪牙。叶五胡反 胡轉予于恤。靡所止居。賦也。祈父。司馬也。職掌封圻之兵甲。故以爲號。酒誥曰。圻父薄違。是也。予。六軍之士也。或曰。司右虎賁之屬也。爪牙。鳥獸所用以爲威者也。恤。憂也。○軍士怨於久役。故

父九麌 誤 牙 誤 入九麻 居九魚

呼祈父而告之曰：予乃王之爪牙，汝何轉我於憂恤之地，使我無所止居乎？

○祈父，予王之爪士。胡轉予于恤，靡所厎音抵止。賦也。爪士，爪牙之士也。厎，至也。

○祈父，亶不聰。胡轉予于恤，有母之尸饔。賦也。亶，誠。尸，主也。饔，熟食也。言不得奉養，而使母反主勞苦之事也。

○東萊呂氏曰：越句踐伐吳，有父母耆老而無昆弟者，皆遣歸。魏公子無忌救趙，亦令獨子無兄弟者歸養。則古者有親老而無兄弟，其當免征役，必有成法。故責司馬之不聰。其意謂此法人皆聞之，汝獨不聞乎？乃驅吾從戎，使吾親不免薪水之勞也。責司馬者，不敢斥王也。

祈父三章，章四句。序以爲刺宣王之詩。說者又以爲宣王三白駒風人去位也五百御覽七十八大周正樂曰白駒操者失朋友之所作也其友賢居任于衰亂之世君無道不可匡輔依違成風諫不見受國士詠而思之毛序大夫刺宣王未是

李調　次鶴鳴

伊人乘白駒過其隱退之友其友留之勸以勿忘隱遁雖至公侯亦勿逸豫而以生芻一束潔身如玉慎毋不報而遐

十九年，戰于千畝，王師敗績于姜氏之戎。故軍士怨而作此詩。東萊呂氏曰：太子晉諫靈王之辭曰：自我先王厲宣幽平而貪天禍，至于今未弭。宣王，中興之主也，至與幽厲並數之，其辭雖過，觀是詩所刺，則子晉之言，豈無所自歟？但今考之詩文，未有以見其必爲宣王耳。下章放此。

皎皎白駒，食我場苗。縶音執之維之，以永今朝。所謂伊人，於焉逍遥。賦也。皎皎，潔白也。駒，馬之未壯者，謂賢者所乘也。場，圃也。縶，絆其足。維，繫其靷也。永，久也。伊人，指賢者也。逍遥，遊息也。○爲此詩者，以賢者之去而不可留也，故託以其所乘之駒食我場苗而縶維之，庶幾以永今朝，使其人得以於此逍遥而不去，若後人留客而投其轄於井中也。○皎皎白駒，食

衍釋當移是也

黄朝遠曰音

我場藿。音霍縶之維之。以永今夕。叶羊龠反所謂伊人。於焉嘉客。叶克各反○賦也。藿。猶苗也。夕。猶朝也。嘉客。猶逍遥也。

皎皎白駒。賁音閟音奔然來。叶云俱反思。爾公爾侯。叶洪孤反逸豫無期。愼爾優游。叶汪胡反勉爾遁思。叶新齎反○賦也。賁。然光采之貌也。或以爲來之疾也。思。語辭也。爾。指乘駒之賢人也。愼。勿過也。勉。毋決也。遁思。猶言去意也。○言此乘白駒者。若其肯來。則以爾爲公。以爾爲侯。而逸樂無期矣。猶言横來。大者王。小者侯也。豈可以過於優游。決於遁思。而終不我顧哉。蓋愛之切而不知好爵之不足縻。留之苦而不恤其志之不得遂也。

○皎皎白駒。在彼空谷。生芻一束。楚俱反其人如玉。毋金玉爾

黃鳥　女思大歸也
易林黃鳥來集既嫁不答念我父兄思復邦國毛
序刺宣王
移次大田後
詩之意章首三語乃述異鄉主人厭客之辭

音而有遐心。賦也。賢者必去而不可留矣。於以秣之。而其人之德美如玉也。蓋已邈乎其不可親矣。然猶冀其相聞而無絕也。故語之曰。毋貴重爾之音聲。而有遠我之心也。

白駒四章。章六句。

黃鳥黃鳥。無集于穀。無啄我粟。音卓此邦之人。不我肯穀。言旋言歸。復我邦族。比也。穀。木名。復反也。○民適異國。不得其所。故作此詩。託爲呼其黃鳥而告之曰。爾無集于穀。而啄我之粟。苟此邦之人。不以善道相與。則我亦不久於此而將歸矣。○黃鳥黃鳥。無集于桑。無啄我粱。此邦之人。不可與明。叶謨言旋言歸復我諸兄。叶虛王反○比也。○黃鳥黃鳥。無集于栩。音許無啄我黍。此邦之人。不可與處。言旋言歸。復我諸父。比也。

黃鳥三章章七句

東萊呂氏曰。宣王之末。民有失所者。意他國之可居也。及其至彼。則又不若故鄉焉。故思而欲歸。使民如此。亦異於還定安集之時矣。今按詩文。未見其爲宣王之世。下篇亦然。

我行其野。蔽芾音沸其樗。音樞昏姻之故。言就爾居。爾不我畜。復我邦家。叶古胡反○賦也。樗。惡木也。壻之父。婦之父。相謂曰昏姻。畜。養也。○民適異國。依其昏姻而不見收恤。故作此詩。言我行於野中。依惡木以自蔽。於是思昏姻之故而就爾居。而爾不我畜也。則將復我之邦家矣。○我行其野。言采其蓫。音逐。昏姻之故。言就爾宿。爾不我畜。言歸思復。賦也。蓫。牛蘈。惡菜也。今人謂之羊蹄菜。○我行其野。言采其葍。音福。叶筆力反。○不思舊姻。求爾新特。成不以富。亦祇音支。以異。叶逸織反。○賦也。葍。葍。惡菜也。特。匹也。○言爾之不思舊姻而求新匹也。雖實不以彼之富。而厭我之貧。亦祇以其新而異於故耳。此詩人責人忠厚之意。

我行其野三章。章六句。王氏曰。先王躬行仁義以道民厚矣。猶以爲未也。又建官置師。以孝友睦婣任恤六行教民。爲其有父母也。故

斯干宣王考室也毛用
序左傳隱元年疏韓
說曰八尺為板五板為堵五
堵為雉板廣二尺積高
五板為一丈釋文韓詩云
矣斯干二隅也蓋四隅為
八個以明堂為路寢也
西南其戶如鳥斯革亦
夏世室之制故揚雄箴
詩詠周宣由儉故奢劉
向疏周德既衰而奢侈
宣王賢而中興更為儉
宮室小寢廟詩人美之

敎以孝。爲其有兄弟也。故敎以友。爲其有同姓也。故敎以睦。爲其有異姓也。故敎以姻。爲鄰里鄉黨相保相愛也。故敎以任。相賙相救也。故敎以恤。以爲徒敎之或不率也。故使官師以時書其德行而勸之。以爲徒勸之或不率也。於是乎有不孝不睦不婣不弟不任不恤之刑焉。方是時也。安有如此詩所刺之民乎。

秩秩斯干。叶居焉反幽幽南山。叶所旃反如竹苞叶補苟反矣。如松茂矣。叶莫口反兄及弟矣。式相好去聲叶許厚反矣。無相猶矣。叶余久反

賦也。秩秩。有序也。斯。此也。干。水涯也。南山。終南之山也。苞。叢生而固也。猶。謀也。○此築室旣成而燕飲以落之。因歌其事。言此室臨水而面山。其下之固。如竹之苞。其上之密。如松之茂。又言居是室者。兄弟相好而無相謀。則頌禱之

詩經

辭。猶所謂聚國族於斯者也。張子曰。猶似也。人情大抵施之不報則輟。故恩不能終。兄弟之間。各盡已之所宜施者。無學其不相報而廢恩也。君臣父子朋友之間。亦莫不用此道。盡已而已。愚按此於文義或未必然。然意則善矣。或曰猶當作尤。○似續妣音比祖。築室百堵。西南其戶。爰居爰處。爰笑爰語。賦也。似嗣也。妣先於祖者。協下韻爾。或曰謂姜嫄后稷也。西南其戶。天子之宮。其室非一。在東者西其戶。在北者南其戶。猶言南東其畝也。爰於也。○約之閣閣。椓音卓之橐橐音託。風雨攸除去聲。鳥鼠攸去。君子攸芋。音吁。王遇反。○賦也。約束板也。閣閣上下相乘也。椓築也。橐橐杵聲也。除亦去也。無風雨鳥鼠之害。言其上下四旁。皆牢密也。芋尊大也。君子之所居。以爲尊且大也。

○如跂（音企）斯翼、如矢斯棘、如鳥斯革（叶訖力反）、如翬（音輝）斯飛、君子攸躋。（音賫）○賦也。跂、竦立也。翼、敬也。棘、急也。矢行緩則枉、急則直也。革、變。翬、雉。躋、升也。○言其大勢嚴正、如人之竦立、而其恭翼翼也。其廉隅整飭、如矢之急而直也。其棟宇峻起、如鳥之警而革也。其簷阿華采而軒翔、如翬之飛而矯其翼也。蓋其堂之美如此、而君子之所升以聽事也。

○殖殖（音湜）其庭、有覺其楹、噲噲（音快）其正、（叶音征）噦噦（音誨）其冥、君子攸寧。○賦也。殖殖、平正也。庭、宮寢之前庭也。覺、高大而直也。楹、柱也。噲噲、猶快快也。正、向明之處也。噦噦、深廣之貌。冥、奧窔之間也。言其室之美如此、而君子之所休息以安身也。

○下莞（音官）上簟（叶徒檢、徒錦二反）、乃安斯寢（叶干檢千錦二反乃寢乃興乃占我夢叶彌登反吉夢維何維熊維羆音碑叶彼何反維虺音毀維蛇叶于其土何二反○賦也莞蒲薦也竹葦曰簟羆似熊而長頭高脚猛憨多力能拔樹虺蛇屬細頸大頭色如文綬大者長七八尺○祝其君安其室居夢兆而有祥亦頌禱之辭也下章放此○大音泰人占之維熊維羆男子之祥維虺維蛇女子之祥賦也大人大卜之屬占夢之官也熊羆陽物在山彊力壯毅男子之祥也虺蛇陰物穴處柔弱隱伏女子之祥也○或曰夢之有占何也曰人之精神與天地陰陽流通故晝之所爲夜之所夢其善惡吉凶各以類至是以先王建官設屬使之觀天地之會辨陰陽之氣以日月星辰占六夢之吉凶獻吉夢贈惡夢其於天人相與之際察之詳

而敬之至矣故曰王前巫而後史宗祝瞽侑皆在左右王中心無爲也以守至正○

乃生男子載寢之牀載衣去聲之裳載弄之璋其泣喤喤音橫叶胡光反朱芾音弗斯皇室家君王賦也半圭曰璋喤大聲也芾天子純朱諸侯黃朱皇猶煌煌也君諸侯也○寢之於牀尊之也衣之以裳服之盛也弄之以璋尚其德也言男子之生於是室者皆將服朱芾煌煌然有室有家爲君爲王矣○

乃生女子載寢之地載衣之裼音替載弄之瓦叶魚位反無非無儀叶音義唯酒食是議無父母貽音遺罹叶音麗○賦也裼褓也瓦紡塼也儀善罹憂也○寢之於地卑之也衣之以裼即其用而無加也弄之以瓦習其所有事也有非非婦人也有

配天地之化配四時陰陽之義配日月易簡之善配至德又云知崇禮卑崇效天卑法地一句時韻一句卑韻顧氏皆棄不取獨引仰觀俯察四句以證成己說愚謂此四句本非韻則以韻求之焉知其不與物卦相協來之獨文地作陰去陰去不從也陰去之爲地始起於春秋以後近取楚詞以遠遷詩易吾知其必不然也許叔重說文雖以墜爲正字仍兼取籀文漢碑亦多用墜元命苞云地者易也釋名地底也諦也皆不取從也之音泰山刻石以地與帝辟易韻淮南原道訓一之理施四海一之解際天地太史公自序維昔黃帝法天則地漢書丙吉傳西曹地忍之亦讀地爲弟顧氏謂司馬相如子虛賦始讀爲徒二反者誤

無羊宣王考牧也
用毛序原次

善。非婦人也、蓋女子以順爲正。無非足矣。有善則亦非其吉祥可願之事也。唯酒食是議而無遺父母之憂。則可矣。易曰。無攸遂。在中饋。貞吉。而孟子之母。亦曰。婦人之禮。精五飯冪酒漿。養舅姑。縫衣裳而已矣。故有閨門之脩。而無境外之志。此之謂也。

斯干九章。四章章七句。五章章五句。舊說。厲王既流于彘。宮室圮壞。故宣王卽位更作宮室。既成而落之。今亦未有以見其必爲是時之詩也。或曰。儀禮下管新宮。春秋傳。宋元公賦新宮。恐卽此詩。然亦未有明證。

誰謂爾無羊。三百維羣。誰謂爾無牛。九十其犉。音淳 爾羊來思。其角濈濈。音戢 爾牛來思。其耳

濕濕。賦也。黃牛黑脣曰犉。羊以三百爲羣。其羣不可數也。牛之犉者九十。非犉者尚多也。聚其角而息。濈濈然。呞而動其耳。濕濕然。王氏曰。濈濈。和也。羊以善觸爲患。故言其和。謂聚而不相觸也。濕濕。潤澤也。牛病則耳燥。安則潤澤也。○此詩言牧事有成。而牛羊衆多也。

○或降于阿。或飲于池。叶唐何反或寢或訛。爾牧來思。何上聲蓑音梭何笠。音立或負其餱。音侯三十維物。叶微律反爾牲則具。叶居律反○賦也。訛動。何。揭也。蓑笠。所以備雨。三十維物。齊其色而別之。凡爲色三十也。○言牛羊無驚畏。而牧人持雨具齎飲食。從其所適。以順其性。是以生養蕃息。至於其色無所不備。而於用無所不有也。

○爾牧來思。以薪以蒸。以雌以雄。叶于陵反爾羊來思。

釋詞維猶与也又及也等曰牧人乃夢見人衆相与捕魚又夢見旐与旟是下維字訓爲与与上維字異義

平議衆維魚矣猶云維衆魚矣旐維旟矣猶云維旐旟矣古人之文往往有此例如西書君奭篇曰迪惟前人光猶云惟迪前人光也又曰天惟純佑命猶云惟天純佑命也

矜矜兢兢，不騫不崩。麾之以肱，畢來既升。賦也。麤曰薪，細曰蒸。雌雄，禽獸也。矜矜兢兢，堅强也。騫，虧也。崩，羣疾也。肱，臂也。既，盡也。升，入牢也。○言牧人有餘力，則出取薪蒸，搏禽獸。其羊亦馴擾從人，不假箠楚，但以手麾之，使來則畢來，使升則既升也。

○牧人乃夢，衆維魚矣，旐音兆維旟音餘矣。大人占之，衆維魚矣，實維豐年。叶尼因反

承上韻　魚旐旟魚　年一先溱十九臻

旐維旟矣，室家溱溱。賦也。占夢之說未詳。溱溱，衆也。或曰：衆，謂人也。旐，郊野所建，統人少；旟，州里所建，統人多。蓋人不如魚之多，旐所統不如旟所統之衆。故夢人乃是魚，則爲豐年；旐乃是旟，則爲人衆。

詩兩夢接句似相因襲而斷于春中段無羊立段法斷于宏肆雜羊簡鍊體製要自不同

無羊四章，章八句。

節音截彼南山。維石巖巖。赫赫師尹。民具爾瞻。叶側衘反憂心如惔。音談不敢戲談。國既卒子律反斬。叶側衘反何用不監。平聲興也。節高峻貌。巖巖積石貌。赫赫顯盛貌。師尹大師尹氏也。大師。三公。尹氏。蓋吉甫之後。春秋書尹氏卒。公羊子以爲譏世卿者。卽此也。具俱。瞻。視。惔。燔。卒。終。斬。絕。監。視也。○此詩家父所作。刺王用尹氏以致亂。言節彼南山則維石巖巖矣。赫赫師尹。則民具爾瞻矣。而其所爲不善。使人憂心如火燔灼。又畏其威而不敢言也。然則國既終斬絕矣。汝何用而不察哉。○節彼南山。有實其猗。音醫叶於何反赫赫師尹。不平謂何。天方薦音荐瘥。音嗟喪去聲亂弘多。民言無嘉。叶居何反憯音慘莫懲嗟。

詩經　小雅

言南山之阿資然廣大如大雅卷阿曰有卷者阿文義正與此相類

詩經

叶遭哥反○興也有實其猗未詳其義傳曰實滿猗長也箋云猗倚也言草木滿其旁倚之畎谷也或以爲草木之實猗猗然皆不甚通薦荐通重也瘥病弘大憯曾懲創也○節彼南山則有實其猗矣赫赫師尹而不平其心則謂之何哉蘇氏曰爲政者不平其心則下之榮瘁勞佚有大相絶者矣是以神怒而重之以喪亂人怨而謗讟其上然尹氏曾不懲創咨嗟求所以自改也○尹氏大音泰師維周之氏音底叶都黎反秉國之均四方是維天子是毗音琵俾民不迷不弔昊天不宜空我師叶霜夷反○賦也氏本均平維持毗輔弔愍空窮師衆也○言尹氏大師維周之氏而秉國之均則是宜有以維持四方毗輔天子而使民不迷乃其職也今乃不平其心而既不弔愍弔於昊天矣則不宜久在其位

御十八諱又一見

師維毗亦[illegible]氏建之齋

荀子宥坐篇引詩天子是庳卑民不迷 楊注庳讀爲毗輔也卑讀爲俾

卑

段曰空即窮之段借 七月傳[illegible]窮也

使天降禍亂而我衆并及空窮也。○弗躬弗親，庶民弗信。叶斯人反弗問弗仕，勿罔君子。叶獎里反式夷式已，無小人殆。叶養里反瑣瑣姻亞，則無膴音武仕。賦也。仕事，罔欺也。君子指王也。夷平，已止，殆危也。瑣瑣小貌。壻之父曰姻。兩壻相謂曰亞。膴厚也。○言王委政於尹氏，尹氏又委政於姻亞之小人，而以其未嘗問未嘗事者，欺其君也。故戒之曰：汝之弗躬弗親，庶民已不信矣。其所弗問弗事，則豈可以罔君子哉。當平其心，視所任之人，有不當者則已之，無以小人之故，而至於危殆其國也。瑣瑣姻亞，而必皆膴仕，則小人進矣。

○昊天不傭，敕龍反降此鞫音菊訩。音凶昊天不惠，降此大戾。君子如屆，音戒叶居例反俾民心闋。音缺叶苦則上下之情不通，而民之心閑矣。君子所行皆平易近人，則民自去其惡怒之心也。

述聞：弔字有祥善之意。鄭箋曰：弔，至也。至猶善也。漢書五行志載哀十六年左傳閔天不弔，應劭注曰：閔天不善于魯。

平議：月乃梢之有。說文手部：梢，折也。玄應義九卓軸折其衡，梢范望注曰：梢，折也。式梢斯生，言用折其生也。蓋亂靡有定，故民不得遂其生而夭折也。字又与抓通。說文手部：抓，動也。國語晉語曰：其為孝也國矣，故不为梢也。韋注曰：梢，動也。是梢抓同義。蓋從月從兀之字聲近而義通。說文足部跀或從兀，則其例也。正月篇曰：天之抓我。釋文曰：抓，徐又音月。然則此言梢猶言抓，文異義同矣。

桂反。君子如夷，惡去怒是違。賦也。傭，均。鞫，窮。訩，亂。戾，乖。屆，至。闋，息。違，遠也。○言昊天不均而降此窮極之亂，昊天不順而降此乖戾之變，然所以靖之者，亦在夫人而已。君子無所苟而用其至，則必躬必親，而民之亂心息矣。君子無所偏而平其心，則式夷式已，而民之惡怒遠矣。傷王與尹氏之不能也。夫為政不平以名禍亂者，人也，而詩人以為天實為之者，蓋無所歸咎而歸之天也。抑有以見君臣隱諱之義焉，有以見天人合一之理焉。後皆放此。○不弔昊天，叶鐵因反。亂靡有定。叶唐丁反。式月斯生，叶桑經反。俾民不寧。憂心如酲，音呈。誰秉國成，叶諸盈反。不自為政，卒勞百姓。叶桑經反。○賦也。酒病曰酲。成，平。卒，終也。○蘇氏曰：天不之恤，故亂未有所止，而禍患與歲月增長。君子

集說耕部騁下曰節南山七章韻領與真部通以領歸真部

詩閒并駕彼四牡方茂爾惡爲一章下曰昊天不平[redacted]家文作通爲一章

憂之曰。誰秉國成者。乃不自爲政。而以付之姻亞之小人。其卒使民爲之受其勞弊以至此也。○駕彼四牡。四牡項領。我瞻四方。蹙蹙音蹴靡所騁。音逞○賦也。項。大也。蹙蹙。縮小之貌。○言駕四牡。而四牡項領。可以騁矣。而視四方則皆昏亂。蹙蹙然無可往之所。亦將何所騁哉。東萊呂氏曰。本根病。則枝葉皆瘁。是以無可往之地也。○方茂爾惡。相爾矛矣。既夷既懌。如相醻音酬矣。賦也。茂。盛。相。視。懌。悅也。○言方盛其惡以相加。則視其矛戟。如欲戰鬬。及既夷平悅懌。則相與歡然如賓主而相醻酢。不以爲怪也。蓋小人之性無常。而習於鬬亂。其喜怒之不可期如此。是以君子無所適而可也。○昊天不平。我王不寧。不懲其心。覆音福怨其正。叶諸盈反

詩經　小雅　　五之二十二

詩緝

○賦也。尹氏之不平。若天使之。故曰昊天不平。若是則我王亦不得寧矣。然尹氏猶不自懲創其心。乃反怨人之正已者。則其爲惡。何時而已哉。

○**家父**甫音**作誦**。叶疾容反**以究王訩。式訛爾心。以畜萬邦。**叶卜工反。○賦也。家父字。周大夫也。究窮。訛化。畜養也。○家父自言作爲此誦。以窮究王政昏亂之所由。冀其改心易慮。以畜養萬邦也。陳氏曰。尹氏厲威。使人不得戲談。而家父作詩。乃復自表其出於已。以身當尹氏之怒而不辭者。蓋家父周之世臣。義與國俱存亡故也。東萊呂氏曰。篇終矣。故窮其亂本而歸之王心焉。致亂者雖尹氏。而用尹氏者則王心之蔽也。李氏曰。孟子曰。人不足與適也。政不足與間也。惟大人爲能格君心之非。蓋用人之失。政事之過。雖皆君之非。然不必先論也。惟格君心之非。則政事無不善矣。用人皆得其當矣。

正月傷身世之序 毛大夫刺幽王 此不獨刺王 赫赫宗周 褒姒滅之 詩人早知其然 如史伯之言周弊不及三稔 伯陽父料周亡不過十年 非詩必作于其後也

節南山十章。六章章八句。四章章四句。

序以此爲幽王之詩。而春秋桓十五年。有家父來求車。於周爲桓王之世。上距幽王之終。已七十五年。不知其人之同異。大抵序之時世皆不足信。今姑闕焉可也。

正音政月繁霜。我心憂傷。民之訛言。亦孔之將。念我獨兮。憂心京京。叶居良反哀我小心。癙音鼠憂以痒。音羊

○賦也。正月。夏之四月。謂之正月者。以純陽用事。爲正陽之月也。繁。多。訛。僞。將。大也。京京。亦大也。癙憂。幽憂也。痒。病也。○此詩亦大夫所作。言霜降失節。不以其時。既使我心憂傷矣。而造爲姦僞之言。以惑羣聽者。又方甚大。然衆人莫以爲憂。故我獨憂

攷證釋文惸本或作焭張平子思玄賦何孤行之焭焭兮李善注焭焭獨也

之。以至於病也。○父母生我。胡俾我瘉。音庾不自我先。

古讀若羭下愈字同

瘉九麌又予虞反後口四字五厚 愈侮九麌

不自我後。叶下五反好言自口。叶孔五反莠言自口。音酉

爾雅釋訓作瘐瘐病也

古讀若路

毛愈愈憂懼也

憂心愈愈。是以有侮。賦也。瘉病。自從。莠醜也。愈愈益甚之意。○疾痛故呼父母。而傷己適丁是時也。訛言之人虛僞反覆。言之好醜。皆不出於心。而但出於口。是以我之憂心益甚。而反見侵侮也。○憂心惸惸。音煢念我無祿。

祿僕屋一屋

民之無辜。并去聲其臣僕。哀我人斯。于何從祿。

瞻烏爰止。于誰之屋。賦也。惸惸憂意也。無祿猶言不幸爾。辜罪。并俱也。古者以罪人爲臣僕。亡國所虜。亦以爲臣僕。箕子所謂商其淪喪。我罔爲臣僕。是也。○言不幸而遭國之將亡。與此無罪之民。將俱被囚虜。而同爲臣僕。未知將復從何人而受

周官委人以式法共祭祀之薪蒸木材注給炊及燎麤者曰薪細者曰蒸

祿。如視烏之飛。不知其將止于誰之屋也。○瞻彼中林。侯薪侯蒸。民今方殆。視天夢夢。音蒙叶莫登反既克有定。靡人弗勝。音升有皇上帝。伊誰云憎。興也。中林。林中也。侯。維。殆。危也。夢夢。不明也。皇。大也。上帝。天之神也。程子曰。以其形體謂之天。以其主宰謂之帝。○言瞻彼中林。則維薪維蒸。分明可見也。民今方危殆疾痛。號訴於天。而視天反夢夢然。若無意於分別善惡者。然此特值其未定之時爾。及其既定。則未有不爲天所勝者也。夫天豈有所憎而禍之乎。福善禍淫。亦自然之理而已。申包胥曰。人衆則勝天。天定亦能勝人。疑出於此。○謂山蓋卑。爲岡爲陵。民之訛言。寧莫之懲。召彼故老。訊之占夢。音信叶莫登反具曰予聖。誰

外傳瞻彼中林侯薪侯蒸言朝廷皆小人也

詩本音局不与諸為韻未詳孝因萬曰局韓古聲則音具与下文蹐字為韻

詩問謂天四句蓋成語故引之曰維人號呼此言實有倫理

詩經

知烏之雌雄。叶胡陵反○賦也。山脊曰岡。廣平曰陵。懲止也。故老舊臣也。訊問也。占夢官名。掌占夢者也。具俱也。烏之雌雄相似而難辨者也。○謂山蓋卑而其實則岡陵之崇也。今民之訛言如此矣。而王猶安然莫之止也。及其詢之故老。訊之占夢。則又皆自以爲聖人。亦誰能別其言之是非乎。子思言於衞侯曰。君之國事將日非矣。公曰何故。對曰。有由然焉。君出言自以爲是。而卿大夫莫敢矯其非。卿大夫出言亦自以爲是。而士庶人莫敢矯其非。君臣既自賢矣。而羣下同聲賢之。賢之則順而有福。矯之則逆而有禍。如此則善安從生。詩曰。具曰予聖。誰知烏之雌雄。抑亦似君之君臣乎。○謂天蓋高。不敢不局。叶居亦反 謂地蓋厚。不敢不蹐。音積 維號音毫斯言。有倫有脊。哀今之人。胡爲虺音毁蜴。

蜴音易○賦也局曲也蹐累足也號長言之也脊理蜴螈也虺蜴皆毒螫之蟲也○言遭世之亂天雖高而不敢不局地雖厚而不敢不蹐其所號呼而爲此言者又皆有倫理而可考也哀今之人胡爲肆毒以害人而使之至此乎○瞻彼阪音反田

有菀音鬱其特天之扤音兀我如不我克彼求我則如不我得執我仇仇亦不我力○興也阪田崎嶇墝埆之處菀茂盛之貌特特生之苗也扤動也力謂用力○瞻彼阪田猶有菀然之特而天之扤我如恐其不我克何哉亦無所歸咎之辭也夫始而求之以爲法則惟恐不我得也及其得之則又執我堅固如仇仇然然終亦莫能用也求之甚艱而棄之甚易其無常如此

○心之憂矣如或結之今茲之正胡然厲叶力

者猶昔言兩〻今言〻〻也

通論終其永懷此句承上起下謂當深思遠慮也又窘陰雨氣連下謂其車方載又窘于陰雨之時因在上取協韻也

詩經

桀反矣燎之方揚。寧或滅之。赫赫宗周。褒姒音似烕呼悅反之。賦也。正，政也。厲，暴惡也。火田爲燎。揚，盛也。宗周，鎬京也。褒姒，幽王之嬖妾，褒國女，姒姓也。烕，亦滅也。○言我心之憂如結者，爲國政之暴惡故也。燎之方盛之時，則寧有能撲而滅之者乎。然赫赫然之宗周，而一褒姒足以滅之，蓋傷之也。時宗周未滅，以褒姒淫妒讒諂而王惑之，知其必滅周也。或曰此東遷後詩也，時宗周已滅矣。其言褒姒烕之，有監戒之意，而無憂懼之情，似亦道已然之事，而非慮其將然之辭。今亦未能必其然否也。○終其永懷。又窘陰雨。其車既載。音在乃棄爾輔。叶扶雨反載如字輸爾載。音在將音槍伯助予。叶演汝反○比也。陰雨則泥濘而車易以陷也。載，車所載也。輔，如今人縛杖於輻以防輔

釋詞猶乎也

述聞寧猶乃也寧或滅之

漢書谷永傳作能或滅之釋詞能亦乃也

釋詞終猶既也其語助

車也。輸墮也。將請也。伯或者之字也。○蘇氏曰。王爲淫虐。譬如行險而不知止。君子永思其終。知其必有大難。故曰終其永懷。又窘陰雨。王又不虞難之將至。而棄賢臣焉。故曰乃棄爾輔。君子求助於未危。故難不至。苟其載之既墮。而後號伯以助予。則無及矣。○

無棄爾輔。員于爾輻。叶筆力反 屢顧爾僕。不輸爾載。叶節力反 終踰絕險。曾是不意。叶乙力反。○比也。員益也。輔所以益輻也。屢數顧視也。僕將車者也。○此承上章言。若能無棄爾輔。以益其輻。而又數數顧視其僕。則不墮爾所載。而踰於絕險。若初不以爲意者。蓋能謹其初。則厥終無難也。一說王曾不以是爲意乎。○

魚在于沼。叶音灼 亦匪克樂。音洛 潛雖伏矣。亦孔之炤。音灼 憂心慘慘。念國之

集說真部鄰下正月十二章韻云慇與文部通餘在本部

詩問前云念我獨兮系兮與言之人此云念我獨兮系兮與接之人

述行哿與哀相對為文哀此惸獨悲哿者歡樂也言樂矣彼有屋之富人悲哉此無祿之惸獨也兩無正篇哀哉不能言匪舌是出維躬是瘁哿矣能言巧言如流俾躬是休哉與哿亦相對為文昭八年左傳引詩哿矣能言杜注曰哿嘉也毛傳訓哿為可之亦快意愜心之稱

詩經

爲虐。比也。沼池也。炤明易見也。○魚在于沼。其爲生已蹙矣。其潛雖深。然亦炤然而易見。言禍亂之及無所逃也。○彼有旨酒。又有嘉殽。音洽比音鼻其鄰。昏姻孔云。念我獨兮。憂心慇慇。賦也。洽比。皆合也。云。旋也。慇慇。疾痛也。○言小人得志。有旨酒嘉殽以合比其鄰里。怡懌其昏姻。而我獨憂心至於疾痛也。昔人有言。燕雀處堂。母子相安。自以爲樂也。突決棟焚。而怡然不知禍之將及。其此之謂乎。○佌佌音此彼有屋。蔌蔌音速方有穀。民今之無祿。天夭是椓。音卓。叶都木反哿音可矣富人。哀此惸獨。賦也。佌佌。小貌。蔌蔌。窶陋貌。指王所用之小人也。穀祿。夭禍。椓害。哿可。獨單也。○佌佌然之小人既已有屋矣。蔌蔌窶陋者。又將有穀矣。而民

十月之交刺幽王卿士
司徒以下皆非其才惟
后族是任擅私自恣
詩人雖欲去位而義
不忍也 毛序大夫刺幽王
漢書梅福傳無
康注十月之交刺后族太
盛也後漢書丁鴻傳周
室衰季皇甫之屬專
權于外黨類彊盛侵奪
主勢詩云十月之交云云崔
琦傳外戚箴匪賢是上
番為司徒左雄傳蔡閎
用權七子黨進魯詩作
閻妻詩作豔毛作豔
字通用川竭山崩明為幽

今獨無祿者是天禍椓喪之耳亦無所歸怨之辭也亂至於此富人猶或可勝惸獨甚矣此孟子所以言文王發政施仁必先鰥寡孤獨也

正月十三章八章章八句五章章六句

十月之交朔日辛卯叶莫後反日有食之亦孔之醜彼月而微此日而微今此下民亦孔之哀叶於希反○賦也十月以夏正言之建亥之月也交日月交會謂晦朔之閒也歷法周天三百六十五度四分度之一左旋於地一晝一夜則其行一周而又過一度日月皆右行於天一晝一夜則日行一度月行十三度十九分度之七故日一歲而一周天月二十九日有奇而一周天又逐及於日而與之會一歲凡十二會方會則月光都盡而爲晦已會

事韓刺幽鄭譜十月而無正小旻小宛皆言爲厲王作故訓傳時移其篇第因改之耳顔師古谷永傳注十月之交刺厲注于邑呈甫之屬因嬖寵而爲官皆誤

詩釋正義曰中候者刲者配姬以放刲豔古今字耳樋雜載曰豔妻符厲侶蹙又曰山崩水潰納小人家伯罔主異載宰辰封爲家伯與此篇事同山崩水潰即此篇百川沸騰山冢崒崩是又如此中候之文亦足以明此爲厲王詩緯候之書人或不信故鄭不引之又南書緯說豔妻謂厲王之婦鄭君謂十月之交雨無正小旻小宛爲刺厲王漢書谷永傳閻妻驕煽日以不臧顔監注引魯詩十月之交篇此日而食于何不臧又曰閻妻煽方處言厲王無道內寵熾盛政化失理故致災異日爲之食爲不善也此知箋本魯詩非郅君之臆說也漢書劉向傳上封事曰下至幽厲之際君子獨處守正不橈眾枉勉彊以從王事則反見憎毒讒愬故其詩曰密勿從事不敢告勞無罪無辜讒口嗸嗸當是之時日月薄蝕而無光

則月光復蘇而爲朔。朔後晦前各十五日。日月相對。則月光正滿而爲望。晦朔日月之合。東西同度。南北同道。則月揜日而日爲之食。望而日月之對。同度同道。則月亢日而月爲之食。是皆有常度矣。然王者脩德行政。用賢去奸。能使陽盛足以勝陰。陰衰不能侵陽。則日月之行。雖或當食。而月常避日。故其遲速高下。必有參差而不正相合。不正相對者。所以當食而不食也。若國無政。不用善。使臣子背君父。妾婦乘其夫。小人陵君子。夷狄侵中國。則陰盛陽微。當食必食。雖日行有常度。而實爲非常之變矣。蘇氏曰。日食。天變之大者也。然正陽之月。古尤忌之。夏之四月爲純陽。故謂之正月。十月純陰。疑其無陽。故謂之陽月。純陽而食。陽弱之甚也。純陰而食。陰壯之甚也。微。虧也。彼月則宜有時而虧矣。此日不宜虧而今亦虧。是亂亡之兆也。○日月告凶。漢書引作鞠凶不用其行。叶戶

郎及

四國無政不用其良彼月而食則維其常

此日而食于何不臧

賦也行道也○凡日月之食皆有常度矣而以為不用其行者月不避日失其道也然其所以然者則以四國無政不用善人故也如此則日月之食皆非常矣而以月食為其常日食為不臧者陰亢陽而不勝猶可言也陰勝陽而揜之不可言也故春秋日食必書而月食則無紀焉亦以此爾○

爗爗音曄震電不寧不令叶盧經反百川沸騰山冢崒崩高岸為谷深谷為陵哀今之人胡憯音慘莫懲

賦也爗爗電光貌震雷也寧安徐也令善沸出騰乘也山頂曰冢崒崔嵬也高岸崩陷故為谷深谷塡塞故為陵憯曾也○言非但日食而已十月而雷電山崩水溢亦災異之甚者是

詩本音今本誤作冢宰依唐石經及國子監註疏本改正　按鄭康成周禮註引此亦作維宰宋史趙師民傳引之亦同

平議箋云七子皆用后嬖寵方熾之時並處位鄭蓋訓方為並尚書微子篇小民方興史記宋世家作並興是其證也

宜恐懼脩省。以紀其政。而幽王曾莫之懲也。董子曰。國家將有失道之敗。而天乃先出災異以譴告之。不知自省。又出怪異以警懼之。尚不知變。而傷敗乃至。此見天心仁愛人君。而欲止其亂也。○皇父音甫卿士番維司徒。家伯冢宰。仲允膳夫。聚音鄒子內史。蹶音愧維趣七走反馬。叶滿補反楀音矩維師氏。豔音艷妻煽音扇方處。賦也。皇父。家伯。仲允。皆字也。番聚蹶楀。皆氏也。卿士。六卿之外。更爲都官。以總六官之事也。或曰卿士蓋卿之士。周禮太宰之屬。有上中下士。公羊所謂宰士。左氏所謂周公以蔡仲爲己卿士是也。蓋以宰屬而兼總六官。位卑而權重也。司徒掌邦教。冢宰掌邦治。皆卿也。膳夫。上士。掌王之飲食膳羞者也。內史。中大夫。掌爵祿廢置殺生予奪之法者也。趣馬。中士。掌王馬之政者

韓詩番作繁

說文作㛣

也師氏亦中大夫掌司朝得失之事者也美色曰豔豔妻即褒姒也煽熾也方處方居其所未變徙也○言所以致變異者由小人用事於外而嬖妾蠱惑王心於內以爲之主故也

○抑此皇父豈曰不時胡爲我作不即我謀叶謨悲反徹我牆屋田卒汙音烏萊叶陵之反曰予不戕音牆禮則然矣叶於姬反○賦也抑發語辭時農隙之時也作動即就卒盡也汙停水也萊草穢也戕害也○言皇父不自以爲不時欲動我以從而不與我謀乃遽徹我牆屋使我田不獲治卑者汙而高者萊又曰非我戕汝乃下供上役之常禮耳

釋文韓詩抑意也

○皇父音甫孔聖作都于向去聲擇三有事亶侯多藏去聲不慭魚覲反遺一老俾守我王叶于放反擇

詩經小雅　五之二十九

助字辨略亶但徒也 校云
又注疏訓慭爲心不欲自彊之辭言皇父不自彊留一人輔天子也左傳哀十六年天不弔不慭遺一老杜注云慭且也案訓慭爲彊者乃雅之文此詩言非勉強之義不如杜氏訓且爲安言聊且留一老都不肯也

詩經

有車馬以居徂向。賦也。孔。甚也。聖。通明也。都。大邑也。周禮。畿內大都方
百里。小都方五十里。皆天子公卿所封也。向。
地名。在東都畿內。今孟州河陽縣是也。三有
事。三卿也。亶。信。侯。維。藏。蓄也。憖者。心不欲而
自強之辭。有車馬者。亦富民也。徂。往也。○言
皇父自以為聖。而作都則不求賢。而但取富
人以為卿。又不自強畱一人以衛天子。但有
車馬者。則悉與俱往。不忠於
上。而但知貪利以自私也。○黽音敏勉從事。
不敢告勞。無罪無辜。讒口囂囂。音翺下民之孽。音蘗
匪降自天。叶鐵因反噂音撙沓音遝背音佩憎。職競由
人。賦也。囂囂。眾多貌。孽。災害也。噂。聚也。沓。重複也。職。主。競。力也。○言黽勉從皇父之役。未
嘗敢告勞也。猶且無罪而遭讒。然下民之孽。
非天之所為也。噂噂沓沓。多言以相說。而背

則相憎專力爲此者。皆由讒口之人耳。○悠悠我里，亦孔之痗。音妹，叶呼洧反 四方有羨，徐面反 我獨居憂。民莫不逸，我獨不敢休。天命不徹，叶直質反 我不敢傚我友自逸。賦也。悠悠，憂也。里，居。痗，病。羨，餘。逸，樂。徹，均也。○當是之時，天下病矣，而獨憂我里之甚病，且以爲四方皆有餘，而我獨憂；衆人皆得逸豫，而我獨勞者，以皇父病之，而被禍尤甚故也。然此乃天命之不均，吾豈敢不安於所遇，而必傚我友之自逸哉。

十月之交八章，章八句。

浩浩昊天，不駿其德。降喪去聲饑饉，音覲 斬伐四國。叶于逼反 昊天疾威，弗慮弗圖。舍音赦 彼有罪，既伏其辜若此無罪淪胥以鋪平聲○賦也浩告廣大也昊亦廣大之意駿大德惠也穀不熟曰饑蔬不熟曰饉疾威猶暴虐也慮圖皆謀也舍置淪陷胥相鋪徧也○此時饑饉之後羣臣離散其不去者作詩以責去者故推本而言昊天不大其惠降此饑饉而殺伐四國之人如何昊天曾不思慮圖謀而遽爲此乎彼有罪而饑死則是既伏其辜矣舍之可也此無罪者亦相與而陷於死亡則如之何哉○周

宗既滅靡所止戾正大夫離居莫知我勩音異三事大夫莫肯夙夜叶弋灼反邦君諸侯莫肯朝夕叶祥龠反庶曰式臧覆音福出爲惡賦也宗族姓也戾定也正長也周官八職一曰正謂六官之長皆上大夫也離居蓋以饑饉散去而因以避讒譖之

禍也。我不去者自我也。勩勞也。三事三公也。大夫六卿及中下大夫也。臧善。覆反也。○言將有易姓之禍。其兆已見。而天變人離又如此。庶幾曰王改而爲善。乃覆出爲惡而不悛也。或曰。疑此亦東遷後詩也。

○如何昊天。叶鐵因反辟言不信。叶斯人反如彼行邁。則靡所臻。凡百君子。各敬爾身。胡不相畏。不畏于天。

賦也。如何昊天。呼天而訴之也。辟法。臻至也。凡百君子。指羣臣也。○言如何昊天乎。昊天也。法度之言而不聽信。則如彼行往而無所底至也。然凡百君子。豈可以王之爲惡而不敬其身哉。不敬爾身。不相畏也。不相畏。不畏天也。

○戎成不退。叶吐類反饑成不遂。曾音層我暬音薛御。憯憯音慘日瘁。音悴凡百君子。莫肯用訊。叶息悴反

詩經　小雅　　五之三　三十一

攷證上文既哀其不能言逝者是出不當以出言訓凡屈咄等字皆從出得聲疑出字亦同聲同義方与上下文貫

聽言則答，譖言則退。賦也。戎，兵。遂，進也。易曰：不能退，不能遂，是也。暬御，近侍也。國語曰：居寢有暬御之箴。蓋如漢侍中之官也。憯憯，憂貌。瘁，病。訊，告也。○言兵寇已成，而王之爲惡不退，饑饉已成，而王之遷善不遂，使我暬御之臣憂之而憯憯日瘁也。凡百君子，莫肯以是告王者。雖王有問而欲聽其言，則亦答之而已，不敢盡言也。一有譖言及己，則皆退而離居，莫肯夙夜朝夕於王矣。其意若曰：王雖不善，而君臣之義豈可以若是恝乎。

○哀哉不能言，匪舌是出，音脆。維躬是瘁。哿音可矣能言，巧言如流，俾躬處休。賦也。出，出之也。瘁，病。哿，可也。○言之忠者，當世之所謂不能言者也。故非但出諸口，而適以瘁其躬。佞人之言，當世所謂能言者也。故巧好其言，如水之流，無所凝滯，而使其身處於安樂之地。蓋亂世昏主惡忠直而好諛佞類如此詩人所以深歎之也○維曰于仕孔棘且殆叶養里反云不可使得罪于天子亦叶獎里反云可使怨及朋友叶羽已反○賦也于往棘急殆危也○蘇氏曰人皆曰往仕耳曾不知仕之急且危也當是之時直道者王之所謂不可使而枉道者王之所謂可使也直道者得罪于君而枉道者見怨于友此仕之所以難也○謂爾遷于王都曰予未有室家叶古胡反鼠思去聲泣血叶虛屈反無言不疾昔爾出居誰從作爾室賦也爾謂離居者鼠思猶言癙憂也○當是時言之難能而仕之多患如此故羣臣有去者有居者居者不忍王之無臣已之無徒則告去者使復還于王都去者不聽而托於無家以拒之至於

憂思泣血。有無言而不痛疾者。蓋其懼禍之深。至於如此。然所謂無家者。則非其情也。故詰之曰。昔爾之去也。誰爲爾作室者。而今以是辭我哉。

雨無正七章。二章章十句。二章章八句。三章章六句。

歐陽公曰。古之人於詩多不命題。而篇名往往無義例。其或有命名者。則必述詩之意。如巷伯常武之類是也。今雨無正之名。據序所言。與詩絶異。當闕其所疑。元城劉氏曰。嘗讀韓詩。有雨無極篇。序云。雨無極正大夫刺幽王也。至其詩之文。則比毛詩篇首多雨無其極。傷我稼穡八字。愚按劉說似有理。然第一二章本皆十句。今遽增之。則長短不齊。非詩之例。又此詩實正大夫離居之後。暬御之臣所作。其曰正大夫刺幽王者。亦非是。且其爲幽王詩。亦未有所考也。

祈父之什十篇。六十四章。四百二十六句。

小旻之什二之五

旻天疾威。敷于下土。謀猶回遹。音聿何日斯沮。上聲謀臧不從。不臧覆用。叶于封反我視謀猶。亦孔之邛。音筇○賦也。旻。幽遠之意。敷。布。猶。謀。回。邪。遹。辟。沮。止。臧。善。覆。反。邛。病也。○大夫以王惑於邪謀。不能斷以從善。而作此詩。言旻天之疾威。布于下土。使王之謀猶邪辟。無日而止。謀之善者則不從。而其不善者反用之。故我視其謀猶。亦甚病也。○潝潝音吸訿訿音紫亦孔之哀叶於希反謀之其臧則具是違謀之不臧則具是依我視謀猶伊于胡底音抵叶都黎反○賦也潝潝相和也訿訿相詆也具俱底至也○言小人同而不和其慮深矣然於謀之善者則違之其不善者則從之亦何能有所定乎○我龜既厭不我告猶叶于救反謀夫孔多是用不集叶疾救反發言盈庭誰敢執其咎叶巨又反如匪行邁謀是用不得于道○叶徒候反○賦也集成也○卜筮數則瀆而龜厭之故不復告其所圖之吉凶謀夫衆則是非相奪而莫適所從故所謀終亦不成蓋發言盈庭各是其是無肯任其責而決之者猶不行不邁而坐謀所適謀之雖審而亦何得於道路哉○

哀哉爲猶匪先民是程匪大猶是經維邇言是聽叶平聲維邇言是爭叶側陘反如彼築室于道謀是用不潰于成賦也先民古之聖賢也程法猶道經常潰遂也○言哀哉今之爲謀不以先民爲法不以大道爲常其所聽而爭者皆淺末之言以是相持如將築室而與行道之人謀之人人得爲異論其能有成也哉古語曰作舍道邊三年不成蓋出於此○國雖靡止或聖或否叶補美反民雖靡膴音呼或哲或謀叶莫徒反或肅或艾音乂如彼泉流無淪胥以敗叶蒲寐反○賦也止定也聖通明也膴大也多也艾與乂同治也淪陷胥相也○言國論雖不定然有聖者焉有否者焉民雖不多然有哲者焉有謀者焉有

詩經

肅者焉。有艾者焉。但王不用善。則雖有善者不能自存。將如泉流之不反。而淪胥以至於敗矣。聖哲謀肅艾。卽洪範五事之德。豈作此詩者。亦傳箕子之學也與。○不敢暴虎。不敢馮。叶皮冰反河。人知其一。莫知其他。音拖戰戰兢兢。如臨深淵。叶一均反如履薄冰。賦也。徒搏曰暴。徒涉曰馮。如馮几然也。戰戰。恐也。兢兢。戒也。如臨深淵。恐墜也。如履薄冰。恐陷也。○衆人之慮。不能及遠。暴虎馮河之患。近而易見。則知避之。喪國亡家之禍。隱於無形。則不知以爲憂也。故曰戰戰兢兢。如臨深淵。如履薄冰。懼及其禍之辭也。

小旻六章。三章章八句。三章章七句。蘇氏曰。小旻。小宛。小弁。小明。四詩皆以小名篇。所以別其爲小雅也。其在小雅者謂

小宛思先人以戒後之人也 毛序大夫刺幽王非誼

原次

之小。故其在大雅者謂之召旻大明。獨宛弁闕焉。意者孔子刪之矣。雖去其大。而其小者猶謂之小。蓋即用其舊也。

宛音苑彼鳴鳩。翰飛戾天。叶鐵因反我心憂傷。念昔先人。明發不寐。有懷二人。興也。宛，小貌。鳴鳩，斑鳩也。翰，羽。戾，至也。明發，謂將旦而光明開發也。二人，父母也。○此大夫遭時之亂，而兄弟相戒以免禍之詩。故言彼宛然之小鳥，亦翰飛而至於天矣，則我心之憂傷，豈能不念昔之先人哉。是以明發不寐，而有懷乎父母也。言此以爲相戒之端。

○人之齊聖。飲酒溫克。彼昏不知。壹醉日富。叶筆力反各敬爾儀。天命不又。叶夷益反○賦也。齊，肅也。聖，通明也。克，勝也。富，猶甚也。又，復也。言齊聖

陶隱居謂蜾蠃自生子如粟粒掛取螟蛉以飼其子非以为子也車差水亦有蜾蠃大螟蛉桔非變化之語

詩經

之人雖醉，猶温恭自持以勝，所謂不爲酒困也。彼昏然而不知者，則一於醉而日甚矣。於是言各敬謹爾之威儀，天命已去，將不復來，不可以不恐懼也。時王以酒敗德，臣下化之，故此兄弟相戒，首以爲說。○中原有菽，音叔。庶民采之。叶此禮反。

（采十五海子似六七曰误四西有[?]）

螟音冥蛉音零有子。蜾音果蠃音裸負叶蒲美反之。（古讀与輕同[?]）教誨爾子，式穀似叶養里反之。興也。中原，原中也。菽，大豆也。螟蛉，桑上小青蟲也。似步屈。蜾蠃，土蜂也。似蜂而小腰，取桑蟲負之於木空中，七日而化爲其子。式，用。穀，善也。○中原有菽，則庶民采之矣。以興善道人皆可行也。螟蛉有子，則蜾蠃負之，以興不似者可教而似也。教誨爾子，則用善而似之可也。善也似也，終上文兩句所興而言也。戒之以不惟獨善其身，又當教其子使爲善也。○題音弟（睇了誤借[?]）彼脊令音零載飛載

（今古清鳥也生三[?]……度误抵生耕[?]）

鳴。我日斯邁，而月斯征。夙興夜寐，無忝爾所生。叶桑經反。○興也。題，視也。脊令飛則鳴，行則搖。載，則。而，汝。忝，辱也。○視彼脊令，則且飛而且鳴矣。我既日斯邁，則汝亦月斯征矣。言當各務努力，不可暇逸取禍，恐不及相救恤也。夙興夜寐，各求無辱於父母而已。

○交交桑扈，率場啄粟。哀我塡音顛寡，宜岸宜獄。握粟出卜，自何能穀。○興也。交交，往來之貌。桑扈，竊脂也。俗呼青觜，肉食不食粟。塡，與瘨同，病也。岸，亦獄也。韓詩作犴，鄉亭之繫曰犴，朝廷曰獄。○扈不食粟，而今則率場啄粟矣。病寡不宜岸獄，今則宜岸宜獄矣。言王不恤鰥寡，喜陷之於刑辟也。然不可不求所以自善之道，故握持其粟，出而卜之，曰：何自而能善乎。言握粟以見其貧窶之甚。

○溫溫恭人，如

集于木。惴惴音贅小心。如臨于谷。戰戰兢兢如履薄冰。賦也。溫溫。和柔貌。如集于木。恐隊也。如臨于谷。恐隕也。

小宛六章章六句。此詩之辭最爲明白。而意極懇至。說者必欲爲刺王之言。故其說穿鑿破碎。無理尤甚。今悉改定。讀者詳之。

弁音盤彼鸒音豫斯。叶先齎反歸飛提提。音匙民莫不穀。我獨于罹。何辜于天。我罪伊何。心之憂矣。云如之何。興也。弁。飛拊翼貌。鸒。雅烏也。小而多羣。腹下白。江東呼爲鵯烏。斯。語辭也。提提。羣飛安閒之貌。穀。善。罹。憂也。○舊說幽王太子宜臼被廢而作此詩。言弁彼鸒斯。則歸飛提提矣。民莫不善。而我獨于憂。則鸒斯之不如也。何辜于天。我罪伊何者。怨而慕也。

奇母既更取後妻生伯邦乃譖伯奇于吉甫吉甫怒放伯奇于野宣王出游吉甫從奇乃作歌感之于宣王吉甫乃收伯奇射殺後妻趙岐孟子注小弁伯奇之詩毛序刺幽王大子之傅作　厚次

詩釋王充論衡書虛篇伯奇放流首髮早白詩云惟憂用老蓋三家之說

詩問陽氏曰小弁序云太子之傅作焉意即太子作爾或謂子不可作詩刺父此迂說也孟子云小弁親親之過大者也而不怨是愈疏審若其傳作者高子何不當譏其怨孟子即不謂是其親

漫叟詩話曰詩之有父篇者有其旨傍注之字每失其本意而從依祖習不知其道而多者作維桑與梓必恭敬止則以桑梓人賴其用故養之而成之矣背陵賤有恭敬之道父子相與豈特以人之視桑梓今乃言父母之邦者非也

舜號泣于旻天曰父母之不我愛於我何哉蓋如此矣心之憂矣云如之何則知其無可奈何而安之之辭也○踧踧音笛周道叶徒苟反鞫音菊為茂草叶此苟反我心憂傷惄音溺焉如擣音搗叶丁口反假寐永歎維憂用老叶魯卯反心之憂矣疢音趂如疾首興也踧踧平易也周道大道也鞫窮惄思擣春也不脫衣冠而寐曰假寐疢猶疾也○踧踧周道則將鞫為茂草矣我心憂傷則惄焉如擣矣精神憒眊至於假寐之中而不忘永歎憂之之深是以未老而老也疢如疾首則又憂之甚矣○維桑與梓叶奬里反必恭敬止靡瞻匪父靡依匪母叶滿彼反不屬音燭于毛不離于裏天之生我我辰安在叶此里反興

詩經小雅　小弁

五之三十七

集說祭部嘒字下曰小弁四章韻淠屆寐采菽五章韻淠駟屆但與脂部通餘在本部

也。桑梓二木。古者五畝之宅。樹之牆下。以遺子孫給蠶食。具器用者也。瞻者尊而仰之。依者親而倚之。屬連也。毛膚體之餘氣末屬也。離麗也。裏心腹也。辰猶時也。○言桑梓父母所植。尚且必加恭敬。況父母至尊至親。宜莫不瞻依也。然父母之不我愛。豈我不屬于父母之毛乎。豈我不離于父母之裏乎。無所歸咎。則推之於天。曰豈我生時不善哉。何不祥至是也。

○**菀**音鬱**彼柳斯。鳴蜩**音條**嘒嘒。有漼**千罪反**者淵。萑**音丸**葦淠淠。**音譬**譬彼舟流。不知所屆。**音戒**心之憂矣。不遑假寐。**

（韓詩作萑葦漼漼外傳之）（馬瑞辰段借）

興也。菀茂盛貌。蜩蟬也。嘒嘒聲也。漼深貌。淠淠衆也。屆至。遑暇也。○菀彼柳斯。則鳴蜩嘒嘒矣。有漼者淵。則萑葦淠淠矣。今我獨見棄逐。如舟之流於水中。不知其何所至乎。是以憂之之深。昔猶假寐。而今不暇也。

○**鹿**

鹿斯之奔。維足伎伎。音祈雉之朝雊。音姤尚求其雌。叶千西反譬彼壞木。音瘣疾用無枝。心之憂矣。寧莫之知。興也。伎伎舒貌。宜疾而舒。留其羣也。雊雉鳴也。壞瘣也。謂傷病也。寧猶何也。鹿斯之奔則足伎伎然。雉之朝雊。亦知求其妃匹。今我獨見棄逐。如傷病之木。憔悴而無枝。是以憂之而人莫之知也。○相去聲彼投兔。尚或先去聲叶蘇晉反之。行有死人。尚或墐音覲之。君子秉心。維其忍之。心之憂矣。涕既隕音蘊之。興也。相視。投奔。行道。墐埋。秉執。隕墜也。○相彼被逐而投人之兔。尚或有哀其窮而先脫之者。道有死人。尚或有哀其暴露而埋藏之者。蓋皆有不忍之心焉。今王信讒。棄逐其子。曾視投兔死人之不如。則其秉心亦忍矣。

是以心憂而涕隕也。○君子信讒，如或醻（叶市救反）之。君子不惠，不舒究之。伐木掎（音己叶居何反）矣，析薪杝（音侈叶湯何反）矣。舍（音捨）彼有罪，予之佗（音唾叶湯何反）矣。（賦而興也。醻。報。惠。愛。舒。緩。究。察也。掎。倚也。以物倚其巔也。杝。隨其理也。佗。加也。○言王惟讒是聽，如受醻爵。得即飲之。曾不加惠愛。舒緩而究察之。夫苟舒緩而究察之。則讒者之情得矣。伐木者尚倚其巔。析薪者尚隨其理。皆不妄挫折之。今乃舍彼有罪之譖人。而加我以非其罪。曾伐木析薪之不若也。此則興也。）○莫高匪山（叶所旃反），莫浚（音濬）匪泉。君子無易（去聲）由言，耳屬（音燭）于垣。無逝我梁，無發我笱。我躬不閱，遑恤我後。（賦而比也。山極高矣。

而或陟其巔，泉極深矣，而或入其底。故君子不可易於其言，恐耳屬于垣者有所觀望左右而生讒譖也。王於是卒以褒姒爲后，伯服爲太子，故告之曰：無逝我梁，無發我笱，我躬不閱，遑恤我後。蓋比辭也。東萊呂氏曰：唐德宗將廢太子而立舒王，李泌諫之，且曰：願陛下還宮，勿露此意。左右聞之，將樹功於舒王，太子危矣。此正君子無易由言，耳屬于垣之謂也。小弁之作，太子既廢矣，而猶云爾者，蓋推本亂之所由生，言語以爲階也。

小弁八章，章八句。

幽王娶于申，生太子宜臼。後得褒姒而惑之，生子伯服，信其讒，黜申后，逐宜臼。而宜臼作此以自怨也。序以爲太子之傅述太子之情以爲是詩，不知其何所據也。傳曰：高子曰：小弁，小人之詩也。孟子曰：何以言之？曰：怨。曰：固哉，高叟之爲詩也！有人於此，越人關弓而射之，則己談

巧言傷讒也刺幽　毛序

王儥三大夫傷于讒

笑而道之無他疏之也其兄關弓而射之則已垂涕泣而道之無他戚之也小弁之怨親親也親親仁也固矣夫高叟之爲詩也曰凱風何以不怨曰凱風親之過小者也小弁親之過大者也親之過大而不怨是愈疏也親之過小而怨是不可磯也愈疏不孝也不可磯亦不孝也孔子曰舜其至孝矣五十而慕

悠悠昊天曰父母且音疽無罪無辜亂如此憮音呼昊天已威叶紆胃反予慎無罪叶音悴昊天泰憮予慎無辜。賦也悠悠遠大之貌且語辭憮大也已泰皆甚也愼審也。○大夫傷於讒無所控告而訴之於天曰悠悠昊天爲人之父母胡爲使無罪之人遭亂如此其大也昊天之威已甚矣我審無罪也昊天之威甚矣我審無辜也此訴而求免之辭也

外傳昊天大憮

○亂之初生僭始既涵音含亂之又生君子信讒君子如怒叶奴五反亂庶遄沮音咀上聲君子如祉音恥亂庶遄已賦也僭始不信之端也涵容受也君子指王也遄疾沮止也祉猶喜也○言亂之所以生者由讒人以不信之言始入而王涵容不察其眞僞也亂之又生者則既信其讒言而用之矣君子見讒人之言若怒而責之則亂庶幾遄沮矣見賢者之言若喜而納之則亂庶幾遄已矣今涵容不斷讒信不分是以讒者益勝而君子益病也蘇氏曰小人爲讒於其君必以漸入之其始也進而嘗之君容之而不拒知言之無忌於是復進既而君信之然後亂成

○君子屢盟叶莫郎反亂是用長上聲叶直良反君子信盜亂是用暴盜言孔甘

亂是用餤音談匪其止共音恭維王之邛音筇○賦也屢數也盟邦國有疑則殺牲歃血告神以相要束也盜指讒人也餤進邛病也○言君子不能已亂而屢盟以相要則亂是用長矣君子不能堲讒而信盜以爲虐則亂是用暴矣讒言之美如食之甘使人嗜之而不厭則亂是用進矣然此讒人不能供其職事徒以爲王之病而已夫良藥苦口而利於病忠言逆耳而利於行維其言之甘而悅焉則其國豈不殆哉○奕奕寢廟君子作之秩秩大猷聖人莫之他人有心予忖度之躍躍音笛毚音殘兔遇犬獲叶黃郭反之興而比也奕奕大也秩秩序也猷道莫定也躍躍跳疾貌毚兔狡兔也○奕奕寢廟則君子作之秩秩大猷則聖人莫之以興他人有心則予得而忖度之而又以

躍躍毚兔，遇犬獲之。比焉。反覆興比，以見讒人之心，我皆得之，不能隱其情也。○荏音餁染柔木，君子樹叶上主反之。往來行言，心焉數之。蛇蛇音移碩言，出自口叶孔五反矣。巧言如簧，顏之厚叶胡五反矣。興也。荏染，柔貌。柔木，桐梓之屬，可用者也。行言，行道之言也。數，辨也。蛇蛇，安舒貌。碩，大也，謂善言也。顏厚者，頑不知恥也。○荏染柔木，則君子樹之矣。往來行言，則心能辨之矣。若善言出於口者，宜也。巧言如簧，則豈可出於口哉？言之徒可羞愧，而彼顏之厚，不知以爲恥也。孟子曰：爲機變之巧者，無所用恥焉。其斯人之謂與？○

彼何人斯，居河之麋音眉。無拳音權無勇，職爲亂階叶居奚反。既微且尰市勇反，爾勇伊何？爲猶將多。

詩經　小雅　五之四十一

爾居徒幾何。○賦也。何人。斥讒人也。此必有

其姓名。而曰何人也。斯語之微。○水草交謂之

麋。拳。力。階。梯也。骭瘍為微腫。猶謀。將之

大也。○言此讒人居下濕之地。雖無拳可

以為亂。而讒口交鬭專為亂之階梯。又有微

尵之疾。亦何能勇哉。而為讒謀則大且多如

此是必有助之者矣。然其所與居之徒衆。幾

何人哉。必言亦

不能甚多也。

○徒衆我何今...居徒幾物言乎此蕃徒衆我何今...

詩問巧言刺讒之心人欲為亂必先盡害君子而後動其惡故國家之患始乎讒卒乎亂也惡讒者莫其好而揚其隱則不散逆矣經前三章南讒也後三章止亂也

彼何人斯。其心孔艱。胡逝我梁。不入我

門。伊誰云從。維暴之云。

　釋同言伊維是從也。毛傳言伊當是從...從維是暴明讒刺...賦也。何人。亦若

巧言六章章八句。

以五章巧言二字名篇。

何人斯其心孔艱。叶居

○叶眉伊誰云從維暴之云

門。貧反

孔。甚。艱。險也。我。舊說以為蘇公也。暴暴公也。

皆幾識內諸侯也。○舊說暴公為卿士而讒蘇

何人斯。蘇公為暴公

訟田也。毛序蘇公刺暴

公。續云暴公為

其土西譖蘇公夫得

實淮南高誘註訟

桓公蘇信公

通論伊雒云從維暴之云或不斥指其名以暴呼之耳又觀下章胡逝我陳則胡逝我梁本借設之辭他篇亦可知

公。故蘇公作詩以絕之。然不欲直斥暴公。故但指其從行者而言。彼何人者。其心甚險。胡爲往我之梁。而不入我之門乎。既而問其所從。則暴公也。夫以從暴公而不入我門。則暴公之譖已也明矣。但舊說於詩無明文可考。未敢信其必然耳。○二人從行。誰爲此禍。胡逝我梁。不入唁我。始者不如今。云不我可。賦也。二人。暴公與其徒也。唁。弔失位也。○言二人相從而行。不知誰譖已而禍之乎。既使我得罪矣。而其逝我梁也。又不入而唁我。汝始者與我親厚之時。豈嘗如今不以我爲可乎。○彼何人斯。胡逝我陳。我聞其聲。不見其身。不愧于人。不畏于天。○叶鐵因反賦也。陳堂塗也。堂下至門之徑也。○在我之陳。則又近矣。聞其聲而不見其身。言其蹤跡之詭秘

按不自北自南猶云不自我先不自我後謂已適還之也

攷證安緩也戰國策安步以當車後漢書崔駰達旨勢不乘馬以安行

助字辨略壹語辭壹者猶云是人也蘇公刺暴公譖己故不斥言之而曰壹者猶詩云彼其之子左傳云夫己氏也壹得爲語辭者實之轉

也。不愧于人，則以人爲可欺也。天不可欺。女獨不畏于天乎。奈何其譖我也。○彼何人斯。其爲飄風。叶孚愔反胡不自北。胡不自南。叶尼心反胡逝我梁。祇音支攪音絞我心。賦也。飄風，暴風也。攪，擾亂也。○言其往來之疾若飄風然。自北自南，則與我不相值也。今則逝我之梁，適所以攪亂我心而已。○爾之安行。亦不遑舍。叶商居反爾之亟音棘行。遑脂爾車。壹者之來。云何其盱。音吁。賦也。安，徐。遑，暇。舍，息。亟，疾。盱，望也。字林云：盱，張目也。易曰：盱豫悔。三都賦云：盱衡而語。是也。○言爾平時徐行，猶不暇息，而況亟行，則何暇脂其車哉。今脂其車，則非亟也。乃託以亟行而不入見我，則非其情矣。何不一來見我，如何使我望女之切乎。○爾還而入。

我心易去聲叶以支反也還而不入否難知也壹者之來俾我祇也賦也還旋反易說祇安也○言爾之往也既不入我門矣儻還而入則我心猶庶乎其說也還而不入則爾之心我不可得而知矣何不一來見我而使我心安乎董氏曰是詩至此其辭益緩若不知其為譖矣

○伯氏吹壎音塤仲氏吹篪音池及爾如貫諒不我知出此三物以詛側助反爾斯叶先齊反○賦也伯仲兄弟也俱為王臣則有兄弟之義矣樂器土曰壎大如鵝子銳上平底似稱錘六孔竹曰篪長尺四寸圍三寸七孔一孔上出徑三分凡八孔橫吹之如貫如繩之貫物也言相連屬也諒誠也三物犬豕雞也刺其血以詛盟也○伯氏吹壎而仲氏吹篪言其心相親愛而聲相應和也與汝如物之

平議漢書東方朔傳人主之大蜮師古注曰蜮魅也文選東京賦蜜爲之蟲蠱況魅蜮與罔方李善注引漢舊儀曰魑鬼也魅與蜮古字通然則此經蜮字亦當爲魅鬼也魅也一物也

詩問歌言好者作詩美其誠悔念舊好

在貫。豈誠不我知而譖我哉。苟曰誠不我知。則出此三物以詛之可也。○爲鬼爲蜮。音域則不可得。有靦音腆面目。視人罔極。作此好歌。以極反側。賦也。蜮。短狐也。（作弧不作狐）江淮水皆有之。能含沙以射水中人影。其人輒病。而不見其形也。靦。面見人之貌也。好。善也。反側。反覆不正直也。○言汝爲鬼爲蜮。則不可得而見矣。女乃人也。靦然有面目與人相視。無窮極之時。豈其情終不可測哉。是以作此好歌。以究極爾反側之心也。

何人斯八章。章六句。此詩與上篇文意相似。疑出一手。但上篇先刺聽者。此篇專責讒人耳。王氏曰。暴公不忠於君。不義於友。所謂大故也。故蘇公絕之。然其絕之也。不斥暴公。言其從行而已。不著其譖也。示以所疑

巷伯被讒見宮也 後漢書宦者傳論小雅有巷伯刺讒之篇 漢書馮奉世傳注寺人孟子賢者被讒見宮刑作巷伯之詩矣 序刺幽王箋以寺人與巷伯爲之又非

通論成是南箕下大東篇毛自注曰載翕其舌

而巳。既絕之矣。而猶告以壹者之來。俾我祇也。蓋君子之處巳也忠。其遇人也恕。使其由此悔悟。更以善意從我。固所願也。雖其不能如此。我固不爲巳甚。豈若小丈夫然哉。一與人絕。則醜詆固拒。唯恐其復合也。

萋音妻兮斐兮。成是貝錦。彼譖人者。亦巳大音泰甚。比也。萋斐。小文之貌。貝。水中介蟲也。有文彩似錦。○時有遭讒而被宮刑爲巷伯者。作此詩。言因萋斐之形。而文致之以成貝錦。以比讒人者因人之小過。而飾成大罪也。彼爲是者。亦巳大甚矣。○

哆昌者反兮侈兮。成是南箕。彼譖人者。誰適音的與謀。叶謨悲反○比也。哆侈。微張之貌。南箕。四星。二爲踵。二爲舌。其踵狹而舌廣。則大張矣。適。主也。誰適與謀。言其謀之闊也。○

緝緝翩

按驕人二句字字皆韻

翩音篇叶批賓反謀欲譖人。愼爾言也。謂爾不信。叶斯人反○賦也。緝緝，口舌聲。或曰：緝緝，人之罪也。或曰：有條理貌。皆通。翩翩，往來貌。譖人者自以爲得意矣。然不愼爾言，聽者有時而悟，且將以爾爲不信矣。

○捷捷幡幡。音翻叶芬邅反謀欲譖言。豈不爾受。既其女音汝遷。賦也。捷捷，儇利貌。幡幡，反覆貌。王氏曰：上好譖，則固將受女。然好譖不已，則遇譖之禍亦既遷而及女矣。曾氏曰：上章及此，皆忠告之辭。

○驕人好好。勞人草草。叶鐵因反視彼驕人。矜此勞人。賦也。好好，樂也。草草，憂也。驕人，譖行而得意。勞人，遇譖而失度。其狀如此。

○彼譖人者。叶掌與反誰適與謀。叶滿補反取彼譖人。投畀豺虎。豺釋詞：有，語助也。一字不成詞，則加有字以配之。若虞夏殷周皆國名，而曰有虞有夏有殷有周是也。

虎不食。投畀有北。有北不受，叶承呪反投畀有昊。叶許候反○賦也。再言彼譖人者誰適與謀者，甚嫉之，故重言之也。或曰：衍文也。投，棄也。北，北方寒涼不毛之地也。不食不受，言讒譖之人，物所共惡也。昊，昊天也。投畀昊天，使制其罪。○此皆設言，以見欲其死亡之甚也。故曰：好賢如緇衣，惡惡如巷伯。

○楊園之道，猗音倚于畝丘。叶祛奇反寺人孟子，作爲此詩。凡百君子，敬而聽之。興也。楊園，下地也。猗，加也。畝丘，高地也。寺人，內小臣，蓋以讒被宮而爲此官也。孟子，其字也。○楊園之道而猗于畝丘，以興賤者之言或有補於君子也。蓋讒始於微者，而其漸將及於大臣，故作詩使聽而謹之也。劉氏曰：其後王后、太子及大夫果多以讒廢者。

谷風棄友之怨 毛序
刺幽王 續云天下俗薄朋友道絕
移次我行其野

詩經

巷伯七章。四章章四句。一章五句。一章八句。一章六句。謂巷是宮內道名。秦漢所宮內道官之長。即寺人也。故以名篇。班固司馬遷贊云。迹其所以自傷悼。小雅巷伯之倫。其意亦謂巷伯本以被譖而遭刑也。而楊氏曰寺人。內侍之微者。出入於王之左右。親近於王而日見之。宜無閒之可伺矣。今也亦傷於讒。則疏遠者可知。故其詩曰凡百君子。敬而聽之。使在位知戒也。其說不同。然亦有理。姑存於此云。

習習谷風。維風及雨。將恐將懼。維予與女。女音汝將安將樂。音洛女轉棄予。叶演女反○興也。習習和調貌。谷風東風

集傳元韻從七下谷風三章韻蔵
莫習脂部叶條在本部
正韻覽死姜韻怨合讀

也。將且也。恐懼謂危難憂患之時也。○此朋

友相怨之詩。故言習習谷風，則維風及雨矣。

將恐將懼之時，則維予與女矣。

奈何將安將樂，而女轉棄予哉。○習習谷風

維風及頹。將恐將懼寘予于懷。

樂棄予如遺。

遺者叶目比反省也。不復存省也。

如遺忘去而不復存省也。

○習習谷風

死無木不萎。

忘我大德思我小怨。

山巔也。○習習谷風維山崔嵬則風之所被

者廣矣。然猶無不死之草，無不萎之木。況於

朋友豈可以忘大德而思大德而

思小怨乎。或曰興也。

徐草中語引作何草不死何木不萎

詩間坤谷風夫婦之道喪雅谷風朋友之道壞朋友
夫婦事同故君篇不異

詩經小雅 谷風

谷風三章章六句。

蓼蓼音六者莪匪莪伊蒿哀哀父母生我劬勞。比也。蓼蓼。長大貌。莪。美菜也。蒿。賤草也。○人民勞苦。孝子不得終養而作此詩。言昔謂之莪而今非莪也。特蒿而已。以比父母生我以爲美材。可賴以終其身。而今乃不得其養以死。於是乃言父母生我之劬勞。而重自哀傷也。○蓼蓼者莪匪莪伊蔚音尉哀哀父母生我勞瘁。比也。蔚。牡菣也。三月始生。七月始華。如胡麻華而紫赤。八月爲角。似小豆角銳而長。瘁。病也。○缾之罄矣維罍之恥鮮上聲民之生不如死之久矣叶舉里反無父何怙無母何恃出則銜恤入則靡至。比也。缾小。罍大。皆酒器也。罄。盡。鮮。寡。恤。憂。靡。無也。○言缾資於罍而罍資缾。猶父母與子相依爲命

述問欲報之德昊天罔極言言我考
笺報是德而昊天罔極降此鞠凶使
我不得終養也昊天罔極猶言昊天
不傭昊天不惠罔極無窮也

詩問律山律同亞与揃同

也。故銜卹矣。乃子之責，所以窮獨之民生不如死也。蓋無父則無所怙，無母則無所恃。入則中心銜卹，入則如無所歸也。則如無所特，是以出。

我母兮鞠我，拊我畜我，長我育我，顧我復我，出入腹我。欲報之德，昊天罔極。

蓼莪萬洲龍不　鞠育皆十屋誅　賦也。鞠，養也。拊，拊循也。畜，謂育養也。復，反覆也。腹，懷抱也。言父母之恩如此，欲報之以德，而其恩之大如天，無窮不知所以為報也。

○父兮生我　母兮鞠我　我畜音　我長聲上　我育我顧生

山烈烈，飄風發發。民莫不穀，我獨何害。

興也。烈烈，高大貌。發發，疾貌。穀，善也。○南山烈烈，則飄風發發矣。民莫不善，而我獨何為遭此害哉。

南山律律，飄風弗弗，律反民莫不

叶音喝

律律，猶烈烈也。弗弗，猶發發也。卒，終也。言民皆得終養，而我獨不得其終養。此詩專主卒而言也。

大東 譚大夫刺時也
毛序刺亂也東國困于役而傷于財譚大夫作詩以告病焉譚大夫蓋譚子仕王朝者故列小雅

穀我獨不卒。興也。律律猶烈烈也。弗弗猶發發也。卒終也。言終養也。

蓼莪六章。四章章四句。二章章八句。晉王襃以父死非罪。每讀詩至哀哀父母生我劬勞。未嘗不三復流涕。受業者爲廢此篇。詩之感人如此。

有饛音蒙簋音軌飧音孫。有捄音求棘匕音比。周道如砥音紙。其直如矢。君子所履。小人所視。叶善止反睠音眷言顧之。潸音山焉出涕。音體興也。饛滿簋貌。飧熟食也。捄曲貌。棘匕以棘爲匕。所以載鼎肉而升之於俎也。砥礪石。言平也。矢言直也。君子在位。履行。小人下民也。睠反顧也。潸涕下貌。○序以爲東國困於役而傷於財。譚大夫作此以告病。言有饛簋飧。則有捄棘匕。周道如砥。則其直如矢。是以君子履之。而小人視焉。今乃顧之。而出涕者。則以東方之賦役。莫不由是而西輸於周也。○小東大東。叶都郎反杼音佇柚音逐其空。叶枯郎反糾糾葛屨。可以履霜。佻佻音挑公子。行彼周行。叶戶郎反既往既來。叶六直反使我心疚。叶訖力反○賦也。小東大東。東方小大之國也。自周視之。則諸侯之國。皆在東方。杼持緯者也。柚受經者也。空盡也。佻佻輕薄不奈勞苦之貌。公子。諸侯之貴臣也。周行。大路也。疚病也。○言東方小大之國。杼柚皆已空矣。至於以葛屨履霜。而其貴戚之臣。奔走往來。不勝其勞。使我心憂而病也。○有洌音列氿音軌泉。叶才匀反無浸穫薪。契契音器寤歎。哀我憚丁佐反人。薪是穫

詩經　小雅　大東　五之四十八

薪，尚可載叶節力反也。哀我憚人，亦可息也。興也。冽，寒意也。側出曰氿泉。穫，艾也。契契，憂苦也。憚，勞也。尚，庶幾也。載，載以歸也。○蘇氏曰：薪已穫矣，而復漬之則腐；民已勞矣，而復事之則病。故已艾則庶其載而畜之，已勞則庶其息而安之。○東人之子，職勞不來。音賚，叶六直反西人之子，粲粲衣服。叶蒲北反舟人之子，熊羆是裘。叶渠之反私人之子，百僚是試。叶申之反。○賦也。東人，諸侯之人也。職，專主也。來，慰撫也。西人，京師人也。粲粲，鮮盛貌。舟人，舟楫之人也。熊羆是裘，言富也。私人，私家皁隸之屬也。僚，官。試，用也。舟人私人皆西人也。○此言賦役不均，羣小得志也。○或以其酒，不以其漿。鞙鞙音琄佩璲，音遂不以其長。維天有漢。監音鑒亦有光。跂彼織女。終日七襄。賦也。鞙鞙，長貌。璲，瑞也。漢，天河也。跂，隅貌。織女，星名。在漢旁。三星跂然如隅也。七襄，未詳。傳曰：反也。箋云：駕也。駕，謂更其肆也。蓋天有十二次，日月所止舍，所謂肆也。經星一晝一夜左旋一周而有餘，則終日之間，自卯至酉，當更七次也。○言東人或饋之以酒，而西人曾不以爲漿。東人或與之以鞙然之佩，而西人曾不以爲長。維天之有漢，則庶乎其有以監我，而織女之七襄，則庶乎其能成文章以報我矣。無所赴愬，而言維天庶乎其恤我耳。○

雖則七襄。不成報章。睆音莞彼牽牛。不以服箱。東有啓明。叶謨郎反西有長庚。叶古郎反有捄天畢。載施之行。音杭○賦也。睆，明星貌。牽牛，星名。服，駕也。箱，車箱也。啓明、長庚，皆金星也。

按三章連用一韻詩中少有

以其先日而出故謂之啓明以其後日而入故謂之長庚蓋金水二星常附日行而或先或後但金大水小故獨以金星爲言也天畢畢星也狀如掩兔之畢行行列也○言彼織女不能成報我之章牽牛不可以服我之箱而啓明長庚天畢者亦無實用但施之行列而已至是則知天亦無若我何矣

○維南有箕不可以簸(波我反)揚維北有斗不可以挹(音揖)酒漿維南有箕載翕(音吸)其舌維北有斗西柄之揭(音訐)

揚漿十陽

舌揭十七薛又揭十三祭

○賦也箕斗二星以夏秋之間見於南方云北斗者以其在箕之北也或曰北斗常見不隱者也翕引也舌下二星也南斗柄固指西若北斗而西柄則亦秋時也○言南箕既不可以簸揚糠粃北斗既不可以挹酌酒漿而箕引其舌反若有所吞噬斗西揭其柄反若有所挹取於東

是天非徒無若我何乃亦若助西人而見困甚怨之辭也

大東七章章八句

四月維夏叶後五反六月徂暑先祖匪人胡寧忍予叶演女反○興也徂往也四月六月亦以夏正數之建巳建未之月也○此亦遭亂自傷之詩言四月維夏則六月徂暑矣我先祖豈非人乎何忍使我遭此禍也無所歸咎之辭也○秋日淒淒百卉具腓亂離瘼矣奚其適歸○興也淒淒涼風也卉草腓病離憂瘼病奚何適之也○秋日淒淒則百卉俱腓矣亂離瘼矣則我將何所適歸乎哉○冬日烈烈飄風發發民莫不穀我獨何害音曷○興也烈烈猶栗烈也發發疾貌穀善也

亦俱痱傳訓為病字作痱為是
又文選閒中詩注引韓詩亂離斯瘼爰其適歸薛君曰瘼散
讓吏部封侯表注引韓詩亂離瘼矣爰其適歸薛君曰瘼散
也左傳宣十二年引詩亂離瘼矣爰其適歸杜注爰於也說文
政理篇詩不云乎亂離瘼矣奚其適歸此傷離散以為亂者也
漢以前古本皆作爰王肅家語辯政篇妄改為奚而集傳誤信之
又傳廢忕也正義曰說文云忕習也案史記漢興諸侯年表序諸侯或驕奢忕邪臣計謀為淫亂後漢馮異傳忸忕小利注忸忕慣習也王肅改為廢大也定本誤之非也

○夏則暑。秋則病。冬則烈。言禍亂日進。無時而息也。○山有嘉卉。侯栗侯梅。叶莫悲反廢為殘賊。莫知其尤。叶于其反○興也。嘉。善。侯。維。廢。變。尤。過也。○山有嘉卉。則維栗與梅矣。在位者變為殘賊。則誰之過哉。○相去聲彼泉水。載清載濁。叶殊玉反我日構禍。曷云能穀。興也。相。視。載。則。構。合也。○相彼泉水。猶有時而清。有時而濁。而我乃日日遭害。則曷云能善乎。○滔滔江漢。南國之紀。盡瘁以仕。寧莫我有。叶羽已反○興也。滔滔。大水貌。江漢。二水名。紀。綱紀也。謂經帶包絡之也。瘁。病也。有。識有也。○滔滔江漢。猶為南國之紀。今也盡瘁以仕。而王何其不我有哉。○匪鶉音團匪鳶。音沿叶以何反翰飛戾天。叶鐵因反匪鱣音邅匪

詩本音釋文鶉一作鷻音團

詩問王肅注首章云詩人以夏四月行役至六月暑往未得反已闕二時之祭後者復闕二時也又云征役過時曠廢其祭祀愚謂曠祀則非征役則是諸言無木山水鳥魚〻等誼以行役經過覩物興詠疑大夫為小人構害出使懼禍不敢歸作詩告哀爾

鮪。潛逃于淵。叶一均反。○賦也。鶉，鵰也。鳶亦鷙鳥也。其飛上薄雲漢。鱣、鮪，大魚也。○鶉鳶則能翰飛戾天，鱣鮪則能潛逃于淵。我非是四者，則亦無所逃矣。○山有蕨薇。隰有杞桋。音夷。（薇八微桋六脂哀古咍）君子作歌，維以告哀。叶於希反。○興也。杞，枸檵也。桋，赤楝也。樹葉細而岐銳，皮理錯戾，好叢生山中，可爲車輞。○山則有蕨薇，隰則有杞桋，君子作歌，則維以告哀而已。

四月八章，章四句。

小旻之什十篇，六十五章，四百十四句。

北山之什二之六

陟彼北山言采其杞偕偕士子叶獎里反朝夕從事叶上止反王事靡盬憂我父母叶滿彼反○賦也偕偕强壯貌士子詩人自謂也○大夫行役而作此詩自言陟北山而采杞以食者皆强壯之人而朝夕從事者也蓋以王事不可以不勤是以貽我父母之憂耳○

溥音普天之下叶後五反莫非王土率土之濱莫非王臣大夫不均我從事獨賢叶下珍反○賦也溥大率循濱涯也○言土之廣臣之衆而王不均平使我從事獨勞也不斥王而曰大夫不言獨勞而曰獨賢詩人之忠厚如此○

四牡彭彭叶鋪郎反王事傍傍音崩叶布光反嘉我未老鮮我方將旅力方剛經營四方○賦也彭彭然不

抱朴子釋滯篇播壤者足以滅其嶮把勺水不足以閑其廣一世不過有數優人何能損人物之鞅掌乎求勤求篇方策既山積於儒門而內書亦鞅掌於術家其言鞅掌皆繁多之意

得息也。傍傍然不得巳也。嘉善。鮮少也。以爲少而難得也。將壯也。旅與膂同。○言王之所以使我者。善我之未老而方壯。旅力可以經營四方爾。猶上章之言獨賢也。

○或燕燕居息。或盡瘁事國。叶越逼反 或息偃在牀。或不巳于行。叶戶郎反 ○賦也。燕燕安息貌。瘁病。巳止也。○言役使之不均也。下章放此。

○或不知叫號。音毫 或慘慘劬勞。或棲音西遲偃仰。或王事鞅音怏掌。○賦也。不知叫號。深居安逸。不聞人聲也。鞅掌。失容也。言事煩勞。不暇爲儀容也。

○或湛音耽樂飲酒。或慘慘畏咎。或出入風音諷議。叶魚羈反 或靡事不爲。○賦也。咎猶罪過也。出入風議。言親信而從容也。

詩經小雅　五之五十二

詩經

北山六章三章章六句三章章四句

無將大車祇(音支)自塵兮無思百憂祇自疧兮

輿也。將扶進也。大車平地任載之車駕牛者也。祇適疧病也。○此亦行役勞苦而憂思者之作。言將大車則塵汚之。思百憂則病及之也。

○無將大車維塵冥(叶莫迥反)無思百憂不出于熲(音耿)

○輿也。冥冥昏晦也。熲與耿同。小明也。在憂中耿耿然不能出也。

○無將大車維塵雝(上平二聲)兮無思百憂祇自重(上平二聲)兮

輿也。雝猶蔽也。重猶累也。

無將大車三章章四句

明明上天照臨下土我征徂西至于艽(音求)野

通論此詩自罝以行役为主勞逸不均与北山同意自詒伊戚不過自責之辭不必泥也
又共恭同即請共爾位之人大概謂僚友之共處者當時必有所指也
又君子即共人以下云請共爾位故避之勉之以請共祝之以式穀介福甚忠厚之意福我可見孫文融曰怨若何能盡讀而此正言收束意乃完足亦善于論文也

二月初吉，叶上與反載離寒暑。心之憂矣，其毒大苦。音泰念彼共音恭人，涕零如雨。豈不懷歸，畏此罪罟。音古○賦也。征，行。徂，往也。艽野，地名，蓋遠荒之地也。二月，亦以夏正數之，建卯月也。初吉，朔日也。毒，言心中如有藥毒也。共人，僚友之處者也。懷，思。罟，網也。○大夫以二月西征，至於歲暮而未得歸，故呼天而訴之。復念其僚友之處者，且自言其畏罪而不敢歸也。○昔我往矣，日月方除。去聲曷云其還，歲聿云莫。念我獨兮，我事孔庶。心之憂矣，憚丁佐反我不暇。叶胡顧反念彼共人，睠睠音眷懷顧。豈不懷歸，畏此譴怒。賦也。除，除舊生新也，謂二月初吉也。庶，衆。憚，勞也。睠睠，勤厚之意譴怒罪責也。○言昔以是時往。今未知何時可還。而歲已暮矣。蓋身獨而事眾。是以勤勞而不暇也。

○昔我往矣。日月方奧。音郁曷云其還。政事愈蹙。音蹴歲聿云莫。采蕭穫菽。心之憂矣。自詒伊戚。叶子六反念彼共人。興言出宿。豈不懷歸。畏此反覆。音福。○賦也。奧煖。蹙急。詒遺。戚憂。興起也。反覆傾側無常之意也。○言以政事愈急。是以至此歲暮而猶不得歸。又自咎其不能見幾遠去。而自遺此憂。至於不能安寢而出宿於外也。

○嗟爾君子。無恆安處。靖共爾位。正直是與。神之聽之。式穀以女。音汝。○賦也。君子。亦指其僚友也。恆常也。靖與靜同。與猶助也。穀祿也。以猶與也。○上章既自傷悼。此章

又戒其僚友曰嗟爾君子無以安處爲常言當有勞時勿懷安也當靖共爾位惟正直之人是助則神之聽之而以穀祿與女矣

○嗟爾君子無恆安息靖共爾位好去聲是正直神之聽之介爾景福叶筆力反○賦也息猶處也好是正直愛此正直之人也介景皆大也

小明五章三章章十二句二章章六句

鼓鍾將將音槍淮水湯湯憂心且傷淑人君子懷允不忘賦也將將聲也淮水出信陽軍桐栢山至楚州漣水軍入海湯湯沸騰之貌淑善懷思允信也○此詩之義未詳王氏曰幽王鼓鍾淮水之上爲流連之樂久而忘反聞者憂傷而思古之君子不能忘也

○鼓鍾喈喈音皆叶居奚反

後漢書注引韓詩薛君章句曰南夷之樂曰南四夷之樂唯南可以和於雅者以其人聲中音及籥不僭差也

淮水湝湝。音諧叶賢雞反憂心且悲。淑人君子。其德不回。叶乎爲反○賦也。喈喈猶將將。湝湝猶湯湯。悲猶傷也。回邪也。○鼓鐘伐鼛。音高叶居尤反淮有三洲。憂心且妯。音抽淑人君子。其德不猶。賦也。鼛大鼓也。周禮作皋。云皋鼓尋有四尺。三洲淮上地。蘇氏曰。始言湯湯水盛也。中言湝湝水流也。終言三洲水落而洲見也。言幽王之久於淮上也。妯動。猶若也。言不若今王之荒亂也。○鼓鐘欽欽。鼓瑟鼓琴。笙磬同音。以雅以南。叶尼心反以籥。音藥不僭。叶七心反○賦也。欽欽亦聲也。磬樂器。以石爲之。琴瑟在堂。笙磬在下。同音言其和也。雅二雅也。南二南也。籥籥舞也。僭亂也。言三者皆不僭也。○蘇氏曰。言幽王之不德。豈其樂非古歟。樂則是

說文心部㤘朗也从心由聲引詩憂心且㤘朗字疑誤

述聞猶瘉也其德不瘉言久而彌篤無有已時也南山有臺篇曰德音不已

此從毛傳義[illegible]

而人則非也。

鼓鐘四章章五句。此詩之義有不可知者。今姑釋其訓詁名物。而略以王氏蘇氏之說解之。未敢信其必然也。

楚楚者茨言抽其棘自昔何爲我蓺音藝黍稷我黍與與音餘我稷翼翼我倉既盈我庾維億以爲酒食以享以祀叶逸織反以妥以侑音又叶夷益反以介景福叶音筆○賦也。楚楚盛密貌。茨蒺藜也。抽除也。我爲有田祿而奉祭祀者之自稱也。與與翼翼皆蕃盛貌。露積曰庾。十萬曰億。享獻也。妥安也。安坐也。禮曰詔妥尸。蓋祭祀筮族人之子爲尸。既奠迎之使處神坐。而拜以安之也。侑勸也。恐尸或未飽。祝侑之曰。皇尸未實也。介大也。景亦大也。○此詩述公卿有田祿者力於農事以奉其宗廟之祭。故言蒺蔾之地。有抽除其棘者。古人何乃爲此事乎。蓋將使我於此蓺黍稷也。故我之黍稷既盛。倉庾既實。則爲酒食以享祀妥侑而介大福也。○濟濟上聲蹌蹌音槍絜爾牛羊。以往烝嘗。或剝或亨。音烹叶鋪郎反或肆或將。祝祭于祊。音崩叶補光反祀事孔明。叶謨郎反先祖是皇。神保是饗。叶虛良反孝孫有慶。叶祛羊反報以介福。萬壽無疆。賦也。濟濟蹌蹌言有容也。冬祭曰烝。秋祭曰嘗。剝解剝其皮也。亨煑熟之也。肆陳之也。將奉持而進之也。祊廟門內也。孝子不知神之所在。故使祝博求之於門內待賓客之處也。孔甚也。明猶備也。著也。皇大也。君也。保安也。神保蓋尸之

平議古音君与羣同君婦者羣婦也下文諸宰君婦文正相對

嘉號楚辭所謂靈保亦以巫降神之稱也孝孫主祭之人也嘏猶福也○執爨音竄踖踖音積叶七略反爲俎孔碩叶常約反或燔音煩或炙音隻叶陟略反君婦莫莫音麥叶木各反爲豆孔庶叶陟略反爲賓爲客叶克各反獻酬交錯禮儀卒度叶徒洛反笑語卒獲叶黃郭反神保是格叶剛鶴反報以介福萬壽攸酢賦也爨竈也踖踖敬也俎所以載牲體也碩大也燔燒肉也炙炙肝也皆所以從獻也特牲主人獻尸賓長以肝從主婦獻尸兄弟以燔從是也君婦主婦也莫莫清靜而敬至也豆所以盛內羞庶羞主婦薦之也庶多也賓客筮而戒之使助祭者既獻尸而遂與之相獻酬也主人酌賓曰獻賓飲主人曰酢主人又自飲而復飲賓曰酬賓受之奠於席

詩經　小雅　五之五十六

前而不舉。至旅而後少長相勸。而交錯以徧也。卒。盡也。度。法也。獲。得其宜也。格。來。酢。報也。

○我孔熯音善矣式禮莫愆叶起巾反工祝致告徂賚孝孫叶須倫反苾音邲芬孝祀叶逸織反神嗜飲食卜爾百福叶筆力反如幾音機如式既齊既稷既匡既敕永錫爾極時萬時億

賦也。熯。竭也。善其事曰工。苾芬。香也。卜。予也。幾。期也。春秋傳曰易幾而哭是也。式。法。齊。整。稷。疾。匡。正。敕。戒。極。至也。○禮行既久筋力竭矣。而式禮莫愆。敬之至也。於是祝致神意以嘏主人曰。爾飲食芳潔。故報爾以福祿。使其來如幾。其多如法。爾禮容莊敬。故報爾以衆善之極。使爾無一事而不得乎此。各隨其事而報之。以其類也。少牢嘏辭曰。皇尸命工祝。承致多福無疆于女孝孫。來女孝孫。

使女受祿于天。宜稼于田。眉壽萬年。勿替引之。此大夫之禮也。○**禮儀既備。**叶蒲北反**鐘鼓既戒。**叶訖力反**孝孫徂位。**叶力入反**工祝致告。**叶古得反**神具醉止。皇尸載起。鼓鐘送尸。神保聿歸。諸宰君婦。廢徹不遲。諸父兄弟。備言燕私。**叶息夷反。○賦也。戒，告也。徂位，祭事既畢，主人往阼階下西面之位也。致告，祝傳尸意，告利成於主人，言孝子之利養成畢也。於是神醉而尸起，送尸而神歸矣。曰皇尸者，尊稱之也。鼓鐘者，尸出入奏肆夏也。鬼神無形，言其醉而歸者，誠敬之至，如見之也。諸宰，家宰，非一人之稱也。廢，去也。不遲，以疾爲敬，亦不留神惠之意也。祭畢，既歸賓客之俎，同姓則留與之燕，以盡私恩，所以尊賓客、親骨肉也。○**樂具入奏。**音族**以綏**

寺巠小雅　五之五十七

後祿爾殽既將莫怨具慶叶祛羊反既醉既飽叶補苟反小大稽首神嗜飲食使君壽考叶去九反孔惠孔時維其盡叶子忍反之子子孫孫勿替引之賦也

凡廟之制前廟以奉神後寢以藏衣冠祭於廟而燕於寢故於此將燕而祭時之樂皆入奏於寢也且於祭既受祿矣故以燕爲將受後祿而綏之也爾殽既進與燕之人無有怨者而皆歡慶醉飽稽首而言曰向者之祭神既嗜君之飲食矣是以使君壽考也又言君之祭祀甚順甚時無所不盡子子孫孫當不廢而引長之也

楚茨六章章十二句呂氏曰楚茨極言祭祀所以事神受福之節致詳致備所以推明先王致力於民者盡則致力於神者詳觀其威儀

信南山公卿冬祭之樂章 毛序刺幽 續思古

平議信彼南山猶言節彼南山 古信申同字爾雅釋詁申重也信彼南山蓋言其山形之複沓也

詩問信与伸通山勢長也

之盛。物品之豐。所以交神明。逮羣下。至於受福無疆者。非德盛政脩。何以致之

信彼南山。維禹甸音殿叶徒鄰反之。畇畇音匀原隰。曾孫田叶地因反之。我疆我理。南東其畝。叶滿彼反○賦也。南山。終南山也。甸。治也。畇畇。墾辟貌。曾孫。主祭者之稱。曾。重也。自曾祖以至無窮。皆得稱之也。疆者。爲之大界也。理者。定其溝塗也。畝。壟也。長樂劉氏曰。其遂東入於溝。則其畝南矣。其遂南入於溝。則其畝東矣。○此詩大指與楚茨略同。此即其篇首四句之意也。言信乎此南山者。本禹之所治。故其原隰墾闢。而我得田之。於是爲之疆理。而順其地勢水勢之所宜。或南其畝。或東其畝也。

韓詩維禹敶之

○上天同雲。雨去聲雪雰雰。益之以霢音麥霂音木。既優既渥。叶烏谷反既霑既足。生

我百穀賦也同雲雲一色也將雪之候如此雰雰雪貌霢霂小雨貌優渥霑足皆
饒洽之意也冬有積雪春而益之以小雨潤澤則饒洽矣○疆埸音亦翼翼
黍稷彧彧音郁叶于逼反曾孫之穡以爲酒食畀音祕
我尸賓壽考萬年叶尼因反○賦也場畔也翼翼整飭貌彧彧茂盛貌
畀與也○言其田整飭而穀茂盛者皆曾孫
之穡也於是以爲酒食而獻之於尸及賓客
也陰陽和萬物遂而人心歡悅以奉
宗廟則神降之福故壽考萬年也○中田
有廬疆埸音亦有瓜叶公乎反是剝是菹側居反獻之
皇祖曾孫壽考叶孔五反受天之祜音戶○賦也中田田中也
菹酢菜也祜福也○一井之田其中百畝爲
公田內以二十畝分八家爲廬舍以便田事

通論先言酒繼言牲故郊特牲云既灌然後迎牲

於畔上種瓜以盡地利瓜成剝削淹漬以爲菹而獻皇祖貴四時之異物順孝子之心也

○祭以清酒從以騂音觪牡享于祖考叶去久反執其鸞刀以啓其毛取其血膋音聊叶音勞○賦也清酒清潔之酒鬱鬯之屬也騂赤色周所尚也祭禮先以鬱鬯灌地求神於陰然後迎牲執者主人親執也鸞刀刀有鈴也膋脂膏也啓其毛以告純也取其血以告殺也取其膋以升臭也合之黍稷實之於蕭而燔之以求神於陽也記曰周人尚臭灌用鬯臭鬱合鬯臭陰達於淵泉灌以圭璋用玉氣也既灌然後迎牲致陰氣也蕭合黍稷臭陽達於牆屋故既奠然後焫蕭合羶薌凡祭愼諸此魂氣歸於天形魄歸於地故祭求諸陰陽之義也○是烝是享叶虛良反苾苾芬芬祀事孔明叶謨郎反先祖

甫田公卿有耕祈
雨祭社方田祖之詩
毛序刺幽 續云思古
引周官籥章凡國祈
年于田祖歛豳雅
擊土鼓以樂田畯

詩經

是皇。報以介福。萬壽無疆。賦也。烝進也。或曰。冬祭名。

信南山六章章六句

倬音卓彼甫田。叶地因反歲取十千。叶倉新反我取其陳。食音嗣我農人。自古有年。叶泥因反今適南畝。叶滿彼反或耘或耔。音子叶奬里反黍稷薿薿。音蟻攸介攸止。烝我髦音毛士。賦也。倬明貌。甫大也。十千。謂一成之田。地方十里。爲田九萬畝。而以其萬畝爲公田。蓋九一之法也。我食祿主祭之人也。陳舊粟也。農人私百畝而養公田者也。有年豐年也。適往也。耘除草也。耔雝本也。蓋后稷爲田。一畝三畎。廣尺深尺。而播種於其中。苗葉以上。稍耨壠草。因隤其土以附苗根。壠盡畎平。則根深而能風與旱也。薿薿茂盛平議：齊明即齋盛也。爾雅釋詁：明，成也。成與盛古字通。明既訓成，亦得訓盛。淮南子說林篇：長而愈明。高注曰：明猶盛也。禮記明堂位正義曰：明堂，盛貌。並其證也。

貌。介。大。烝。進。髦。俊也。俊士。秀民也。古者士出於農。而工商不與焉。管仲曰。農之子恒爲農野處而不暱。其秀民之能爲士者。必足賴也。即謂此也。○此詩述公卿有田祿者。力於農事。以奉方社田祖之祭。故言於此大田。歲取萬畝之入以爲祿食。及其積之久而有餘。則又存其新而散其舊以食農人。補不足助不給也。蓋以自古有年。是以陳陳相因。所積如此。然其用之之節。又合宜而有序如此。所以粟雖甚多。而無紅腐不可食之患也。又言自古既有年矣。今適南畝。農人方且或耘或耔。而其黍稷又已茂盛。則是又將復有年矣。故於其所美大止息之處。進我髦士而勞之也。

○以我齊音咨明。叶謨郎反與我犧羊以社以方。我田既臧。農夫之慶。叶祛羊反琴瑟擊鼓。以御牙嫁反田祖。以祈甘雨。以介

明十行本羊下有陽，嘉慶誤入四十三映

鼓祖十姥，雨九麌，嘉慶誤入[illegible]六語

案議易當讀為施皇矣篇箋云施施言易也延也禾易長畝言禾延延竟畝耳

詩經

我稷黍。以穀我士女。賦也。齊與粢同。曲禮曰稷曰明粢。此言齊明。便文以協韻耳。犧羊純色之羊也。社后土也。以句龍氏配。方秋祭四方。報成萬物。周禮所謂羅弊獻禽以祀祊是也。臧善。慶福。御迎也。田祖先嗇也。謂始耕田者。即神農也。周禮籥章凡國祈年於田祖。則吹豳雅。擊土鼓以樂田畯是也。穀養也。又曰善也。言倉廩實而知禮節也。○言奉其齊盛犧牲以祭方社。而曰我田之所以善者。非我之所能致也。乃賴農夫之福而致之耳。又作樂以祭田祖而祈甫。庶有以大其稷黍。而養其民人也。○曾孫來止。以其婦子。叶獎里反饁音曄彼南畝。叶滿彼反田畯音俊至喜。攘音穰其左右。叶羽已反嘗其旨否。叶補美反禾易長畝。終善且有。叶羽已反曾孫不怒。農夫克敏。叶母鄙反。○賦也。曾孫。主祭者之稱。非獨禱名山大川。曰有道曾孫周王發。是也。饁。餉。攘。取。旨。美。易。治。長。竟。有。多。敏。疾也。○曾孫之來。適見農夫之婦子來饁耘者。於是與之偕至其所。而田畯亦至而喜之。乃取其左右之饋。而嘗其旨否。言其上下相親之甚也。旣又見其禾之易治。竟畝如一。而知其終當善而且多。是以曾孫不怒。而其農夫益以敏於其事也。

○曾孫之稼。如茨如梁。曾孫之庾。如坻音池如京。叶居良反乃求千斯倉。乃求萬斯箱。黍稷稻粱。農夫之慶。叶祛羊反報以介福。萬壽無疆。○賦也。茨。屋蓋。言其密比也。梁。車梁。言其穹隆也。坻。水中之高地也。京。高丘也。箱。車箱也。○此言收成之後。禾稼旣多。則求倉以處之。求車以載

大田公卿省斂報方之詩　毛序刺幽

以上西周小雅

平議庭字讀爲挺說文手部挺拔也呂氏春秋仲冬紀荔挺出高誘注曰挺生出也既挺且碩謂百穀既生又且碩大也

之。而言凡此黍稷稻粱。皆賴農夫之慶而得之。是宜報以大福。使之萬壽無疆也。其歸美於下。而欲厚報之如此。

甫田四章章十句。

詩問甫田勸農也

大田多稼。既種上聲既戒。既備乃事。叶上止反以我覃音剡耜。叶養里反俶載南畝。叶滿彼反播厥百穀。叶工洛反

剡之段借東京賦正作剡耜釋詁剡利也郭注引詩以我剡耜說文刀部剡銳利也從刀炎聲

既庭且碩。叶常約反曾孫是若。賦也。種擇其種也。戒飭其具也。覃利。俶始。載事。庭直。碩大。若順也。○蘇氏曰。田大而種多。故於今歲之冬。具來歲之種。戒來歲之事。凡既備矣。然後事之。取其利耜而始事於南畝。既耕而播之。其耕之也勤。而種之也時。故其生者。皆直而大。以順曾孫之所欲。此詩爲農夫之辭。以頌美其上。若以答前篇之

意也。○既方既阜，叶子苟反既堅既好，叶許苟反不稂音郎不莠。音酉去聲其螟音冥螣音特及其蟊賊，無害我田穉。音稚田祖有神，秉畀炎火。叶虎委反○賦也。方，房也。謂孚甲始生而未合時也。實未堅者曰皁。稂，童粱。莠，似苗。皆害苗之草也。食心曰螟。食葉曰螣。食根曰蟊。食節曰賊。皆害苗之蟲也。穉，幼禾也。○言其苗既盛矣，又必去此四蟲，然後可以無害田中之禾。然非人力所及也。故願田祖之神，爲我持此四蟲，而付之炎火之中也。姚崇遣使捕蝗，引此爲證。夜中設火，火邊掘坑，且焚且瘞。蓋古之遺法如此。○有渰音掩萋萋，音妻興雨祁祁。雨我公田，遂及我私。叶息夷反彼有不穫穉，此有不斂穧。音劑彼有遺秉，遍論彼有不穫穉至末把形其棄之多即上篇千倉萬箱之意而別以妙筆出之非謂其有餘而不盡取也非謂其與鰥寡共之也非謂其為不費之惠也非謂其只不棄於地也

詩經

此有滯穗。伊寡婦之利。賦也。渰雲興貌。萋萋盛貌。祁祁。徐也。雲欲盛。盛則多雨。雨欲徐。徐則入土。公田者方里而井。井九百畝。其中爲公田。八家皆私百畝。而同養公田也。穧。束。秉。把也。滯。亦遺棄之意也。○言農夫之心。先公後私。故望此雲雨而曰。天其雨我公田。而遂及我之私田乎。冀怙君德。而蒙其餘惠。使收成之際。彼有不及穫之穉禾。此有不及斂之穧束。彼有遺棄之禾把。此有滯漏之禾穗。而寡婦尚得取之以爲利也。此見其豐成有餘。而不盡取。又與鰥寡共之。既足以爲不費之惠。而亦不棄於地也。不然。則粒米狼戾。不殆於輕視天物而慢棄之乎。○曾孫來止。以其婦子。饁彼南畝。田畯至喜。來方禋音因祀。叶逸識反以其騂黑。與其黍稷。以享以祀。同上以介景福。

瞻彼洛矣諸侯世子初受王命將軍也

叶筆力反。○賦也。精意以享謂之禋。○農夫○告曰。曾孫來矣。於是與其婦子。饁彼南畝之穫者。而田畯亦至而喜之也。曾孫之來。又禋祀四方之神。而賽禱焉。四方各用其方色之牲。此言騂黑。舉南北以見其餘也。以介景福。農夫欲曾孫之受福也。

大田四章。二章章八句。二章章九句。

前篇有擊鼓以御田祖之文。故或疑此楚茨信南山甫田大田四篇。即爲豳雅。其詳見於豳風之末。亦未知其是否也。然前篇上之人以我田旣臧爲農夫之慶。而欲報之以介福。此篇農夫以雨我公田遂及我私。而欲其享祀以介景福。上下之情。所以相賴而相報者如此。非盛德其孰能之。

瞻彼洛矣。維水泱泱。音秧君子至止。福祿如茨。

韎音妹韐音閤有奭音赩以作六師。賦也。洛，水名。在東都，會諸侯之處也。泱泱，深廣也。君子，指天子也。茨，積也。韎，茅蒐所染色也。韐，韠也。合韋爲之。周官所謂韋弁，兵事之服也。奭，赤貌。作，猶起也。六師，六軍也。天子六軍。○此天子會諸侯於東都以講武事，而諸侯美天子之詩。言天子至此洛水之上，御戎服而起六師也。○瞻彼洛矣，維水泱泱。君子至止，鞞補頂反琫音蓁有珌音必。君子萬年，保其家室。賦也。鞞，容刀之鞞。今刀鞘也。琫，上飾。珌，下飾，亦戎服也。○瞻彼洛矣，維水泱泱。君子至止，福祿既同。君子萬年，保其家邦。叶卜工反。○賦也。同，猶聚也。

瞻彼洛矣三章，章六句。

裳裳者華其葉湑上聲兮我覯之子我心寫叶想與反兮我心寫兮是以有譽處兮興也裳裳猶堂堂董氏曰古本作常常棣也湑盛貌覯見處安也○此天子美諸侯之辭蓋以答瞻彼洛矣也言裳裳者華則其葉湑然而美盛矣我覯之子則其心傾寫而悅樂之矣夫能使見者悅樂之如此則其有譽處宜矣此章與蓼蕭首章文勢全相似○

裳裳者華芸其黃矣我覯之子維其有章矣維其有章矣是以有慶叶虛羊反矣興也芸黃盛也章文章也有文章斯有福慶矣○

裳裳者華或黃或白叶僕各反我覯之子乘其四駱乘其四駱六轡沃若興也言其車馬威儀之盛○左叶祖

戈反之左同上之君子宜叶牛何反之右叶羽巳反之右同上

之君子有叶羽巳反之維其有同上之是以似叶養里反

之。賦也。言其才全德備，以左之則無所不宜，以右之則無所不有。維其有之於內，是以形之於外者，無不似其所有也。

裳裳者華四章，章六句。

北山之什十篇，四十六章，三百三十四句。

桑扈之什二之七

交交桑扈音戶，有鶯其羽。君子樂音洛胥叶思呂反，受天之祜。音戶○興也交交飛往來之貌桑扈竊脂也鶯然有文章也君子指諸侯胥語辭祜福也○此亦天子燕諸侯之詩言交交桑扈則有鶯其羽矣君子樂胥則受天之祜矣頌禱之辭也○交交桑扈有鶯其領君子樂胥萬邦之屏。音丙○興也領頸屏蔽也言其能爲小國之藩衛蓋任方伯連帥之職者也○之屏之翰叶胡見反百辟音璧爲憲不戢音緝不難叶乃多反受福不那賦也翰幹也所以當牆兩邊障土者也辟君憲法也言其所統之諸侯皆以之爲法也戢斂難愼那多也不戢戢也不難難也不那那也蓋曰豈不斂乎豈不愼乎其受福豈不多乎古語聲急而然也後放此○兕觥其觩音求旨酒思柔彼交匪敖去聲萬福來求賦也兕觥，爵也。觩，角上曲貌。旨，美也。思，語辭也。敖，傲通。交際之間，無所傲慢，則我無事於求福而福反來求我矣。

桑扈四章，章四句。

鴛鴦于飛，畢之羅之。君子萬年，福祿宜之。叶牛何反

興也。鴛鴦，匹鳥也。畢，小罔長柄者也。羅，網也。君子，指天子也。○此諸侯所以答桑扈也。鴛鴦于飛，則畢之羅之矣。君子萬年，則福祿宜之矣。亦頌禱之辭也。

○鴛鴦在梁，戢其左翼。君子萬年，宜其遐福。叶筆力反

興也。石絕水爲梁。戢，斂也。張子曰：禽鳥並棲，一正一倒，戢其左翼，以相依於內，舒其右翼，以防患於外。蓋左不用而右便故也。遐，遠也，久也。

○乘去聲馬在廄，音救摧

頍弁諸公刺厲王也暴戾無親不能宴樂同姓親睦九族孤危將亡也 用毛衛序改 幽為厲暴戾無親似厲非幽且毛序以雅大半刺幽無一刺厲者家以角弓刺厲以詩與角弓同當并刺厲無疑也 移鼓鍾後

摧音剉之秣音末叶莫佩反之。君子萬年。福祿艾叶魚肺反之。

興也。摧莝也。秣粟也。艾養也。蘇氏曰艾老也。言以福祿終其身也。亦通。○乘馬在廏。則摧之秣之矣。君子萬年。則福祿艾之矣。

○乘馬在廏。秣之摧叶如字又音剉之。君子萬年。福祿綏叶如字又土果反之。

興也。綏安也。

鴛鴦四章章四句

有頍音跬者弁。實維伊何。爾酒既旨。爾殽既嘉叶居何反。豈伊異人。兄弟匪他音拖。蔦音鳥與女蘿音羅。施音異于松柏叶逋莫反。未見君子。憂心奕奕叶弋灼反。既見君子。庶幾說音悅懌叶弋灼反。

○賦而興又比也。頍弁貌。或曰

詩經小雅 鴛鴦 頍弁　五之六　八十六

舉首貌。弁，皮弁。嘉、旨，皆美也。匪他，非他人也。蔦，寄生也。葉似當盧，子如覆盆子，赤黑甜美。女蘿，兔絲也。蔓連草上，黄赤如金。此則比也。君子，兄弟爲賓者也。奕奕，憂心無所薄也。○此亦燕兄弟親戚之詩。故言有頍者弁，實維伊何乎。爾酒既旨，爾殽既嘉，則豈伊異人乎。乃兄弟而匪他也。又言蔦蘿施于木上，以比兄弟親戚纏綿依附之意。是以未見而憂，既見而喜也。

○有頍者弁，實維何期。爾酒既旨，爾殽既時。豈伊異人，兄弟具來。叶陵之反。蔦與女蘿，施于松上。叶時亮反。未見君子，憂心怲怲。音柄，叶兵旺反。既見君子，庶幾有臧。叶才浪反。○賦而興，又比也。何期，猶伊何也。時，善。具，俱也。怲怲，憂盛滿也。臧，善也。

○有頍者弁，實維在首。爾酒

既旨爾殽。既阜。豈伊異人。兄弟甥舅。如彼雨去聲雪。先集維霰。音線死喪去聲無日。無幾音已相見。樂酒今夕。君子維宴。賦而興又比也。阜猶多也。甥舅謂母姑姊妹妻族也。霰雪之始凝者也。將大雨雪。必先微溫。雪自上下。遇溫氣而摶。謂之霰。久而寒勝。則大雪矣。言霰集則將雪之候。以比老至則將死之徵也。故卒言死喪無日。不能久相見矣。但當樂飲以盡今夕之歡。篤親親之意也。

頍弁三章。章十二句。

間關車之舝兮。思孌音戀季女逝兮。匪飢匪渴。德音來括。雖無好友。叶羽已反式燕且喜。賦也。間關。設舝通論按左昭二十五年宋元夫人生子以妻季平子叔孫昭子如宋聘且逆之宋公享昭子賦新宮昭子賦車舝因取此詩之得賢女為婚也然不可知其為何人事矣

平議辰讀為振麟之趾篇振振公子殷其靁篇振振君子重言之為振振單言之為振猶采薇篇曰楊柳依依而此曰依彼平林重言之為依依單言之為依也

聲也。舝車軸頭鐵也。無事則脫。行則設之。昏禮親迎者乘車。孌美貌。逝往。括會也。○此燕樂其新昏之詩。故言閒關然設此車舝者。蓋思彼孌然之季女。故乘此車往而迎之也。匪飢也。匪渴也。望其德音來括。而心如飢渴耳。雖無他人。亦當燕飲以相喜樂也。○**依彼平林。有集維鷮。**音驕**辰彼碩女。令德來教。**叶居爻反**式燕且譽。好**去聲**爾無射。**音亦叶都故反。○興也。依茂木貌。鷮雉也。微小於翟。走而且鳴。其尾長。肉甚美。辰時。碩大也。爾。卽季女也。射。厭也。○依彼平林。則有集維鷮。辰彼碩女。則以令德來配己而教誨之。是以式燕且譽。而悅慕之無厭也。

○雖無旨酒。式飲庶幾。雖無嘉殽。式食庶幾。雖無德與女。音汝**式歌且舞。**賦也。旨嘉皆美也。女亦指季女也。○

言我雖無旨酒嘉殽美德以與女。女亦當飲食歌舞以相樂也。○陟彼高岡，析音錫其柞音昨薪。叶音襄析其柞薪，其葉湑上聲兮。鮮我覯爾，我心寫叶想羽反兮。興也。陟，登。柞，櫟。湑，盛。鮮，少。覯，見也。○陟岡而析薪，則其葉湑兮矣。我得見爾，則我心寫兮矣。

○高山仰叶五剛反止，景行行叶戶郎反止。四牡騑騑音霏，六轡如琴。覯爾新昏，以慰我心。興也。仰，瞻望也。景行，大道也。如琴，謂六轡調和如琴瑟也。慰，安也。○高山則可仰，景行則可行，馬服御良則可以迎季女而慰我心也。此又舉其始終而言也。表記曰：小雅曰：高山仰止，景行行止。子曰：詩之好仁如此。鄉道而行，中道而廢，忘身之老也，不知年數之不足也，俛焉日有孳孳，斃而後已。

青蠅　衛武公刺幽王信讒也　毛序大夫刺幽王　易林青蠅集藩君信讒言害賢傷忠患生婦人　袁孝政劉子注衛武公信讒詩人刺之　蓋誤於不知爲衛武作　原次

本義青蠅之汙黑白不辨鄭氏之說前世儒者亦多見於文字以黑點白或有之然其微細不能變物之色詩人惡讒言變亂善惡必不引以爲喻齊詩曰匪雞則鳴蒼蠅之聲義蓋人取其飛聲之眾可以亂聽猶今謂聚蚊成雷也

賓之初筵　衛武公刺時亦以悔過也　後漢書孔

車舝五章。章六句。

論衡商蟲篇營營青蠅止于藩愷悌君子無信讒言讒言傷善青蠅汙白同一禍敗詩以爲興　後漢書楊震傳青蠅點素同茲在藩

營營青蠅。止于樊。音煩　叶汾乾反　豈弟君子。無信讒言。比也。營營往來飛聲亂人聽也。青蠅汙穢能變白黑。樊藩也。君子。謂王也。○詩人以王好聽讒言。故以青蠅飛聲比之。而戒王以勿聽也。

○營營青蠅。止于棘。讒人罔極。交亂四國。叶越逼反　○興也。棘。所以爲藩也。極。猶巳也。

○營營青蠅。止于榛。讒人罔極。構音姤我二人。興也。構。合也。猶交亂也。巳與聽者爲二人。

青蠅三章。章四句。

賓之初筵。左右秩秩。籩豆有楚。殽核維旅。酒既和旨。飲酒孔偕。音皆叶舉里反鐘鼓既設。叶書質反舉醻音酬逸逸。大侯既抗。叶居郎反弓矢斯張。射夫既同。獻爾發功。發彼有的。叶丁藥反以祈爾爵。賦也。初筵。初即席也。左右。筵之左右也。秩秩。有序也。楚。列貌。殽。豆實也。核。籩實也。旅。陳也。和旨。調美也。孔。甚也。偕。齊一也。設。宿設而又遷于下也。大射。樂人宿縣。厥明將射。乃遷樂于下。以避射位是也。舉醻舉所奠之醻爵也。逸逸。往來有序也。大侯。君侯也。天子熊侯白質。諸侯麋侯。赤質。大夫布侯。畫以虎豹。士布侯。畫以鹿豕。天子侯身一丈。其中三分居一。白質畫熊。其外則丹地。畫以雲氣。抗。張也。凡射。張侯而不繫左下綱。中掩束之。至將射。司馬命張侯。弟子脫束。遂繫下綱也。大侯張而弓矢亦張。節也。射夫既同。比其耦也。射禮。選羣臣爲三耦。三耦之外。其餘各自取匹。謂之衆耦。獻猶奏也。發。發矢也。的。質也。祈。求也。爵。射不中者。飲豐上之觶也。○衛武公飲酒悔過而作此詩。此章言因射而飲者。初筵禮儀之盛。酒既調美。而飲者齊一。至於設鐘鼓。舉醻爵。抗大侯。張弓矢。而衆耦拾發。各心競云。我以此求爵汝也。

○籥舞笙鼓。樂既和奏。叶宗五反烝衎音看烈祖。以洽百禮。百禮既至。有壬有林。錫爾純嘏。子孫其湛。音耽叶持林反其湛曰樂。音洛各奏爾能。叶奴金反賓載手仇。音拘叶音求其室人入又。叶音由怡酌彼康爵。以奏爾時。叶音醻○賦也。籥舞。文舞也。烝。進。衎。樂。烈。業。洽。合也。百禮。言其備也。壬。大。林。盛也。言禮之盛大也。錫。神錫之也。爾。主祭者也。嘏。福。湛。樂也。各奏爾能。謂子孫酌獻尸。尸酢而卒爵也。仇讀曰𣁽。室人有室中之事者。謂佐食也。又復也。賓手把酒室人復酌。爲加爵也。康安也。酒所以安體也。或曰康讀曰抗。記曰崇坫康圭。此亦謂坫上之爵也。時時祭也。蘇氏曰時物也。○此言因祭而飲者。始時禮樂之盛如此也。○

賓之初筵。溫溫其恭。其未醉止。威儀反反。叶分邅反曰既醉止。威儀幡幡。叶分邅反舍音捨其坐遷。屢舞僊僊。其未醉止。威儀抑抑。曰既醉止。威儀怭怭。音弼是曰既醉。不知其秩。賦也。反反顧禮也。幡幡輕數也。遷徙。屢數也。僊僊軒舉之狀。抑抑愼密也。怭怭媟嫚也。秩常也。○此言凡飲酒者常始乎治而卒乎亂也。○

賓既醉止。載號音毫載呶。音鐃亂我籩豆。

屢舞僛僛。音欺是曰既醉不知其郵。叶于其反側弁之俄屢舞傞傞。音娑既醉而出並受其福。叶筆力反醉而不出是謂伐德飲酒孔嘉。叶居何反維其令儀。叶牛何反○賦也。號。呼。呶讙也。僛僛傾側之狀。郵與尤同。過也。側傾也。俄傾貌。傞傞不止也。出去。伐害。孔甚。令善也。○此章極言醉者之狀。因言賓醉而出則與主人俱有美譽。醉至若此。是害其德也。飲酒之所以甚美者。以其有令儀爾。今若此則無復有儀矣。

○凡此飲酒或醉或否。叶補美反既立之監或佐之史。彼醉不臧不醉反恥。式勿從謂無俾大音泰怠。叶養里反匪言勿言匪由勿語由醉之言俾

詩問賓之初筵衛武公飲酒以監妹邦之酗酗守文考之彝訓作詩五章今賓筵奏之以止沈湎焉韓詩云武公悔過經皆序賓而言非自悔之辭也

出童羖。音古三爵不識。叶音失志矧敢多又。叶夷益夷豉二反。○賦也。監，史，司正之屬。燕禮鄉射，恐有解倦失禮者，立司正以監之，察儀法也。謂，告。由，從也。童羖，無角之羖羊，必無之物也。識，記也。○言飲酒者，或醉或不醉。故既立監而佐之以史，則彼醉者所爲不善而不自知，使不醉者反爲之羞愧也。安得從而告之，使勿至於大怠乎。告之若曰：所不當言者勿言，所不當從者勿語。醉而妄言，則將罰汝使出童羖矣。設言必無之物以恐之也。汝飲至三爵，已昏然無所記矣，況敢又多飲乎。又丁寧以戒之也。

賓之初筵五章，章十四句。

毛氏序曰：衛武公刺幽王也。韓氏序曰：衛武公飲酒悔過也。今按此詩意與大雅抑戒相類，必武公自悔之作。當從韓義。

詩論章首二句忽入韻忽不入韻不與諸詩一律細按之首三四三章不入韻者起二句也頌住以下用韻也整齊如一頭兩脚之形入韻者起兩句也皆下以下用韻也參差有小瀾大瀾之致爲法仍極分明

魚藻宣王次鎬方待吉甫凱至也　白帖周王有在鎬之燕　毛序刺幽續之思古此鎬即六月侵鎬及方之鎬非鎬京也　六月之師出吉甫神速謀出田徙遂親征至于鎬方乃命吉甫進至太原而次鎬以待之懿而吉甫凱旋至鎬豈樂即大司樂王師大獻則令奏愷樂平日飲酒不奏愷樂也　移次六月

采菽宣王錫命有功也　章旨注國語王賜諸侯命服之樂也　序刺幽續之次思古被交匪紓同采芑之

魚在在藻有頒音焚其首王在在鎬豈音愷樂音洛飲酒。興也。藻水草也。頒大首貌。豈亦樂也。此天子燕諸侯而諸侯美天子之詩也。言魚何在乎在乎藻也則有頒其首矣。王何在乎在乎鎬京也則豈樂飲酒矣。○魚在在藻有莘其尾王在在鎬飲酒樂豈叶去幾反。興也。莘長也。○魚在在藻依于其蒲王在在鎬有那其居。興也。那安。居處也。

魚藻三章章四句。

采菽采菽筐音匡之筥音舉之君子來朝音潮何錫予音與之雖無予之路車乘去聲馬叶滿補反又何予

之玄袞及黼。音甫。○輿也。菽，大豆也。君子，諸侯也。路車，金路以賜同姓，象路以賜異姓也。玄袞，玄衣而畫以卷龍也。黼，如斧形，刺之於裳也。周制，諸公袞冕九章，已見九罭篇。侯伯鷩冕七章，則自華蟲以下。子男毳冕五章，衣自宗彝以下，而裳黼黻。孤卿絺冕三章，則衣粉米，而裳黼黻。大夫玄冕，玄衣黻裳而已。○此天子所以荅魚藻而采菽，采菽則必以筐筥盛之，君子來朝則必有以錫予之。又言今雖無以予之，然已有路車乘馬玄袞及黼之賜矣。其言如此者，好之無已，意猶以爲薄也。○觱音必沸音弗檻胡覽反泉。叶才勻反言采其芹。音勤君子來朝，言觀其旂。音祈，叶巨斤反其旂淠淠，音譬鸞聲嘒嘒。載驂載駟，君子所屆。叶居氣反。○輿也。觱沸，泉出貌。檻泉，正出也。芹，水草，可食。淠淠動貌。嘒嘒，聲也。屆，至也。○觱沸檻泉，則言采其芹。諸侯來朝，則言觀其旂。見其旂，聞其鸞聲，又見其馬，則知君子之至於是也。○赤芾音弗在股，邪幅在下。叶後五反彼交匪紓。音舒，叶上與反天子所予。音與樂音洛只音止君子，天子命之。叶彌并反樂只君子，福祿申之。

賦也。脛本曰股。邪幅，偪也。邪纏於足，如今行縢，所以束脛，在股下也。交，交際也。紓，緩也。言諸侯服此芾偪，見於天子，恭敬齊遫，不敢紓緩，則爲天子所與，而申之以福祿也。○

維柞之枝，其葉蓬蓬。樂只君子，殿多見反天子之邦。○叶上工反樂只君子，萬福攸同。平平音梗左右，亦是率從。

興也。柞見車舝篇。蓬蓬，盛貌。殿，鎮也。平平，辯治也。左右，諸侯之臣也。

幸循也。○維柞之枝。則其葉蓬蓬然。樂只君子。則宜殿天子之邦。而爲萬福之所聚。又言其左右之臣。亦從之而至此也。○汎汎芳劒反楊舟。紼音弗纚音黎維之。樂只君子。天子葵之。樂只君子。福祿膍音琵之。優哉游哉。亦是戾叶郎之反矣。興也。紼。繂也。纚。維。皆繫也。言以大索纚其舟而繫之也。葵。揆也。揆猶度也。膍。厚。戾。至也。○汎汎楊舟。則必以紼纚維之。樂只君子。則天子必葵之。福祿必膍之。於是又歎其優游而至於此也。

采薇五章章八句。

騂騂音觪角弓。翩音篇其反叶分邅反矣。兄弟昏姻。無胥遠叶於圓反矣。興也。騂騂。弓調和貌。角弓。以角飾弓也。翩。反貌。弓之爲物。張之

詩經　小雅　　五之七十三

是十月之交、正月四詩而總之曰厲王奔彘，幽王見殺，則知除正月是十月正月三詩刺幽，以刺厲無疑也。　穆頫弁後

述聞之即忘也，言但怨人之不讓己，而忘乎己之不讓人，正所謂民之無良也。韓詩外傳曰：有君不能事，有臣欲其忠；有父不能事，有子欲其孝；有兄不能敬，有弟欲其從令。詩曰：受爵不讓，至于己斯亡。言能知于人而不能自知也，不能自知正所謂至于己斯忘也。忘亡古字通。

則內向而來，弛之則外反而去，有似兄弟昏姻親疎遠近之意。胥，相也。○此刺王不親九族而好讒佞，使宗族相怨之詩。言騂騂角弓，既翩然而反矣，兄弟昏姻，則豈可以相遠哉。

○爾之遠矣，民胥然矣；爾之教矣，民胥傚矣。賦也。爾，王也。上之所爲，下必有甚者。

○此令兄弟，綽綽有裕。預與二音。不令兄弟，交相爲瘉。同上。○賦也。令，善。綽，寬。裕，饒。瘉，病也。○言雖王化之不善，然此善兄弟，則綽綽有裕而不變。彼不善之兄弟，則由此而交相病矣。蓋指讒己之人而言也。

○民之無良，相怨一方。受爵不讓，叶如羊反。至于己斯亡。賦也。一方，彼一方也。○相怨者各據其一方耳。若以責人之心責己，愛己之心愛人，使彼己之間，交見而無蔽，則豈有相怨者哉。況兄弟

按宜猶乃也

相怨相讒以取爵位而不知遜讓終亦必亡而已矣○老馬反爲駒[叶去聲]不顧其後[叶下故反]如食宜饇[音嫗]如酌孔取[叶音娶]○比也饇飽孔甚也○言其但知讒害人以取爵位而不知其不勝任如老馬憊矣而反自以爲駒不顧其後將有不勝任之患也又如食之已多而宜飽矣酌之所取亦已甚矣○毋教猱升木如塗塗附君子有徽猷小人與屬[音蜀叶殊遇反]○比也猱獼猴也性善升木不待教而能也塗泥附著徽美猷道屬附也○言小人骨肉之恩本薄王又好讒佞以來之是猶教猱升木又如於泥塗之上加以泥塗附之也苟王有美道則小人將反爲善以附之不至於如此矣

○雨[去聲]雪瀌瀌[音標]見晛[音現]曰消莫肯下[去聲]遺

詩經小雅　五之七十四

釋文韓詩作曣見日出也曰消韓詩作聿消

荀子非相引作宴然聿消

莫肯下隨式居屢驕

菀柳，刺厲王也。暴虐無親而刑罰不中，諸侯皆不欲朝，言王者之不可朝事也。用毛、衞序，改幽為厲。次角弓序，亦無親。皆言暴虐無親。詩言上帝甚蹈，猶上帝板板之也。厲王監謗，不敢斥言，大小雅同詞。以上厲王詩

詩經

式居婁音慮驕。比也。瀌瀌，盛貌。晛，日氣也。張子曰：讒言遇明者當自止，而王甘信之，不肯貶下而遺棄之，更益以長慢也。○雨雪浮浮，見晛曰流。如蠻如髦，叶莫侯反。我是用憂。比也。浮浮，猶瀌瀌也。流，流而去也。蠻，南蠻也。髦，夷髦也。書作髳。言其無禮義而相殘賊也。

角弓八章，章四句。

有菀音鬱者柳，不尚息焉。上帝甚蹈，無自暱焉。俾予靖之，後予極焉。比也。柳，茂木也。尚，庶幾也。上帝，指王也。蹈，當作神，言威靈可畏也。暱，近。靖，定也。極，求之盡也。○王者暴虐，諸侯不朝，而作此詩。言彼有菀然茂盛之柳，行路之人，豈不庶幾欲就止息乎？以比人誰不欲朝事王者，而王甚威神，使

平議極當為悈說文心部悈疾也言其後乃憎疾我也又曰華蓋視我邁邁傳曰邁邁不悅也說文心部怖恨怒也詩曰視我怖怖是今詩作邁邁者乃怖段字此邁字亦當讀為怖言其後乃不悅我也
何玄子曰極蹶同蹶者古以為勞倦之意晋人所謂小極

人畏之而不敢近耳。使我朝而事之以靖王室。後必將極其所欲以求於我。蓋諸侯皆不朝而已獨至。則王必責之無已。如齊威王朝周而後反爲所辱也。或曰興也。下章放此。

○有菀者柳。不尚愒焉。上帝甚蹈。無自瘵音債叶子例反焉。俾予靖之。後予邁叶力制反焉。比也。愒，息。瘵，病也。邁，過也。求之過其分也。

○有鳥高飛。亦傅音附于天。叶鐵因反彼人之心。于何其臻。曷予靖之。居以凶矜。興也。傅、臻，皆至也。彼人，斥王也。居，猶徒然也。凶矜，遭凶禍而可憐也。○鳥之高飛，極至于天耳。彼王之心，於何所極乎。言其貪縱無極，求責無已。人不知其所至也。如此則豈予能靖之乎。乃徒然自取凶矜耳。

都人士思西周也。序。毛

詩經

菀柳三章章六句。

桑扈之什十篇四十三章二百八十二句。

都人士之什二之八

禮記緇衣引詩彼都人士三三鄭注此詩毛氏有之三家則亡

彼都人士，狐裘黃黃。其容不改，出言有章。行歸于周，萬民所望。叶音亡。○賦也。都，王都也。黃黃，狐裘色也。不改，有常也。章，文章也。周，鎬京也。○亂離之後，人不復見昔日都邑之盛、人物儀容之美，而作此詩以歎惜之也。

○彼都人士，臺笠緇撮。叶租悅反。彼君子女，綢直如髮。叶方月反。我不見兮，我心不說。音悅。○賦也。臺夫須也。緇撮緇布冠也。其制小僅可撮其髻也。君子女都人貴家之女也。綢直如髮未詳其義。然以四章五章推之。亦言其髮之美耳。○彼都人士。充耳琇音秀實。彼君子女。謂之尹吉。我不見兮。我心苑音韞結。叶纈質反○賦也。琇美石也。以美石為瑱。尹吉未詳。鄭氏曰。吉讀為姞。尹氏姞氏。周之昏姻舊姓也。人見都人之女。咸謂尹氏姞氏之女。言其有禮法也。李氏曰。所謂尹吉。猶晉言王謝。唐言崔盧也。苑猶屈也。積也。○彼都人士。垂帶而厲。叶落蓋反彼君子女。卷音權髮如蠆。音瘥我不見兮。言從之邁。賦也。厲垂帶之貌。卷髮鬢旁短髮不可斂者。曲上卷然以為飾也。蠆螫蟲也。尾末揵然。似髮之曲上者。邁行也。蓋曰。是不可得見也。得見則我從之邁矣。

思之甚也。○匪伊垂之帶則有餘匪伊卷之髮則有旟我不見兮云何盱音吁矣賦也旟揚也盱望也說見何人斯篇。○此言士之帶非故垂之也帶自有餘耳女之髮非故卷之也髮自有旟耳言其自然閒美不假脩飾也然不可得而見矣則如何而不望之乎。

都人士五章章六句。

終朝采綠不盈一匊音菊予髮曲局薄言歸沐賦也自旦及食時爲終朝綠王芻也兩手曰匊局卷也猶言首如飛蓬也。○婦人思其君子而言終朝采綠而不盈一匊者思念之深不專於事也又念其髮之曲局於是舍之而歸沐以待其君子之還也。○終朝采藍不盈一襜尺占反叶都甘

反

五日爲期，六日不詹。音占，叶多甘反。○賦也。藍，染草也。衣蔽前謂之襜，卽蔽膝也。詹與瞻同。五日爲期，去時之約也。六日不詹，過期而不見也。

○之子于狩音獸，言韔音暢其弓。叶姑弘反。之子于釣，言綸之繩。賦也。之子，謂其君子也。理絲曰綸。○言君子若歸而欲往狩耶，我則爲之韔其弓；欲往釣耶，我則爲之綸其繩。望之切，思之深，欲無往而不與之俱也。

○其釣維何？維魴音房及鱮。音敘，叶音湑。維魴及鱮，薄言觀者。叶掌與反。○賦也。於其釣而有獲也，又將從而觀之，亦上章之意也。

采綠四章，章四句。

芃芃音蓬黍苗，陰雨膏去聲之。悠悠南行，召伯勞之。

肅肅謝功召指定申
伯之宅　毛序刺幽
移次庭燎下

助字讓嘆蓋悟辭又云乃也孝經
愛敬盡於事親而德教加於百姓
刑於四海蓋天子之孝也言是乃天
子之孝也

去聲之。興也。芃芃長大貌。悠悠遠行之意。○宣王封申伯於謝，命召穆公往營城邑，故將徒役南行，而行者作此，言芃芃黍苗，則唯陰雨能膏之；悠悠南行，則唯召伯能勞之也。○我任音壬我輦我車我牛叶魚其反，我行既集，蓋云歸哉。叶將黎反○賦也。任，負任者也。輦，人輓車也。牛，所以駕大車也。集，成也。營謝之役既成而歸也。○我徒我御，我師我旅，我行既集，蓋云歸處。賦也。徒，步行者。御，乘車者。五百人為旅，五旅為師。春秋傳曰："君行師從，卿行旅從。"○肅肅謝功，召伯營之。烈烈征師，召伯成之。賦也。肅肅，嚴正之貌。謝，邑名，申伯所封國也，今在鄧州信陽軍。功，工役之事也。營，治也。烈烈，威武貌。征，行也。○原隰既平，泉流既清，召伯有成王心則寧。賦也。土治曰平。水治曰清。言召伯營謝邑。相其原隰之宜。通其水泉之利。此功既成。宣王之心則安也。

黍苗五章章四句。此宣王時詩。與大雅崧高相表裏。

隰桑有阿。其葉有難。音那 既見君子。其樂音洛如何。興也。隰。下濕之處。宜桑者也。阿。美貌。難。盛貌。皆言枝葉條垂之狀。○此喜見君子之詩。言隰桑有阿。則其葉有難矣。既見君子。則其樂如何哉。辭意大槩與菁莪相類。然所謂君子。則不知其何所指矣。或曰比也。下章放此。○隰桑有阿。其葉有沃。叶鬱縛反 既見君子。云何不樂。興也。沃。光澤貌。○隰桑有阿。其葉有幽。叶於交反 既見君子。德音孔膠。音交

詩經 小雅　五之七十八

○興也。幽，黑色也。膠，固也。○心乎愛叶許既反矣，遐不謂矣。中心藏之，何日忘之。賦也。遐，與何同。表記作瑕。鄭氏註曰：瑕之言胡也。謂猶告也。○言我中心誠愛君子，而既見之，則何不遂以告之？而但中心藏之，將使何日而忘之耶？楚辭所謂「思公子兮未敢言」，意蓋如此。愛之根於中者深，故發之遲而存之久也。

隰桑四章，章四句。

白華音花菅音姦兮，白茅束兮。之子之遠，俾我獨兮。比也。白華，野菅也。已漚爲菅。之子，斥幽王也。俾，使也。我，申后自我也。○幽王娶申女以爲后，又得褒姒而黜申后，故申后作此詩。言白華爲菅，則白茅爲束，二物至微，猶必相須爲用。何之子之遠，而俾我獨耶。

○英英白雲，露彼菅茅。叶莫

侯反天步艱難。之子不猶。比也。英英。輕明之貌。白雲。水土輕清之氣。當夜而上騰者也。露。即其散而下降者也。步。行也。天步。猶言時運也。猶。圖也。或曰。猶。如也。○言雲之澤物。無微不被。今時運艱難。而之子不圖。不如白雲之露菅茅也。○滮符彪反池北流。浸彼稻田。叶地因反嘯歌傷懷。念彼碩人。比也。滮。流貌。北流。豐鎬之閒。水多北流。碩人。尊大之稱。亦謂幽王也。○言小水微流。尚能浸灌。王之尊大。而反不能通其寵澤。所以使我嘯歌傷懷而念之也。○樵彼桑薪。卬音昂烘于煁。音忱維彼碩人。實勞我心。比也。樵。采也。桑薪。薪之善者也。卬。我。烘。燎也。煁。無釜之竈。可燎而不可亨飪者也。○桑薪宜以亨飪。而但爲燎燭。以比嫡后之尊。而反見卑賤也。○鼓鐘于宮聲聞音問于外。念子懆懆。音造視我邁邁。比也。懆懆憂貌。邁邁不顧也。○鼓鐘于宮。則聲聞于外矣。念子懆懆。而反視我邁邁何哉。○有鶖音秋在梁。有鶴在林。維彼碩人。實勞我心。比也。鶖禿鶖也。梁魚梁也。○蘇氏曰。鶖鶴皆以魚爲食。然鶴之於鶖。清濁則有間矣。今鶖在梁而鶴在林。鶖則飽而鶴則飢矣。幽王進褒姒而黜申后。譬之養鶖而棄鶴也。○鴛鴦在梁。戢其左翼。之子無良。二三其德。比也。戢其左翼。言不失其常也。良。善也。二三其德。則鴛鴦之不如也。○有扁音辯斯石。履之卑兮。之子之遠。俾我疷音底叶喬移反兮。比也。扁卑貌。俾使。疷病也。○有扁然而卑之石。則履之者亦卑矣。如妾之賤。則寵之者亦賤矣。是以之子之遠

淮南子齊俗訓周公踐東宮履乘石注人君乘車有乘石也

綿蠻後思也 王符論衡
人病而綿蠻風毛居微
臣判亂也大臣不用忠道
忘微賤不肯　移次　隱栗
俟食教載之

而俾我

詩誦白華八章前章句皆託物為此後二句點末意卽洪曲江感遇詩格肪始于此
通論此詩八章凡八此甚喜

疧也。

白華八章章四句。

綿蠻黃鳥止于丘阿道之云遠我勞如何飲
之食之教之誨之命彼後車謂之載之

聲之食音嗣

比也。綿蠻鳥聲阿曲阿也後車副車也
微賤勞苦而思有所託者篤鳥言以自比也
蓋曰綿蠻之黃鳥自言止于丘阿而不能前
蓋道遠而勞甚矣當是時也有能飲之食之
教之誨之又命後車以載之者乎

車以載之者乎　○綿蠻黃鳥止于丘隅豈
敢憚行畏不能趨飲之食之教之誨之命彼
後車謂之載之也。

後車謂之載之也。比也隅角憚畏
趨疾行也。○綿蠻黃鳥

止于丘側豈敢憚行畏不能極飲之食之教之誨之命彼後車謂之載之比也側旁極至也國語云齊朝駕則夕極于魯國

緜蠻三章章八句

幡幡音翻瓠葉采之亨之叶鋪郎反君子有酒酌言嘗之賦也幡幡瓠葉貌。此亦燕飲之詩言幡幡瓠葉采之亨之至薄也然君子有酒則亦以是酌而嘗之蓋述主人之謙辭言物雖薄而必與賓客共之也

○有兔斯首炰音庖之燔之音煩叶汾乾反君子有酒酌言獻之叶虛言反賦也有兔斯首一兔也猶數魚以尾也毛曰炰加火曰燔亦薄物也獻獻

之於賓也。○有兔斯首。燔之炙音隻叶陟略反之。君子有酒。酌言酢之。賦也。炕火曰炙。謂以物貫之而舉於火上以炙之。酢報也。賓既卒爵。而酌主人也。○有兔斯首。燔之炮叶蒲侯反之。君子有酒。酌言醻音酬之。賦也。醻導飲也。

瓠葉四章。章四句。

漸漸音巉之石。維其高矣。山川悠遠。維其勞矣。武人東征。不遑朝叶直高反矣。賦也。漸漸高峻之貌。武人將帥也。遑暇也。言無朝旦之暇也。○將帥出征。經歷險遠。不堪勞苦而作此詩也。○漸漸之石。維其卒音崒矣。山川悠遠。曷其沒叶莫筆反矣。

詩經

武人東征，不遑出矣。賦也。卒，崔嵬也。謂山巔之末也。曷，何。沒，盡也。言所登歷，何時而可盡也。不遑出，謂但知深入，不暇謀出也。○有豕白蹢，的音烝涉波矣。月離于畢，俾滂沱矣。武人東征，不遑他矣。拖音賦也。蹢，蹄。烝，衆也。離，月所宿也。畢，星名。豕涉波，月離畢，將雨之驗也。○張子曰：豕之負塗曳泥，其常性也。今其足皆白，衆與涉波而去，水患之多可知矣。此言久役，又逢大雨，甚勞苦而不暇及他事也。

漸漸之石三章，章六句。

苕條音之華，花音芸云音其黃矣。心之憂矣，維其傷矣。比也。苕，陵苕也。本草云：即今之紫葳，蔓生附於喬木之上，其華黃赤色，亦名淩霄。○

詩人自以身逢周室之衰。如苕附物而生。雖榮不久。故以爲比。而自言其心之憂傷也。

○苕之華。其葉青青。音精 知我如此。不如無生。叶桑經反 ○比也。青青。盛貌。然亦何能久哉。

○牂音臧羊墳音焚首。三星在罶。音柳 人可以食。鮮上聲 可以飽。叶補苟反 ○賦也。牂羊牝羊也。墳大也。羊瘠則首大也。罶笱也。罶中無魚而水靜。但見三星之光而已。○言饑饉之餘。百物彫耗如此。苟且得食足矣。豈可望其飽哉。

苕之華三章章四句。陳氏曰。此詩其辭簡。其情哀。周室將亡。不可救矣。詩人傷之而已。

何草不黃。何日不行。叶戶郎反 何人不將。經營四

以上西周民風

詩經

方。興也。草衰則黃。將亦行也。○周室將亡。征役不息。行者苦之。故作此詩。言何草而不黃。何日而不行。何人而不將。以經營於四方也哉。

○何草不玄。叶胡匀反何人不矜。音鰥哀我征夫。獨為匪民。興也。玄。赤黑色也。既黃而玄也。無妻曰矜。言從役過時而不得歸。失其室家之樂也。哀我征夫。豈獨為匪民哉。

○匪兕匪虎。率彼曠野。叶上與反哀我征夫。朝夕不暇。叶後五反○賦也。率。循也。曠。空也。○言征夫非兕非虎。何為使之循曠野。而朝夕不得閒暇也。

○有芃者狐。音蓬率彼幽草。有棧與車叶士板反之車。行彼周道。興也。芃。尾長貌。棧車。役車也。周道。大道也。言不得休息也。

何草不黃四章。章四句。

都人士之什十篇。四十三章。二百句。

文王周公繩文王之德或成王也天子之誼周公自作樂歌孔子以爲大雅始 呂氏春秋周公作詩以繩文王之德引文王在上云云 漢書翟義傳周公作詩書深戒成王以恐失天下引殷之未喪師云云 毛序文王受命作周也

詩經卷之六

大雅三 說見小雅。

文王之什三之一

釋詞詩文王傳曰於歎詞也一言則曰於不加一言則曰於乎或作於戲或作烏呼其義一也小爾雅曰烏乎吁嗟也有所歎美有所傷痛隨事有異也

文王在上。於音烏，下同。昭于天。叶鐵因反。周雖舊邦。其命維新。有周不顯。帝命不時。叶上紙反。文王陟降。在帝左右。叶羽已反。

釋詞維猶乃也

釋詞傳云有周周也不顯顯也不時時也不爲語詞猶有爲語詞

○賦也。於，歎辭。昭，明也。命，天命也。不顯，猶言豈不顯也。帝，上帝也。不時，猶言豈不時也。左右，旁側也。○周公追述文王之德。明周家所以受命而代商者，皆由於此。以戒成王。此章言文王既沒，而其神在上。昭明于天。是以周邦雖自后稷始封。千有餘年。而其受天命，則自今始也。夫文王在上，而昭于天。則其德顯矣。周雖舊邦。

平議陳當讀爲申陳錫即申錫烈祖篇申錫無疆傳訓申爲重是也陳字本從申得聲古文陳申故得爲申通申字之義與上文亹亹之文義相應亹亹猶勉勉也惟文王勉勉又勉故令問不已惟其令問不已故能申錫無疆載成周道也下云本支百世則所申錫者不止其身且及于孫矣

釋詞不顯亦世言其世之顯也不必

亦皆語助

從釋亦同又之且也不顯亦世言顯且世世也

通論不顯亦世倒句

而命則新。則其命時矣。故又曰。有周豈不顯乎。帝命豈不時乎。蓋以文王之神在天。一升一降。無時不在上帝之左右。是以子孫蒙其福澤。而君有天下也。春秋傳。天王追命諸侯之辭曰。叔父陟恪。在我先王之左右。以佐事上帝。語意與此正相似。或疑恪亦降字之誤。理或然也。○亹亹音尾文王。令聞音問不已。陳錫哉周。侯文王孫子。叶獎里反文王孫子。本支百世。凡周之士。不顯亦世。

賦也。亹亹。强勉之貌。令聞。善譽也。陳猶敷也。哉。語辭。侯。維也。本宗子也。支。庶子也。○文王非有所勉也。純亦不已。而人見其若有所勉耳。其德不已。故今既沒。而其令聞猶不已也。令聞不已。是以上帝敷錫于周。維文王孫子。則使之本宗百世爲天子。支庶百世爲諸侯。而又及其臣子。使凡周之士。亦世世脩德。與周匹休焉。

○世之不顯，厥猶翼翼。思皇多士，生此王國。叶于逼反王國克生，維周之楨。音貞濟濟上聲多士，文王以寧。賦也。猶，謀。翼翼，勉敬也。思，語辭。皇，美。楨，榦也。濟濟，多貌。○此承上章而言其傳世豈不顯乎，而其謀猷皆能勉敬如此也。美哉此衆多之賢士，而生於此文王之國也。文王之國能生此衆多之士，則足以爲國之榦，而文王亦賴以爲安矣。蓋言文王得人之盛，而宜其傳世之顯也。

○穆穆文王，於緝熙敬止。假上聲哉天命，有商孫子。商之孫子，其麗不億。上帝既命，侯于周服。叶蒲北反○賦也。穆穆，深遠之意。緝，續。熙，明。亦不已之意。止，語辭。假，大。麗，數也。不億，不止於億也。侯，維也。○言穆穆然文王之德不已，其敬如此，是以天命集焉。以有商孫子觀之。則可見矣。蓋商之孫子。其數不止於億。然以上帝之命集於文王。而今皆維服于周矣。

○**侯服于周。天命靡常。殷士膚敏。祼**音灌**將于京。**叶居良反**厥作祼將。常服黼**音甫**冔。**音許**王之藎**音盡**臣。無念爾祖。**

賦也。諸侯之大夫。入天子之國曰某士。則殷士者。商孫子之臣屬也。膚。美。敏。疾也。祼。灌鬯也。將。行也。酌而送之也。京。周之京師也。黼。黼裳也。冔。殷冠也。蓋先代之後。統承先王。修其禮物。作賓於王家。時王不敢變焉。而亦所以爲戒也。王。指成王也。藎。進也。言其忠愛之篤。進進無已也。無念。猶言豈得無念也。爾祖。文王也。○言商之孫子而侯服于周。以天命之不可常也。故殷之士助祭于周京。而服商之服也。於是呼王之藎臣而告之曰。得無念爾祖文王之德乎。蓋以戒王而不

白虎通三正云詩曰殷作祼將常服黼冔言微子服殷之冠助祭於周也

平議國語吳語曰然後安受其燼韋注曰燼餘也字亦通作藎古文藎餘也李奇云閒炊薪不盡曰藎廣雅釋詁亦曰藎餘也王之藎臣猶言王之餘臣藎者某之殷字王謂殷王也爾祖者斥殷先哲王也

承上讀

常將十陽京十二庚

冔九麌讀祖八語

故謂此爾祖指殷先哲王

敢斥言。猶所謂敢告僕夫云爾。劉向曰。孔子論詩。至於殷士膚敏。祼將于京。喟然歎曰。大哉天命。善不可不傳於後嗣。是以富貴無常。蓋傷微子之事周。而痛殷之亡也。○

無念爾祖。聿脩厥德。永言配命。自求多福。叶筆力反

殷之未喪去聲**師。克配上帝。宜鑒于殷。駿**音峻**命不易。**去聲。

○賦也。聿。發語辭。永。長。配。合也。命。天理也。師。衆也。上帝。天之主宰也。駿。大也。不易。言其難也。○言欲念爾祖。在於自脩其德。而又常自省察。使其所行無不合於天理。則盛大之福。自我致之。有不外求而得矣。又言殷未失天下之時。其德足以配乎上帝矣。今其子孫乃如此。宜以爲鑒而自省焉。則知天命之難保矣。大學傳曰。得衆則得國。失衆則失國。此之謂也。○

命之不易。無遏爾躬。叶姑弘反**宣昭**

義。問。有虞殷自天。叶鐵因反上天之載。無聲無臭。叶初尤反儀刑文王。萬邦作孚。叶房尤反○賦也。遏。絶。宣。布。昭。明。義。善也。問。聞。通。有。又。通。虞。度。載。事。儀。象。刑。法。孚。信也。○言天命之不易保。故告之使無若紂之自絶於天。而布明其善譽於天下。又度殷之所以廢興者。而折之於天。然上天之事。無聲無臭。不可得而度也。惟取法於文王。則萬邦作而信之矣。子思子曰。維天之命。於穆不已。蓋曰天之所以爲天也。於乎不顯。文王之德之純。蓋曰文王之所以爲文也。純亦不已。夫知天之所以爲天。又知文王之所以爲文。則夫與天同德者。可得而言矣。是詩首言文王在上。於昭于天。文王陟降。在帝左右。而終之以此。其旨深矣。

文王七章。章八句。東萊呂氏曰。呂氏春秋引此詩。以爲周公所作味其辭意信非周公不能作也○今按此詩一章言文王有顯德而上帝有成命也二章言天命集於文王則不唯尊榮其身又使其子孫百世爲天子諸侯也三章言命周之福不唯及其子孫而又及其羣臣之後嗣也四章言天命既絕於商則不唯誅罰其身又使其子孫亦來臣服于周也五章言絕商之禍不唯及其子孫而又及其羣臣之後嗣也六章言周之子孫臣庶當以文王爲法而以商爲監也七章又言當以商爲監而以文王爲法也其於天人之際興亡之理丁寧反覆至深切矣故立之樂官而因以爲天子諸侯朝會之樂蓋將以戒乎後世之君臣而又以昭先王之德於天下也國語以爲兩君相見之樂特舉其一端而言耳然此詩之首章言文王之昭于天而不言其所以昭次

大明周公述文武之德也與文王同歌
章昭魯語注周公昭先王之德于天下也毛序文王有明德故天復命武王
故經明明在下指言天監在下也赫赫在上指言臨下有赫也以詩以天命推端

詩經

章言其令聞不已。而不言其所以聞。至於四章然後所以昭明而不已者。乃可得而見焉。然亦多詠歎之言。而語其所以爲德之實。則不越乎敬之一字而已。然則後章所謂脩厥德而儀刑之者。豈可以他求哉。亦勉於此而已矣。

明明在下。赫赫在上。叶辰羊反天難忱音諶斯。不易去聲維王。天位殷適。音的使不挾。子燮反四方。賦也。明明。德之明也。赫赫。命之顯也。忱。信也。不易。難也。天位。天子之位也。殷適。殷之適嗣也。挾。有也。○此亦周公戒成王之詩。將陳文武受命。故先言在下者有明明之德。則在上者有赫赫之命。達於上下。去就無常。此天之所以難忱而爲君之所以不易也。紂居天位。爲殷嗣。乃使之不得挾四方而有之。蓋以此爾。○摯音至仲氏任音壬自彼殷商來嫁于周，曰嬪音貧于京。叶居良反 乃及王季，維德之行。叶戸郞反 大音泰任有身，叶尸羊反 生此文王。

賦也。摯，國名。仲，中女也。任，摯國姓也。殷商，商之諸侯也。嬪，婦也。京，周京也。曰嬪于京，疊言以釋上句之意，猶曰釐降二女于嬀汭，嬪于虞也。王季，文王父也。身，懷孕也。○將言文王之聖，而追本其所從來者如此。蓋曰自其父母而已然矣。

○維此文王，小心翼翼，昭事上帝，聿懷多福。叶筆力反 厥德不回，以受方國。叶越逼反

○賦也。小心翼翼，恭慎之貌，即前篇之所謂敬也。文王之德，於此爲盛。昭，明。懷，來。回，邪也。方國，四方來附之國也。

○天監在下，有命既集。叶昨合反 文王初載，天作之合。在洽之陽，在

渭之涘音士叶羽已反文王嘉止大邦有子叶奬里反○賦也。監視。集就。載年。合配也。洽水名。本在今同州郃陽夏陽縣今流已絕。故去水而加邑。渭水亦逕此入河也。嘉昏禮也。大邦莘國也。子大姒也。○將言武王伐商之事。故此又推其本而言天之監照。實在於下。其命既集於周矣。故於文王之初年而默定其配。所以洽陽渭涘。當文王將昏之期。而大邦有子也。蓋曰非人之所能爲矣。○大邦有子俔牽遍反天之妹文定厥祥親迎去聲于渭造舟爲梁不顯其光賦也。俔磬也。韓詩作磬。說文云俔譬也。孔氏曰如今俗語譬喻物。曰磬作然也。文禮祥吉也。言卜得吉而以納幣之禮定其祥也。造作。梁橋也。作船於水。比之而加版於其上。以通行者。即今之浮橋也。傳曰。天子造舟。諸侯維舟。大夫方舟。

士特舟。張子曰。造舟爲梁。文王所制。而周世遂以爲天子之禮也。不顯。顯也。

○有命自天。命此文王。于周于京。叶居良反纘女維莘。長上聲子維行。叶戶郎反篤生武王。保右音祐命爾燮伐大商。賦也。纘。繼也。莘。國名。長子。長女。大姒也。行。嫁。篤。厚也。言既生文王而又生武王也。右。助。燮。和也。○言天既命文王於周之京矣。而克纘大任之女事者。維此莘國。以其長女來嫁于我也。天又篤厚之。使生武王保之助之命之。而使之順天命以伐商也。

○殷商之旅。其會如林。矢于牧野。維予侯興。叶音歆上帝臨女。音汝無貳爾心。賦也。如林。言衆也。書曰。受率其旅若林。矢。陳也。牧野。在朝歌南七十里。侯。維貳。疑也。爾。武王也。○此章言武王伐紂之時。

紂衆會集如林。以拒武王。而皆陳于牧野。則維我之師。爲有興起之勢耳。然衆心猶恐武王以衆寡之不敵。而有所疑也。故勉之曰。上帝臨女。無貳爾心。蓋知天命之必然。而贊其決也。然武王非必有所疑也。設言以見衆心之同。非武王之得已耳。○

牧野洋洋。檀車煌煌。駟騵音元**彭彭。**叶鋪郎反**維師尚父。時維鷹揚。涼**音亮**彼武王。肆伐大商。會朝清明。**叶謨郎反

○賦也。洋洋。廣大之貌。檀。堅木。宜爲車者也。煌煌。鮮明貌。騵。駵馬白腹曰騵。彭彭。強盛貌。師尚父。太公望爲大師而號尚父也。鷹揚。如鷹之飛揚而將擊。言其猛也。涼。漢書作亮。佐助也。肆。縱兵也。會朝。會戰之旦也。○此章言武王師衆之盛。將帥之賢。伐商以除穢濁。不崇朝而天下清明。所以終首章之意也。

緜述文王之興本太王也與文王同歌 毛用序

通論陶說文瓦器也蓋瓶甓之屬復者平地累土爲之故曰復

大明八章四章章六句四章章八句。名義見小旻篇。一章言天命無常惟德是與。二章言王季大任之德以及文王。三章言文王之德。四章五章六章言文王大姒之德以及武王。七章言武王伐紂。八章言武王克商以終首章之意。其章以六句八句相間。又國語以此及下篇皆爲兩君相見之樂。說見上篇。

緜緜瓜瓞。音垤民之初生。自土沮音疽漆。音七古公亶父。音甫陶音桃復音福陶穴。叶戶橘反未有家室。比也。緜緜不絕貌。大曰瓜。小曰瓞。瓜之近本初生者常小。其蔓不絕。至末而後大也。民。周人也。自。從。土。地也。沮漆。二水名。在豳地。古公。號也。亶父。名也。或曰字也。後乃追稱大王焉。陶。窰竈也。

述聞 率西水滸 臣承上章之沮水西岸
日知錄 古者馬以駕車不可言走馬 走者單騎之稱 古公之國都於戎翟 其習尚有相同者
通論 走馬顧野王作趣馬是古本 來馬趣字或有作走耳 趣馬亦官名

復。重窰也。穴。土室也。家。門內之通名也。豳地近西戎而苦寒。故其俗如此。○此亦周公戒成王之詩。追述大王始遷岐周以開王業。而文王因之以受天命也。此其首章。言瓜之先小後大。以比周人始生於漆沮之上。而古公之時。居於窰竈土室之中。其國甚小。至文王而後大也。○古公亶父。來朝走馬。率西水滸。音虎至于岐下。叶後五反爰及姜女。聿來胥宇。賦也。朝。早也。走馬。避狄難也。滸。水厓也。漆沮之側也。岐下。岐山之下也。姜女。大王妃也。胥。相。宇。宅也。孟子曰。大王居邠。狄人侵之。事之以皮幣珠玉犬馬而不得免。乃屬其耆老而告之曰。狄人之所欲者。吾土地也。吾聞之也。君子不以其所以養人者害人。二三子何患乎無君。我將去之。去邠。踰梁山。邑于岐山之下居焉。○邠人曰。仁人也。不可失也。從之者如歸市。

伏生書大傳 呂氏春秋 俱有此文

新序雜事引詩聿來相宇

周原膴膴音武菫音謹荼如飴音移爰始爰謀叶謀悲反
爰契音器我龜曰止曰時築室于茲叶津之反○賦也周
地名在岐山之南廣平曰原膴膴肥美貌菫
烏頭也荼苦菜蓼屬也飴餳也契所以然火
而灼龜者也儀禮所謂楚焞是也或曰以刀
刻龜甲欲鑽之處也○言周原土地之美雖
物之苦者亦甘於是大王始與豳人之從已
者謀居之又契龜而卜之既得吉兆乃告其
民曰可以止於是而築室
矣或曰時謂土功之時也○迺慰迺止迺左
迺右叶羽已反迺疆迺理迺宣迺畝叶滿彼反自西徂
東周爰執事叶上止反○賦也慰安止居也
左右東西列之也疆謂畫其大
界理謂別其條理也宣布散而居也或曰導
其溝洫也畝治其田疇也自西徂東自西水

滸而徂東也。周。徧也。言靡事不爲也。○乃名司空。乃名司徒。俾立室家。叶古胡反其繩則直。縮音蹜版以載。叶節力反作廟翼翼。賦也。司空。掌營國邑。司徒。掌徒役之事。繩。所以爲直。凡營度位處。皆先以繩正之。既正。則束版而築也。縮。束也。載。上下相承也。言以索束版。投土築訖。則升下而上以相承載也。君子將營宮室。宗廟爲先。廄庫爲次。居室爲後。翼翼。嚴正也。○捄音俱之陾陾。音仍度之薨薨。築之登登。削屢馮馮。音憑百堵皆興。鼛音皐鼓弗勝。賦也。捄。盛土於器也。陾陾。衆也。度。投土於版也。薨薨。衆聲也。登登。相應聲。削。屢成而削治重複也。馮馮。牆堅聲。五版爲堵。興起也。此言治宮室也。鼛鼓。長一丈二尺。以鼓役事。弗勝者。言其樂事勸功。鼓不能止也。

○迺立皐門皐門有伉音抗叶苦郎反迺立應門應門將將音搶迺立冢土戎醜攸行叶戶郎反○賦也傳曰王之郭門曰皐門伉高貌王之正門曰應門將將嚴正也大王之時未有制度特作二門其名如此及周有天下遂尊以爲天子之門而諸侯不得立焉冢土大社也亦大王所立而後因以爲天子之制也戎醜大衆也起大事動大衆必有事乎社而後出謂之宜○

肆不殄音佃厥慍亦不隕音尹厥問柞音昨棫音域拔音佩矣行道兌吐外反矣混音昆夷駾音隊矣維其喙音諱矣賦也肆故今也猶言遂也承上起下之辭殄絕慍怒隕墜也問聞通謂聲譽也柞櫟也枝長葉盛叢生有刺棫白桵也小木亦叢生有刺拔挺拔而上不拳曲蒙密也兌

詩經

通也。始通通道於柞棫之閒也。駾突喙息也。○言大王雖不能殄絕混夷之慍怒，亦不隕墜已之聲聞。蓋雖聖賢不能必人之不怒已。但不廢其自脩之實耳。然大王始至此岐下之時。林木深阻，人物鮮少。至於其後生齒漸繁。歸附日眾。則木拔道通。混夷畏之。而奔突竄伏。維其喙息而已。言德盛而混夷自服也。蓋已爲文王之時矣。○虞芮質厥成。文王蹶音媿厥生。叶桑經反予曰有疏附。叶上聲予曰有先去聲後。去聲叶下五反予曰有奔奏。音走叶宗五反予曰有禦侮。賦也。虞芮二國名。質正成平也。傳曰。虞芮之君相與爭田。久而不平。乃相與朝周。入其境。則耕者讓畔。行者讓路。入其邑。男女異路。斑白者不提挈。入其朝。士讓爲大夫。大夫讓爲卿。二國之君感而相謂曰。我等小人。不可以履君子之境。乃相讓以其所爭田爲閒田而退。天下聞之而歸者四十餘國。蘇氏曰。虞在陝之平陸。芮在同之馮翊。平陸有閒原焉。則虞芮之所讓也。蹶生。未詳其義。或曰。蹶動而疾也。生。猶起也。予。詩人自予也。率下親上曰疏附。相道前後曰先後。喻德宣譽曰奔奏。武臣折衝曰禦侮。○言混夷既服。而虞芮來質其訟之成。於是諸侯歸周者衆。而文王由此動其興起之勢。是雖其德之盛。然亦由有此四臣之助而然。故各以予曰起之。其辭繁而不殺者。所以深歎其得人之盛也。

詩論末章敍文王之興只蹶厥生三字以詩推本太王厥章不作文王也大明敍武王克紂只會朝清明一句亦此意

緜九章章六句。一章言在豳。二章言至岐。三章言定宅。四章言授田居民。五章言作宗廟。六章言治宮室。七章言作門社。八章言至文王而服混夷。九章遂言文王受命之事。餘說見上篇。

棫樸述文王專征
郊天而伐崇也　春秋繁露
文王受命而王天下，先郊乃敢行事，而興師伐崇。詩曰：芃芃棫樸，薪之槱之，此郊辭也。曰：周王于邁，六師及之，此伐辭也。毛序：文王能官人也，非
毛詩正韵：樸與趣錯韵，槱合韵侯部

鐘說：考工記玉人曰：大璋中璋九寸，邊璋七寸，射四寸，厚寸，黃金勺，青金外，朱中，鼻寸，衡四寸，有繅。天子以巡守，宗祝以前馬。鄭注曰：三璋之勺形如圭瓚。天子巡守，有事山川，則用灌焉。於大山川則用大璋，加文飾也；於中山川用中璋，殺文飾也；於小山川用邊璋，半文飾也。玉人所言正可以說此詩。下章云淠彼涇舟，烝徒楫之，周王于邁，六師及之，正言天子巡守之義，所過山川不一，處奉璋者亦不一人，故曰左右奉璋。又曰奉璋峩峩，髦士攸宜，即所謂宗祝以前馬者也。

詩經

芃芃（音蓬）棫（音域）樸（音卜）薪之槱（音酉）之。濟濟（上聲）辟（音璧）王，左右趣（叶此苟反）之。興也。芃芃，木盛貌。棫樸，叢生也，言根枝迫迮相附著也。槱，積也。濟濟，容貌之美也。辟，君也。君王，謂文王也。○此亦以詠歌文王之德。言芃芃棫樸，則薪之槱之矣；濟濟辟王，則左右趣之矣。蓋德盛而人心歸附趣向之也。

○濟濟辟王，左右奉璋。奉璋峩峩，髦士攸宜（叶牛何反）。○賦也。半珪曰璋。祭祀之禮，王祼以圭瓚，諸臣助之。亞祼以璋瓚，左右奉之。其判在內，亦有趣向之意。峩峩，盛壯也。髦，俊也。

○淠（音譬）彼涇（音經）舟，烝徒楫（音接，叶籍入反）之。周王于邁，六師及之。興也。淠，舟行貌。涇，水名。烝，眾。楫，櫂。于，往。邁，行也。六師，六軍也。○言淠彼涇舟，則舟中之人無不楫之；周王于邁，則六師之

衆追而及之。蓋衆歸其德。不令而從也。○**倬**音卓**彼雲漢。爲章于天。**叶鐵因反**周王壽考。遐不作人。**興也。倬，大也。雲漢，天河也。在箕斗二星之間。其長竟天。章，文章也。文王九十七乃終。故言壽考。遐，與何同。作人，謂變化鼓舞之也。

追音堆**琢**音卓**其章。金玉其相。勉勉我王。綱紀四方。**興也。追，雕也。金曰雕，玉曰琢。相，質也。勉勉，猶言不已也。凡網罟張之爲綱，理之爲紀。○追之琢之，則所以美其文者至矣。金之玉之，則所以美其質者至矣。勉勉我王，則所以綱紀乎四方者至矣。

棫樸五章，章四句。此詩前三章言文王之德，爲人所歸。後二章言文王之德，有以振作綱紀天下之人，而人歸之。自此以下至假樂，皆不知

詩經

何人所作。疑多出於周公也。

瞻彼旱麓。音鹿 榛楛。音戶 濟濟。上聲 豈弟君子。干祿豈弟。興也。旱。山名。麓。山足也。榛。似栗而小。楛似荆而赤。濟濟。衆多也。豈弟。樂易也。君子。指文王也。○此亦以詠歌文王之德。言旱山之麓。則榛楛濟濟然矣。豈弟君子。則其干祿也豈弟矣。干祿豈弟。言其干祿之有道。猶曰其爭也君子云爾。

○瑟彼玉瓚。才旱反 黃流在中。豈弟君子。福祿攸降。叶呼攻反 ○興也。瑟。縝密貌。玉瓚。圭瓚也。以圭爲柄。黃金爲勺。青金爲外。而朱其中也。黃流。鬱鬯也。釀秬黍爲酒。築鬱金煑而和之。使芬芳條鬯。以瓚酌而祼之也。攸。所。降。下也。○言瑟然之玉瓚。則必有黃流在其中。豈弟之君子。則必有福祿下其躬。明寶器不薦於褻味。而黃流

不注於瓦缶。則知盛德必享於
祿壽。而福澤不降於淫人矣。○鳶音沿飛戾
天。叶鐵因反魚躍于淵。叶一均反豈弟君子。遐不作人。
興也。鳶。鴟類。戾。至也。李氏曰。抱朴子曰。鳶之
在下無力。及至乎上。聳身直翅而已。蓋鳶之
飛。全不用力。亦如魚躍。怡然自得。而不知其
所以然也。遐。何通。○言鳶之飛。則戾于天矣。
魚之躍。則出于淵矣。豈弟君子。
而何不作人乎。言其必作人也。○清酒既載。
叶節力反騂音觪牡既備。叶蒲北反以享以祀。叶逸織反以介
景福。叶筆力反○賦也。載。在尊也。備。全具也。
承上章言有豈弟之德。則祭必受福也。
○瑟彼柞棫。民所燎矣。豈弟君子。神所勞去聲
矣。興也。瑟。茂密貌。燎。爨也。或曰。熾燎
除其旁草。使木茂也。勞。慰撫也。○莫莫

詩經

葛藟。音壘施音異于條枚。音梅豈弟君子求福不回。

興也。莫莫。盛貌。回。邪也。

旱麓六章章四句。

思齊音齋大任。文王之母。思媚周姜。京室之婦。音阜大姒嗣徽音。則百斯男。叶尼心反○賦也。思。語辭。齊。莊。媚。愛也。周姜。大王之妃大姜也。京。周也。大姒。文王之妃也。徽。美也。百男。舉成數而言其多也。○此詩亦歌文王之德。而推本言之。曰此莊敬之大任。乃文王之母。實能媚于周姜。而稱其爲周室之婦。至於大姒。又能繼其美德之音。而子孫衆多。上有聖母。所以成之者遠。内有賢妃。所以助之者深也。

○惠于宗公。神罔時怨。神罔時

恫音通刑于寡妻，至于兄弟，以御音迓于家邦。叶卜工反。○賦也。惠，順也。宗，公。宗廟先公也。恫，痛也。刑，儀法也。寡妻，猶言寡小君也。御，迎也。○言文王順于先公。而鬼神歆之。無怨恫者。其儀法內施於閨門。而至于兄弟。以御于家邦也。孔子曰。家齊而後國治。孟子曰。言舉斯心加諸彼而已。張子曰。言接神人。各得其道也。

○雝雝音雍在宮，肅肅在廟。叶音貌不顯亦臨，無射音亦亦保。叶音鮑○賦也。雝雝。和之至也。肅肅。敬之至也。不顯。幽隱之處也。射與斁同。厭也。保。猶守也。○言文王在閨門之內。則極其和。在宗廟之中。則極其敬。雖居幽隱。亦常若有臨之者。雖無厭射。亦常有所守焉。其純亦不已蓋如是。○

肆戎疾不殄，烈假聲上不瑕。不聞亦式，不諫亦入。賦也。肆。故

詩經

今也。戎，大也。疾，猶難也。大難，如羑里之囚。及昆夷玁狁之屬也。殄，絕。烈，光。假，大。瑕，過也。此兩句，與不殄厥慍不隕厥問相表裏。聞，前聞也。式，法也。○承上章言文王之德如此。故其大難雖不殄絕，而光大亦無玷缺。雖事之無所前聞者，而亦無不合於法度。雖無諫諍之者，而亦未嘗不入於善。傳所謂性與天合是也。

○**肆成人有德，小子有造。古之人無斁**音亦，**譽髦斯士。**○賦也。冠以上為成人。小子，童子也。造，為也。古之人，指文王也。譽，名。髦，俊也。○承上章言文王之德見於事者如此。故一時人材皆得其所成就。蓋由其德純亦不已。故令此士皆有譽於天下，而成其俊乂之美也。

思齊五章，二章章六句，三章章四句。

皇矣上帝。臨下有赫。叶黑各反 監觀四方。求民之莫。叶謨 維此二國。其政不獲。叶胡郭反 維彼四國。爰究爰度。叶入聲 上帝耆之。憎其式廓。乃眷西顧。此維與宅。叶達各反 ○賦也。皇，大。臨，視也。赫赫，威明也。監，亦視也。莫，定也。二國，夏商也。不獲，謂失其道也。四國，四方之國也。究，尋。度，謀也。耆、憎、式廓，未詳其義。或曰：耆，致也。憎，當作增。式廓，猶言規模也。此謂岐周之地也。○此詩敘大王、大伯、王季之德，以及文王伐密伐崇之事也。此其首章，先言天之臨下甚明，但求民之安定而已。彼夏商之政既不得矣，故求於四方之國，苟上帝之所欲致者，則增大其疆境之規模。於是乃眷然顧視西土，以此岐周之地與大王為居宅也。○作之屏音丙之。其菑音緇其翳。音意修之平之其灌其栵音例啓之辟之其檉其椐音居叶紀庶反攘之剔之其檿音厭其柘叶都故反帝遷明德串音貫夷載路天立厥配受命旣固賦也起也屏去之也菑木立死者也翳自斃者也或曰小木蒙密蔽翳者也修平皆治之使疎密正直得宜也灌叢生者也栵行生者也啓辟芟除也檉河柳也似楊赤色生河邊椐樻也腫節似扶老可爲杖者也攘剔謂穿剔去其繁冗使成長也檿山桑也與柘皆美材可爲弓幹又可蠶也明德謂明德之君即大王也串夷載路未詳或曰串夷即昆夷載路謂滿路而去所謂昆夷駾矣者也配賢妃也謂大姜○此章言大王遷於岐周之事蓋岐周之地本皆山林險阻無人之境而近於昆夷大王居之人物漸盛然後漸次開闢如此乃

上帝遷此明德之君使居其地而昆夷遠遁天又爲之立賢妃以助之是以受命堅固而卒成王業也○帝省其山柞棫斯拔音佩松柏斯兌徒外反帝作邦作對自大音泰伯王季維此王季因心則友叶羽已反則友其兄叶虛王反則篤其慶叶祛羊反載錫之光受祿無喪去聲叶平聲奄有四方賦也拔兌見緜篇此亦言其山林之閒道路通也對猶當也作對言擇其可當此國者以君之也大伯大王之長子王季大王之少子也因心非勉強也善兄弟曰友兄謂大伯也篤厚載則也奄宇之義在忽遂之閒○言帝省其山而見其木拔道通則知民之歸之者益衆矣於是既作之邦又與之賢君以嗣其業蓋自其初生大伯王季之時而已定矣於是大

伯見王季生文王。又知天命之有在。故適吳不反。大王沒而國傳於王季。及文王而周道大興也。然以大伯而避王季。則王季疑於不友。故又特言王季所以友其兄者。乃因其心之自然。而無待於勉強。既受大伯之讓。則益脩其德以厚周家之慶。而與其兄以讓德之光。猶日彰其知人之明。不為徒讓耳。其德如是。故能受天祿而不失。至於文武而奄有四方也。○維此王季。帝度入聲其心。貊音麥其德音。其德克明。克明克類。克長克君。王如字去聲此大邦。克順克比。音匕比去聲于文王。其德靡悔。叶虎洧反既受帝祉。施音異于孫子。叶獎里反。○賦也。度。能度物制義也。貊。春秋樂記皆作莫。謂其莫然清靜也。克明。能察是非也。克類。能分善惡也。克長。教誨不倦也。克君。賞慶刑威也。言其賞不僭，故人以爲慶。刑不濫，故人以爲威也。順，慈和徧服也。比，上下相親也。比于，至于也。悔，遺恨也。○言上帝制王季之心，使有尺寸，能度義。又清靜其德音，使無非閒之言。是以王季之德，能此六者。至於文王，而其德尤無遺恨。是以旣受上帝之福，而延及于子孫也。

○帝謂文王，無然畔援，音院。無然歆羨，誕先登于岸。叶魚戰反。密人不恭，敢距大邦，叶卜攻反。侵阮徂共。音恭。王赫斯怒，叶暖五反。爰整其旅，以按徂旅。按，音遏。以篤周祜，音戶。以對于天下。叶後五反。

○賦也。帝謂文王，設爲天命文王之辭，如下所言也。無然，猶言不可如此也。畔，離畔也。援，攀援也。言舍此而取彼也。歆，欲之動也。羨，愛慕也。言肆情以徇物也。岸，道之極至處也。密，密須

述聞依兵盛貌依其者形容之詞言文王之衆依於其在京地也依之言殷也馬融注豫卦曰殷盛也鮮原僞書以爲地名

氏也。姞姓之國。在今寧州。阮國名。在今涇州。徂往也。共阮國之地名。今涇州之共池是也。其旅周師也。按遏也。徂旅密師之往共者也。祜福。對答也。○人心有所畔援。有所歆羨。則溺於人欲之流。而不能以自濟。文王無是二者。故獨能先知先覺以造道之極至。蓋天實命之。而非人力之所及也。是以密人不恭。敢違其命。而擅興師旅以侵阮。而往至于共。則赫怒整兵。而往遏其衆。以厚周家之福。而答天下之心。蓋亦因其可怒而怒之。初未嘗有所畔援歆羨也。此文王征伐之始也。○

依其在京。叶居良反侵自阮疆。陟我高岡。無矢我陵。我陵我阿。無飲我泉。我泉我池。叶徒何反度其鮮原。居岐之陽。在渭之將。萬邦之方。下民之王。賦也。依。安貌。京。周京也。矢。陳。鮮。善。將。側。方。

平議：長之言常也。廣雅釋詁曰：長，常也。夏之言假也。釋名釋天曰：夏，假也，寬假萬物使生長也。革之言急也。禮記檀弓篇若疾革，鄭注曰：革，急也。急與寬假義正相反。明德之君大天道於多之寬假，林之猶迫急，以其時而異哉。曰不長夏以革也。

[illegible]

鉤援雜者鉤援皆兵也。援者刺兵矛屬。鉤者句兵戈戟屬。臨，隆也。漢避殤帝諱改隆爲臨。隆，高也。巢車之類。左傳成十六年登巢車以望晉師，即此。衝者，淮南兵略注：衝車，大鐵著其轅端，馬被甲，車被兵，所以衝于敵。左傳定八年主人焚衝，即此。

古義：伐崇皆先言帝謂者，古人舉事必稱天，故興師討伐，尤託天命，以天討有罪，肅將天威，恭行天罰之類是也。

詩問：瑞玉曰：仇方不合從錢作讎國。文王伐崇誅暴，非復讎也。史記所載亦失實。

鄉也。○言文王安然在周之京。而所整之兵，旣遏密人。遂從阮疆而出以侵密。所陟之岡，卽爲我岡。而人無敢陳兵於陵。飲水於泉。以拒我也。於是相其高原而徙都焉。所謂程邑也。其地於漢爲扶風安陵。今在京兆府咸陽縣。○帝謂文王。予懷明德。不大聲以色。不長夏以革。不識不知。順帝之則。帝謂文王。詢爾仇方。同爾兄弟。以爾鉤援音爰與爾臨衝。以伐崇墉。賦也。予。設爲上帝之自稱也。懷。眷念也。明德。文王之明德也。以。猶與也。夏革。未詳。則。法也。仇方。讎國也。兄弟。與國也。鉤援。鉤梯也。所以鉤引上城。所謂雲梯者也。臨。臨車也。在上臨下者也。衝。衝車也。從旁衝突者也。皆攻城之具也。崇。國名。在今京兆府鄠縣。墉。城也。史記。崇侯虎譖西伯於紂。紂囚西伯。於羡

詩經

里。西伯之臣。閎夭之徒。求美女奇物善馬以獻紂。紂乃赦西伯。賜之弓矢鈇鉞。得專征伐。曰譖西伯者。崇侯虎也。西伯歸。三年。伐崇侯虎。而作豐邑。○言上帝眷念文王。而言其德之深微。不暴著其形迹。又能不作聰明以循天理。故又命之以伐崇也。呂氏曰。此言文王德不形而功無迹。與天同體而已。雖興兵以伐崇。莫非順帝之則而非我也。

○臨衝閑閑。叶胡員反崇墉言言。執訊音信連連。攸馘音虢安安。叶於肩反是類是禡。音罵是致是附。叶上聲四方以無侮。臨衝茀茀。音弗叶分聿反崇墉仡仡。音屹是伐是肆。是絕是忽。叶虛屈反四方以無拂。叶分聿反

○賦也。閑閑。徐緩也。言言。高大也。連連。屬續狀。馘。割耳也。軍法獲者不服。則殺而獻其左耳。安安。不

輕暴也。類，將出師祭上帝也。禡，至所征之地而祭始造軍法者，謂黃帝及蚩尤也。致，致其至也。附，使之來附也。茀茀，強盛貌。仡仡，堅壯貌。肆，縱兵也。忽，滅。拂，戾也。春秋傳曰：文王伐崇，三旬不降，退脩教而復伐之，因壘而降。○言文王伐崇之初，緩攻徐戰，告祀羣神，以致附來者，而四方無不畏服；及終不服，則縱兵以滅之，而四方無不順從也。夫始攻之緩，戰之徐也，非力不足也，非示之弱也，將以致附而全之也。及其終不下而肆之也，則天誅不可以留，而罪人不可以不得故也。此所謂文王之師也。

皇矣八章，章十二句。一章二章言天命大王，三章四章言天命王季，五章六章言天命文王伐密，七章八章言天命文王伐崇。

經始靈臺，叶田飴反經之營之。庶民攻之，不日成之。

通論鹿本駭而伏魚本潛而躍皆言其自得而無畏人之意寫物理入妙

之經始勿亟音棘庶民子來叶六直反○賦也經度也靈臺文王所作謂之靈者言其倏然而成如神靈之所爲也營表攻作也不日不終日也亟急也○國之有臺所以望氛祲察災祥時觀游節勞佚也文王之臺方其經度營表之際而庶民已來作之所以不終日而成也雖文王心恐煩民戒令勿亟而民心樂之如子趣父事不召自來也孟子曰文王以民力爲臺爲沼而民歡樂之謂其臺曰靈臺謂其沼曰靈沼此之謂也○王在靈囿音郁麀音憂鹿攸伏麀鹿濯濯音擢白鳥翯翯音鶴王在靈沼叶音灼於音烏牣音刃魚躍○賦也靈囿臺之下有囿所以域養禽獸也麀牝鹿也伏言安其所處不驚擾也濯濯肥澤貌翯翯潔白貌靈沼囿之中有沼也牣滿也魚滿而躍言多而得其所也○

虡音巨業維樅音悤賁音焚鼓維鏞音庸於論平聲鼓鐘於樂音洛辟音璧廱。賦也。虡。植木以懸鐘磬。其橫者曰栒。業。栒上大版。刻之捷業如鋸齒者也。樅。業上懸鐘磬處。以綵色爲崇牙。其狀樅樅然者也。賁。大鼓也。長八尺。鼓四尺。中圍加三之一。鏞。大鐘也。論。倫也。言得其倫理也。辟。璧通。廱。澤也。辟廱。天子之學。大射行禮之處也。水旋丘如璧。以節觀者。故曰辟廱。

於論鼓鐘。於樂辟廱。鼉音馱鼓逢逢音蓬。矇音蒙瞍音叟奏公。賦也。鼉。似蜥蜴。長丈餘。皮可冒鼓。逢逢。和也。有眸子而無見曰矇。無眸子曰瞍。古者樂師皆以瞽者爲之。以其善聽而審於音也。公。事也。聞鼉鼓之聲。而知矇瞍方奏其事也。

靈臺四章。二章章六句。二章章四句。東萊

呂氏曰。前二章。樂文王有臺池鳥獸之樂也。後二章。樂文王有鐘鼓之樂也。皆述民樂之辭也。

下武維周。世有哲王。三后在天。王配于京。叶居良反 ○賦也。下義未詳。或曰。字當作文。言文王武王實造周也。哲王。通言大王王季也。三后。大王王季文王也。在天。既沒而其精神上與天合也。王。武王也。配。對也。謂繼其位以對三后也。京。鎬京也。○此章美武王能纘大王王季文王之緒而有天下也。○王配于京。世德作求。永言配命。成王之孚。叶孚尤及 ○賦也。言武王能繼先王之德。而長言合於天理。故能成王者之信於天下也。若暫合而遽離。暫得而遽失。則不足以成其信矣。○成王之孚。下土之式。永言孝思孝思維則賦也。式則皆法也。○言武王所以能成王者之信。而爲四方之法者。以其長言孝思而不忘。是以其孝可爲法耳。若有時而忘之。則其孝者僞耳。何足法哉。○媚茲一人應侯順德永言孝思昭哉嗣服叶蒲北反。○賦也。媚愛也。一人謂武王。應如丕應徯志之應。侯維。服事也。○言天下之人。皆愛戴武王以爲天子。而所以應之維以順德。是武王能長言孝思而明哉其嗣先王之事也。○昭茲來許繩其祖武於萬斯年受天之祜音戶。○賦也。昭茲承上句而言。茲哉聲相近。古蓋通用也。來後世也。許猶所也。繩繼。武迹也。○言武王之道昭明如此。來世能繼其迹。則久荷天祿而不替矣。○受天之祜四方來賀於萬斯年不遐有佐

詩經大雅　六之二十

賦也。賀，朝賀也。周末秦強，天子致胙，諸侯皆賀。遐，何通。佐，助也。蓋曰豈不有助乎，云爾。

下武六章，章四句。或疑此詩有成王字，當爲康王以後之詩。然考尋文意，恐當只如舊說。且其文體亦與上下篇血脈通貫，非有誤也。

文王有聲，遹駿有聲。遹求厥寧，遹觀厥成。文王烝哉。遹音聿。駿音峻。

賦也。遹，義未詳。疑與聿同，發語辭。駿，大。烝，君也。○此詩言文王遷豐，武王遷鎬之事。而首章推本之曰：文王之有聲也，甚大乎其有聲也。蓋以求天下之安寧，而觀其成功耳。文王之德如是，信乎其克君也哉。

○文王受命，有此武功。既伐于崇，作邑于豐。文王烝哉。賦也。伐崇事見皇矣篇。作邑，徙都也。豐，即崇國之地，在今鄠縣杜陵西南。

○築城伊淢，

詩本音元脈來曰此詩自有禮記匪革其猶乃證乃不改欲字作猶而改孝字音許六反此又失之詩中此與棘務字之音不須改正

述聞來往也孝者美德之通稱言文王以作此都邑者非急從己之欲乃上追前世之美德欲成其功業也前世之美德故為特孝書文侯之命曰追孝于前文人彼釋來是詞也

禮記引此作匪革其猶

音洫 作豐伊匹。匪棘其欲。遹追來孝。叶許六反 呼侯反 王后烝哉。賦也。淢，城溝也。方十里為成，成間有溝，深廣各八尺。匹，稱。棘，急也。王后，亦指文王也。○言文王營豐邑之城，因舊溝為限而築之。其作邑居，亦稱其城而不侈大，皆非急成己之所欲也，特追先人之志而來致其孝耳。○王公伊濯，維豐之垣。音袁 四方攸同，王后維翰。叶胡田反 王后烝哉。賦也。公，功也。濯，著明也。○王之功所以著明者，以其能築此豐之垣故爾。四方於是來歸，而以文王為楨榦也。○豐水東注，維禹之績。四方攸同，皇王維辟。皇王烝哉。賦也。豐水東北流，逕豐邑之東，入渭而注于河。績，功也。皇王，有天下之號，指武王也。辟，君也。○言豐水東注，由禹之功，故四方得以來同於此。而以武王爲君。此武王未作鎬京時也。○鎬京辟廱。自西自東。自南自北。無思不服。叶蒲北反皇王烝哉。賦也。鎬京。武王所營也。在豐水東。去豐邑二十五里。張子曰。周家自后稷居邰。公劉居豳。大王邑岐。而文王則遷于豐。至武王又居于鎬。當是時。民之歸者日衆。其地有不能容。不得不遷也。辟廱說見前篇。張子曰。靈臺辟廱。文王之學也。鎬京辟廱。武王之學也。至此始爲天子之學矣。無思不服。心服也。孟子曰。天下不心服而王者。未之有也。○此言武王徙居鎬京。講學行禮。而天下自服也。○考卜維王。宅是鎬京。叶居良反維龜正之。叶諸盈反武王成之。武王烝哉。賦也。考。稽。宅。居。正。決也。成之。作邑居也。張子曰。此舉謚者。追述其事之言也。○豐水有芑。

武王豈不仕。詒厥孫謀。以燕翼子。叶獎里反武王烝哉。芑草名。仕。事。詒。遺。燕。安。翼。敬也。子。成王也。○鎬京猶在豐水下流。故取以起興。言豐水猶有芑。武王豈無所事乎。詒厥孫謀。以燕翼子。則武王之事也。謀及其孫。則子可以無事矣。或曰。賦也。言豐水之旁。生物繁茂。武王豈不欲有事於此哉。但以欲遺孫謀以安翼子。故不得而不遷耳。

文王有聲八章章五句。此詩以武功稱文王。至於武王。則言皇王維辟。無思不服而已。蓋文王既造其始。則武王續而終之。無難也。又以見文王之文。非不足於武。而武王之有天下。非以力取之也。

文王之什十篇六十六章四百一十

六之二十二

詩經大雅

文三年左傳引詩曰詒厥孫謀以燕翼子杜注曰翼成也表記亦引此句鄭注曰遺其後世之孫以善謀以安翼其子也正義曰翼助也故謂燕翼為請九左氏傳全翼無長之翼之覆也生民鳥覆翼之

水之旁以潤澤生芑設喻養成人材也武王豈有不仕之以官者言無不用之無遺材也蓋欲傳其孫之謀而燕安輔翼之

生民。陳后稷所以配天也。毛序略同

詩釋。案史記周本紀引韓嬰章句。姜嫄原字。漢禮樂志古今人表俱作姜原。不加女旁

世本古義。此詩郊祀后稷以祈穀也

通論。此詩周公述后稷誕生之異。以及其播種百穀之功。而舉修祀典也

四句。鄭譜。此以上爲文武時詩。以下爲成王周公時詩。今按文王首句。鄭云文王在上。則非文王之詩矣。又曰無念爾祖。則非武王之詩矣。大明有聲。幷言文武者非一。安得爲文武之時所作乎。蓋正雅皆成王周公以後之詩。但此什皆爲追述文武之德。故譜因此而誤耳。

生民之什三之二

厥初生民。時維姜嫄。音原叶魚倫反 生民如何。克禋音因 克祀。叶養里反 以弗無子。叶獎里反 履帝武敏。叶母鄙反 歆。攸介攸止。載震載夙。叶相即反 載生載育。叶日逼反 時維后稷。賦也。民。人也。謂周人也。時。是也。姜。姓。有邰氏女。名嫄。爲

逌論按魯頌亦述姜嫄而隱括以詩爲言曰上帝是依其徽辭亦可想見

高辛之世妃精意以享謂之禋祀祀郊禖也弗之言祓也祓無子求有子也古者立郊禖蓋祭天於郊而以先禖配也變媒言禖者神之也其禮以玄鳥至之日用大牢祀之天子親往后率九嬪御乃禮天子所御帶以弓韣授以弓矢于郊禖之前也履踐也帝上帝也武迹也敏拇歆動也猶驚異也介大也震娠也夙肅也生子者及月辰居側室也育養也○姜嫄出祀郊禖見大人跡而履其拇遂歆歆然如有人道之感於是即其所大所止之處而震動有娠乃周人所由以生之始也周公制禮尊后稷以配天故作此詩以推本其始生之祥明其受命於天固有以異於常人也然巨跡之說先儒或頗疑之而張子曰天地之始固未嘗先有人也則人固有化而生者矣蓋天地之氣生之也蘇氏亦曰凡物之異於常物者其取天地之氣常多故其生也或異麒麟之生異於犬羊蛟龍之生異於魚鼈

物固有然者矣。神人之生而有以異於人。何足怪哉。斯言得之矣。○誕彌厥月。先生如達。音闥不坼。音拆不副。音疈叶孚迫反無菑。音災無害。叶音曷以赫厥靈。上帝不寧。不康禋祀。叶養里反居然生子。叶獎里反○賦也。誕發語辭。彌終也。終十月之期也。先生首生也。達小羊也。羊子易生。無畱難也。坼副皆裂也。赫顯也。不寧寧也。不康康也。居然猶徒然也。○凡人之生。必坼副災害其母。而首生之子尤難。今姜嫄首生后稷。如羊子之易。無坼副災害之苦。是顯其靈異也。上帝豈不寧乎。豈不康我之禋祀乎。而使我無人道而徒然生是子也。○誕寘之隘巷。牛羊腓音肥字之。誕寘之平林。會伐平林。誕寘之寒冰。鳥覆去聲翼音異之。

鳥乃去矣后稷呱叶去聲矣實覃實訏叶去聲厥聲載路

賦也。隘，狹。腓，芘。字，愛。會，值也。值人伐木而收之。覆，蓋。翼，藉也。以一翼覆之，以一翼藉之也。呱，啼聲也。覃，長。訏，大。載，滿也。滿路，言其聲之大也。○無人道而生子，或者以爲不祥，故棄之，而有此異也。於是始收而養之。

○誕實匍音蒲匐克岐克嶷以就口食蓺之荏音任菽荏菽旆旆禾役穟穟音遂麻麥幪幪莫孔反瓜瓞唪唪叶音蚌

○賦也。匍匐，手足並行也。岐嶷，峻茂之狀。就，向也。口食，自能食也。蓋六七歲時也。蓺，樹也。荏菽，大豆也。旆旆，枝旟揚起也。役，列也。穟穟，苗美好之貌也。幪幪然，茂密也。唪唪然，多實也。○言后稷能食時，已有種殖之志。蓋其天性然也。史記曰：棄爲兒時，其遊戲好種殖麻麥，麻麥美。

春秋新錄據說文采韓本邑部邰字下引詩曰有邰家室今毛詩作邰、呂氏春秋辨土篇注引詩實穎實栗有邰家室皆無即字

及爲成人。遂好耕農。堯舉以爲農師。○誕后稷之穡。有相去聲之道。叶徒口反茀音弗厥豐草。音苟種去聲之黃茂。叶莫口反實方實苞。叶蒲苟反實種上聲實褎。叶徐久反實發實秀。叶思久反實堅實好。叶許口反實穎實栗。即有邰音台家室。

賦也。相。助也。言盡人力之助也。茀。治也。種。布之也。黃。嘉穀也。方。房也。苞。甲而未拆也。此漬其種也。種。甲拆而可爲種也。褎。漸長也。發。盡發也。秀。始穟也。堅。其實堅也。好。形味好也。穎。實繁碩而垂末也。栗。不秕也。既收成見其實皆栗栗然不秕也。邰。后稷之母家也。豈其或滅或遷。而遂以其地封后稷與。○言后稷之穡如此。故堯以其有功於民。封於邰。使即其母家而居之。以主姜嫄之祀。故周人亦世祀姜嫄焉。○誕降嘉種。維

秬音巨維秠音痞維穈音門維芑音芑恆音亘之秬秠是穫是畝叶滿洧反恆之穈芑是任音壬是負叶扶委反以歸肇祀叶養里反○賦也降降是種於民也書曰稷降播種是也秬黑黍也秠黑黍一稃二米者也穈赤粱粟也芑白粱粟也恆偏也謂徧種之也任肩任也負背負也旣成則穫而棲之於畝任負而歸以供祭祀也秬秠言穫畝穈芑言任負互文耳肇始也稷始受國爲祭主故曰肇祀○誕我祀如何或舂或揄音由或簸波我反或蹂音柔釋之叟叟音搜烝之浮浮載謀載惟取蕭祭脂取羝音底以軷音鈸叶蒲昧反載燔載烈如字叶力制反以興嗣歲叶音雪又如字○賦也我祀○承上章而言后稷

詩經大雅

之祀也。揄抒臼也。簸揚去糠也。蹂蹂禾取穀
以繼之也。釋淅米也。叟叟聲也。浮浮氣也。謀
十日。擇十也。惟齋戒具脩也。蕭蒿也。脂膟膋
也。宗廟之祭。取蕭合膟膋爇之使臭達牆屋
也。羝牡羊也。軷祭行道之神也。燔傅諸火也。
烈貫之而加於火也。四者皆祭祀之事。所以
興來歲而繼往歲也。

○卬音昂盛音成于豆。于豆于登。其香始升。上帝居歆。胡臭亶時。叶上止反后稷肇祀。叶養里反庶無罪悔。叶呼委反以迄音肸于今。

賦也。卬我也。木曰豆。以薦菹醢也。瓦曰登。以薦大羹也。居安也。鬼神食
氣曰歆。胡何。臭香。亶誠也。時言得其時也。庶
近。迄至也。○此章言其尊祖配天之祭。其香
始升而上帝已安而饗之。言應之疾也。此何
但芳臭之薦。信得其時哉。蓋自后稷之肇祀
則庶無罪悔而至于今矣。曾氏曰。自后稷肇

祀以來。前後相承。兢兢業業。惟恐一有罪悔獲戾於天。閱數百年。而此心不易。故曰庶無罪悔以迄于今。言周人世世用心如此也。

生民八章。四章章十句。四章章八句。此詩未詳所用。豈郊祀之後。亦有受釐頒胙之禮也歟。舊說第三章八句。第四章十句。今按第三章當爲十句。第四章當爲八句。則去呱訏路音韻諧協。呱聲載路。文勢通貫。而此詩八章皆以十句八句相間爲文。又二章以後。七章以前。每章章之首皆有誕字。

敦音團彼行葦。牛羊勿踐履。方苞方體。維葉泥泥。音禰戚戚兄弟。莫遠具爾。或肆之筵。或授之

蓋養老乞言以成福祿似即為公劉詠則當次公劉下而與末章祝嘏曾孫不合箋因誤為先王將養老而射禮成王奉為法則

移次公劉

通論此燕同異姓父兄賓客之詩而醻酢射禮亦並行之然之以尊養耆老焉古禮不可考不得以後世禮文執而求之

几。與也。敦。聚貌。勾萌之時也。行。道也。勿。戒止之辭也。苞。甲而未拆也。體。成形也。泥泥。柔澤貌。戚戚。親也。莫。猶勿也。具。俱也。爾。與邇同。肆陳也。○疑此祭畢而燕父兄耆老之詩。故言敦彼行葦。而牛羊勿踐履。則方苞方體。而葉泥泥矣。戚戚兄弟而莫遠具爾。則或肆之筵。而或授之几矣。此方言其開燕設席之初而慇懃篤厚之意藹然已見於言語之外矣。讀者詳之。○

肆筵設席。叶祥勺反授几有緝御。叶魚駕反或獻或酢。洗爵奠斝。音假叶居訝反醓音貪醢以薦。叶即略反或燔或炙。叶陟略反嘉殽脾音毘臄。音劇或歌或咢。音岳

○賦也。設席。重席也。緝。續也。御。侍也。有相續代而侍者。言不乏使也。進酒於客曰獻。客答之曰酢。主人又洗爵醻客。客受而奠之。不舉也。斝。爵也。夏曰醆。殷曰斝。周曰爵。醓。醢之多汁

說文彇畫弓也隸變作彇玉篇彇天子弓也
通論敦弓既堅一段正射也敦弓既句一段偹射也蓋初射不釋算故畧之

者也。燔用肉。炙用肝。臄口上肉也。歌者比於
琴瑟也。徒擊鼓曰咢。○言侍御獻醻飲食歌
樂之盛也。○敦音彫弓既堅。叶古因反四鍭音侯既鈞舍矢
既均。序賓以賢。叶下珍反敦弓既句。音姤既挾子協反
四鍭如樹。叶上主反序賓以不侮。賦也。敦。雕通。畫也。天
子雕弓。堅。猶勁也。鍭。金鏃翦羽矢也。鈞。參亭
也。謂參分之。一在前。二在後。三訂之而平者
前有鐵重也。舍。釋也。謂發矢也。均。皆中也。賢
射多中也。投壺曰。某賢於某若干純。奇則曰
奇。均則曰左右均是也。句。彀通。謂引滿也。射
禮。搢三挾一。既挾四鍭。則徧釋矣。如樹。如手
就樹之。言貫革而堅正也。不侮。敬也。令弟子
辭。所謂無憮無敖無偝立無踰言者也。或曰
不以中病不中者也。射以中多爲雋。以
不侮爲德。○言既燕而射。以爲樂也。○曾

孫維主。叶當口反酒醴維醹。音乳叶奴口反酌以大斗。叶腫庾反以祈黃耇。叶果五反黃耇台背。叶必墨反以引以翼。壽考維祺。音其以介景福。叶筆力反○賦也。曾孫。主祭者之稱。今祭畢而燕。故因而稱之也。醹。厚也。大斗。柄長三尺。祈。求也。黃耇。老人之稱。以祈黃耇。猶曰以介眉壽云耳。古器物欵識云。用蘄萬壽。用蘄眉壽。永命多福。用蘄眉壽。萬年無疆。皆此類也。台。鮐也。大老則背有鮐文。引。導。翼。輔。祺。吉也。○此頌禱之辭。欲其飲此酒而得老壽。又相引導輔翼。以享壽祺。介景福也。

行葦四章。章八句。毛七章。二章章六句。五章章四句。鄭八章。章四句。毛首章以四句與二句。不成文理。二章又不協韻。鄭首章有起興而無所與皆誤。令正之如此。

既醉以酒旣飽以德君子萬年介爾景福。叶筆力反。○賦也。德恩惠也。君子謂王也。爾亦指王也。○此父兄所以答行葦之詩。言享其飲食恩意之厚。而願其受福如此也。○既醉以酒爾殽既將君子萬年介爾昭明。叶謨郎反。○賦也。殽俎實也。將行也。亦奉持而進之意。昭明。猶光大也。○昭明有融高朗令終令終有俶尺六反。公尸嘉告。叶姑沃反。○賦也。融明之盛也。春秋傳曰。明而未融。朗虛明也。令終善終也。洪範所謂考終命。古器物銘所謂令終令命是也。俶始也。公尸君尸也。周稱王。而尸但曰公尸。蓋因其舊。如秦已稱皇帝。而其男女猶稱公子公主也。嘉告以善

詩經大雅　六之二十八

平議靜亦善也藝文類聚引韓詩曰東門之栗有踐家室靜善也尚書堯典靜言庸違史記五帝紀作善言蓋靜善一聲之轉耳

襄三十一年左傳引詩朋友攸攝攝以威儀杜注曰攝佐也

平議國語周語叔向引此詩而說之曰類也者不忝前哲之謂也然則類猶肖也周之興也世有哲王是即天之永錫爾類也左傳引以美穎考叔乃後人附益不足據也

春秋錄傳引壼為壺國語叔向引此章而云壼也者廣裕民人之謂也是壼之為廣自昔有此訓矣

言告之。謂嘏辭也。蓋欲善其終者必善其始。今固未終也。而既有其始矣。於是公尸以此告之。○其告維何。籩豆靜嘉。叶居何反朋友攸攝。攝以威儀。叶牛何反。○賦也。靜嘉。淸潔而美也。朋友。指賓客助祭者。說見楚茨篇。攝。撿也。○公尸告以汝之祭祀。籩豆之薦。既靜嘉矣。而朋友相攝佐者。又皆有威儀當神意也。自此至終篇。皆述尸告之辭。○威儀孔時。叶上止反君子有孝子。叶獎里反孝子不匱。永錫爾類。○賦也。孝子。主人之嗣子也。儀禮祭祀之終。有嗣舉奠。匱。竭。類。善也。○言汝之威儀既得其宜。又有孝子以舉奠。孝子之孝。誠而不竭。則宜永錫爾以善矣。東萊呂氏曰。君子既孝而嗣子又孝。其孝可謂源源不竭矣。○其類維何。室家之壼。音悃。叶苦俊反君子萬年。

正韻以壼胤歸真部，夏氏夏集韻以壼胤入文部。

平議：甫田箋以穀我士女，此云女士，猶彼云士女，倒文以協韻耳。下云從以孫子，猶子孫也。則女士即士女也。釐讀曰禧，釋詁：禧，福也。福女士與穀我士女同義。

鳧鷖，嘏辭也。毛序守成也，非誼。易林：鳧鷖游涇，君子以寧，履德不愆，福祿來成。何楷曰繹祭。爾雅：復曰復胙，此復德。

永錫祚胤。音孕。○賦也。壼，宮中之巷也。言深遠而嚴肅也。祚，福祿也。胤，子孫也。錫之以善，莫大於此。○其胤維何，天被音備爾祿。君子萬年，景命有僕。賦也。僕，附也。○言將使爾有子孫者，先當使爾被天祿，而為天命之所附屬。下章乃言子孫之事。○其僕維何，釐音離爾女士。釐爾女士，從以孫子。叶獎里反。○賦也。釐，予也。女士，女之有士行者。謂生淑媛使為之妃也。從，隨也。謂又生賢子孫也。

既醉八章，章四句。○詩問：既醉，嘏辭也。主人潔蠲饎饎祭而受釐，祝傳尸意以嘏之。嘏有二，其為神之辭曰：來女孝孫，使女受祿于天，宜稼于田，眉壽萬年，勿替引之。其為尸之辭則此篇是也。一二章言致嘏之由，三章以下皆述嘏之之辭。

鳧音扶鷖音醫在涇，公尸來燕來寧。爾酒既清，爾殽既馨。公尸燕飲，福祿來成。興也。鳧，水鳥，如鴨者。鷖，鷗也。涇

詩經 大雅 鳧鷖　六八之二十九

卽復
胙

平議爲猶成也廣雅釋詁爲成〔也〕淮南本經篇五穀不爲高注曰不爲不成也是爲與成同義

平議既燕于宗即承來燕來宗而言釋詞曰于猶越也與也經字庀言之曰凡事有兩端言某及某者文之常也書則用于用越則既燕于宗猶既燕與宗也來宗又重之欲之字互易重乃董字

水名。爾。自歌工而指主人也。馨。香之遠聞也。○此祭之明日。繹而賓尸之樂。故言鳧鷖則在涇矣。公尸則來燕來寧矣。酒清殽馨。則公尸燕飲。而福祿來成矣。○鳧鷖在沙。叶桑何反公尸來燕來宜。叶牛何反爾酒既多。爾殽既嘉。叶居何反公尸燕飲。福祿來爲。叶胡禾反○興也。爲猶助也。○鳧鷖在渚。公尸來燕來處。爾酒既湑。上聲爾殽伊脯。公尸燕飲。福祿來下。叶後五反○興也。渚。水中高地也。湑。酒之泲者也。○鳧鷖在潨。音叢公尸來燕來宗。既燕于宗。福祿攸降。叶乎攻反公尸燕飲。福祿來崇。○興也。潨。水會也。來宗之宗。尊也。于宗之宗。廟也。崇。積而高大也。○鳧鷖在

沙嘉在九麻宜爲在五支多七歌

諸處湑八語脯九麌誤下誤三十五馬

潨崇東宗二鍾降四江並誤

亹音門公尸來止熏熏叶眉貧反旨酒欣欣燔炙芬芬叶豐勻反公尸燕飲無有後艱叶居銀反○興也。亹，水流峽中，兩岸如門也。熏熏，和說也。欣欣，樂也。芬芬，香也。

鳧鷖五章章六句。

假音嘉樂音洛君子叶音則顯顯令德宜民宜人受祿于天叶鐵因反保右音又命之叶彌并反自天申之○賦也。嘉，美也。君子，指王也。民，庶民也。人，在位者也。申，重也。○言王之德既宜民人而受天祿矣，而天之於王，猶反覆眷顧之不厭，既保之右之命之，而又申重之也。疑此即公尸之所以答鳧鷖者也。○

干祿百福叶筆力反子孫千億穆穆皇

皇宜君宜王。不愆不忘。率由舊章。賦也。穆穆，敬也。皇皇，美也。君。諸侯也。王。天子也。愆。過。率。循也。舊章。先王之禮樂政刑也。○言王者干祿而得百福。故其子孫之蕃至於千億。適爲天子。庶爲諸侯。無不穆穆皇皇。以遵先王之法者。○

威儀抑抑。德音秩秩。無怨無惡。去聲率由羣匹。受福無疆。四方之綱。賦也。抑抑。密也。秩秩。有常也。匹。類也。○言有威儀聲譽之美。又能無私怨惡以任衆賢。是以能受無疆之福。爲四方之綱。此與下章皆稱願其子孫之辭也。或曰。無怨無惡。不爲人所怨惡也。

○之綱之紀。燕及朋友。叶羽已反百辟卿士。媚于天子。叶獎里反不解音懈于位。民之攸墍。音戲。○賦也。燕。安也。朋友。亦謂諸臣也。解。惰。墍。息也。○言人君能綱紀四方。而臣下賴之以安。則百辟卿士。媚而愛之。維欲其不解于位。而爲民所安息也。東萊呂氏曰。君燕其臣。臣媚其君。此上下交而爲泰之時也。泰之時。所憂者怠荒而已。此詩所以終於不解于位。民之攸塈也。方嘉之。又規之者。蓋臯陶賡歌之意也。民之勞逸在下。而樞機在上。上逸則下勞矣。上勞則下逸矣。不解于位。乃民之所由休息也。

假樂四章章六句。

篤公劉。匪居匪康。廼埸音易廼疆。廼積廼倉。廼裹音果餱音侯糧。音良于槖音託于囊。思輯音集用光。弓矢斯張。干戈戚揚。爰方啓行。叶戶郎反。○賦也。篤。厚也。公劉。后稷之曾孫也。事見豳風。居。安。康。寧也。埸疆。田畔也。積。露積也。餱。食。糧。糗也。無底曰槖。有劉之詩修道岡阜佩服物用旻居之詳七月之詩上至天文氣候下至草木昆蟲以其聲音名物國物所不能及安有至之言戚而言脩狄物為尚之詳若身親見之者又其小未至之語退述之意吾是以知決為豳之舊詩也

通論毛傳云公劉居于邰而遭夏人亂迫逐公劉之乃避中國之難遂平西戎而遷其民邑於豳焉非也不窋以失官而竄于戎狄之間公劉為不窋之孫乃自戎狄豳遷非自邰遷焉大王為狄人所侵遷岐山公劉自不安于戎狄之地而遷之非迫逐之故曰豳居豳底

平議舟猶周也周與酬通儀禮鄉飲酒篇注酬之言周是何以舟之即何以酬之渭陽篇何以贈之瓊瑰玉佩文法與此相似

通論鞞刀鞘也琫刀上玉飾珌刀下玉飾小雅鞞琫有珌是也此但言琫不言珌容刀謂鞞之容刀也毛傳謂下曰鞞誤鞞為珌非是珌又與琕同非鞞也蓋誤以鞞作琕也

底曰橐。輯。和。戚。斧。揚。鉞。方。始也。○舊說。名康公以成王將涖政。當戒以民事。故詠公劉之事以告之曰。厚哉。公劉之於民也。其在西戎不敢寧居。治其田疇。實其倉廩。既富且强。於是裹其餱糧。思以輯和其民人。而光顯其國家。然後以其弓矢斧鉞之備。爰始啓行。而遷都於豳焉。蓋亦不出其封內也。

○篤公劉。于胥斯原。既庶既繁。叶紛乾反既順迺宣。而無永歎。音難陟則在巘。音讞復降在原。叶魚軒反何以舟之。叶之遙販維玉及瑤。音遙鞞必頁反琫音菶容刀。叶徒招反。○賦也。胥。相也。庶。繁。謂居之者眾也。順。安。宣。徧也。言居之徧也。無永歎。得其所也。不思舊也。巘。山頂也。舟。帶也。鞞。刀鞘也。琫。刀上飾也。容刀。容飾之刀也。或曰。容刀。如言容臭。謂鞞琫之中。容此刀耳。○言公劉至豳。欲相土以居。而帶此劍佩以上下於山原也。東萊呂氏曰。以如是之佩服。而親如是之勞苦。斯其所以爲厚於民也歟。

○篤公劉。逝彼百泉。瞻彼溥音普原。迺陟南岡。乃覯于京。叶居良反京師之野。叶上與反于時處處。于時廬旅。于時言言。于時語語。

賦也。溥。大。觀。見也。京。高丘也。師。衆也。京師。高山而衆居也。董氏曰。所謂京師者。蓋起於此。其後世因以所都爲京師也。時。是也。處處。居室也。廬。寄也。旅。旅賓旅也。直言曰言。論難曰語。○此章言營度邑居也。自下觀之。則往百泉而望廣原。自上觀之。則陟南岡而覯于京。於是爲之居室。於是廬其賓旅。於是言其所言。於是語其所語。無不於斯焉。

○篤公劉。于京斯依。叶於豈反蹌蹌音搶濟濟上聲俾筵俾几。既登

詩經　大雅　　六之三十二

平議造猶比也今定釋水天子造舟郭注曰比舩為橋大明篇正義引李巡曰比其舟而渡曰造舟是造有比義曹謂羣豕實也乃造其曹者謂比次其豕實之從也

集說中部宗字下篤公劉四章韻飲与侵部協餘在本部

正韻飲字侵冬合韻

乃依。同上乃造音糙其曹。執豕于牢。酌之用匏。音庖食音嗣之飲之。君之宗之。賦也。依。安也。蹌蹌濟濟。羣臣有威儀貌。俾。使也。使人為之設筵几也。登。登筵也。依。依几也。曹。羣牧之處也。以豕為殽。用匏為爵。儉以質也。宗。尊也。主也。嫡子孫。主祭祀。而族人尊之以為主也。○此章言宮室既成。而落之。既以飲食勞其羣臣。而又為之君。為之宗焉。東萊呂氏曰。既饗燕而定經制。以整屬其民。上則皆統於君。下則各統於宗。蓋古者建國立宗。其事相須。楚執戎蠻子而致邑立宗。以誘其遺民。即其事也。○篤公劉。既溥既長。既景迺岡。相去聲其陰陽。觀其流泉。其軍三單。音丹。叶多涓反度其隰原。徹田為糧。度其夕陽。豳居允荒。賦也。溥。廣也。言通論沈氏曰此章蒙新附民也新附之民公劉作館以居之將治其宮室于是先涉渭水取厲鍛既定之其止居乃疆其田里其相率而來者遂日眾而日有也舊作從其始從不勝重複矣

經說考功記匠人云凡行奠水磬折以參伍鄭司農云奠讀爲停謂行停水溝形當如磬折直行三折行五以引水者疾焉皇澗過澗乃即用此法皇澗者直行之澗也過澗者折行之澗也不止釋言皇正也正卽直也故直行曰皇澗過猶過也說文曰過逸不正也直者正折者不正是故折行曰過澗實則過澗也

其芟夷墾辟土地既廣而且長也景考日景以正四方也岡登高以望也相視也陰陽向背寒煖之宜也流泉水泉灌溉之利也三單未詳徹通也一井之田九百畝八家皆私百畝同養公田耕則通力而作收則計畝而分也周之徹法自此始其後周公蓋因而脩之耳山西曰夕陽允信荒大也○此言辨土宜以授所徙之民定其軍賦與其稅法又度山西之田以廣之而豳人之居於此益大矣○篤公劉于豳斯館叶古玩反涉渭爲亂取厲取鍛丁亂反止基迺理爰衆爰有叶羽己反夾其皇澗遡其過平聲澗止旅迺密芮鞫音菊之卽賦也館客舍也亂舟之截流橫渡者也厲砥鍛鐵止居基定也理疆理也衆人多也有財足也遡鄉也皇過二澗名芮水名出吳山西北東入涇周禮職

方作汭鞫水外也○此章又總敘其始終言其始來未定居之時涉渭取材而爲舟以來往取厲取鍜而成宮室旣止基於此矣乃疆理其田野則日益繁庶富足其居有夾澗者有遡澗者其止居之衆日以益密乃復即芮鞫而居之而豳地日以廣矣

公劉六章章十句

洞音迥酌彼行潦音老挹音揖彼注茲可以餴音分饎音熾叶昌里反豈弟君子民之父母叶滿彼反○興也○洞遠也行潦流潦也餴烝米一熟而以水沃之乃再烝也饎酒食也君子指王也○舊說以爲召康公戒成王言遠酌彼行潦挹之於彼而注之於此尚可以餴饎況豈弟之君子豈不爲民之父母乎傳曰豈以强教之弟以悅安之民皆有父之尊有母之親又曰民之所好好之民

之所惡惡之此之謂民之父母。○洞酌彼行潦挹彼注玆可以濯罍音雷豈弟君子民之攸歸。叶古回反。興也。濯滌也。

○洞酌彼行潦挹彼注玆可以濯溉音蓋叶古氣反豈弟君子民之攸塈。音戲。○興也。溉亦滌也。塈息也。

洞酌三章章五句。

有卷音權者阿飄風自南叶尼心反豈弟君子來游來歌以矢其音。○賦也。卷曲也。阿大陵也。豈弟君子指王也。矢陳也。○此詩舊說亦召康公作。疑公從成王游歌於卷阿之上。因王之歌而作此以爲戒。此章總敘以發端也。

○伴音判奐音喚爾游矣優游爾休矣。豈弟

君子俾爾彌爾性似先公酋音囚矣。賦也。伴奐，優游閑暇之意。爾，君子，皆指王也。彌，終也。性，猶命也。酋，終也。○言爾既伴奐優游矣，又呼而告之，言使爾終其壽命，似先君善始而善終也。自此至第四章，皆極言壽考福祿之盛，以廣王心而歆動之。五章以後，乃告以所以致此之由也。○爾土宇昄符版反章，亦孔之厚叶狠口下主二反矣。豈弟君子，俾爾彌爾性，百神爾主叶當口主庾二反矣。賦也。昄章，大明也。或曰：昄當作版，版章猶版圖也。○言爾土宇版章既甚厚矣，又使爾終其身常為天地山川鬼神之主也。○爾受命長矣，茀音弗祿爾康矣。豈弟君子，俾爾彌爾性，純嘏爾常矣。賦也。茀、嘏，皆福也。常，常享之也。○有馮音憑有翼有孝有德以引以翼豈弟君子四方爲則賦也馮謂可爲依者翼謂可爲輔者孝謂能事親者德謂得於己者引導其前也翼相其左右也東萊呂氏曰賢者之行非一端必曰有孝有德何也蓋人主常與慈祥篤實之人處其所以興起善端涵養德性鎮其躁而消其邪日改月化有不在言語之間者矣○言得賢以自輔如此則其德日脩而四方以爲則矣自此章以下乃言所以致上章福祿之由也○顒顒魚容反卬卬五綱反如圭如璋令聞音問令望叶無方反豈弟君子四方爲綱賦也顒顒卬卬尊嚴也如圭如璋純潔也令聞善譽也令望威儀可望法也○承上章言得馮翼孝德之助則能如此而四方以爲綱矣○鳳凰于飛翽翽音諱其羽

亦集爰止。藹藹王多吉士。維君子使。媚于天子。興也。鳳凰靈鳥也。雄曰鳳。雌曰凰。翽翽羽聲也。鄭氏以爲因時鳳凰至。故以爲喻。理或然也。藹藹。衆多也。媚。順愛也。○鳳凰于飛。則翽翽其羽。而集於其所止矣。藹藹王多吉士。則維王之所使。而皆媚于天子矣。既曰君子。又曰天子。猶曰王于出征以佐天子云爾。

○鳳凰于飛。翽翽其羽。亦傅音附于天。叶鐵因反藹藹王多吉人。維君子命。叶彌幷反媚于庶人。興也。媚于庶人。順愛于民也。

○鳳凰鳴矣。于彼高岡。梧桐生矣。于彼朝陽。菶菶音琫萋萋。音妻雝雝喈喈。叶居奚反○比也。又以興下章之事也。山之東曰朝陽。鳳凰之性。非梧桐不棲。非竹實不食。菶菶萋萋。梧桐生之盛也。雝雝喈喈，鳳凰鳴之和也。

○君子之車，既庶且多。君子之馬，既閑且馳。叶唐何反矢詩不多，維以遂歌。

賦也。承上章之興也。菶菶萋萋，則雝雝喈喈矣。君子之車馬，則既衆多而閑習矣。其意若曰：是亦足以待天下之賢者，而不厭其多矣。遂歌，蓋繼王之聲而遂歌之，猶書所謂賡載歌也。

卷阿十章，六章章五句，四章章六句。

民亦勞止，汔音肸可小康。惠此中國，以綏四方。無縱詭音鬼隨，以謹無良。式遏寇虐，憯音慘不畏明。叶謨郎反柔遠能邇，以定我王。

賦也。汔，幾也。中國，京師也。四方，

諸夏也。京師諸夏之根本也。詭隨不顧是非而妄隨人也。謹斂束之意。憯曾也。明天之明命也。柔安也。能順習也。序說以此爲名穆公刺厲王之詩。以今考之。乃同列相戒之辭耳。未必專爲刺王而發。然其憂時感事之意亦可見矣。蘇氏曰。人未有無故而妄從人者。維無良之人。將悅其君而竊其權以爲寇虐則爲之。故無縱詭隨。則無良之人肅。而寇虐無畏之人止。然後柔遠能邇。而王室定矣。穆公名虎。康公之後。厲王名胡。成王七世孫也。

○民亦勞止。汔可小休。惠此中國。以爲民逑。無縱詭隨。以謹惛怓。音鐃叶尼猶反 式遏寇虐。無俾民憂。無棄爾勞。以爲王休。賦也。逑聚也。惛怓猶讙譁也。勞猶功也。言無棄爾之前功也。休美也。

○民亦勞止。汔可小息。惠此

京師以綏四國。叶于逼反無縱詭隨以謹罔極。式遏寇虐無俾作慝。敬愼威儀以近有德。賦也。罔極爲惡無窮極之人也。有德有德之人也。○民亦勞止汔可小愒。音器惠此中國俾民憂泄。音異無縱詭隨以謹醜厲。式遏寇虐無俾正敗。叶蒲寐反戎雖小子而式弘大。叶特計反○賦也。愒息。泄去。厲惡也。正敗正道敗壞也。戎汝也。言汝雖小子而其所爲甚廣大。不可不謹也。○民亦勞止汔可小安。惠此中國國無有殘。無縱詭隨以謹繾綣。式遏寇虐無俾正反。王欲玉女是用大諫。賦也。繾綣小人之固

板凡伯刺厲王託之與同僚也 用毛序

通論板板似違隔之意管管似才智自用之意

結其君者也。正反。反於正也。玉。寶愛之意。言王欲以女爲玉而寶愛之。故我用王之意。大諫正於女。蓋託爲王意以相戒也。

民勞五章章十句。

上帝板板。下民卒癉。音亶 出話不然。爲猶不遠。靡聖管管。不實於亶。猶之未遠。是用大諫。叶音簡。○賦也。板板。反也。卒。盡。癉。病。猶。謀也。管管。無所依也。亶。誠也。○序以此爲凡伯刺厲王之詩。今考其意。亦與前篇相類。但責之益深切耳。此章首言天反其常道。而使民盡病矣。而女之出言。皆不合理。爲謀又不久遠。其心以爲無復聖人。但恣己妄行。而無所依據。又不實之於誠信。豈其謀之未遠而然乎。世亂乃人所爲。而曰上帝板板者。無所歸咎之辭耳。○天之方難。叶泥涓反 無然憲憲。叶虛言反 天之方蹶。音媿 無然泄泄。音異 辭之輯矣。音集叶祖合反 民之洽矣。辭之懌矣。叶弋灼反 民之莫矣。賦也。蹶，動也。泄泄，猶沓沓也。蓋弛緩之意。孟子曰：事君無義，進退無禮，言則非先王之道者，猶沓沓也。輯，和。洽，合。懌，悅。莫，定也。辭輯而懌，則言必以先王之道矣。所以民無不合，無不定也。○我雖異事。及爾同僚。我即爾謀。聽我囂囂。音梟 我言維服。勿以爲笑。叶思邀反 先民有言。詢于芻蕘。音饒 ○賦也。異事，不同職也。同僚，同爲王臣也。春秋傳曰：同官爲僚。即，就也。囂囂，自得不肯受言之貌。服，事也。猶曰：我所言者，乃今之急事也。先民，古之賢人也。芻蕘，采蕘者。古人尚詢及芻蕘。況其僚友乎。○天之方虐。無然謔謔。老夫灌灌。小子蹻蹻。其略反匪我言耄。音帽叶毛博反爾用憂謔。多將熇熇。叶許各反不可救藥。賦也。謔。戲詩人自稱。灌灌。欵欵也。蹻蹻。驕貌。耄。老而昏也。熇熇。熾盛也。○蘇氏曰。老者知其不可而盡其欵誠以告之。少者不信而驕之。故曰。非我老耄而妄言。乃汝以憂爲戲耳。夫憂未至而救之。猶可爲也。苟俟其益多。則如火之盛。不可復救矣。○天之方懠。音癠叶箋西反無爲夸毗。音誇毗威儀卒迷。善人載尸。民之方殿屎。音犧則莫我敢葵。喪去聲亂蔑資。叶箋西反曾莫惠我師。叶霜夷反○賦也。懠。怒。夸。大。毗。附也。小人之於人。不以大言夸之。則以詍言呲之也。尸則不言不爲飲食而已者也。殿屎呻吟也。葵揆也。蔑猶滅也。資與咨同。嗟歎聲也。惠順。師衆也。○戒小人毋得夸毗。使威儀迷亂。而善人不得有所爲也。又言民方愁苦呻吟。而莫敢揆度其所以然者。是以至於散亂滅亡。而卒無能惠我師者也。○

天之牖民。如壎音塤如篪音池如璋如圭。如取如攜。攜無曰益。牖民孔易。去聲叶夷益反民之多辟。音僻無自立辟。同上。○賦也。牖開明也。猶言天啓其心也。壎唱而篪和。璋判而圭合。取求攜得而無所費。皆言易也。辟邪也。○言天之開民。其易如此。以明上之化下。其易亦然。今民既多邪辟矣。豈可又自立邪辟以道之邪。○

价音介人維藩。叶分邅反大師維垣。大邦維屏。大宗維翰。叶胡田反懷德

昭三十二年左傳引作不敢戲豫不敢馳驅無与毋通不亦毋也

維寧宗子維城無俾城壞叶胡罪胡威二反無獨斯畏。叶紆會於非二反。○賦也。价大也。大德之人也。藩籬也。師眾也。垣牆也。大邦強國也。屏樹也。所以爲蔽也。大宗強族也。翰幹也。宗子同姓也。○言是六者皆君之所恃以安。而德其本也。有德則得是五者之助。不然則親戚叛之而城壞。城壞則藩垣屏翰皆壞而獨居。獨居。而所可畏者至矣。○敬天之怒無敢戲豫敬天之渝音俞無敢馳驅昊天曰明叶謨郎反及爾出王音往叶如字昊天曰旦叶得絹反及爾游衍叶怡戰反。○賦也。渝變也。王往也。通。言出而有所往也。旦亦明也。衍寬縱之意。○言天之聰明無所不及。不可以不敬也。板板也。難難也。蹶蹶也。虐虐也。懠懠也。其怒而變也。甚矣。而不之敬也。亦知其有日監在茲者乎。張子曰。天體物而不遺。猶仁體事而無不在也。禮儀三百。威儀三千。無一事而非仁也。昊天曰明。及爾出王。昊天曰旦。及爾游衍。無一物之不體也。

詩論板詩語多繁複反覆引伸勤勤懇懇不嫌絮聒正所謂老夫灌灌灌灌老成憂國語長心鄭重故當有此態耳八章中首以上帝起三五字起末首連用五天字當頭棒喝提出敬字見四天之法全歸天來由渾然話語不言

板八章。章八句。

通論以詩多用正言

生民之什十篇。六十一章。四百三十三句。

蕩召穆公傷周室大壞也 用毛序

通論初謂文王也 後謂厲王也

詩經卷之七

蕩之什三之三

蕩蕩上帝。下民之辟。音壁 疾威上帝。其命多辟。音僻 天生烝民。其命匪諶。音忱或叶市隆反 靡不有初。鮮克有終。叶諸深反 賦也。蕩蕩。廣大貌。辟君也。疾威。猶暴虐也。多辟。多邪辟也。烝。衆。諶。信也。○言此蕩蕩之上帝。乃下民之君也。今此暴虐之上帝。其命乃多邪僻者何哉。蓋天生衆民。其命有不可信者。蓋其降命之初。無有不善。而人少能以善道自終。是以致此大亂。使天命亦罔克終。如疾威而多僻也。蓋始爲怨天之辭。而卒自解之如此。劉康公曰。民受天地之中以生。所謂命也。能者養之以福。不能者敗以取禍。此之謂也。○

詩經

文王曰咨。咨女音汝殷商。曾是彊禦。曾是掊音抔克。曾是在位。曾是在服。叶蒲北反天降慆音滔德。女興是力。賦也。此設為文王之言也。咨，嗟也。殷商，紂也。彊禦，暴虐之臣也。掊克，聚斂之臣也。服，事也。慆，慢。興，起也。力，如力行之力。詩人知厲王之將亡，故為此詩，託於文王所以嗟歎殷紂者。言此暴虐聚斂之臣在位用事，乃天降慆慢之德而害民。然非其自為之也，乃汝興起此人而力為之耳。○文王曰咨。咨女殷商。而秉義類。彊禦多懟。音隊流言以對。寇攘式內。侯作音詛侯祝。音呪靡居靡究。賦也。而，亦女也。義，善。懟，怨也。流言，浮浪不根之言也。侯，維也。作，讀為詛。詛祝，怨謗也。言汝當用善類，而反任此暴虐多怨之人，使用流言以應對則是爲寇盜攘竊而反居內矣是以致怨謗之無極也○文王曰咨咨女殷商女炰音庖烋音哮于中國叶于逼反斂怨以爲德不明爾德時無背無側爾德不明以無陪音培無卿賦也○炰烋氣健貌斂怨以爲德多爲可怨之事而反自以爲德也背後側旁陪貳也言前後左右公卿之臣皆不稱其官如無人也○文王曰咨咨女殷商天不湎音免爾以酒不義從式叶式吏反既愆爾止靡明靡晦叶呼洧反式號式呼去聲俾晝作夜叶羊茹反○賦也湎飲酒變色也式用也言天不使爾沈湎於酒而惟不義是從而用也止容止也○文王曰咨咨女殷商如

蜩如螗音唐如沸如羹叶盧當反小大近喪去聲叶平聲人尚乎由行叶戶郎反內奰音避于中國覃及鬼方

賦也。蜩螗皆蟬也。如蟬鳴如沸羹皆亂意也。小者大者幾於喪亡矣。尚且由此而行不知變也。奰怒覃延也。鬼方遠夷之國也。言自近及遠無不怨怒之。○文王曰咨咨女殷商匪上帝不時叶上止反殷不用舊叶巨已反雖無老成人尚有典刑曾是莫聽大命以傾

賦也。老成人舊臣也。典刑舊法也。○言非上帝爲此不善之時但以殷不用舊致此禍爾。雖無老成人與圖先王舊政然典刑尚在可以循守。乃無聽用之者。是以大命傾覆而不可救也。○文王曰咨咨女殷商人亦有言顛沛

之揭。紀竭去例二反枝葉未有害。許曷瑕憩二反本實先撥。音跋叶方吠筆烈二反殷鑒不遠。在夏后之世。叶始制私列二反。賦也。顛沛仆拔也。揭本根蹶起之貌。撥猶絕也。鑒視也。夏后桀也。○言大木揭然將蹶。枝葉未有折傷。而其根本之實已先絕。然後此木乃相隨而顛拔爾。蘇氏曰。商周之衰。典刑未廢。諸侯未畔。四夷未起。而其君先爲不義以自絕於天。莫可救止。正猶此木。殷鑒在夏。蓋爲文王歎紂之辭。然周鑒之在殷。亦可知矣。

蕩八章。章八句。

抑抑威儀。維德之隅。人亦有言。靡哲不愚。庶人之愚。亦職維疾。叶集二反哲人之愚。亦維斯戾。

詩經大雅　七之三十

相曰昔衛武公年數九十有五矣猶箴儆于國曰毋謂我老耄而舍我于是乎作懿戒以自儆也韋昭注懿即抑篇正義引侯苞韓詩翼要衛武公刺王室亦以自戒行年九十有五猶使令誦是詩而不離于其側毛序刺厲王衛武公即位于宣王三十六年在位五十五載以刺厲王之詩當從古說並無所刺

移次召旻

修爾車馬弓矢戎兵用戒戎作用逷蠻方史記武公將兵佐周平戎甚有功平王命為公詩義作于其時此篇中爾皆自謂小子以呼執政周書芮良夫篇亦曰惟爾執政小子

賦也。抑抑，密也。隅，廉角也。鄭氏曰：人密審於威儀者，是其德必嚴正也。故古之賢者，道行心平，可外占而知內，如宮室之制，內有繩直，則外有廉隅也。哲，知。庶，衆。職，主。戾，反也。○衛武公作此詩，使人日誦於其側以自警，言抑抑威儀，乃德之隅，則有哲人之德者，固必有哲人之威儀矣。而今之所謂哲者，未嘗有其威儀，則是無哲而不愚矣。夫衆人之愚，蓋有稟賦之偏，宜有是疾，不足爲怪。哲人而愚，則反戾其常矣。○

無競維人，四方其訓之。有覺德行，去聲。**四國順之。訏**音呼**謨定命，遠猶辰告。**叶古得反。**敬慎威儀，維民之則。**

賦也。競，強也。覺，直大也。訏，大。謨，謀也。大謀謂不爲一身之謀，而有天下之慮也。定，審定不改易也。命，號令也。猶，圖也。遠謀，謂不爲一時之計而爲長久之規也。辰，時。告，戒也。辰告，謂以時播告也。則，法也。○言天地之性人爲貴，故能盡人道，則四方皆以爲訓，有覺德行，則四國皆順從之。故必大其謀，定其命，遠圖時告，敬其威儀，然後可以爲天下法也。

○其在于今，叶音經。興迷亂于政，叶音征。顚覆厥德，荒湛音耽。于酒。叶子小反。女音汝。雖湛樂音洛。從，弗念厥紹，罔敷求先王，克共音拱。明刑。叶胡光反。○賦也。今，武公自言已今日之所爲也。興，尚也。女，武公使人誦詩而命己之辭也。後凡言女言爾言小子者放此。湛樂從，言惟湛樂之是從也。紹，謂所承之緒也。敷求先王，廣求先王所行之道也。共，執。刑，法也。

○肆皇天弗尚，叶辰羊反。如彼泉流，無淪胥以亡。夙興夜寐，洒埽廷內，維民之章。脩爾車馬，弓

詩閒教以飭內安外謨〻訏猶之遠也

詩經

矢戎兵叶晡亡反用戒戎作，用遏音剔蠻方。賦也。弗尚，厭棄之也。淪，陷。胥，相。章，表。戒，備。戎，兵。作，起。遏，遠也。○言天所不尚，則無乃淪陷相與而亡，如泉流之易乎。是以內自庭除之近，外及蠻方之遠，細而寢興洒埽之常，大而車馬戎兵之變，慮無不周，備無不飭也。上章所謂訏謨定命，遠猶辰告，於此見矣。○質爾人民，謹爾侯度，用戒不虞叶元具反。愼爾出話，敬爾威儀叶牛何反，無不柔嘉叶居何反。白圭之玷音點，尚可磨也；斯言之玷，不可爲叶吾禾反也。賦也。質，成也，定也。侯度，諸侯所守之法度也。虞，慮。話，言。柔，安。嘉，善。玷，缺也。○言旣治民守法，防意外之患矣，又當謹其言語。蓋玉之玷缺，尚可磨鑢使平；言語一失，莫能救之。其戒深切矣。故南容一日三復此章。而孔子以其兄之子妻之。○無易去聲由言。無曰苟矣。莫捫音門朕舌。言不可逝叶音折矣。無言不讎叶市救反。無德不報叶蒲救反。惠于朋友叶羽已反。庶民小子叶獎里反。子孫繩繩。萬民靡不承。賦也。易，輕。捫，持。逝，去。讎，答。承，奉也。○言不可輕易其言。蓋無人為我執持其舌者。故言語由己易致差失。常當執持不可放去也。且天下之理。無有言而不讎。無有德而不報者。若爾能惠于朋友庶民小子。則子孫繩繩而萬民無不承矣。皆謹言之效也。○視爾友君子。輯音集柔爾顏。叶魚堅反不遐有愆。相去聲在爾室。尚不愧于屋漏。無曰不顯。莫予云覯。神之格叶剛鶴反思。不可度入聲思矧可射音弋叶弋灼反思賦也輯和也遐何通愆過也尚庶幾也屋漏室西北隅也覯見也格至度測矧況也射斁通厭也○言視爾友於君子之時和柔爾之顏色其戒懼之意常若自省曰豈不至於有過乎蓋常人之情其脩於顯者無不如此然視爾獨居於室之時亦當庶幾不愧于屋漏然後可爾無曰此非顯明之處而莫予見也當知鬼神之妙無物不體其至於是有不可得而測者不顯亦臨猶懼有失況可厭射而不敬乎此言不但脩之於外又當戒謹恐懼乎其所不睹不聞也子思子曰君子不動而敬不言而信又曰夫微之顯誠之不可揜如此此正心誠意之極功而武公及之則亦聖賢之徒矣

○辟爾爲德俾臧俾嘉叶居何反淑慎爾止不愆于儀叶牛何反不僭不賊鮮上聲不爲則

熊氏經說太玄云童牛角馬言馬童而牛角以無角爲有角也謂彼童而角也

投我以桃。報之以李。彼童而角。實虹音紅小子。叶獎里反。○賦也。辟君也。指武公也。止容止也。僭差賊害則法也。無角曰童。虹潰亂也。○既戒以脩德之事。而又言爲德而人法之。猶投桃報李之必然也。彼謂不必脩德而可以服人者。是牛羊之童者而求其角也。亦徒潰亂汝而已。豈可得哉。○荏音飪染柔木。言緡之絲。叶新夷反溫溫恭人。維德之基。其維哲人。告之話言。順德之行。其維愚人。覆謂我僭。叶七尋反民各有心。○興也。荏染柔貌。柔木柔忍之木也。緡綸也。被之綸以爲弓也。話言古之善言也。覆猶反也。僭不信也。民各有心。言人心不同。愚智相越之遠也。○於音烏乎音呼小子。叶獎里反未知臧否。音鄙匪手

詩經大雅　七之十六

蘇氏曰靡盈不足也人之才性有所不足獨患不知苟其蚤知則蚤成豈有蚤知而晚成之乎言王之不能有知由不知也

平議虐讀為謔言反以為戲謔也抑篇曰我言維服勿以為笑為笑與為謔正同

詩經

攜之言示之事。叶上止反匪面命之言提其耳。借曰未知亦既抱子。同上民之靡盈誰夙知而莫音慕成。賦也。非徒手攜之也，而又示之以事；非徒面命之也，而又提其耳。所以諭之者詳且切矣。假令言汝未有知識，則汝既長大而抱子，宜有知矣。人若不自盈滿，能受教戒，則豈有既早知而反晚成者乎。○昊天孔昭。叶音灼我生靡樂。音洛視爾夢夢。音蒙我心慘慘。音懆叶七各反誨爾諄諄。音肫聽我藐藐。音邈匪用為教。叶入聲覆用為虐。借曰未知亦聿既耄。叶音莫○賦也。夢夢，不明亂意也。慘慘，憂貌。諄諄，詳熟也。藐藐，忽略貌。耄，老也。八十九十曰耄。左史所謂年九十有五時也。○於乎平議以昊天爲國雖靡止箋云止禮也舊止之止亦當訓禮言告爾以舊禮也篇首曰抑抑威儀次章曰敬慎威儀五章曰敬爾威儀八章曰淑慎爾止不愆于儀詩中屢以威儀爲言故終之曰告爾舊止止猶舊者也之禮也此止字與淑慎爾止之止同

小子。告爾舊止。聽用我謀。庶無大悔。叶虎委反天方艱難。曰喪厥國。叶于逼反取譬不遠。昊天不忒。回遹音聿其德。俾民大棘。賦也。舊，舊章也。或曰久也。止，語辭。庶，幸。悔，恨。忒，差。遹，僻。棘，急也。○言天運方此艱難，將喪厥國矣。我之取譬，夫豈遠哉。觀天道禍福之不差忒，則知之矣。今汝乃回遹其德，而使民至於困急，則喪厥國也必矣。

抑十二章，三章章八句，九章章十句。楚語左史倚相曰：昔衛武公年數九十五矣，猶箴儆於國曰：自卿以下，至于師長士，苟在朝者，無謂我老耄而舍我，必恭恪於朝夕，以交戒我。在輿有旅賁之規，位宁有官師之典，倚几有誦訓之諫，居寢有暬御之箴，臨事有瞽史之導，宴居有師工之誦，史不失書，矇不失誦，以訓御之。於是作懿戒以自儆。及其沒也，謂之睿聖武公。韋昭曰：懿讀爲抑，即此篇也。董氏曰：侯包言武公行年九十有五，猶使人日誦是詩而不離於其側。然則序說爲刺厲王者誤矣。

菀音鬱彼桑柔，其下侯旬。捋力活反采其劉，瘼音莫此下民。不殄心憂，倉音滄兄音況塡兮。倬彼昊天，叶鐵因反寧不我矜。比也。菀，茂。旬，徧。劉，殘。殄，絕也。倉兄，與愴怳同，悲閔之意也。塡，未詳。舊說與陳塵同，蓋言久也。或疑與瘨字同，爲病之義。但名旻篇內二字並出，又恐未然。今姑闕之。倬，明貌。○舊說此爲芮伯刺厲王而作，春秋傳亦曰芮良夫之詩，則其說是也。以桑爲比者，桑之爲物，其葉最盛，然及其采之也，一朝而盡，無黃落之漸，故取以比

桑柔芮伯刺厲王也
用毛序　移次蕩下
靡所止疑云徂何往未知王之所定也告爾憂恤誨爾序爵謂周書所謂告王及執政小子也
天降喪亂滅我立王蓋作于流彘之後自獨傳(?)
留有肺腸周書芮良夫篇爾自謂有餘予謂不足予以予小臣良夫觀天下有土之君厥德不遠罔有代德特爲王之惡其在國人是流彘之禍良早言之覆俾我悖矣

周之盛時。如葉之茂。其陰無所不徧。至於厲王肆行暴虐。以敗其成業。王室忽焉凋弊。如桑之既采。民失其蔭。而受其病。故君子憂之不絕於心。悲閔之甚。而至於病。遂號天而訴之也。○

四牡騤騤。旟旐有翩。叶批賓反亂生不夷。靡國不泯。叶彌鄰反民靡有黎。具禍以燼。叶咨辛反於音烏乎音呼有哀。叶音依國步斯頻。賦也。夷平。泯滅。黎黑也。謂黑首也。具俱也。燼灰燼也。步猶運也。頻急蹙也。○厲王之亂。天下征役不息。故其民見其車馬旌旗而厭苦之。自此至第四章。皆征役者之怨辭也。○

國步蔑資。天不我將。叶子兩反靡所止疑。音屹叶如字云徂何往。君子實維秉心無競。叶其兩反誰生厲階。叶居奚反至今爲梗。

詩經大雅　桑柔

七之八

詩經

音鯾叶古黨反○賦也蔑滅資咨將養也疑
讀如儀禮疑立之疑定也徂亦往也競爭厲
怨梗病也○言國將危亡天不我養居無所
定徂無所往然非君子之有爭心也誰實爲
此禍階使至今爲病乎蓋曰
禍有根原其所從來也遠矣○憂心慇慇念
我土宇我生不辰逢天僤音亶怒叶暖五反自西徂
東叶音丁靡所定處多我覯痻音民孔棘我圉賦也
土鄉宇居辰時僤厚覯見痻病棘急圉邊也
或曰禦也多矣我之見病也急矣我之在邊
也○爲謀爲毖叶音必亂況斯削告爾憂恤誨
爾序爵誰能執熱逝不以濯其何能淑載胥
及溺叶奴學反○賦也毖愼況滋也序爵辨
別賢否之道也執熱手執熱物也○蘇

氏曰。王豈不謀且愼哉。然而不得其道。適所以長亂而自削耳。故告之以其所當憂。而誨之以序爵。且曰。誰能執熱而不濯者。賢者之能已亂。猶濯之能解熱耳。不然。則其何能善哉。相與入於陷溺而已。

○如彼遡風。叶孚音反亦孔之僾。音愛民有肅心。荓音烹云不逮。好是稼穡。力民代食。稼穡維寶。代食維好。

賦也。遡。鄉。僾。唈。肅。進。荓。使也。○蘇氏曰。君子視厲王之亂。閔然如遡風之人。唈而不能息。雖有欲進之心。皆使之曰。世亂矣。非吾所能及也。於是退而稼穡。盡其筋力。與民同事。以代祿食而已。當是時也。仕進之憂。甚於稼穡之勞。故曰。稼穡維寶。代食維好。言雖勞而無患也。

○天降喪去聲亂。滅我立王。降此蟊賊。稼穡卒痒。音羊哀恫音通中國。具

詩本音首二句不韻　宋吳棫韻補讀瞻爲諸良切引漢譚陽長潘乾校官碑以瞻爲彰崔駰反都賦以瞻爲障二證恐未敢以爲然考潘乾碑文末云永世支百民人所彰子子孫孫俾爾熾昌則固未嘗作瞻也

贅音惴卒荒。靡有旅力，以念穹蒼。賦也。恫，痛。具，俱也。贅，屬也。言危也。春秋傳曰：君若綴旒然。與此贅同。卒，盡。荒，虛也。旅與膂同。穹蒼，天也。穹言其形，蒼言其色。○言天降喪亂，固已滅我所立之王矣，又降此蟊賊，則我之稼穡又病，而不得以代食矣。哀此中國，皆危盡荒，是以危困之極，無力以念天禍也。此詩之作，不知的在何時。其言滅我立王，則疑其共和之後也。○維此惠君，民人所瞻。叶側姜反秉心宣猶，考愼其相。去聲叶平聲維彼不順，自獨俾臧。自有肺腸，俾民卒狂。賦也。惠，順也。順於義理也。宣，徧。猶，謀。相，輔。狂，惑也。○言彼順理之君，所以爲民所尊仰者，以其能秉持其心，周徧謀度，考擇其輔相，必衆以爲賢而後用之。彼不順理之君，則自以爲善，而不考衆謀，自有私見而不通衆志所以使民眩惑至於狂亂也。○瞻彼中林，甡甡音莘其鹿。朋友已譖，音僭叶子林反不胥以穀。人亦有言，進退維谷。興也。甡甡，衆多並行之貌。譖，不信也。胥，相。穀，善。谷，窮也。言朋友相譖，不能相善，曾鹿之不如也。言上無明君，下有惡俗，是以進退皆窮也。○維此聖人，瞻言百里。維彼愚人，覆狂以喜。匪言不能，胡斯畏忌。叶巨巳反○賦也。聖人炳於幾先，所視而言者，無遠而不察。愚人不知禍之將至，而反狂以喜。今用事者蓋如此。我非不能言也，如此畏忌何哉？言王暴虐，人不敢諫也。○維此良人，弗求弗迪。叶徒沃反維彼忍心，是顧是復。音伏民之貪亂，寧爲荼毒。賦也。迪，進也。忍，殘忍。

詩經 大雅　七之十

述閑楚词九歌衝風起兮橫波王逸注曰衝隧也遯隧風大波涌起……古謂衝風为隧風、即遺風也呂氏春秋季味篇遺風之乘高誘注行迅謂之遺風文選聖主得賢臣頌追奔電逐遺風李善注曰遺風風之疾者遺与隧古同聲而通用隧之言迅疾也

又中得也垢讀为詬詬恥辱也不順之人行不順之事以得恥辱故曰征以中垢遯論征以中垢謂行以中藏之污穢也

又聽言二句根上文來謂聽彼之言則喜而對之誦古人之言以告之則昏昏如醉

詩經

也。顧，念。復，重也。荼，苦菜也。味苦氣辛，能殺物，故謂之荼毒也。○言不求善人而進用之，其所顧念重復而不已者，乃忍心不仁之人。○民不堪命，所以肆行貪亂而安爲荼毒也。○

大風有隧，音遂。有空大谷。維此良人，作爲式穀。維彼不順，征以中垢。外傳征作往 音茍，叶居六反。○興也。隧，道。式，用。穀，善也。征以中垢未詳其義。或曰：征，行也。中，隱暗也。垢，汙穢也。○大風之行有隧，蓋多出於空谷之中。以興下文君子小人所行亦各有道耳。

○大風有隧，貪人敗類。聽言則對，誦言如醉。匪用其良，覆俾我悖。叶蒲寐反。○興也。敗，類，猶言圮族也。王使貪人爲政，我以其或能聽我之言而對之，然亦知其不能聽也，故誦言而中心如醉，由王不用善人，而反使我至此悖眊也。厲王說榮夷公，芮

良夫曰。王室其將卑乎。夫榮公好專利而不備大難。夫利百物之所生也。天地之所載也。而或專之。其害多矣。此詩所謂貪人。其榮公也與。芮伯之憂。非一日矣。○嗟爾朋友。予豈不知而作。如彼飛蟲。時亦弋獲。叶胡郭反既之陰去聲女。反予來赫。叶黑各反。○賦也。如彼飛蟲時亦弋獲。言已之所言。或亦有中。猶曰千慮而一得也。之往。陰覆也。赫威怒之貌。我以言告女。是往陰覆於女。女反來加赫然之怒於已也。張子曰。陰往密告於女。女反謂我來恐動也。亦通。

○民之罔極。職涼善背。叶必墨反為民不利。如云不克。民之回遹。音聿職競用力。賦也。職專也。涼義未詳。傳曰。涼薄也。鄭讀作諒。信也。疑鄭說為得之。善背工為反覆也。克勝也。回遹邪僻也。○言民之所以貪亂而不知所止者。專由此人名爲直諒。而實善背。又爲民所不利之事。如恐不勝而力爲之也。又言民之所以邪僻者。亦由此輩專競用力而然也。反覆其言。所以深惡之也。

○民之未戾。職盜爲寇。涼曰不可。覆背善詈。音利雖曰匪予。既作爾歌。賦也。戾。定也。民之所以未定者。由有盜臣爲之寇也。蓋其爲信也。亦以小人爲不可矣。及其反背也。則又工爲惡言以詈君子。是其色厲內荏。眞可謂穿窬之盜矣。然其人又自文飾。以爲此非我言也。則我已作爾歌矣。言得其情。且事已著明。不可揜覆也。

桑柔十六章。八章章八句。八章章六句。

倬彼雲漢。昭回于天。叶鐵因反王曰於音烏乎音呼何哀今之人，天降喪去聲亂，饑饉薦音荐臻。靡神不舉，靡愛斯牲。叶桑經反圭璧既卒，寧莫我聽。平聲○賦也。雲漢，天河也。昭，光。回，轉也。言其光隨天而轉也。薦，荐通，重也。臻，至也。靡神不舉，所謂國有凶荒則索鬼神而祭之也。圭璧，禮神之玉也。卒，盡。寧，猶何也。○舊說以爲宣王承厲王之烈，內有撥亂之志，遇烖而懼，側身脩行，欲消去之。天下喜於王化復行，百姓見憂，故仍叔作此詩以美之。言雲漢者，夜晴則天河明，故述王仍叔於天之辭如此也。

○旱既大音泰甚，蘊隆蟲蟲。不殄禋祀，自郊徂宮。上下奠瘞，靡神不宗。后稷不克，上帝不臨。叶力中反耗斁音妒下土，寧丁我躬。賦也。蘊，蓄。隆，盛也。蟲蟲，熱氣也。殄，絕也。郊

詩經大雅　七之十二

詩釋案易晉初六晉如摧如釋文鄭摧讀如南山崔崔之崔李氏集解虞翻曰摧憂愁也與鄭相嗟同之意

祀天地也。宮，宗廟也。上祭天，下祭地，奠其禮，瘞其物。宗，尊也。克，勝也。言后稷欲救此旱災而不能勝也。臨，亨也。稷以親言，帝以尊言也。斁，敗。丁，當也。何以當我之身而有是災也。或曰：與其耗斁下土，寧使災害當我身也。亦通。○旱既大甚，則不可推。（吐雷反）兢兢業業，如霆如雷。周餘黎民，靡有孑遺。（叶夷回反）昊天上帝，則不我遺。胡不相畏，先祖于摧。（音崔）○賦也。推，去也。兢兢，恐也。業業，危也。如霆如雷，言畏之甚也。孑，無右臂貌。遺，餘也。言大亂之後，周之餘民無復有半身之遺者，而上天又降旱災，使我亦不見遺。摧，滅也。言先祖之祀將自此而滅也。○旱既大甚，則不可沮。（上聲）赫赫炎炎，云我無所。大命近止，靡瞻靡顧。

叶果五反羣公先正。則不我助。叶牀所反父母先祖。胡寧忍予。叶演女反

○賦也。沮，止也。赫赫，旱氣也。炎炎，熱氣也。無所，無所容也。大命近止，死將至也。瞻，仰；顧，望也。羣公先正，月令所謂雩祀百辟卿士之有益於民者，以祈穀實者也。於羣公先正，但言其不見助。至父母先祖，則以恩望之矣。所謂垂涕泣而道之也。

○旱既大甚。滌滌山川。叶樞倫反旱魃爲虐。如惔音談如焚。叶符匀反我心憚暑。憂心如熏。羣公先正。則不我聞。叶微匀反昊天上帝。寧俾我遯。叶徒匀反

○賦也。滌滌，言山無木，川無水，如滌而除之也。魃，旱神也。惔，燎之也。憚，勞也，畏也。熏，灼。遯，逃也。言天又不肯使我得逃遯而去也。

○旱既大甚。黽勉畏去。

胡寧瘨音顚我以旱憯七感反不知其故。祈年孔夙方社不莫音慕昊天上帝則不我虞叶元具反敬恭明神宜無悔怒。賦也。黽勉畏去出無所之也。瘨病。憯曾也。祈年孟春祈穀于上帝。孟冬祈來年于天宗。是也。方祭四方也。社祭土神也。虞度。悔恨也。言天曾不度我之心如我之敬事明神宜可以無恨怒也。○旱既大甚散無友紀鞫哉庶正疚哉冢宰叶奬里反趣七口反馬師氏膳夫左右叶羽已反靡人不周無不能止瞻卬音仰昊天云如何里賦也。友紀猶言綱紀也。或曰友疑作有。鞫窮也。庶正衆官之長也。疚病也。冢宰又衆長之長也。趣馬掌馬之官。師氏掌以兵守王門者。膳夫掌食之官也歲凶年穀不登則趣馬不秣師氏弛其兵馳道不除祭事不縣膳夫徹膳左右布而不脩大夫不食粱士飲酒不樂周救也無不能止言諸臣無有一人不周救百姓者無有自言不能而遂止不爲也里憂也與漢書無俚之俚同聊賴之意也○

瞻卬昊天有嘒音嘒其星大夫君子昭假音格無贏音盈大命近止無棄爾成何求爲我以戾庶正叶諸盈反瞻卬昊天曷惠其寧

賦也嘒明貌昭明假至也○久旱而仰天以望雨則有嘒然之明星未有雨徵也然羣臣竭其精誠而助王以昭假于天者已無餘矣雖今死亡將近而不可以棄其前功當益其所以昭假者而脩之固非求爲我之一身而已乃所以定衆正也於是語終又仰天而訴之曰果何時而惠我以安寧乎張子曰不敢斥

崧高封申伯以謝以屏東都備荊蠻也吉甫作詩送之也

言雨者。畏懼之甚。且不敢必云爾。

雲漢八章章十句。

崧（音嵩）高維嶽。駿（音峻）極于天。（叶鐵因反）維嶽降神。生甫及申。維申及甫。維周之翰。（叶胡干反）四國于蕃。四方于宣。（叶分邅反）賦也。山大而高曰崧。嶽。山之尊者。東岱。南霍。西華。北恒。是也。駿。大也。甫。甫侯也。即穆王時作呂刑者。或曰呂。此是宣王時人。而作呂刑者之子孫也。申。申伯也。皆姜姓之國也。翰。幹。蕃。蔽也。○宣王之舅申伯。出封于謝。而尹吉甫作詩以送之。言嶽山高大。而降其神靈和氣。以生甫侯申伯。實能爲周之楨幹屏蔽。而宣其德澤於天下也。蓋申伯之先。神農之後。爲唐虞四嶽。總領方嶽諸侯。而奉嶽神之祭。能脩其職。嶽神享之故此詩推本申伯之所以生以爲嶽降神而爲之也○亹亹申伯王纘之事于邑于謝南國是式叶失吏反王命召伯叶逋莫反定申伯之宅叶達各反登是南邦叶卜工反世執其功賦也亹亹強勉之貌纘繼也使之繼其先世之事也邑國都之處也謝在今鄧州南陽縣周之南土也式使諸侯以爲法也召伯召穆公虎也登成也世執其功言使申伯後世常守其功也或曰大封之禮召公之世職也○王命申伯式是南邦叶外功反因是謝人以作爾庸王命召伯徹申伯土田叶他因反王命傅御遷其私人賦也庸城也言因謝邑之人而爲國也鄭氏曰庸功也爲國以起其功也徹定其經界正其賦稅也傅御

申伯家臣之長也。私人家人。遷使就國也。漢明帝送侯印與東平王蒼諸子。而以手詔賜其國中傅。蓋古制如此。

○申伯之功。名伯是營。有俶音蓄其城。寢廟既成。既成藐藐。王錫申伯。叶逋洛反四牡蹻蹻。鉤膺濯濯。賦也。俶。始作也。藐藐。深貌。蹻蹻。壯貌。濯濯。光明貌。

○王遣申伯。路車乘馬。乘去聲馬叶滿補反我圖爾居。莫如南土。錫爾介圭。以作爾寶。寶叶音補往近王舅。南土是保。叶音補賦也。介圭。諸侯之封圭也。近。辭也。

○申伯信邁。王餞于郿。餞音賤郿音眉申伯還南。謝于誠歸。王命召伯。徹申伯土疆。以峙其粻。峙音痔粻音張式遄其遄音椽行。叶戶郎反○賦也。郿在今鳳翔府郿縣。在鎬京之西。岐周之東。而申在鎬京之東南。時王在岐周。故餞于郿也。言信邁誠歸。以見王之數留。疑於行之不果故也。峙。積。粻。糧。遄。速也。召伯之營謝也。則已斂其稅賦。積其餱糧。使廬市有止宿之委積。故能使申伯無留行也。○申伯番番。音波叶分邅反既入于謝。徒御嘽嘽。音灘周邦咸喜。戎有良翰。叶胡千反不顯申伯。王之元舅。文武是憲。叶虛言反○賦也。番番。武勇貌。嘽嘽。衆盛也。戎。女也。申伯既入于謝。周人皆以爲喜。而相謂曰。女今有良翰矣。元。長。憲。法也。言文武之士。皆以申伯爲法也。或曰。申伯能以文王武王爲法也。○申伯之德。柔惠且直。揉汝又反此萬邦。聞音問于四國。叶于逼反吉甫作誦。

其詩孔碩，其風肆好，以贈申伯。賦也。揉，治也。吉甫，尹吉甫。周之卿士。誦，工師所誦之辭也。碩，大。風，聲。肆，遂也。

崧高八章，章八句。

天生烝民，有物有則。民之秉彝，音夷。好是懿德。天監有周，昭假音格。于下。叶後五反。保茲天子，生仲山甫。賦也。烝，衆。則，法。秉，執。彝，常。懿，美。監，視。昭，明。假，至。保，祐也。仲山甫，樊侯之字也。○宣王命樊侯仲山甫築城于齊，而尹吉甫作詩以送之。言天生衆民，有是物必有是則。蓋自百骸九竅五臟，而達之君臣父子夫婦長幼朋友，無非物也，而莫不有法焉。如視之明，聽之聰，貌之恭，言之順，君臣有義，父子有親之類，是也。是乃民所執之常性，故其情無不好此美德者。而況天之監視有周。能以昭明之德感格于下。故保祐之。而爲之生此賢佐曰仲山甫焉。則所以鍾其秀氣而全其美德者。又非特如凡民而已也。昔孔子讀詩至此而贊之曰。爲此詩者。其知道乎。故有物必有則。民之秉彝也。故好是懿德。而孟子引之。以證性善之說。其旨深矣。讀者其致思焉。

○仲山甫之德。柔嘉維則。令儀令色。小心翼翼。古訓是式。威儀是力。天子是若。明命使賦。

賦也。嘉。美。令。善也。儀。威儀也。色。顔色也。翼翼。恭敬貌。古訓。先王之遺典也。式。法。力。勉。若。順。賦。布也。○東萊呂氏曰。柔嘉維則。不過其則也。過其則。斯爲弱。不得謂之柔嘉矣。令儀令色。小心翼翼。言其表裏柔嘉也。古訓是式。威儀是力。言其學問進脩也。天子是若。明命使賦。言其發而措之事業也。此章蓋備舉仲山甫

詩閟祖考謂周公獻公權德輿云山甫魯獻公仲子入輔於周食采于樊是也

通論肅肅王命二句承上章出納王命而言邦國若否二句承上章賦政于外而言

之德。○王命仲山甫，式是百辟。音璧。纘戎祖考，王躬是保。出納王命，王之喉舌。賦政于外，四方爰發。叶方月反。○賦也。式，法。戎，女也。王躬是保，所謂保其身體者也。然則仲山甫蓋以冢宰兼大保，而大保抑其世官也。與出承而布之也。納，行而復之也。喉舌，所以出言也。發，發而應之也。○東萊呂氏曰：仲山甫之職，外則總領諸侯，內則輔養君德，入則典司政本，出則經營四方，此章蓋備舉仲山甫之職。○肅肅王命，仲山甫將之。邦國若否，音鄙。仲山甫明之。既明且哲，叶謨郎反。以保其身。夙夜匪解，音懈。以事一人。賦也。肅肅，嚴也。將，奉行也。若，順也。順否，猶臧否也。明，謂明於理。哲，謂察於事。保身，蓋順理以守身，非趨利避害而偷以全軀之謂也。解怠也。一人天子也。○人亦有言柔則茹之剛則吐之維仲山甫柔亦不茹剛亦不吐不侮矜音鰥寡叶果五反不畏彊禦賦也。人亦有言。世俗之言也。茹。納也。○不茹柔。故不侮矜寡。不吐剛。故不畏彊禦。以此觀之。則仲山甫之柔嘉。非軟美之謂。而其保身未嘗枉道以徇人。可知矣。○人亦有言德輶音酉如毛民鮮上聲克舉之我儀圖叶丁五反之維仲山甫舉之愛莫助叶牀五反之衮職有闕維仲山甫補之賦也。輶。輕。儀。度。圖。謀也。衮職。王職也。天子龍衮。不敢斥言王闕。故曰衮職有闕也。○言人皆言德甚輕而易舉。然人莫能舉也。我於是謀度其能舉之者。則惟仲山甫而

歎 王伯厚云仲山甫猶儀禮所謂伯某甫也

集說錫部及字下曰烝民七章韻業捷與葉部通韻在來部

已。是以心誠愛之。而恨其不能有以助之。蓋愛之者。秉彝好德之性也。而不能助者。能舉與否。在彼而已。固無待於人之助。而亦非人之所能助也。至於王職有闕失。亦維仲山甫獨能補之。蓋惟大人然後能格君心之非。未有不能自舉其德。而能補君之闕者也。○

仲山甫出祖。四牡業業。征夫捷捷。每懷靡及。叶極業反 四牡彭彭。叶鋪郎反 八鸞鏘鏘。王命仲山甫。城彼東方。賦也。祖。行祭也。業業。健貌。捷捷。疾貌。東方。齊也。傳曰。古者諸侯之居逼隘。則王者遷其邑而定其居。蓋去薄姑而遷於臨菑也。孔氏曰。史記齊獻公元年。徙薄姑都治臨菑。計獻公當夷王之時。與此傳不合。豈徙於夷王之時。至是而始備其城郭之守歟。○

四牡騤騤。音逵 八鸞喈喈。音皆叶居奚反 仲山甫徂齊。式遄其歸。吉甫作誦。穆如清風。叶孚愔反仲山甫永懷。以慰其心。賦也。式遄其歸，不欲其久於外也。穆，深長也。清風，清微之風，化養萬物者也。以其遠行而有所懷思，故以此詩慰其心焉。曾氏曰：賦政於外，雖仲山甫之職，然保王躬，補王闕，尤其所急。城彼東方，其心永懷，蓋有所不安者。尹吉甫深知之，作誦而告以遄歸，所以安其心也。

烝民八章，章八句。

奕奕梁山，維禹甸之。有倬其道。韓侯受命，王親命之。纘戎祖考，無廢朕命。夙夜匪解。音懈叶訖力反虔共爾位。朕命不易。榦音幹不庭方。以佐戎亦猶任中韓不庭方與易不肅雍句法相似易與韓一聲之轉庭方猶直方也易曰君子敬以直內義以方外是其義也王之命韓侯若曰服命不易女易不直方以佐女君乎蓋戒勉之辭

集說文部幭字下曰參部字韓奕二章韻厄段氏曰詩幭厄皆段借字厄即軛幭玉藻作幦則在本部

辟音璧○賦也奕奕大也梁山韓之鎮也今在同州韓城縣甸治也倬明貌韓國名侯爵武王之後也受命蓋卽位除喪以士服入見天子而聽命也纘繼戒命也言王錫命之使繼世而爲諸侯也虔敬易改榦正也不庭方不來庭之國也辟君也此又戒之以脩其職業之辭也○韓侯初立來朝始受王命而歸詩人作此以送之序亦以爲尹吉甫作今未有據下篇云名穆公凡伯者放此○

四牡奕奕孔脩且張韓侯入覲以其介圭入覲于王王錫韓侯淑旂綏章簟茀錯衡叶戶郎反玄袞赤舄鉤膺鏤音漏錫音羊鞹音廓鞃淺幭音覓鞗音條革金厄叶於栗反○賦也脩長張大也介圭封圭執之爲贄以合瑞于王也淑善也交龍曰旂綏章染鳥羽或旄牛尾爲之

注於旂竿之首。為表章者也。鏤刻金也。馬眉上飾曰錫。今當盧也。鞹去毛之革也。鞃式中也。謂兩較之間橫木可憑者。以鞹持之使牢固也。淺虎皮也。幭覆式也。字一作幦。又作幎。以有毛之皮覆式上也。鞗革轡首也。金厄以金為環纏搤轡首也。

○韓侯出祖。出宿于屠。顯父音甫餞之。清酒百壺。其殽維何。炰音庖鼈鮮魚。其蔌音速維何。維筍音笋及蒲。其贈維何。乘去聲馬路車。籩豆有且音疽。侯氏燕胥。

賦也。既覲而反國。必祖者。尊其所往。去則如始行焉。屠地名。或曰即杜也。顯父周之卿士也。蔌菜殽也。筍竹萌也。蒲蒲蒻也。且多貌。侯氏覲禮諸侯來朝者之稱。胥相也。或曰語辭。

○韓侯取去聲妻。汾音焚王之甥。蹶音媿父音甫之子。

詩曰顧曲顧也禮親迎御輪三周下車曲顧是也通論爛其盈門韓侯之門也此言御車入門時詩曰親迎言起以至于歸首尾周匝而不言美何于歸但從韓侯顧之上見筆意在隐躍之間殊妙

詩經

叶獎里反韓侯迎去聲止于蹶之里百兩音亮又如字彭

彭叶蒲郎反八鸞鏘鏘不顯其光諸娣音第從之祁

祁如雲韓侯顧之爛其盈門叶眉貧反○賦也此言韓侯既

覲而還遂以親迎也汾王厲王也厲王流于

彘在汾水之上故時人以目王焉猶言莒郊

公黎比公也蹶父周之卿士姞姓也諸娣諸

侯一娶九女二國媵之皆有娣姪也祁祁徐

靚也如雲衆多也○蹶父孔武靡國不到爲去聲韓姞

音佶相去聲攸莫如韓樂音洛叶力告反孔樂韓土川澤

訏訏音許魴鱮甫甫麀鹿噳噳音語有熊有羆有

貓苗茅二音有虎慶既令居叶斤御斤於二反韓姞燕譽

平議燕乃南燕也隱五年左傳衛以燕師伐鄭杜注曰南燕國今東郡燕縣宣三年傳鄭文公有賤妾曰燕姞注曰姞南燕姓韓侯取蹶父之子謂之韓姞傳曰姞蹶父姓也疑蹶父乃南燕之君入爲王朝卿士者猶樊侯仲山甫之比甚於蹶父者亦猶昭十二年左傳所稱燮父□禽父也

叶羊如羊諸二反○賦也韓姞蹶父之子韓侯妻也相攸擇可嫁之所也訏訏甫甫大也噳噳衆也貓似虎而淺毛慶喜令善也喜其有此善居也燕安譽樂也○溥彼韓城燕平聲師所完以先祖受命因時百蠻王錫韓侯其追其貊音麥奄受北國因以其伯實墉實壑實畝實籍獻其貔音毗皮赤豹黃羆賦也溥大也燕召公之國也師衆也追貊夷狄之國也墉城壑池籍稅也貔猛獸名○韓初封時召公爲司空王命以其衆爲築此城如召伯營謝山甫城齊春秋諸侯城邢城楚丘之類也王以韓侯之先因是百蠻而長之故錫之追貊使爲之伯以脩其城池治其田畝正其稅法而貢其所有於王也

韓奕六章，章十二句。

江漢浮浮。武夫滔滔。叶他侯反匪安匪遊。淮夷來求。既出我車。既設我旟。匪安匪舒。淮夷來鋪。賦也。浮浮。水盛貌。滔滔。順流貌。淮夷。夷之在淮上者也。鋪。陳也。陳師以伐之也。○宣王命召穆公平淮南之夷。詩人美之。此章總序其事。言行者皆莫敢安徐。而曰吾之來也。惟淮夷是求是伐耳。

○江漢湯湯。音傷武夫洸洸。音光經營四方。告成于王。四方既平。王國庶定。叶唐丁反時靡有爭。叶甾陘反王心載寧。賦也。洸洸。武貌。庶。幸也。○此章言既伐而成功也。

○江漢之滸。音虎王命召虎。式辟音闢四方。徹

詩聞式辟四方以下皆述王命之辭

我疆土。匪疚匪棘。王國來極。于疆于理。至于南海。○叶虎委反。○賦也。虎。召穆公名也。辟。與闢同。徹。井其田也。疚。病。棘。急也。極。中之表也。居中而爲四方所取正也。○言江漢既平。王又命召公闢四方之侵地。而治其疆界。非以病之。非以急之也。但使其來取正於王國而已。於是遂疆理之。盡南海而止也。○

王命召虎。來旬來宣。文武受命。召公維翰。叶胡于反無曰予小子。○叶獎里反召公是似。○叶養里反肇敏戎公。用錫爾祉。○賦也。旬。徧。宣。布也。自江漢之滸言之。故曰來。召公。召康公奭也。翰。榦也。予小子。王自稱也。肇。開。戎。女。公。功也。○又言王命召虎來此江漢之滸。徧治其事。以布王命。而曰昔文武受命。惟召公爲楨榦。今女無曰以予小子之故也。但自爲嗣女召公之事耳。能開敏女功。則我當錫女以祉福。如下章所云也。○釐音離爾圭瓚才旱反秬音巨鬯音暢一卣音酉告于文人。錫山土田。叶他因反于周受命。叶滿并反自召祖命。虎拜稽首。天子萬年。叶彌因反○賦也。釐。賜。卣。尊也。文人。先祖之有文德者。謂文王也。周。岐周也。召祖。穆公之祖康公也。○此序王賜召公策命之辭。言錫爾圭瓚秬鬯者。使之以祀其先祖。又告于文人。而錫之山川土田。以廣其封邑。蓋古者爵人必於祖廟。示不敢專也。又使往受命於岐周。從其祖康公受命於文王之所。以寵異之。而召公拜稽首以受王命之策書也。人臣受恩。無可以報謝者。但言使君壽考而已。○虎拜稽首對揚王休。叶虛久反作召公考。叶去久反天子萬壽。叶殖

述聞亹亹勉勉明明一聲之轉明明天子令聞不已猶言亹亹文王令聞不已也

晢明明天子。叶獎里反。令聞不已。矢其文德。洽此四國。叶越逼反。賦也。對，答。揚，稱。休，美。考，成。矢，陳也。言穆公既受賜。遂答稱天子之美命。作康公之廟器。而勒王策命之辭。以考其成。且祝天子以萬壽也。古器物銘云。郃拜稽首。敢對揚天子休命。用作朕皇考龔伯尊敦。郃其眉壽。萬年無疆。語正相類。但彼自祝其壽。而此祝君壽耳。既又美其君之令聞而進之以不已。勸其君以文德。而不欲其極意於武功。古人愛君之心。於此可見矣。

江漢六章。章八句。

詩問江漢美召公平淮也

常武命南仲皇父入伐徐戎又命尹吉父大程伯休父先驅淮浦而後王親督進師諸臣旋虜餘醜

赫赫明明。王命卿士。叶音所。南仲大祖。大師皇父。音甫。整我六師。以脩我戎。叶音汝。既敬既戒

西來庭也　毛序召穆公美宣王　續序有常德以立武事因以爲戒皮傳非誼

經說戒我師旅謂治兵也此一事也曰率彼淮浦謂伐淮夷也此二事也曰省此徐土謂征徐國也此三事也故總之曰不留不處三事就緒

叶訖力反惠此南國叶越逼反。○賦也。卿士，即皇父之官也。南仲見出車篇。大祖，始祖也。大師，皇父之兼官也。我，爲宣王之自我也。戎，兵器也。○宣王自將以伐淮北之夷，而命卿士之謂南仲爲大祖兼大師而字皇父者，整治其從行之六軍，脩其戎事，以除淮夷之亂，而惠此南方之國。詩人作此以美之。必言南仲大祖者，稱其世功以美大之也。

○王謂尹氏，命程伯休父，左右陳行，音杭戒我師旅，率彼淮浦，省此徐土，不留不處，三事就緒。音序。○賦也。尹氏，吉甫也。蓋爲內史，掌策命卿大夫也。程伯休父，周大夫。三事，未詳。或曰：三農之事也。○言王詔尹氏策命程伯休父爲司馬，使之左右陳其行列，循淮浦而省徐州之土，蓋伐淮北徐州之夷也。上章既命皇父，而此章又命程伯休父者，蓋王親命大師以三公治其軍事，而使內史命司馬以六卿副之耳。○赫赫業業，宜却反有嚴天子。王舒保作，匪紹匪遊。徐方繹騷，叶蘇侯反震驚徐方。如雷如霆，徐方震驚。賦也。赫赫，顯也。業業，大也。嚴，威也。天子自將，其威可畏也。王舒保作，未詳其義。或曰：舒，徐；保，安；作，行也。言王師舒徐而安行也。紹，糾緊也。遊，遨遊也。繹，連絡也。騷，擾動也。○夷厲以來，周室衰弱，至是而天子自將以征不庭。其師始出，不疾不徐，而徐方之人皆已震動，如雷霆作於其上。不遑安矣。○王奮厥武，如震如怒。叶暖五反進厥虎臣，闞音喊如虓音哮虎。鋪平聲敦淮濆，音焚仍執醜虜。截彼淮浦，王師之所。賦也。進，鼓而進之也。闞，奮怒之貌。虓，虎之自怒也。鋪

詩經大雅　　七之二十四

布也。布其師旅也。敦，厚也。厚集其陳也。仍，就也。老子曰：攘臂而仍之。截截然不可犯之貌。

○王旅嘽嘽，音灘如飛如翰，如江如漢，如山之苞，叶鋪鉤反如川之流，緜緜翼翼，不測不克，濯征徐國。叶越逼反○賦也。嘽嘽，眾盛貌。翰，羽。苞，本也。如飛、如翰，疾也。如江、如漢，眾也。如山，不可動也。如川，不可禦也。緜緜，不可絕也。翼翼，不可亂也。不測，不可知也。不克，不可勝也。濯，大也。

○王猶允塞，徐方既來，叶六直反徐方既同，天子之功，四方既平，徐方來庭，徐方不回，王曰還歸。叶古回反○賦也。猶，道。允，信。塞，實。庭，朝。回，違也。還歸，班師而歸也。○前篇召公帥師以出，歸告成功，故備載其褒賞之辭。此篇王實親行，故於卒章反復其辭以歸功於天子。言王道甚大。而遠方懷之。非獨兵威然也。序所謂因以爲戒者是也。

常武六章章八句。

瞻卬音仰昊天則不我惠孔塡不寧降此大厲邦靡有定士民其瘵音債叶側例反蟊音牟賊蟊疾靡有夷屆音戒叶居氣反罪罟不收靡有夷瘳音抽○賦也。塡。久。厲。亂。瘵。病也。蟊賊。害苗之蟲也。疾。害。夷。平。屆。極。罟。網也。○此刺幽王嬖褒姒任奄人以致亂之詩。首言昊天不惠而降亂。無所歸咎之辭也。蘇氏曰。國有所定。則民受其福。無所定。則受其病。於是有小人爲之蟊賊。刑罪爲之網罟。凡此皆民之所以病也。

○人有土田。女音汝反有酉由二音之。人有民人。女覆奪之。此宜無罪。女反收之。殖酉殖由二反彼宜有罪。女覆說之。音脫賦也。反覆。收拘。說赦也。○哲夫成城。哲婦傾城。懿厥哲婦。爲梟爲鴟。婦有長舌。維厲之階。叶居奚反亂匪降自天。叶鐵因反生自婦人。匪教匪誨。叶呼位反時維婦寺。賦也。哲知也。城猶國也。哲婦蓋指褒姒也。傾覆。懿美也。梟鴟惡聲之鳥也。長舌能多言者也。階梯也。寺奄人也。○言男子正位乎外。爲國家之主。故有知則能立國。婦人以無非無儀爲善。無所事哲。哲則適以覆國而已。故此懿美之哲婦而反爲梟鴟。蓋以其多言而能爲禍亂之梯也。若是。則亂豈眞自天降。如首章之說哉。特由此婦人而已。蓋其言雖多。而非有教誨之益者。是惟婦人與奄人耳。豈可近哉。上文但言婦人之禍。末句兼以奄人爲言。蓋二者常相倚而爲姦。不可不并以爲戒也。歐陽公嘗言宦者之禍甚於女寵。其言尤爲深切。有國家者可不戒哉。○**鞫人忮**忮音志**忒。**譖音僭**始竟背**背音佩叶必墨反**豈曰不極。伊胡爲慝。如賈**賈音古**三倍。君子是識。婦無公事。休其蠶織。**

賦也。鞫窮。忮害。忒變也。譖不信也。竟終。背反。極已。慝惡也。賈居貨者也。三倍獲利之多也。公事朝廷之事。蠶織婦人之業。○言婦寺能以其智辯窮人之言。其心忮害而變詐無常。既以譖妄倡始於前。而終或不驗於後。則亦不復自謂其言之放恣無所極已。而反曰是何足爲慝乎。夫商賈之利。非君子之所宜識。如朝廷之事。非婦人之所宜與也。今賈三倍而君子識其所以然。婦人無朝廷之事。而舍其蠶織以圖之。則豈不爲慝哉。○**天**

何以刺叶音砌何神不富叶方昧反舍音捨爾介狄維予胥忌不弔不祥威儀不類人之云亡邦國殄瘁。賦也。刺。責。介。大。胥。相。弔。閔也。○言天何用責王。神何用不富王哉。凡以王信用婦人之故也。是必將有夷狄之大患。今王舍之不忌。而反以我之正言不諱爲忌。何哉。夫天之降不祥。庶幾王懼而自脩。今王遇災而不恤。又不謹其威儀。又無善人以輔之。則國之殄瘁宜矣。或曰。介狄。卽指婦寺。猶所謂女戎者也。○天之降罔維其優矣。人之云亡。心之憂矣。天之降罔。維其幾矣。人之云亡。心之悲矣。賦也。罔。罟。優。多。幾。近也。蓋承上章之意而重言之。以警王也。○觱音必沸音弗檻胡覽反泉維其深矣

正韻泉先元諄合韻又天鞏不入韻

養新錄毛傳多轉音條傳訓鞏為固即據固音與下句後為韻

詩閑瑞玉曰幽王九年王室始騷征言孔填不寧邪靡有定蓋在九年以後

召旻凡伯刺幽王也 用毛序

心之憂矣。寧自今矣。不自我先。不自我後。叶下五反藐藐昊天。無不克鞏。叶音古無忝皇祖。式救爾後。興也。觱沸。泉涌貌。檻泉。泉正出者。藐藐高遠貌。鞏。固也。○言泉水瀵涌上出。其源深矣。我心之憂。亦非適今日然也。然而禍亂之極。適當此時。蓋已無可爲者。惟天高遠雖若無意於物。然其功用。神明不測。雖危亂之極。亦無不能鞏固之者。幽王苟能改過自新。而不忝其祖。則天意可回。來者猶必可救。而子孫亦蒙其福矣。

瞻卬七章。三章章十句。四章章八句。

旻天疾威。天篤降喪。去聲叶桑郎反瘨音顛我饑饉。民卒流亡。我居圉音語卒荒。賦也。篤。厚。瘨。病。卒。盡也。居。國中也。圉。邊陲

詩緝

也。○此刺幽王任用小人。○天降罪罟蟊賊以致饑饉侵削之詩也。

內訌音紅昏椓音卓靡共音恭潰潰回遹實靖夷我邦。○叶上工反○賦也。訌，潰也。昏椓，昏亂椓喪之人也。共，與恭同。一說與供同，謂供其職也。潰潰，亂也。回遹，邪僻也。靖，治。夷，平也。○言此蟊賊昏椓者，皆潰亂邪僻之人，而王乃使之治平我邦，所以致亂也。

○皐皐訿訿音紫曾不知其玷音店兢兢業業孔塡不寧我位孔貶。賦也。皐皐，頑慢之意。訿訿，務爲謗毀也。玷，缺也。塡，久也。○言小人在位所爲如此，而王不知其缺。至於戒敬恐懼，甚久而不寧者，其位乃更見貶黜。其顛倒錯亂之甚如此。

○如彼歲旱草不潰茂如彼棲音西苴七如反我相去聲此邦無不

潰止。賦也。潰，遂也。棲苴，水中浮草棲於木上者。言枯槁無潤澤也。相，視。潰，亂也。○

維昔之富不如時，維今之疚不如茲。彼疏斯粺，音敗。胡不自替，職兄斯引。兄音怳。賦也。時，是。疚，病也。疏，糲也。粺，則精矣。替，廢也。兄，怳同。引，長也。○言昔之富未嘗若是之疚也。而今之疚，又未有若此之甚也。彼小人之與君子，如疏與粺，其分審矣。而曷不自替以避君子乎。而使我心專爲此故至於愴怳引長而不能自已也。○

池之竭矣，不云自頻。泉之竭矣，不云自中。叶諸仍反。溥斯害矣，職兄斯弘，不烖我躬。叶姑弘反。○賦也。頻，厓。溥，廣。弘，大也。池，水之鍾也。泉，水之發也。故池之竭，由外之不入。泉之竭，由內之不出。言禍亂有所從起，而今不云然也。此其爲害，亦已廣

詩閑先王謂宣王召公謂召虎瑞玉曰若以先王爲文武則不得云而有舊也

矣。是使我心專爲此故。至於愴怳日益弘大。而憂之日。是豈不烖及我躬也乎。○昔先王受命有如召公日辟音闢國百里。今也日蹙音蹴國百里。於音烏乎音呼哀哉。維今之人。不尚有舊。忌上聲叶巨已反○賦也。先王。文武也。召公。康公也。辟。開。蹙。促也。○文王之世。周公治內。召公治外。故周人之詩。謂之周南。諸侯之詩。謂之召南。所謂日辟國百里云者。言文王之化。自北而南。至於江漢之間。服從之國。日以益衆。及虞芮質成。而其旁諸侯聞之。相帥歸周者。四十餘國焉。今謂幽王之時。蹙國。蓋犬戎內侵。諸侯外畔也。又歎息哀痛而言。今世雖亂。豈不猶有舊德可用之人哉。言有之而不用耳。

召旻七章。四章章五句。三章章七句。因其

通論作五章章五句二章章十句

首章稱旻天。卒章稱召公。故謂之名旻。以别小旻也。

蕩之什十一篇。九十二章。七百六十九句。

清廟周公既成洛邑朝諸侯率以祀文王也　配天之　謂孔子以為頌始

詩經卷之八

頌四

頌者，宗廟之樂歌，大序所謂美盛德之形容，以其成功告於神明者也。蓋頌與容，古字通用，故序以此言之。周頌三十一篇，多周公所定，而亦或有康王以後之詩。魯頌四篇，商頌五篇，因亦以類附焉。凡五卷。

周頌清廟之什四之一

於（音烏）穆清廟，肅雝顯相（去聲）。濟濟（上聲）多士，秉文之德。對越在天，駿奔走在廟。不顯不承，無射（音亦）於人斯。

賦也。於，歎辭。穆，深遠也。清，清靜也。肅，敬。雝，和。顯，明。相，助也。謂助祭之公卿諸侯也。濟濟，衆也。多士，與祭執事之人也。越，於也。駿，大而疾也。承，尊奉也。斯，語辭。○

詩經　周頌　清廟　八之一

此周公既成洛邑而朝諸侯因率之以祀文王之樂歌。言於穆哉此清靜之廟其助祭之公侯皆敬且和而其執事之人又無不執行文王之德既對越其在天之神而又駿奔走其在廟之主如此則是文王之德豈不顯乎豈不承乎信乎其無有厭斁於人也。

清廟一章八句

書稱王在新邑烝祭歲文王騂牛一武王騂牛一實周公攝政之七年而此其升歌之辭也。書大傳曰周公升歌清廟苟在廟中嘗見文王者愀然如復見文王焉。樂記曰清廟之瑟朱弦而疏越壹倡而三歎有遺音者矣。鄭氏曰朱弦練朱弦練則聲濁越瑟底孔也疏之使聲遲也倡發歌句也三歎三人從歎之耳。漢因秦樂乾豆上奏登歌獨上歌不以筦絃亂人聲欲在位者徧聞之猶古清廟之歌也。

維天之命以制作告文王也 毛序 太平告文王 非鄭以周公將制作先祭告文王故云我其收之曾孫篤之是也

詩本音此章或以命純篤爲韻 凡周頌之詩多若韻若不韻者 意古人之歌必自有音節而今不可考矣 朱子曰周頌多不協韻 疑自有和聲相叶 清廟之瑟朱弦而疏越 一唱而三歎 三歎即和聲也

馬瑞辰本義 假溢段借 誠嘉善也 謐靜語也

維天之命。於音烏穆不已。於上同乎音呼不顯文王之德之純。賦也。天命。即天道也。不已。言無窮也。純。不雜也。此亦祭文王之詩。言天道無窮。而文王之德。純一不雜。與天無間。以贊文王之德之盛也。子思子曰。維天之命。於穆不已。蓋曰天之所以爲天也。於乎不顯。文王之德之純。蓋曰文王之所以爲文也。純亦不已。程子曰。天道不已。文王純於天道亦不已。純則無二無雜。不已則無間斷先後。

假以溢我。我其收之。駿惠我文王。曾孫篤之。何之爲假。聲之轉也。恤之爲溢。字之訛也。收。受。駿。大。惠。順也。曾孫。後王也。篤。厚也。○言文王之神。將何以恤我乎。有則我當受之。以大順文王之道。後王又當篤厚之而不忘也。

維天之命一章八句。

維清緝熙。文王之典。肇禋音因。迄音肸。用有成。維周之禎。賦也。清清明也。緝續。熙明。肇始。禋祀。迄至也。○此亦祭文王之詩。言所當清明而緝熙者。文王之典也。故自始祀至今有成。實維周之禎祥也。然此詩疑有闕文焉。

維清一章五句

烈文辟音璧公。錫茲祉福。惠我無疆。子孫保之。賦也。烈光也。辟公。諸侯也。○此祭於宗廟而獻助祭諸侯之樂歌。言諸侯助祭使我獲福。則是諸侯錫此祉福。而惠我以無疆。使我子孫保之也。無封靡于爾邦。維王其崇之。念茲戎功。繼序其皇之。封靡之義未詳。或曰。封專利以自封殖也。靡汰侈也。崇尊尚也。戎。大。皇。大也。○言汝能無封靡于汝邦。則

集說東都公字下曰烈文章韻疆皇崇与陽中部通餘在本部
又功字下邦字下語同

通論
序始天作享岐山也
季明德說為此
長作祀太王于岐以追王也毛序祀先王先公
公詩無先公

王當尊汝。又念汝有此助祭錫福之大功。則使汝之子孫繼序而益大之也。

無競維人。四方其訓之。不顯維德。百辟其刑之。於音烏乎音呼前王不忘。又言莫强於人。莫顯於德。先王之德。所以人不能忘者。用此道也。此戒飭而勸勉之也。中庸引不顯惟德。百辟其刑之。而曰故君子篤恭而天下平。大學引於乎前王不忘。而曰君子賢其賢而親其親。小人樂其樂而利其利。此以沒世不忘也。

烈文一章十三句。此篇以公疆兩韻相叶。未審當從何讀。意亦可互用也。

天作高山。大音泰王荒之。彼作矣。文王康之。彼詩釋後漢書莋都夷都引詩彼徂者岐有夷之行注引韓詩薛君傳曰徂往也夷易也行道也彼百姓歸文王者皆曰岐有易道可往歸矣易道謂仁義之道而易行故岐道阻險而人不難說苑君道篇引詩岐有夷之行子孫其保之韓詩外傳亦引岐有夷之行是韓詩皆以岐字屬下讀

詩閱彼作矣彼徂矣皆三字句彼謂民言天作岐山本由大王荒治之彼民築作宮室而居矣乃自文王康定之彼民皆往來於此矣

昊天有成命以定禮作樂羣臣諸侯上號曰成告文武也國語是道成王之德也

書序作成王政酒誥成王若曰夏侯歐陽說皆謂生稱鄭注酒誥引或說以成王少成二聖之功生號為成王沒因以為謚此以成命二后卒作侯王成之故祭毛序郊祀天地非次天作

賈誼新書禮容語叔向引詩曰成王不敢康夙夜基命宥謐二后文武王成王者武王之子文王之孫也文王有

岨矣岐有夷之行叶戶郎反子孫保之。賦也。高山謂岐山也。荒。治。康。安也。岨。險僻之意也。夷。平。行。路也。○此祭大王之詩。言天作岐山。而大王始治之。大王既作。而文王又安之。於是彼險僻之岐山。人歸者衆。而有平易之道路。子孫當世世保守而不失也。

天作一章七句。

昊天有成命。二后受之。成王不敢康。夙夜基命宥密。於音烏緝熙。單厥心。肆其靖之。賦也。二后。文武也。成王。名誦。武王之子也。基。積累於下。以承藉乎上者也。宥。宏深也。密。靜密也。於。歎辭。靖。安也。○此詩多道成王之德。疑祀成王之詩也。言天祚周以天下。既有定命。而文武受之矣。成王繼之。又能不敢康寧。而其夙夜積德以承藉天命者。又宏深而靜密。是能繼續光明文武之業。而盡其心。故今能安靜天下。而保其所受之命也。國語。叔向引此詩而言曰。是道成王之德也。成王能明文昭定武烈者也。以此證之。則其爲祀成王之詩無疑矣。此康王以後之詩。

昊天有成命一章七句。

我將我享。維羊維牛。維天其右叶音由**之。**賦也。將。奉。享。獻。右。尊也。神坐東向。在饌之右。所以尊之也。○此宗祀文王於明堂。以配上帝之樂歌。言奉其牛羊以享上帝。而曰天庶其降而在此牛羊之右乎。蓋不敢必也。

儀式刑文王之典。日靖四方。伊嘏音假**文王。既右饗**叶虛良反**之。**儀式。刑。皆法也。嘏。錫福也。○言我儀式刑文王之典。以靖天下。則此能錫福之文王。既降而在此之右。以饗我祭。若有以見其必然矣。**我其夙夜畏天之威。于時保之。**又言天與文王。既皆右享我矣。則我其敢不夙夜畏天之威。以保天與文王所以降鑒之意乎。

我將一章十句。程子曰。萬物本乎天。人本乎祖。故冬至祭天而以祖配之。以冬至。氣之始也。萬物成形於帝。而人成形於父。故季秋享帝。而以父配之。以季秋。成物之時也。陳氏曰。古者祭天於圜丘。掃地而行事。器用陶匏。牲用犢。其禮極簡。聖人之意。以爲未足以盡其意之委曲。故於季秋之月。有大享之禮焉。天。卽帝也。郊而曰天。所以尊之也。故以后稷配焉。后稷遠矣。配稷於郊。亦以尊稷也。明堂而曰帝。所以親之也。以文王配焉。文王親也。配文王於明

時邁成王巡守東封太山祭百神朝諸侯于太山之下也

堂。亦以親文王也。尊尊而親親。周道備矣。然則郊者古禮。而明堂者周制也。周公以義起之也。東萊呂氏曰。於天維庶其饗之。不敢加一辭焉。於文王則言儀式其典。日靖四方。天不待贊。法文王。所以法天也。卒章惟言畏天之威。而不及文王者。統於尊也。畏天。所以畏文王也。天與文王一也。

時邁其邦。昊天其子之。賦也。邁。行也。邦。諸侯之國也。周制十有二年。王巡守殷國。柴望祭告。諸侯畢朝。○此巡守而朝會祭告之樂歌也。言我之以時巡行諸侯也。天其子我乎哉。蓋不敢必也。實右序有周。薄言震之。莫不震疊。懷柔百神。及河喬嶽。允王維后。序。次。右。尊。震。動。疊。懼。懷。來。柔。安。允。信也。○既而曰。天實右序有周矣。是以使我薄言震之。而四方諸侯。莫不震懼。又能懷柔百神。以至於河之深廣。嶽之崇高。而莫不感格。則是信乎周王之爲天下君矣。

明昭有周。式序在位。載戢干戈。載櫜音高**弓矢。我求懿德。肆于時夏。允王保之。**

戢。聚。櫜。韜。肆。陳也。夏。中國也。○又言明昭乎我周也。既以慶讓黜陟之典。式序在位之諸侯。又收斂其干戈弓矢。而益求懿美之德。以布陳于中國。則信乎王之能保天命也。或曰。此詩卽所謂肆夏。以其有肆于時夏之語而命之也。

時邁一章十五句。

春秋傳曰。昔武王克商。作頌曰。載戢干戈。而外傳又以爲周文王之頌。則此詩乃武王之世。周公所作也。外傳又曰。金奏肆夏樊遏渠。天子以饗元侯也。韋昭注云。肆夏一名樊。韶夏一名遏。納夏一名渠。即周禮九夏之三也。呂叔玉云。肆夏。時邁也。樊遏。執競也。渠。思文也。

執競武王。無競維烈。不顯成康。上帝是皇。賦也。此祭武王成王康王之詩。競。强也。言武王持其自强不息之心。故其功烈之盛。天下莫得而競。豈不顯哉成王康王之德。亦上帝之所君也。

自彼成康。奄有四方。斤斤其明。去聲。叶謨郎反。○斤斤。明之察也。言成康之德。明著如此也。

鍾鼓喤喤。音橫。磬筦將將。音管。音鏘。降福穰穰。音攘。○喤喤。和也。將將。集也。穰穰。多也。言今作樂以祭而受福也。

降福簡簡。威儀反反。既醉既飽。福祿來反。簡簡。大也。反反。謹重也。反。覆也。言福之多。而愈益謹重。是以既醉既飽。而福祿之來。反覆而不厭也。

執競一章。十四句。此昭王以後之詩。國語說見前篇

思文后稷。克配彼天。立我烝民。莫匪爾極。貽我來牟。帝命率育。無此疆爾界。陳常于時夏。賦也。思。語辭。文。言有文德也。立。粒通。極。至也。德之至也。貽。遺也。來。小麥。牟。大麥也。率。徧。育。養也。○言后稷之德。眞可配天。蓋使我烝民得以粒食者。莫非其德之至也。且其貽我民以來牟之種。乃上帝之命。以此徧養下民者。是以無有遠近彼此之殊。而得以陳其君臣父子之常道於中國也。或曰。此詩即所謂納夏者。亦以其有時夏之語而命之也。

思文一章。八句。國語說見時邁篇。

清廟之什十篇。十章。九十五句。

周頌臣工之什四之二

嗟嗟臣工。敬爾在公。王釐音離爾成。來咨來茹。音孺。○賦也。嗟嗟，重歎以深敕之也。臣工，羣臣百官也。公，公家也。釐，賜也。成，成法也。茹，度也。○此戒農官之詩。先言王有成法以賜女，女當來咨度也。

嗟嗟保介。維莫音慕之春。亦又何求。如何新畬。音余於音烏皇來牟。將受厥明。明昭上帝。迄用康年。命我衆人。庤音峙乃錢音翦鎛。音博奄觀銍音陟艾。音刈。○保介見月令呂覽，其說不同。然皆爲籍田而言，蓋農官之副也。莫春，斗柄建辰，夏正之三月也。畬，三歲田也。

噫嘻孟春祈穀先裸鬯饗醴之樂歌
何楷說國語農祥晨正王使司徒戒公卿百吏庶民除壇于籍命農大夫咸戒農用王即齋宮及期王裸鬯饗醴乃行百吏庶民畢從乃籍王耕一墢班三之庶人終畝
此當在臣工前毛序春夏祈穀于上帝次臣工

於皇。歎美之辭。來牟。麥也。明。上帝之明賜也言麥將熟也。迄。至也。康年。猶豐年也。衆。衆人。甸徒也。庤。具。錢。銚。鎛。鉏。皆田器也。銍。穫禾短鐮也。艾。穫也。○此乃言所戒之事。言三月則當治其新畬矣。今如何哉。然麥已將熟。則可以受上帝之明賜。而此明昭之上帝。又將賜我新畬以豐年也。於是命甸徒具農器以治其新畬。而又將忽見其收成也。

臣工一章十五句。

噫嘻成王。既昭假音格爾。率時農夫。播厥百穀。駿發爾私。終三十里。亦服爾耕。十千維耦。叶音擬。○賦也。噫嘻。亦歎辭也。昭。明。假。格也。爾。田官也。時。是。駿。大。發。耕也。私。私田也。三十里。萬夫之地。四旁有川。內方三十三里有奇。言三十里。舉成數也。耦。二人並耕也。○此連上篇

按古本噫嘻連成王字連下為句
析釋從既下下文並又以相對成文
釋詞率猶矣也
韓詩作帥
噫歎也嘻勑也
正讀里與爾私之服君韻
文王耕陽耕合韻
又里與爾私合韻之脂
正讀夫與穀耦魚侯合韻
穀一屋耦四五厚
音穀

移次時邁

振鷺選士于辟雝也。後漢書邊讓傳注韓詩薛君章句文王之時辟雝學士皆潔白之人毛序二王之後來助祭非
移次臣工

亦戒農官之辭。昭假爾猶言格汝衆庶。蓋成王始置田官。而嘗戒命之也。爾當率是農夫。播其百穀。使之大發其私田。皆服其耕事。萬人爲耦而並耕也。蓋耕本以二人爲耦。今合一川之衆爲言。故云萬人畢出。并力齊心。如合一耦也。此必鄉遂之官。司稼之屬。其職以萬夫爲界者。溝洫用貢法。無公田。故皆謂之私。蘇氏曰。民曰雨我公田。遂及我私。而君曰駿發爾私。終三十里。其上下之間。交相忠愛如此。

通論此詩首有昭假之語乃王作適禰宮而言家語孔子對定公曰臣聞天子卜郊則受命於祖廟而作龜於禰宮尊祖親考之

噫嘻一章八句。

後漢書邊讓傳注引韓詩薛君章句曰西雝文王之雝也言文王之時辟雝學士皆潔白之人也以西雝爲辟雝與毛鄭不同

振鷺于飛。于彼西雝。我客戾止。亦有斯容。賦也。

振。羣飛貌。鷺。白鳥。雝。澤也。客。謂二王之後。夏之後杞。商之後宋。於周爲客。天子有事膰焉。有喪拜焉者也。○此二王之後。來助祭之詩。言鷺飛于西雝之水。而我客來助祭者。其容

豐年報祭八蜡也何楷說郊特牲順成之方其蜡乃通以移報塞八蜡毛序秋冬報也誤離次振鷺移敬之下

貌脩整。亦如鷺之潔白也。或曰興也。在彼無惡。在此無斁。叶丁故反庶幾夙夜。叶羊茹反以永終譽。彼，其國也。在國無惡之者。在此無厭之者。如是則庶幾其能夙夜以永終此譽矣。陳氏曰。在彼不以我革其命而有惡於我。知天命無常。惟德是與。其心服也。在我不以彼墜其命而有厭於彼。崇德象賢。統承先王。忠厚之至也。

振鷺一章八句。

豐年多黍多稌。音杜亦有高廩。力錦反萬億及秭。咨履反爲酒爲醴。烝畀祖妣。以洽百禮。降福孔皆。叶舉里反。○賦也。稌，稻也。黍宜高燥而寒。稌宜下濕而暑。黍稌皆熟。則百穀無不熟

有瞽周公在洛作樂既成合奏于明堂率諸侯祀文王也毛序始作樂而合乎祖　移次思文
有瞽三三在周之庭韓詩外傳言殷紂之餘民也則指樂奇周之太師疪少師彊與

矣。亦助語辭。數萬至萬曰億。數億至億曰秭。烝進。畀予。洽備。皆徧也。○此秋冬報賽田事之樂歌。蓋祀田祖先農方社之屬也。言其收入之多。至於可以供祭祀。備百禮。而神降之福。將甚徧也。

豐年一章。七句。

有瞽有瞽。在周之庭。○賦也。瞽。樂官無目者也。序以此爲始作樂而合乎祖之詩。兩句總序其事也。設業設虡。音巨 崇牙樹羽。應田縣鼓。鞉音桃 磬柷。尺叔反 圉。音語 既備乃奏。簫管備舉。○以上叶瞽字。○業虡崇牙。見靈臺篇。樹羽。置五采之羽於崇牙之上也。應小鞞。田大鼓也。鄭氏曰。田當作輲。小鼓也。縣鼓。周制也。夏后氏足鼓。殷楹鼓。周縣鼓。鞉如

潛季冬薦魚春獻鮪也　用毛序移次振鷺　以下四詩依次

鼓而小。有柄。兩耳。持其柄搖之。則旁耳還自擊。磬。石磬也。柷。狀如漆桶。以木爲之。中有椎。連底挏之。令左右擊。以起樂者也。圉。亦作敔。狀如伏虎。背上有二十七鉏鋙刻。以木長尺櫟之。以止樂者也。簫。編小竹管爲之。管。如篴。併兩而吹之者也。喤喤音横厥聲。

肅雝和鳴。先祖是聽。我客戾止。永觀厥成。以上叶庭字。○我客二王後也。觀。視也。成。樂闋也。如簫韶九成之成。獨言二王後者。猶言虞賓在位。我有嘉客。蓋尤以是爲盛耳。

有瞽一章十三句。

猗於宜反與音余漆沮七余反。潛有多魚。有鱣張連反有鮪叶于軌反。鰷音條鱨音常鰋音偃鯉。以享以祀叶逸織反

文選留賦注引薛君韓詩章句潛魚池也音岑正義曰潛潛古今字太平御覽八百三十四引爾雅舍人曰以米投水中養魚為涔

雝諸侯助祭文武也毛序禘大祖也十年元成傳立廟章師之居躬親承事四海之內各以其執事來助祭詩云云劉向傳武王祀其先祖蓋誤

釋詞於語助也通論此武王祭文王徹時之樂歌孔子曰以雍徹乃譏烈考亦文王烈考文母明相對偶

以介景福。叶筆力反○賦也。猗與。歎辭。潛。槮也。蓋積柴養魚。使得隱藏避寒。因以薄圍取之也。或曰。藏之深也。鰷。白鰷也。月令。季冬命漁師始漁。天子親往。乃嘗魚。先薦寢廟。季春薦鮪于寢廟。此其樂歌也。

潛一章六句。

有來雝雝。與公叶篇內同至止肅肅。相息亮反維辟音壁公。天子穆穆。賦也。雝雝。和也。肅肅。敬也。相。助祭也。辟公。諸侯也。穆穆。天子之容也。○此武王祭文王之詩。言諸侯之來。皆和且敬。以助我之祭事。而天子有穆穆之容也。

於音烏薦廣牡。相同上予肆祀。叶養里反假古雅反哉皇考。叶音口綏予孝子。叶獎里反○於。歎辭。廣牡。大牲也。肆。陳。假。大也。

述聞宣哲猶明哲也大雅烝民篇既明且哲是也
平議宣乃烜之段字廣雅釋詁烜明也人者臣也后者君也自王朝卿士以及侯國之臣皆人也自五等諸侯及附庸之長皆后也烝民篇邦國若否仲山甫明之既明且哲以保其身此即宣哲維人之義僖二十年左傳國君文足昭也武可畏也此即文武維后之義

述聞文母之文美大之稱猶言皇妣皇□匪母古人贊美先世多謂之文堯典受終于文祖康誥今民將在祗遹乃文考洛誥承保乃文祖受命民文侯之命追孝于前文人大雅江漢篇告于文人周頌思文篇思文后稷是也此詩以烈考文母對舉烈文皆贊美之詞周頌烈文篇烈文辟公晉語及襄二年左傳竝曰烈祖康叔文祖襄公其明證矣

詩緝

皇考。文王也。綏。安也。孝子。武王自稱也。○言此和敬之諸侯。薦大牲以助我之祭事。而大哉之文王。庶其享之。以安我孝子之心也。

（后後四十五孫序）（人其真天先）

宣哲維人。文武維后。燕及皇天。叶鐵因反**克昌厥後。**宣。遍。哲。知。燕。安也。○此美文王之德。宣哲則盡人之道。文武則備君之德。故能安人以及於天。而克昌其後嗣也。蘇氏曰。周人以諱事神。文王名昌。而此詩曰克昌厥後。何也。曰周之所謂諱。不以其名號之耳。不遂廢其文也。諱其名而廢其文者。周禮之末失也。

（故禮之偽也）

綏我眉壽。叶殖酉反**介以繁祉。既右**音又**烈考。**叶音口**亦右文母。**叶滿彼反右。尊也。周禮所謂享右祭祀是也。烈考。猶皇考也。文母。大姒也。○言文王昌厥後。而安之以眉壽。助之以多福。使我得以右於烈考文母也。

（綏釋亦同文）（毛烈考武王也）

詩緝雖詩全篇隔句用韻四句一換韻周頌中最整飭之作

載見諸侯始見乎武王廟也 用毛序

雝一章十六句 周禮樂師及徹帥學士而歌徹說者以爲即此詩論語亦曰以雍徹然則此蓋徹祭所歌而亦名爲徹也

隔句韻 通論作四章章四句

載見音現**辟**音璧**王曰求厥章龍旂陽陽和鈴央央**音秧**鞗**音條**革有鶬**音槍**休有烈光**○賦也載則也章法度也交龍曰旂陽明也軾前曰和旂上曰鈴央央有鶬皆聲和也休美也○此諸侯助祭於武王廟之詩先言其來朝稟受法度其車服之盛如此

率見昭考以孝以享叶虛良反○昭考武王也廟制太祖居中左昭右穆周廟文王當穆武王當昭故書稱穆考文王而此詩及訪落皆謂武王爲昭考此乃言王率諸侯以祭武王廟也

以介眉壽永言保之思皇多祜音戶**烈文辟**

有客微子朝見祖廟也

白虎通義微子朝周也　毛序微子來見祖廟

詩閱萋文貌且說文云薦也敦与雕通旅陳也有萋有且言薦東帛敦琢其旅謂加璧

詩經

公綏以多福俾緝熙于純嘏叶音古○思語辭。皇大也。美也。○又言孝享以介眉壽而受多福是皆諸侯助祭有以致之使我得繼而明之以至於純嘏也蓋歸德於諸侯之辭猶烈文之意也。韻休

詩調載見前六句連句韻後六句三句得韻中以率見昭考二句另調作間紐率見句承上以孝句起下移宮換羽節奏

載見一章十四句

客十陌馬誤二十五馬且九魚又誤三十五馬旅八語

有客有客亦白其馬叶滿補反有萋有且上聲敦音堆

且釋文七序反

世本古義萋且薦帛之且音古考作達

琢其旅賦也。客微子也。周既滅商封微子於宋以祀其先王而以客禮待之不敢臣也。亦語辭也。殷尚白脩其禮物仍殷之舊也。萋且未詳傳曰敬慎貌。敦琢選擇也。旅其卿大夫從行者也。○此微子來見祖廟之詩。而此一節言其始至也。

有客宿宿。有客信信。言授之縶音執

縶語助

以縶其馬。一宿曰宿再宿曰信

武 周頌

武始北出大
武樂五章之一成也 樂記
武始而北出 再成而滅商
三成而南 四成而南國是疆
五成而分周公左召公右 六
成復綴以崇天子 六章之名
傳記通偁其一以該其餘
左傳楚莊曰武王克商又
作武 其卒章曰耆定爾
功 其三曰鋪時繹思我徂

縶其馬。愛之不欲其去也。此一節。言其將去也。**薄言追之。左右綏之。**

既有淫威。降福孔夷。追之。已去而復還之。愛之無已也。左右綏之。言所以安而留之者無方也。淫威未詳。舊說。淫大也。統承先王。用天子禮樂。所謂淫威也。夷易也。大也。此一節。言其留之也。

有客一章十二句

於音烏**皇武王。無競維烈。允文文王。克開厥後。嗣武受之。勝殷遏劉。耆**音指**定爾功。**賦也。於。歎辭。皇。大。遏止。劉。殺。耆。致也。○周公象武王之功。爲大武之樂。言武王無競之功。實文王開之。而武王嗣而受之。勝殷止殺。以致定其功也。

[illegible]至周頌

閔予小子嗣成王朝于禰廟也　用毛序移次有容以下二詩依次

詩經

武一章七句。春秋傳以此爲大武之首章也。大武。周公象武王武功之舞。歌此詩以奏之。禮曰。朱干玉戚冕而舞大武。然傳以此詩爲武王所作。則篇內已有武王之謚。而其說誤矣。

臣工之什十篇十章一百六句。

周頌閔予小子之什四之三

閔予小子。遭家不造。叶徂候反嬛嬛音瓊在疚。音救於音烏乎音呼皇考。叶祛候反永世克孝。叶呼候反○賦也。成王免喪。始朝於先王之廟。而作此詩也。閔病也。予小子成王自稱也。造成也。嬛與煢同。無所依怙之意。疚。哀病也。匡衡曰。煢煢在疚。言成王喪畢思慕。意氣未能平也。蓋所以就文武之業。崇

予止亦止　疚誤入四十九宥

造誤三十七号　考誤三十二晧　孝誤三十六效

造考孝本音自爲韻

音九

訪落嗣王謀于禰廟也。用毛序

大化之本也。皇考。武王也。念茲皇祖。陟降庭歎武王之終身能孝也。

止叶去聲維予小子。夙夜敬止。皇祖。文王也。承上文言武王之孝。思念文王。常若見其陟降於庭。猶所謂見堯於牆。見堯於羹也。楚辭云。三公揖讓。登降堂只。與此文勢正相似。而匡衡引此句。顏注亦云。若神明臨其朝廷是也。於乎皇王。繼序思不忘。皇王。兼指文武也。承上文言我之所以夙夜敬止者。思繼此序而不忘耳。

閔予小子一章十一句。此成王除喪朝廟所作。疑後世遂以爲嗣王朝廟之樂。後三篇放此。

訪予落止。率時昭考。於乎悠哉。朕未有艾。將

詩經　周頌　閔予小子　訪落　敬之　八之十三

予就之。繼猶判渙。維予小子。未堪家多難。去聲紹庭上下。陟降厥家。休矣皇考。以保明其身。賦也。訪。問。落。始。悠。遠也。艾。如夜未艾之艾。判。分。渙。散。保。安。明。顯也。○成王旣朝於廟。因作此詩。以道延訪羣臣之意。言我將謀之於始。以循我昭考武王之道。然而其道遠矣。予不能及也。將使予勉強以就之。而所以繼之者。猶恐其判渙而不合也。則亦繼其上下於庭。陟降於家。庶幾賴皇考之休。有以保明吾身而已矣。

訪落一章。十二句。說同上篇。

敬之敬之。天維顯思。叶新夷反命不易去聲哉。叶獎里反無曰高高在上。陟降厥士。日監在茲。叶律之反○賦

詩問敬之之端，王曰嗣王自戒也
原始 成王自箴也

外傳曰就月將言學者也

小毖嗣王求助也 用毛
序
次訪 原始成王總管
蔡之禍而自儆也

也。顯。明也。思。語辭也。士。事也。○成王受羣臣之戒而述其言。曰。敬之哉。敬之哉。天道甚明。其命不易保也。無謂其高而不吾察。當知其聰明明畏。常若陟降於吾之所爲。而無日不臨監於此者。不可以不敬也。

維予小子。叶獎里反不聰敬止。日就月將。學有緝熙于光明。叶謨郎反佛音弼時仔音兹肩示我顯德行。去聲。叶戶郎反。將。進也。佛。弼通。仔肩。任也。○此乃自爲答之之言。曰。我不聰而未能敬也。然願學焉庶幾日有所就。月有所進。續而明之。以至於光明。又賴羣臣輔助我所負荷之任。而示我以顯明之德行。則庶乎其可及爾。

敬之一章十二句。

予其懲。而毖後患。莫予荓音俜蜂。自求辛螫。音釋

詩經 周頌 八之十四

詩釋文選謝宣遠張子房詩引韓詩翻君章句翻飛貌陸士衡贈馮文羆詩劉越石答盧諶詩注俱引詩翻飛維鳥廣雅拚飛也拚即翻之段借毛詩作拚韓詩作翻古今字也
又案說文彳部德使也从彳甹聲徐使也从彳夆聲讀若蜂即荓蜂之異文粵雲傳云荓使也荓考德同聲段借
經詞衍釋莫予荓蜂自求辛螫王符潛夫論作莫与之蜂又云莫如蜂之自螫也

載芟臘先祖五祀
何楷說月令臘先祖五祀勞農以休息之當也

肇允彼桃蟲。拚音翻飛維鳥。未堪家多難。予去聲又集于蓼。音了○賦也。懲，有所傷而知戒也。毖，愼。荓，使也。蜂，小物而有毒。肇，始。允，信也。桃蟲，鷦鷯，小鳥也。拚，飛貌。鳥，大鳥也。鷦鷯之雛，化而爲鵰。故古語曰，鷦鷯生鵰。言始小而終大也。蓼，辛苦之物也。○此亦訪落之意。成王自言，予何所懲，而謹後患乎。荓蜂而得辛螫。信桃蟲而不知其能爲大鳥。此其所當懲者。蓋指管蔡之事也。然我方幼沖，未堪多難，而又集于辛苦之地。羣臣奈何捨我而弗助哉。

小毖一章八句。蘇氏曰，小毖者，謹之於小也。謹之於小，則大患無由至矣。

載芟載柞。音窄叶疾各反其耕澤澤。音釋叶徒洛反○賦也。除草曰

正義禮屬民飲酒正其
齒位毛序春藉田而祈
社稷與思畀祖妣
不合移次豐年

述閔依壯盛之貌有嗿其饁思
媚其婦有依其士有略其耜皆
形容之詞

芟。除木曰柞。秋官柞氏掌攻草木是也。澤澤，解散也。千耦其耘，徂隰徂畛。音眞。耘，去苗閒草也。隰，爲田之處也。畛，田畔也。侯主侯伯，侯亞侯旅，侯彊侯以。有嗿他感反其饁，音曄思媚其婦，有依其士，有略其耜。叶養里反俶載南畝。叶滿委反。主，家長也。伯，長子也。亞，仲叔也。旅，衆子弟也。彊，民之有餘力而來助者。遂人所謂以彊予任甿者也。能左右之曰以。太宰所謂閒民轉移執事者。若今時傭力之人，隨主人所左右者也。嗿，衆飲食聲也。媚，順。依，愛。士，夫也。言餉婦與耕夫相慰勞也。略，利。俶，始。載，事也。播厥百穀，實函斯活。叶呼酷反。函，含。活，生也。既播之，其實含氣而生也。驛驛其達，叶佗悅反有厭其傑。驛驛，苗生貌。達，出土也。厭，受氣足也。

詩經　周頌　八之十五

傑。先長者也。厭厭其苗緜緜其麃表驕反。○緜緜詳密也。麃。耘也。載穫濟濟上聲有實其積音漬叶上聲萬億及秭爲酒爲醴烝畀祖妣以洽百禮濟濟。人衆貌。實。積之實也。積。露積也。有飶音邲其香邦家之光有椒其馨胡考之寧飶。芬香也。未詳何物。胡。壽也。以燕享賓客。則邦家之所以光也。以共養耆老。則胡考之所以安也。匪且有且匪今斯今叶音經振古如茲無韻未詳。○且。此。振。極也。言非獨此處有此稼穡之事。非獨今時有今豐年之慶。蓋自極古以來。已如此矣。猶言自古有年也。

載芟一章。三十一句。此詩未詳所用。然辭意與豐年相似。

良耜，報社也。何楷說：月令孟冬天子乃祈來年于天宗，大割祠于公社及門閭。鄭說及周禮諸祭及地官牧人陰祭用黝牲之事。毛序秋報社稷詩，自俶載至盈寧，不得謂秋，又無稷證。

通論：其笠伊糾，糾謂以繩糾結于項下也。

詩間百室，邑之眾室也。方春出田，邑室皆閉；收穫畢，自野入邑，則百室開也。

其用應亦不殊。

通論作三章，二章十二句，一章七句。

畟畟音測良耜叶養里反俶音蓄載南畝叶滿委反賦也畟畟嚴利也播厥百穀實函斯活叶呼酷反說見前篇或來瞻女式亮反伊黍或來瞻女婦子之來饁者也筐筥饟具也其笠伊糾叶其了反其鎛音博斯趙直了反以薅音蒿荼蓼糾然笠之輕舉也趙刺薅去也荼陸草蓼水草一物而有水陸之異也今南方人猶謂蓼為辣荼或用以毒溪取魚即所謂荼毒也荼蓼朽止黍稷茂叶莫口反止毒草朽則土熟而苗盛穫之挃挃音窒積之栗栗其崇如墉其比去聲如櫛側瑟反以開百室挃挃穫聲

也。栗栗。積之密也。櫛。理髮器。言密也。百室。一族之人也。五家爲比。五比爲閭。四閭爲族。族人輩作相助。故同時入穀也。百室盈止。婦子寧止。盈。滿。寧。安也。

殺時犉音淳牡。有捄音求其角叶盧谷反。以似以續。古之人。黃牛黑脣曰犉。捄。曲貌。續。謂續先祖以奉祭祀。

良耜一章二十三句。或疑思文臣工噫嘻豐年載芟良耜等篇。即所謂豳頌者。其詳見於豳風及大田篇之末。亦未知其是否也。

絲衣其紑孚浮反。載弁俅俅音求。自堂徂基。自羊徂牛。鼐音奈鼎及鼒叶津之反。兕觥其觩音求。旨酒思柔。不吳音話不敖音傲。胡考之休。賦也。絲衣。祭服也。紑。潔貌。載。戴

以上成王之頌

也。弁，爵弁也。士祭於王之服。俅俅，恭順貌。基，門塾之基。鼐，大鼎。鼒，小鼎也。思，語辭。柔，和也。吳，譁也。○此亦祭而飲酒之詩。言此服絲衣爵弁之人，升門堂，視壺濯籩豆之屬，降往於基，告濯具，又視牲，從羊至牛，反告充，已乃舉鼎冪告潔，禮之次也。又能謹其威儀，不諠譁，不怠傲，故能得壽考之福。

絲衣一章九句。此詩或紑俅牛觩柔休並叶基韻，或基鼒並叶紑韻。

於音烏鑠音爍王師，遵養時晦。時純熙矣，是用大介。我龍受之。蹻蹻音矯王之造。叶祖候反載用有嗣。叶音寺實維爾公允師。賦也。於，歎辭。鑠，盛。遵，循。熙，光。介，甲也。所謂一戎

酌頌武滅商大武樂章之再成也 毛序告成大武誤離 大武誤離 次絲衣誤以知為再成者 以遵養時晦時純熙矣之詞 移次武 遵養時晦國語注此禍

詩經

衣也。龍寵也。蹻蹻武貌。造爲。載則。公事。允信也。○此亦頌武王之詩。言其初有於鑠之師而不用。退自循養。與時皆晦。既純光矣。然後一戎衣而天下大定。後人於是寵而受此蹻蹻然王者之功。其所以嗣之者。亦惟武王之事是師爾。

酌一章。八句

酌。卽勺也。內則十三舞勺。卽以此詩爲節而舞也。然此詩與賚般。皆不用詩中字名篇。疑取樂節之名。如曰武宿夜云爾。

綏萬邦。屢音慮豐年。天命匪解。音懈桓桓武王。保有厥士。于以四方。克定厥家。於音烏昭于天。皇以閒之。

賦也。綏安也。桓桓武貌。大軍之後。必有凶年。而武王克商。則除害以安天下。故屢獲豐年之祥。傳所謂周饑克殷而年豐是也。然天命之於周。久而不厭也。故此桓

克定厥家 毛序講武類禡 但又誤次 移次般

以上周公攝政制禮作樂之篇 重次如此

賚頌滅商而還大封于廟大武樂章十三 成 毛序大封于廟 從次桓 移次

原始 武王克商歸告文王廟也

桓之武王。保有其士。而用之於四方。以定其家。其德上昭于天也。閒字之義未詳。傳曰。閒。代也。言君天下以代商也。此亦頌武王之功。

詩同以樂記準之蓋四成南國是疆之樂歌也

桓一章九句。春秋傳以此爲大武之六章。則今之篇次蓋已失其舊矣。又篇內已有武王之謚。則其謂武王時作者。亦誤矣。序以爲講武類禡之詩。豈後世取其義而用之於其事也歟。

文王既勤止。我應受之。敷時繹思。我徂維求定。時周之命。於繹思。賦也。應當也。敷布。時是也。繹尋繹也。於歎辭。繹思尋繹而思念也。○此頌文武之功。而言其大封功臣之意也。言文王之勤勞天下至矣。其子孫受而有之。然而不敢專也。布此文王功德之在人而可繹思者。以賚有功。而往求天下之安定。又以爲凡此皆周之命。而非復商之舊矣。遂歎美之。而欲諸臣受封賞者。繹思文王之德而不忘也。

賚一章六句。春秋傳以此爲大武之三章。而序以爲大封於廟之詩。說同

詩則以樂記序之盖五成分周公左召公右之樂歌也

般頌望祭山川大武樂章之五成也　毛序巡守而祀四岳河海次賚白虎通誤以此詩爲封泰山世停篇用小牲羊豕于百神水土社二千七百有一也陟其高山秩第而祭之　移次維清

上篇。皇矣亦大武

正韻此篇韻在第三字

於音烏皇時周。陟其高山。嶞音惰山喬嶽。允猶翕音吸河。敷天之下。裒音抔時之對。時周之命。賦也。

經說允語辭猶由也　正說翕與時之合韻

高山。泛言山耳。嶞。則其狹而長者。喬。高也。嶽。則其高而大者。允。猶未詳。或曰。允。信也。猶。與由同。翕。河。河善泛溢。今得其性。故翕而不爲暴也。裒。聚也。對。答也。言美哉此周也。其巡守而登此山以柴望。又道於河以周四嶽。凡以敷天之下。莫不有望於我。故聚而朝之方嶽之下。

毛翕合　毛嶞山之嶞嶞小者也

以答其意耳。（於繹思）（釋文：毛詩無此句，齊魯韓詩有之。嚴氏詩緝：禹貢河自大陸北播為九河，同為逆河。注云同合為一大河，名為逆河，而入於海，即逆河也。）

般一章七句。般義未詳。（集注及正義本序下有般樂也三字。詩問以樂記準之，蓋言成復綴以崇天子之樂歌也。般，旋也，游也，故篇名般。）

閔予小子之什十一篇一百三十六句。

魯頌四之四

魯少皥之墟，在禹貢徐州蒙羽之野。成王以封周公長子伯禽。今襲慶東平府沂密海等州，即其地也。成王以周公有大勳勞於天下，故賜伯禽以天子之禮樂。魯於是乎有頌，以為廟樂。其後又自作詩以美其君，亦謂之頌。舊說皆以為伯禽十九世孫僖公申之詩。今無所考。獨閟宮一篇為僖公之詩無疑耳。夫以其詩之僭如此，然夫子猶錄之者，蓋其體固列國之駉奚斯頌僖公牧馬也 班固西都賦序奚斯頌魯 揚雄法言公子奚斯嘗睎正考父矣 毛序頌僖公也 續云僖公能遵伯禽之法務農重穀于是季孫行父請命于周而史克作是頌 蓋古者頌之誼

風。而所歌者。乃當時之事。則猶未純於天子之頌。若其所歌之事。又皆有先王禮樂教化之遺意焉。則其文疑若猶可予也。況夫子魯人。亦安得而削之哉。然因其實而著之。而其是非得失。自有不可揜者。亦春秋之法也。或曰。魯之無風何也。先儒以爲時王襃周公之後。比於先代。故巡守不陳其詩。而其篇序。不列於大師之職。是以宋魯無風。其或然歟。或謂夫子有所諱而削之。則左氏所記當時列國大夫賦詩。及吳季子觀周樂。皆無曰魯風者。其說不得通矣。

釋文牡馬本或作牧 文選若義或引注 藝文類聚九十三 太平御覽五十五俱引作牧 顏氏家訓書證篇 駉駉牡馬 江北本作牧馬

鄂縣志 坰澤俗名連泉澤 在兗州曲阜縣東北九里 僖公牧馬之地

駉駉音扃牡馬叶滿補反 在坰音扃之野上與反 薄言駉者古音諸叶章與反。

依釋文所引說文作驍 下有云蓋言驍者 說文馬部駫字引詩作在駉之野 野古音墅 馬野者并謂三十五馬

有驈音聿有皇。有驪音離有黃。以車彭彭。

皇 黃 唐十一 彭 十陽 庚 十

思無疆叶鋪郎反。思馬斯臧。

賦也。駉駉。腹幹肥張貌。邑外謂之郊。郊外謂之牧牧外謂之野野外謂之林林外謂之坰驪馬白跨曰驈黃白曰皇純黑曰驪黃騂曰黃彭彭盛貌思無疆言其思之深廣無窮也臧善也○此詩言僖公牧馬之盛由其立心之遠故美之曰思無疆則思馬斯臧矣衛文公秉心塞淵而騋牝三千亦此意也○

駉駉牡馬在坰之野薄言駉者有騅音隹有駓音丕有騂有騏以車伾伾思無期思馬斯才叶前西反○賦也蒼白雜毛曰騅黃白雜毛曰駓赤黃曰騂青黑曰騏伾伾有力也無期猶無疆也才材力也○

駉駉牡馬在坰之野薄言駉者有驒音駄有駱有駵音留有雒以車繹繹叶弋灼反思無斁叶弋灼反思馬斯作賦也青驪驎曰驒色有深淺斑駁如魚鱗今之連錢

詩經魯頌駉　八之二十

驄也。白馬黑鬣曰駱。赤身黑鬣曰騮。黑身白鬣曰雒。繹繹不絶貌。斁厭也。作奮起也。○

駉駉牡馬。在坰之野。薄言駉者。有駰音因**有騢**音遐叶洪孤反**有驔**音簟**有魚。以車袪袪。**音區**思無邪。**叶祥余反**思馬斯徂。**賦也。陰白雜毛曰駰。陰淺黑色。今泥驄也。彤白雜毛曰騢。豪骭曰驔。豪在骭而白也。二目白曰魚。似魚目也。袪袪。彊健也。徂。行也。孔子曰。詩三百。一言以蔽之。曰思無邪。蓋詩之言。美惡不同。或勸或懲。皆有以使人得其情性之正。然其明白簡切。通於上下。未有若此言者。故特稱之。以爲可當三百篇之義。以其要爲不過乎此也。學者誠能深味其言。而審於念慮之閒。必使無所思而不出於正。則日用云爲。莫非天理之流行矣。蘇氏曰。昔之爲詩者。未必知此也。孔子讀詩至此。而有合於其心焉。是以取之。蓋斷章云爾。

駉四章，章八句。

有駜音必有駜，駜彼乘去聲黃。夙夜在公，在公明叶謨郎反。振振鷺，鷺于下叶後五反。鼓咽咽音淵，醉言舞，于胥樂音洛兮。興也。駜，馬肥彊貌。明明，辨治也。振振，羣飛貌。鷺，鷺羽，舞者所持，或坐或伏，如鷺之下也。咽咽，鼓聲之深長也。或曰：鷺亦興也。胥，相也。醉而起舞以相樂也。此燕飲而頌禱之辭也。

○有駜有駜，駜彼乘牡。夙夜在公，在公飲酒。振振鷺，鷺于飛。鼓咽咽，醉言歸，于胥樂兮。興也。鷺于飛，舞者振作，鷺羽如飛也。

○有駜有

泮水頌僖公從齊桓會盟（僖十三年会鹹，十六年会淮）以謀淮夷之事，懷人之功而不衰者也。序、毛
頌僖公能修泮宮，詩無修誼
詩釋文說文金部鉞車鑾聲也，从金戊聲。詩曰鑾聲鉞鉞。徐鼎臣曰今俗作鐬，以鉞作斧戉之鉞，非是。十四泰鐬，鉞聲也，即大徐所謂俗體。目部眓讀若詩施罛濊濊。大部奯讀若詩施罛濊濊。

詩經

駜駜彼乘騆。音絅。夙夜在公。在公載燕。自今以始。歲其有。叶羽已反。君子有穀。詒孫子。叶獎里反。于胥樂兮。興也。青驪曰騆。今鐵驄也。載。則也。有。有年也。穀。善也。或曰。祿也。詒。遺也。頌禱之辭也。

詩問有駜蜡而飲酒也。孟冬之月蜡祭勞農畢，飲酒於學，養老焉。親親而尚賢，魯公之教也。樊穆仲云魯侯肅恭明神而敬事耆老，是其遺教遠矣。何氏云大飲烝也。十月農事畢，諸侯與其羣臣飲酒於大學，曰大飲烝。

有駜三章章九句。

通論按通典載魯曰頖宮，以泮水出焉，故以為名。白虎通辟雍引詩曰水圜如璧。諸侯曰泮宮者，半於天子宮也。

思樂音洛泮音判水。薄采其芹。音勤。魯侯戾止。言觀其旂。叶其斤反。其旂茷茷。音斾。鸞聲噦噦。音嘒。無小無大。從公于邁。賦其事以起興也。思。發語辭也。泮水。泮宮之水也。諸侯之學。鄉射之宮。謂之泮宮。其東西南方有水。形如半璧。以其半於辟廱。故曰泮水。而宮亦以名也。

芹，水菜也。戾，至也。茷茷，飛揚也。噦噦，和也。此飲於泮宮而頌禱之辭也。

○思樂泮水，薄采其藻。魯侯戾止，其馬蹻蹻。其馬蹻蹻，其音昭昭。叶之繞反載色載笑，匪怒伊教。賦其事以起興也。蹻蹻，盛貌。色，和顏色也。

○思樂泮水，薄采其茆。叶謨九反魯侯戾止，在泮飲酒。既飲旨酒，永錫難老。叶魯吼反順彼長道，叶徒吼反屈此羣醜。賦其事以起興也。茆，鳧葵也。葉大如手，赤圓而滑，江南人謂之蓴菜者也。長道，猶大道也。屈，服。醜，眾也。此章以下，皆頌禱之辭也。

○穆穆魯侯，敬明其德。敬慎威儀，維民之則。允文允武，昭假音格烈祖。靡有不孝，自求

詩經　魯頌　八之二十二

伊祜。音戶○賦也。昭明也。假與格同。烈祖。周公魯公也。○明明魯侯。克明其德。既作泮宮。淮夷攸服。叶蒲北反矯矯虎臣。在泮獻馘。音虢叶況璧反淑問如皐陶。叶夷周反在泮獻囚。賦也。矯矯武貌。馘所格者之左耳也。淑善也。問訊囚也。囚所虜獲者。蓋古者出兵受成於學。及其反也。釋奠於學。而以訊馘告。故詩人因魯侯在泮。而願其有是功也。

○濟濟上聲多士。克廣德心。桓桓于征。狄音剔彼東南。叶尼心反烝烝皇皇。不吳音話不揚。不告于訩。音凶在泮獻功。賦也。廣推而大之也。德心善意也。狄猶逷也。東南謂淮夷也。烝烝皇皇盛也。不吳不揚肅也。不告于訩。師克而和。不爭功也。○角弓其觩。

束矢其搜。戎車孔博。徒御無斁。叶弋灼反既克淮夷。孔淑不逆。叶宜脚反式固爾猶。淮夷卒獲。叶黃郭反○賦也。觩弓健貌。五十矢爲束。或曰百矢也。搜矢疾聲也。博廣大也。無斁言競勸也。逆違命也。蓋能審固其謀猶。則淮夷終無不獲矣。

○翩彼飛鴞。音梟集于泮林。食我桑黮。音甚懷我好音。憬音耿彼淮夷。來獻其琛。敕金反元龜象齒。大賂南金。○興也。鴞惡聲之鳥也。黮桑實也。憬覺悟也。琛寶也。元龜尺二寸。賂遺也。南金荊揚之金也。此章前四句興後四句。如行葦首章之例也。

泮水八章。章八句。

詩經魯頌　八之二十三

閟音秘宮有侐音洫實實枚枚赫赫姜嫄音元其德不回上帝是依叶音隈無災無害彌月不遲叶陳回反是生后稷降之百福叶筆力反黍稷重平聲穋音六叶六直反稙音陟穉菽麥叶訖力反奄有下國叶于逼反俾民稼穡有稷有黍有稻有秬音巨奄有下土纘禹之緒音序○賦也閟深閉也宮廟也侐清靜也實實鞏固也枚枚礱密也時蓋脩之故詩人歌詠其事以爲頌禱之辭而推本后稷之生而下及於僖公耳回邪也依猶眷顧也說見生民篇先種曰稙後種曰穉奄有下國封於邰也緒業也禹治洪水旣平后稷乃播種百穀○后稷之孫實維大音泰王居岐之陽實

始翦商。至于文武，纘大王之緒，致天之屆，于牧之野。叶上與反無貳無虞，上帝臨女。音汝敦商之旅，克咸厥功。叶古反王曰叔父，建爾元子，叶古反俾侯于魯。大啓爾宇，為周室輔。賦也。翦，斷也。大王自豳徙居岐陽，四方之民咸歸往之，於是而王迹始著，蓋有翦商之漸矣。屆，極也。猶言窮極也。虞，慮也。無貳無虞，上帝臨女，猶大明云上帝臨女，無貳爾心也。敦，治之也。咸，同也。言輔佐之臣，同有其功，而周公亦與焉也。王，成王也。叔父，周公也。元子，魯公伯禽也。啓，開。宇，居也。

○乃命魯公，俾侯于東。錫之山川，土田附庸。周公之孫，莊公之子。叶奬里反龍旂承祀，叶養里反

詩經　魯頌　閟宮　八之二十四

六轡耳耳。春秋匪解。音懈叶訖力反享祀不忒。皇皇后帝。皇祖后稷。享以騂犧。虛宜虛何二反是饗是宜。牛奇牛多二反降福既多。章移當何二反周公皇祖。亦其福女。音汝○賦也。附庸猶屬城也。小國不能自達於天子。而附於大國也。上章既告周公以封伯禽之意。此乃言其命魯公而封之也。莊公之子。其一閔公。其一僖公。知此是僖公者。閔公在位不久。未有可頌。此必是僖公也。耳耳。柔從也。春秋。錯舉四時也。忒。過差也。成王以周公有大功於王室。故命魯公以夏正孟春郊祀上帝。配以后稷。牲用騂牡。皇祖。謂羣公。此章以後。皆言僖公致敬郊廟。而神降之福。國人稱願之如此也。○秋而載嘗。夏而楅衡。叶戶郎反白牡騂剛。犧尊將將。音搶平議三壽即三老也文選東京賦降至尊以訓恭送迎拜乎三壽辟綷注曰三壽三老也昭三年左傳[redacted]公聚朽蠹而三老凍餒此諸侯之國有三老之證至漢鄉亦有三老

王伯厚云晉姜鼎銘云保其孫子三壽是利三壽蓋古語

毛炰[音庖]胾[音恣]羹[叶盧當反]籩豆大房萬舞洋洋孝

段氏當作炰炰即烝字

孫有慶[叶祛羊反]俾爾熾而昌俾爾壽而臧保彼東方魯邦是常不虧不崩不震不騰三壽作朋如岡如陵

賦也嘗秋祭名楅衡施於牛角所以止觸也周禮封人云凡祭飾其牛牲設其楅衡是也秋將嘗而夏楅衡其牛言夙戒也白牡周公之牲也騂剛魯公之牲也白牡殷牲也周公有王禮故不敢與文武同魯公則無所嫌故用騂剛犧尊畫牛於尊腹也或曰尊作牛形鑿其背以受酒也毛炰周禮封人祭祀有毛炰之豚注云爓去其毛而炰之也胾切肉也羹大羹鉶羹也大羹大古之羹湆煮肉汁不和盛以登貴其質也鉶羹肉汁之有菜和者也盛之鉶器故曰鉶羹大房半體之俎足下有跗如堂房也

萬舞名。震，騰驚動也。三壽未詳。鄭氏曰：三卿也。或曰：願公壽與岡陵等而爲三也。○

公車千乘，去聲，叶神陵反朱英綠縢，音滕二矛重弓，平聲叶姑弘反公徒三萬，貝胄朱綅，音纖，叶息稜反烝徒增增。戎狄是膺，荊舒是懲，則莫我敢承。俾爾昌而熾，俾爾壽而富。叶方未反黃髮台背，叶蒲寐反壽胥與試。俾爾昌而大，叶特計反俾爾耆而艾。叶五計反萬有千歲，眉壽無有害。叶暇憩反

○賦也。千乘，大國之賦也。成方十里，出革車一乘，甲士三人，左持弓，右持矛，中人御，步卒七十二人，將重車者二十五人。千乘之地，則三百十六里有奇也。朱英，所以飾矛。綠縢，所以約弓也。二矛，夷矛、酋矛也。重弓，備折壞

詩問僖公十六年冬会諸侯於淮地淮夷亦与焉経云淮夷来同莫不率從其是与

也。徒，步卒也。三萬，舉成數也。車千乘，法當用十萬人，而爲步卒者七萬二千人。然大國之賦，適滿千乘，苟盡用之，是舉國而行也。故其用之，大國三軍而已。三軍，謂車三百七十五乘，三萬七千五百人，其爲步卒不過二萬七千人。舉其中而以成數言，故曰三萬也。貝冑，貝飾冑也。朱綅，所以綴也。增增，衆也。戎，西戎。狄，北狄。膺，當也。荆，楚之别號。舒，其與國也。懲，艾。承，禦也。僖公嘗從齊桓公伐楚，故以此美之，而祝其昌大壽考也。壽胥與試之義未詳。王氏曰：壽考者相與爲公用也。蘇氏曰：願其壽而相與試其才力以爲用也。

○泰山巖巖，叶魚咸反魯邦所詹。奄有龜蒙，遂荒大東。至于海邦，叶卜工反淮夷來同。莫不率從，魯侯之功。賦也。泰山，魯之望也。詹與瞻同。龜蒙，二山名。荒，奄也。大東，極東也。海邦，近海之國也。

○保有鳧繹叶弋灼反遂荒徐宅叶達各反至于海邦淮夷蠻貊叶莫博反及彼南夷莫不率從莫敢不諾魯侯是若賦也。鳧、繹，二山名。宅，居也。謂徐國也。諾，應辭。若，順也。○泰山、龜蒙、鳧繹，魯之所有。其餘則國之東南，勢相連屬，可以服從之國也。

○天錫公純嘏叶果五反眉壽保魯居常與許復周公之宇魯侯燕喜令妻壽母叶滿委反宜大夫庶士邦國是有叶羽已反既多受祉黃髮兒齒賦也。常或作嘗，在薛之旁。許，許田也。魯朝宿之邑也。皆魯之故地見侵於諸侯而未復者。故魯人以是願僖公也。令妻，令善之妻，聲姜也。壽母，壽考之母，成風也。閔公八歲被弒，必是未娶。其母叔姜亦應未老。此言令妻壽母。又可見公爲僖公無疑也。有常有也。兒齒。齒落更生細者。亦壽徵也。

○徂來之松。新甫之柏。叶逋莫反是斷音短是度。入聲是尋是尺。叶尺約反松桷音角有舃。叶七約反路寢孔碩。叶常約反新廟奕奕。叶弋灼反奚斯所作。孔曼音萬且碩。同上萬民是若。○賦也。徂來新甫。二山名。八尺曰尋。舃。大貌。路寢。正寢也。新廟。僖公所脩之廟。奚斯。公子魚也。作者。教護屬功課章程也。曼。長。碩。大也。萬民是若。順萬民之望也。

閟宮九章。五章章十七句。内第四章脫一句。二章章八句。二章章十句。舊說八章。二章章十七句。一章

宋世家宋襄公之時修行仁
義欲為盟主其大夫正考父美
之故追道湯契高宗殷所以
興作商頌集解韓詩曰商頌
亦美襄公後漢書曹褒傳
奚斯頌魯考父詠殷楊雄法
言正考父嘗睎尹吉甫矣公子
奚斯嘗睎尹吉甫矣攷正考
父佐戴武宣世家戴襄相
距百十六年宣襄六七九年
或史記有誤而商頌實為宋
詩不作于考父以為則子文詞
知之也其古周頌簡古尚遠
魯殷人有此長篇繁文縟
字乎益信與魯頌奚斯之
作同科而謂宋為商者猶
楚詞之宜歌商左傳之取于
商不利宋商併同耳

十二句。一章三十八句。二章章八句。二章章十句。多寡不均。雜亂無次。蓋不知第四章有脫句而然。今正其誤。

魯頌四篇二十四章二百四十三句。

商頌四之五

契爲舜司徒而封於商。傳十四世而湯有天下。其後三宗迭興。及紂無道。爲武王所滅。封其庶兄微子啓於宋。脩其禮樂以奉商後。其地在禹貢徐州泗濱。西及豫州盟豬之野。其後政衰。商之禮樂日以放失。七世至戴公時。大夫正考甫得商頌十二篇於周大師。歸以祀其先王。至孔子編詩而又亡其七篇。然其存者亦多闕文疑義。今不敢強通也。商都亳。宋都商丘。皆在今應天府亳州界。

猗音醫與音余那與置我鞉音桃鼓奏鼓簡簡衎我烈祖賦也猗歎辭那多置陳也簡簡和大也衎樂也烈祖湯也記曰商人尚聲臭味未成滌蕩其聲樂三闋然後出迎牲卽此是也舊說以此爲祀成湯之樂也湯孫奏假綏我思成鞉鼓淵淵叶於巾反嘒嘒管聲既和且平依我磬聲於音烏赫湯孫叶思倫反穆穆厥聲湯孫主祀之時王也假與格同言奏樂以格於祖考也綏安也思成未詳鄭氏曰安我以所思而成之人謂神明來格也禮記曰齊之日思其居處思其笑語思其志意思其所樂思其所嗜齊三日乃見其所爲齊者祭之日入室僾然必有見乎其位周旋出戶肅然必有聞乎其容聲出戶而聽愾然必有聞乎其歎息之聲此之謂思成蘇氏曰其所見

詩經

聞。本非有也。生於思耳。此二說近是。蓋齊而思之。祭而如有見聞。則成此人矣。鄭注頗有脫誤。今正之。淵淵深遠也。嘒嘒清亮也。磬玉磬也。堂上升歌之樂。非石磬也。穆穆美也。

庸鼓有斁。萬舞有奕。我有嘉客。亦不夷懌。庸鏞遍。斁。斁然盛也。奕奕然有次序也。蓋上文言鞉鼓管籥作於堂下。其聲依堂上之玉磬無相奪倫者。至於此則九獻之後。鐘鼓交作。萬舞陳於庭。而祀事畢矣。嘉客先代之後來助祭者也。夷悅也。亦不夷懌者。言皆悅懌也。

自古在昔。先民有作。溫恭朝夕。執事有恪。恪敬也。言恭敬之道。古人所行。不可忘也。閔馬父曰。先聖王之傳恭。猶不敢專。稱曰自古。古曰在昔。昔曰先民。

顧予烝嘗。湯孫之將。將奉也。言湯其尚顧我烝嘗哉。此湯孫之所奉者。致其丁寧之意。庶幾其顧之也。

那一章二十二句。閔馬父曰。正考甫校商之名頌。以那爲首。其輯之亂曰云云。即此詩也。

嗟嗟烈祖。有秩斯祜。音戸申錫無疆。及爾斯所。

賦也。烈祖。湯也。秩。常。申。重也。爾。主祭之君。蓋自歌者指之也。斯所。猶言此處也。○此亦祀成湯之樂。言嗟嗟烈祖。有秩秩無窮之福。可以申錫於無疆。是以及於爾今王之所。而脩其祭祀。如下所云也。

既載清酤。叶候五反賚我思成。叶音常亦有和羹。叶音郎既戒既平。叶音旁鬷音奏假音假無言。叶音昂時靡有爭。叶音章綏我眉壽。黃耇無疆。

酤。酒。

詩周瑞玉問約軧錯衡曹注以為諸侯助祭者余曰楚辭九歌降神無言輯旗亦此類約軧錯衡以見其車八鸞鶬鶬以聞其聲

述問將長也言我受天之命既溥且長大雅公劉曰既溥既長是將曰長受命長矣即下文所云降福無疆也楚辭九辯恐余壽之弗將王逸注曰將長也

賚。與也。思成。義見上篇。和羹。味之調節也。戒。戒也。平。猶和也。儀禮於祭祀燕享之始。每言羹定。蓋以羹熟爲節。然後行禮。定。卽戒平之謂也。鬷。中庸作奏。正與上篇義同。蓋古聲奏族相近。族聲轉平。而爲一耳。無言。無爭。肅敬而齊一也。言其載淸酤而旣與我以思成矣。及進和羹。而肅敬之至。則又安我以眉壽黃耇之福也。

約軧音祇錯衡叶戶郎反八鸞鶬鶬音鎗以假音格以享叶虛良反我受命溥將自天降康豐年穰穰來假來饗叶虛良反降福無疆

約軧。錯衡。八鸞。見采芑篇。鶬鶬。見載見篇。言助祭之諸侯。乘是車以假以享於祖宗之廟也。溥。廣。將。大也。穰穰。多也。言我受命旣廣大。而天降以豐年黍稷之多。使得以祭也。假之而祖考來假。享之而祖考來饗。則降福無疆矣。

顧予烝嘗湯孫

之將。說見前篇。

烈祖一章二十二句。

天命玄鳥，降而生商，宅殷土芒芒。古帝命武湯，正域彼四方。賦也。玄鳥，鳦也。春分玄鳥降。高辛氏之妃，有娀氏女簡狄，祈於郊禖，鳦遺卵，簡狄吞之而生契。其後世遂爲有商氏，以有天下。事見史記。宅，居也。殷，地名。芒芒，大貌。古，猶昔也。帝，上帝也。武湯，以其有武德號之也。正，治也。域，封境也。○此亦祭祀宗廟之樂，而追敘商人之所由生，以及其有天下之初也。

方命厥后，奄有九有。叶羽已反。商之先后，受命不殆。叶養里反。在武丁孫子。叶獎里反。○方命厥后，四方諸侯無不受命也。九有，九州也。武丁，高宗也。

述聞箋曰員古文云字云語助也言景然而大者維何乎則受命而何百祿也
通論景員維河朱鬱儀曰湯有景亳之命高宗亦自河徂亳此言者蓋湯暨武丁會諸侯之地而言也員與云通語助辭

詩經

言商之先后。受天命不危殆。故今武丁孫子。猶賴其福。**武丁孫子武王靡不勝**音升**龍旂十乘大糦**音熾**是承**武王。湯號。而其後世亦以自稱也。龍旂。諸侯所建交龍之旂也。大糦。黍稷也。承。奉也。○言武丁孫子。今襲湯號者。其武無所不勝。於是諸侯無不奉黍稷以來助祭也。**邦畿千里維民所止肇域彼四海**叶虎洧反。○止。居。肇。開也。言王畿之內。民之所止。不過千里。而其封域則極乎四海之廣也。**四海來假**音格**來假祁祁景員維河殷受命咸宜**叶牛何反**百祿是何**音荷叶如字。○假。與格同。祁祁。衆多貌。景員維河之義未詳。或曰。景。山名。商所都也。見殷武卒章。春秋傳亦曰。商湯有景亳之命是也。員。與下篇幅隕義同。蓋言周也。河。大河也。言景山四周皆大河也。何任也。春秋傳作荷。

玄鳥一章二十二句。

濬哲維商。長發其祥。洪水芒芒。禹敷下土方。外大國是疆。幅隕音員既長。有娀音松方將。帝立子生商。

賦也。濬、深。哲、知。長、久也。方、四方也。外大國、遠諸侯也。幅、猶言邊幅也。隕、讀作員。謂周也。有娀、契之母家也。將、大也。○言商世世有濬哲之君。其受命之祥。發見也久矣。方禹治洪水。以外大國爲中國之竟。而幅員廣大之時。有娀氏始大。故帝立其女之子而造商室也。蓋契於是時。始爲舜司徒。掌布五教於四方。而商之受命。實基於此。○

玄王桓撥。叶必烈反受小國是達。叶他悅反受大國是

春秋傳闕伯居商邱相土因之

平議齊字讀為濟爾雅釋言曰濟成也至于湯濟言至于湯而成
詩問齊會也至於湯而德與命會
通論齊等齊謂湯與契德等也
韓詩外傳曰先聖後聖其揆一也因引此詩可證

違。率履不越。遂視既發。叶方月反 相土烈烈。海外有截。

韓詩外傳引作率禮 漢書集解望之傳亦引作禮 宣帝紀同 隸釋周憬碑率禮不越

賦也。玄王。契也。玄者。深微之稱。或曰以玄鳥降而生也。王者追尊之號。桓。武。撥。治。達。通也。受小國大國無所不達。言其無所不宜也。率。循。履。禮。越。過。發。應也。言契能循禮不過越。遂視其民。則既發以應之矣。相土。契之孫也。截。整。整齊也。至是而商益大。四方諸侯歸之。截然整齊矣。其後湯以七十里起。豈嘗中衰也與。

○帝命不違。至于湯齊。湯降不遲。聖敬日躋。音賫 昭假遲遲。上帝是祇。帝命式于九圍。

賦也。湯齊之義未詳。蘇氏曰。至湯而王業成。與天命會也。降。猶生也。遲遲。久也。祇。敬。式。法也。九圍。九州也。○商之先祖。既有明德。天命未嘗去之。以至於湯。湯之生也。應期而降。適當其時。其聖敬又日躋升。以至昭假于天述聞球讀爲捄，捄讀爲拱。廣雅拱捄法也。此承上文帝命式于九圍言之，言受小事大事之法于上帝，故能爲下國綴旒，所謂式于九圍也。

外傳不競不絿，不剛不柔，言德可爲貴也。

詩問球玉也，言湯受小國大國所贄之玉，會同諸侯爲所歸……旗之縿爲旒所綴著，共供通……厖，詩作駿驪，謂馬也，言受大國之正供，雄長諸侯，爲之駿驪也。

抑教曰共供通。詩繹萬邦爲正之供。通論說文厖石大貌，爲下國駿厖者，下國恃湯以爲安爲依賴乎……也。

久而不息。惟上帝是敬。故帝命之。使爲法於九州也。○受小球大球。爲下國綴音贅旒音流。何音賀天之休。不競不絿。音求不剛不柔。敷政優優。百祿是遒。音囚○賦也。小球大球之義未詳。或曰。小國大國所贄之玉也。鄭氏曰。小球。鎭圭。尺有二寸。大球。大圭。三尺也。皆天子之所執也。下國。諸侯也。綴。猶結也。旒。旗之垂者也。言爲天子而爲諸侯所係屬。如旗之縿爲旒所綴著也。何。荷。競。强。絿。緩也。優優。寬裕之意。遒。聚也。○受小共音恭大共。叶居勇反爲下國駿音峻厖。音忙叶莫孔反何天之龍。敷奏其勇。叶丑勇反不震不動。叶德總反不戁音赧不竦。音聳百祿是總。賦也。小共大共駿厖之義未詳。或曰。小國大國所共之貢也。鄭述聞曰荀子議兵篇韓詩外傳引詩並作武王載發王應麟詩攷引外傳作載旆說文引作武王載坺案載本字旆坺皆借字發謂起師伐桀也豳風七月箋曰載之言則也武王載發武王則發也
平議說文土部坺下引作武王載坺發鉞聲傳曰今詩作伐字疑作伐者是也坺與旆並段借字載者始也書言湯始征詩言武王載旆其義一也

俞說世有以父子相繼言者有以一身言者國策秦策曰賁育之勇焉而死魏世事秦高注曰世身也後者秋開民篇古者多由布衣定一世者其高注曰從一人之身為世然則中葉猶中身昔在中葉有震且業指夏桀之四而言也上文已言湯伐桀事至此

氏曰。共。執也。猶小球大球也。蘇氏曰。共。珙通。合珙之玉也。傳曰。駿。大也。厖。厚也。董氏曰。齊詩作駿駹。謂馬也。龍。寵也。敷奏其勇。猶言大進其武功也。戁。恐。竦。懼也。○武王載旆。有虔秉鉞。音越如火烈烈。則莫我敢曷。音遏叶何竭反苞有三蘖。叶五竭反莫遂莫達。叶他悅反九有有截。韋顧既伐。叶房越反昆吾夏桀。賦也。武王。湯也。虔。敬也。言恭行天討也。曷。遏通。或曰。曷。誰何也。苞。本也。蘖。旁生萌蘖也。言一本生三蘖也。本則夏桀。蘖則韋也。顧也。昆吾也。皆桀之黨也。鄭氏曰。韋。彭姓。顧。昆吾。己姓。○言湯既受命。載旆秉鉞。以征不義。桀與三蘖。皆不能遂其惡。而天下截然歸商矣。初伐韋。次伐顧。次伐昆吾。乃伐夏桀。當時用師之序如此。○昔在中葉。有震且業。允也天

荀子引此作載發說文引此作載坺
旆面表鉞於中身於鑿縫十七符昌達土昌載十六唐
漢書敘傳注引詩苞有三枿東京賦注蘖字作枿字同
毛曷害也段以曷為害字以害為曷互相段借
葉三十七　業三十二

欲言阿衡之功故又追遡未然之亦
夏臺拘囚之日也
又天子謂桀也書序云伊尹去
亳適夏枚傳云湯進于桀不云
既醜有夏復歸于亳是湯始
得伊尹以進于桀桀不用復還湯
則伊尹之得左右商王桀予之也曰
信乎天子之以卿士予我此浮喜之
之詞也
考文叔唐石經及岳本南北監
毛本日本國本皆是予字惟文公
集傳本作于藏在東武曾見元人
所刻集傳亦作予蓋後來刊刻之
誤非朱子之誤也

子叶獎里反。降予卿士，實維阿衡，叶戶郎反。實左音佐右音又。商王。賦也。葉，世。震，懼。業，危也。承上文而言昔在，則前乎此矣。豈謂湯之前世中衰時與。允，信也。天子，指湯也。降，言天賜之也。卿士，則伊尹也。言至於湯，得伊尹而有天下也。阿衡，伊尹官號也。

（旁注：子上六上）
（旁注：詩本音作降予卿士或作降于非）
（旁注：衡七庚王十陽）
（旁注：文選阮嗣宗為鄭沖勸晉王牋）
（旁注：律禮樂志洞碑文凡七引詩左右商王並言實字）
（旁注：詩補傳此篇每章八句同一韻獨末章六句三換韻調法之變與他詩不同）
（旁注：詩經札記阿衡之字切音為尹殷本紀所云伊尹名阿衡者是也）

長發七章，一章八句，四章章七句，一章九句，一章六句。

序以此爲大禘之詩，蓋祭其祖之所出，而以其祖配也。蘇氏曰：大禘之祭，所及者遠，故其詩歷言商之先后，又及其卿士伊尹，蓋與祭於禘者也。商書曰：茲予大享于先王，爾祖其從與享之，是禮也，豈其起於商之世歟。今按，大禘不及羣廟之主，此宜爲祫祭之詩。然經無明文，不可考。

殷武頌先君桓公從齊桓公伐楚也與閟宮同旨

毛序祀高宗　高宗時無楚

名箋三章楚不修諸侯之職四章時楚僭號

王位蓋用韓說

詩緖

也。

撻彼殷武。奮伐荊楚。罙面規反入其阻。裒音抔荊之旅。有截其所。湯孫之緒。音序。○賦也。撻，疾貌。殷武，殷王之武也。罙，冒。裒，聚。湯孫，謂高宗。○舊說以此爲祀高宗之樂。蓋自盤庚沒而殷道衰。楚人叛之。高宗撻然用武以伐其國。入其險阻。以致其衆。盡平其地。使截然齊一。皆高宗之功也。易曰。高宗伐鬼方。三年克之。蓋謂此歟。○

維女音汝荊楚。居國南鄉。昔有成湯。自彼氐音提羌。莫敢不來享。叶虛良反莫敢不來王。曰商是常。賦也。氐羌，夷狄國。在西方。享，獻也。世見曰王。○蘇氏曰。既克之。則告之曰。爾雖遠。亦居吾國之南耳。昔成湯之世。雖氐羌之遠。猶莫敢不

集說陽部嚴字下曰読部
殷武四章韻違江君云當作
莊謹人避諱改字
詩問監三監也王制云大夫監
於方伯國〻三人蓋商制也
此言考績之法
通論命于下國謂為下國所歸
命也古倒句

來朝。曰。此商之常禮也。○天命多辟。音壁設都于禹之績。況汝荆楚。曷敢不至哉。歲事來辟。勿予禍適。音謫稼穡匪解。音懈叶訖力反。○賦也。多辟。諸侯也。來辟。來王也。適。謫通。○言天命諸侯。各建都邑於禹所治之地。而皆以歲事來至於商。以祈王之不譴。曰。我之稼穡。不敢解也。庶可以免咎矣。言荆楚既平。而諸侯畏服也。○天命降監。下與濫叶下民有嚴。叶五剛反不僭不濫。不敢怠遑。命于下國。叶越逼反封建厥福。叶筆力反。○賦也。監。視。嚴。威也。僭。賞之差也。濫。刑之過也。遑。暇。封。大也。○言天命降監。不在乎他。皆在民之視聽。則下民亦有嚴矣。惟賞不僭。刑不濫。而不敢怠遑。則天命之以天下。而大建其福。此高宗所以受命而中興也。○商邑翼翼。

詩問此論告諸侯也

平議旅當讀爲梠說文木部梠楣也楣與楹相接故以梠楹並言桷言松而梠楹不言木者蓋即蒙松字爲文也遷焉訓皆誅伐梠桷之松梠桷並言松即專此詩蓋之家之說矣旅與梠聲同故得通用皇矣篇以按徂旅孟子作以遏徂莒旅之爲梠猶旅之爲莒也釋名釋宮室曰梠旅也其梠旅聲近義通矣

詩經

四方之極。（韓詩作四方是則，魯詩同）（漢書作是極）赫赫厥聲，濯濯厥靈。壽考且寧，以保我後生。（耕聲古清，靈寧十五青，生十二庚誤）叶桑經反○賦也。商邑，王都也。翼翼，整勑貌。極，表也。赫赫，顯盛也。濯濯，光明也。言高宗中興之盛如此。壽考且寧云者，蓋高宗之享國五十有九年。我後生，謂後嗣子孫也。

○陟彼景山，（山字八山，閑同，丸二十六桓，遷虔梴二仙，安二十五寒）叶所旃反松柏丸丸。叶胡員反是斷音短是遷，方斲音卓是虔。松桷音角有梴，五連反旅楹有閑，叶胡田反寢成孔安。（七虔叙切）叶於連反○賦也。景，山名，商所都也。丸丸，直也。遷，徙。方，正也。虔，亦截也。梴，長貌。旅，衆也。閑，閑然而大也。寢，廟中之寢也。安，所以安高宗之神也。此蓋特爲百世不遷之廟，不在三昭三穆之數。既成始祔而祭之之詩也。然此章與閟宮之卒章文意略同。未詳何謂。

殷武六章，三章章六句，二章章七句，一章五句。

商頌五篇，十六章，一百五十四句。

昭十六年左傳夏四月鄭六卿餞宣子於郊　宣子曰
二三君子請皆賦起亦以知鄭志子齹賦野有蔓
草宣子曰孺子善哉吾有望矣子産賦鄭之羔裘
宣子曰起不堪也子太叔賦褰裳宣子曰起在此敢勤
子至於他人乎子大叔拜宣子曰善哉子之言是不有
是事其能終乎子游賦風雨子旗賦有女同車子
柳賦蘀兮宣子喜曰鄭其庶乎二三君子以君命
貺起賦不出鄭志皆昵燕好也二三君子數世之主也
可以無懼矣　襄廿七年鄭伯享趙孟于垂隴
子大叔賦野有蔓草　趙孟曰吾子之惠也
孔子遭齊程本子於郯

本面原在一八六面與一八七面之間

籥章掌土鼓豳籥中春晝擊土鼓龡豳詩以逆暑中秋夜迎寒亦如之凡國祈年于田祖龡豳雅擊土鼓以樂田畯國祭蜡則龡豳頌擊土鼓以息老物

本面原在四二六面與四二七面之間

稽古編爾正釋訓憲憲泄泄制法則也中人逐逐其言繩繩鄉主新法以賦其厲厲
王時紛更舊典者多周語太子晉曰厲始革典斯其證也至宣厲重假之舉
其自主解正此者孟子謂世世之言則非先王之道以先王爲不足故於自立法度釋
訓者合泄之以泄泄爲怠緩悅從泄泄爲孟子沓沓之義沓沓之其謀皆擾進之說故以義於
義於先王實其說大合於義於先王豈止於怠緩悅從哉若說泄泄作泄泄者
言先沓沓云語多沓沓之義正相符然又多言與憲法節似異而實同人主紛更
舊典屢等小者爭先獻媚各進其說說文解字義故止云多言爾正釋詩義
則據其多言之故

本面原在五五六面與五五七面之間

史記箕子朝周過故殷虛感宮室毀壞生禾黍箕子

[illegible]

傷之欲哭則不可欲泣為其近婦人乃作麥秀之詩以歌之

本面原在六五四面與六五五面之間

老子章義

（鍾泰批注本）

老子章義二卷

同治庚午冬桐城
吳氏重付刊於邗
上獨山莫友芝檢

老子章義自題三則

老子書六朝以前多爲之注者而其本不傳有河上公章句者蓋流俗妄人作之而託於神仙之說唐時人君以老子爲祖以其書爲經而信神仙之術是以最貴所謂河上公本者其於老子書宜合而分宜分而合者謬故易見而唐之君子莫敢議也行之既久洎宋蘇子由之倫博學深思老子書尤其所用意乃守其分章之失於文義甚不可通者乃穿鑿附會繳繞其詞以就之初不悟是乃爲一妄人所愚是亦異矣余試取更之或斷數字爲章或數百字爲章若老子本意甚明初無待人多說者惜乎不可

使子由之倫見之爲爽然一笑也

莊子載老聃曰人皆取先已獨取後曰受天下之垢人皆取實已獨取虛無藏也故有餘巋然而有餘其行身也徐而不費無爲也而巧笑人皆求福已獨曲全曰苟免于咎

此文今老子無之必有譌脱可知

以河上注爲僞劉知幾言之矣子由諸人識乃出知幾下耶

乾隆四十八年六月八日惜抱居士於敬敷書院識

老子章義序

天下道一而已賢者識大不賢者識小賢者之性又有高明沈潛之分行而各善其所樂於是先王之道有異統遂至相非而不容竝立於天下夫惡知其始之一也子曰述而不作信而好古竊比於我老彭老彭者老子也孔子告曾子子夏述所聞老聃論禮之說及老子書言以喪禮處戰之義其於禮精審非信而好古能之乎南行者久而不見冥山求之過也夫老聃之言禮蓋所謂求之過者矣方其好學深思以求先王制禮之本意得先王制禮之本意而觀末世爲禮者循其迹而謬其意苟其說而益其煩假

其名而悖其實則不勝悁忿而惡之禮云禮云玉帛云乎哉夫禮貴有誠也老子之初志亦如孔子而用意之過貶末世非禮之禮其辭偏激而不平則所謂君子駟不及舌者與且孔子固重禮之本然使人寧儉寧戚下學上達而已庸言之必謹逮七十子之徒推孔子之義極言之固多高遠失中此亦聖門好古達於禮者之言失也夫老子特又甚焉耳孔子遇老聃問禮於其中年而老子書成於晚歲孔子蓋不及知也老子書所云絕聖棄智蓋謂聖智仁義之僞名若臧武仲之爲聖耳非毀聖人也而莊子乃曰聖人不死大盜不止老子云貴以身爲天下者言不以天

下之奉加於吾身爲快雖有榮觀燕處超然以是爲自貴愛也而楊朱乃曰不拔一毛以利天下皆因其說而益甚爲謬夫老子言誠有過焉雖舉其末學益謬推原及老子以爲害天下之始老子亦有所不得辭然是又豈老子所及料哉世乃謂老子之言固已及是而儒者遂不肎以述而不作信而好古爲老子之行夫孔子於老子不可謂非授業解惑者以有師友之誼甚親故曰我老彭解論語者顧說爲商之大夫不亦遠乎其說出於大戴禮記吾意其辭託於孔子而實非殆不足據耶抑所舉別有是人耶若論語之老彭非商大夫可決也老子書六朝以前解者甚

衆今竝不見獨有所謂河上公章句者蓋本流俗人所爲託於神仙之說其分章尤不當理而唐宋以來莫敢易獨劉知幾識其非耳余更求其實少者斷數字多則連字數百爲章而其義乃明又頗爲訓其旨於下夫著書者欲人達其義故言之首尾曲折未嘗不明貫必不故爲深晦也然而使之深晦迂而難通者人好以巳意亂之也莊子天下篇引老子語有今文所無則知傳本今有脫謬其前後錯失甚明者余少正之竝以待世好學君子論焉

太史公書不甚知姓氏之別又自唐以前讀者差不若漢書之詳故文多舛誤夫老子老其氏也聃其字也太史公

文蕊曰老子者楚苦縣厲鄉曲仁里人也姓李氏名耳字聃周守藏室之史也漢末妄以老子爲仙人不死故唐固注國語以爲卽伯陽父流俗妄書乃謂老子字伯陽此君子所不宜道當唐之興自謂老子之裔於是移史記列傳以老子爲首而媚者遂因俗說以改司馬之舊文乃有字伯陽謚曰聃之語吾決知其妄也老子匹夫耳固無謚苟弟子欲以謚尊之則必舉其令德烏得曰聃孔子舉所嚴事之賢士大夫皆舉氏字晏平仲蘧伯玉老聃子產其稱一也陸德明音義注老子兩處皆引史記曰字聃河上公曰字伯陽不謂爲史記之語陸氏書最在唐初所言史記

眞本葢如此則後傳本之非明矣老子所生太史公曰楚苦縣或曰陳國相人莊子載孔子陽子朱皆南之沛見老子夫宋國有老氏而沛者宋地言老子所生三者說異而莊子尤古宜得其眞然則老子其宋人子姓耶子之爲李語轉而然猶姒姓之或以爲弋也彭城近沛意聃嘗居之故曰老彭猶展禽稱柳下也皆時人尊有道而氏之晉穆帝名聃字彭子漢晉舊儒必有知老彭爲聃之氏之說者矣後世失之乃不能明也乾隆四十八年夏六月桐城姚鼐序後漢書桓帝紀章懷注史記曰老子者楚苦縣厲鄉曲仁里人也名耳字聃姓李氏吾作此序未及檢引然則改此文疑元宗以後事

老子章義

上篇

道可道。非常道。名可名。非常名。無名天地之始。有名萬物之母。故常無欲以觀其妙。常有欲以觀其徼。此兩者同出而異名。同謂之玄。玄之又玄。衆妙之門。

道誠可道也聖人之經綸大經禮樂刑政治天下之法昔何嘗不可道乎然而非必常道之也時異勢殊前之所用者而後有不可施矣名誠可名也人之事如是焉名曰孝如是焉名曰弟曰慈曰忠曰信昔何嘗不當其實而可名乎然而非可常名之也人異而情變彼行之而是者此行之而固非矣無道無名是名爲天地之始有道有名是名爲萬物之母聖人反天地之始故不繫乎有之迹而常無焉以觀其妙也聖人循萬物之母故不因故迹而常有焉日生不窮心達乎萬物之極際而觀其徼焉然此亦非有二事也人從而異名之曰常有常無耳聖人固同出也異者可名同者不可名同不可名則第謂之玄焉深莫可知遠莫可測而已愈深遠則其著於是物者愈盛夫觀其妙者一而已然而一言一動須臾之頃而見聖人之全量是爲衆妙夫以其玄之至而衆妙出焉矣 原第一章

天下皆知美之爲美斯惡已皆知善之爲善斯不善已故有無相生難易相成長短相形高下相傾聲音相和前後相隨是以聖人處無爲之事行不言之教萬物作焉而不辭辭作使也以身爲萬物使不辭其勞而亦不有其美生而不有爲而不恃功成而不居夫唯不居是以不去不尚賢使民不爭不貴難得之貨使民不爲盜不見可欲使心傅奕校古本作使民心不亂是以聖人之治虛其心實其腹弱其志强其骨實其腹者無所羨於外也强其骨者無所擇於苦樂之事也常使民無知無欲使夫知者不敢爲也爲無爲則無不治

道沖古本作盅而用之或不盈淵兮似萬物之宗挫其銳解其紛和其光同其塵湛兮似或存吾不知其誰之子象帝之先

道沖爲句與宗爲韻言道之體至沖也而用之或有能不盈者乎淵然而深似萬物之宗者乎挫其銳四句承不盈湛兮句承萬物宗世而或有斯人也則體用一原復乎道之本然象帝之先矣

天地不仁以萬物爲芻狗聖人不仁以百姓爲芻狗天地之閒其猶橐籥乎虛而不屈改掘字從王輔嗣本動而愈出多言數窮不如守中谷神不死是謂玄牝玄牝之門是謂天地根綿綿若存用之不勤

天長地久天地所以能長且久者以其不自生故能長生是以聖人後其身而身先外其身而身存非以其無私邪故能成其私

上善若水水善利萬物而不爭處衆人之所惡故幾於道居善地居善地以下言聖人非言水也心善淵與善仁言善信政

衆人之所惡一句

莊子知北遊篇大馬之捶鉤者年八十矣陸德明音義曰鍛說曰江東三魏之間人皆謂鍛為捶音字亦同

孫詒讓曰揣當讀為捶

楚辭遠遊載營魄而登遐兮王逸注抱我靈魂而上升也

善治事善能動善時夫唯不爭故無尤。原第八章　傅奕本有矣字

持而盈之不如其已揣而銳之王本作梲又古本作敓而梲之不可長保金玉

馬叙倫曰持借為痔說文曰痔儲置屋下也　陸德明室本作室　已与下之幽通韻　借保為宲

滿堂莫之能守富貴而驕自遺其咎功成名遂身退天之

焦竑曰龍興碑作名成功遂身退

道。原第九章

載營魄抱一能無離乎專氣致柔能嬰兒乎滌除玄覽能無疵乎愛民治國能無爲乎天門開闔能爲雌乎明白四達能無知王本作以知乎能嬰兒能無疵則無妄見所謂知者不待言卻又恐其未得眞知也禪家休去歇去一條白練去乃此意也王本作以知得之俗本作無知非是

借抱為袌　抱同捊取也　離借為麗說文曰麗旅行也　借專為嫥說文嫥壹也　借爲為譌

生之畜之生而不有爲而不恃長而不宰是謂玄德。原第十章

譚獻曰五十一章亦有生而不有四句此有不衍誤　馬叙倫曰自生之以下皆五十一章之文錯簡

三十輻共一轂當其無有車之用埏埴以爲器當其無有

借埏為挻

莊子在宥篇故貴以身於天下則可以託天下愛以身於天下則可以寄天下

器之用。鑿戶牖以爲室。當其無有。室之用。故有之以爲利。無之以爲用。

原第十一章

五色令人目盲。五音令人耳聾。五味令人口爽。馳騁畋獵令人心發狂。難得之貨令人行妨。是以聖人爲腹不爲目。故去彼取此。

原第十二章

寵辱若驚。貴大患若身。何謂寵辱若驚。寵爲下。得之若驚失之若驚。是謂寵辱若驚。何謂貴大患若身。吾所以有大患者。爲吾有身。及古本及作苟當是吾無身。吾有何患。故貴以身爲天下者。可以寄天下。愛以身爲天下者。可以託天下。寵之爲辱也非寵之必爲辱也若以爲驚者辱矣貴之爲大患也非貴之必爲大患也若以身與其間者則大患矣何也彼以寵與我者取我而下之也得之何足喜而若驚焉失之何不適而若驚焉是謂爲寵辱矣貴之爲大患者吾以身賴其崇高之樂則亦以身任其危峻之憂矣苟無以身與焉而何患哉以身賴其崇高之樂者以身爲天下者也夫亦不自貴愛矣惟能自貴愛而不爲者則有天下而不與矣可以寄託天下矣此貴字與猶兮其貴言皆作愼惜義

視之不見名曰夷聽之不聞名曰希搏之不得名曰微此三者不可致詰故混而爲一其上不皦其下不昧繩繩兮不可名復歸於無物是謂無狀之狀無物之象是謂惚恍迎之不見其首隨之不見其後執古之道以御今之有能知古始是謂道紀古之善爲士者微妙玄通深不可識夫唯不可識故强爲之容豫若冬涉川猶若畏四鄰儼若客渙若冰將釋敦兮其若樸曠兮其若谷渾兮其若濁微妙者成己者也玄通者成物者也豫若冬涉川六句以狀微妙渾兮其若濁以狀玄通孰能濁以靜之徐淸孰能安以久

動之徐生保此道者不欲盈夫唯不盈故能敝不新成濁者與萬物相渾於一也故能濁難靜之而清則分別生矣於是其道不可安以久心之紛擾動之徐生是皆知道而不能自保者也保此道者不欲以善自盈不盈則不知已之善沖然與物無間是與天地相似不違者也可以敝矣不待吾新之而物成矣

致虛極守靜篤萬物並作吾以觀其復夫物芸芸各歸其根歸根曰靜靜曰復命復命曰常知常曰明不知常妄作凶知常容容乃公公乃王王乃天天乃道道乃久沒身不殆

太上不知有之其次親之譽之其次畏之其次侮之信不足有不信上信字以言約信也下信字誠德也約信不足以固者吾有不信之故耳誠信矣雖不出言而功成事遂猶兮其貴言功成事遂百姓皆謂我自然

易順鼎曰文子引絶學無憂在絶聖棄知之上疑古本如此三者疑當作三者

大道廢有仁義智慧出有大僞六親不和有孝慈國家昏亂有忠臣（原第十八章）

（焦竑曰廢下古本有焉字）（大典孝慈作孝子）

絶聖棄智民利百倍絶仁棄義民復孝慈絶巧棄利盜賊無有此三者以爲文不足故令有所屬見素抱樸少私寡欲絶學無憂言所以絶聖智絶仁義絶巧利此三者何哉世以爲文耳文不足以治故令民但有所屬而已使素樸無以巧利爲使絶學無以聖智仁義爲而民寡欲而無憂矣末句不用韻古人文字在其意不拘耳不可以是別出之也或當爲無憂絶學

（傅本智作知）（大典絶聖二句在絶仁二句之下）（少私寡欲以上原第十九章）（吳氏讀書記引明皇本亦以絶學無憂屬於此章之末）

唯之與阿唯之與阿以下求道者之狀也道之爲物以下得道者之實也此最是老子教人深切處分爲二章則全失其旨相去幾何善之與惡相去何若人之所畏不可不畏荒兮其未央哉衆人熙熙如享王本作若亨太牢如春登臺我獨怕兮其未兆如嬰兒之未孩王本作咳乘乘儽儽入韻王本是兮若無所歸衆人皆有餘而我

馬叙倫曰自愚人之心也哉至我獨悶悶當移而貴食母下
又澹兮二句二十五章錯簡 寂兮寥兮句即此之殘脫
又我獨異於人句當作衆人皆有異而我獨貴食母

俞樾曰甫与父通莊子天地篇有以為衆父而不可以為衆父父 可作父子證

馬叙倫曰不自見四句當在二十四章自矜者不長下
又夫惟不爭二句當在六十八章善勝敵者不爭下

獨若遺我愚人之心也哉沌沌兮俗人昭昭我獨若昏俗人察察我獨悶悶澹兮其若海飂兮似無所止衆人皆有以我獨頑似鄙我獨異於人而貴食母孔德之容唯道是從道之爲物惟怳惟惚惚兮怳兮其中有象怳兮惚兮其中有物窈兮冥兮其中有精其精甚真其中有信自古及今其名不去以閱衆甫衆甫者自古以來聖賢也同有此道可以知先聖後聖之狀如一矣吾何以知衆甫之狀哉以此

曲則全枉則直窪則盈敝則新少則得多則惑是以聖人抱一爲天下式曲者一曲也抱一故爲曲然而全德在此矣不自見故明不自是故彰不自伐故有功不自矜故長夫唯不爭故天下莫能與之

馬叙倫曰老子古本當作故從事於道同於道者道得之同於德者德得之同於失者道失之

爭古之所謂曲則全者豈虛言哉誠全而歸之希言自然

全而歸之以上原第二十二章

吾誠有全德而萬物歸之希言自然矣苟非全德雖多言而能化物乎

傅本飄風上有故字

飄風不終朝驟

言全然爲韻猶兮其貴言功成事遂百姓皆曰我自然卽此句之解

飄風以下釋枉則直窪則盈之意天地之力有所極人安能使天下皆如吾意耶

道德者吾同之失者吾亦同之枉也窪也然天下皆樂而同於我是直且盈矣

雨不終日孰爲此者天地天地尙不能久而況于人乎故

傅本無

從事於道者道者同於道德者同於德失者同於失同于

淮南道應訓引不重道者二字　傅本德作得德得通

同字衍字

道者道亦樂得之同於德者德亦樂得之同於失者失亦

樂得之信不足

馬叙倫曰此十字疑一本有十七章錯簡在此校者不敢删因複記之

信不足以下皆內不足而

故爲有餘多則慼者也

有不信企者不立跨者不

信不足有不信以上原第二十三章

企者李本作跂段爲跂

行自見者不明自是者不彰自伐者無功自矜者不長其

在道曰餘食贅行物或惡之故有道者不處

章

自跂者不立至此原第二十四

有物混成先天地生寂兮寞兮獨立而不改周行而不殆

可以爲天下母。吾不知其名，字之曰道，强爲之名曰大。大

韓非解老作強字之曰道

曰逝，逝曰遠，遠曰反。故道大，天大，地大，王亦大。域中有四

馬叙倫曰曰讀爲則

古本王作人

大，而王居其一焉。人法地，地法天，天法道，道法自然。

原第二十五章

重爲輕根，靜爲躁君。是以聖人終日行不離輜重。雖有榮

韓非喻老是以作故曰，聖人作君子

觀，燕處超然。奈何萬乘之主，而以身輕天下？輕則失本，躁

根

則失君。

原第二十六章

馬叙倫曰榮觀當作營衛之假借。觀借爲衛也。將敬聲近，叚元對轉也。

善行無轍迹，善言無瑕讁，善數不用籌策，善閉無關楗而

不可開，善結無繩約而不可解。是以聖人常善救人，故無

襲國又按莊子之言同是以明本此

棄人；常善救物，故無棄物。是謂襲明。故善人，不善人之師；

不善人，善人之資。不貴其師，不愛其資，雖知大迷，是爲要

見賢思齊焉，見不賢而內自省也。

老子章義　六

妙　原第二十七章

知其雄守其雌爲天下谿爲天下谿常德不離復歸于嬰兒知其白守其黑爲天下式爲天下式常德不忒復歸于無極知其榮守其辱爲天下谷爲天下谷常德乃足復歸于樸樸散則爲器聖人用之則爲官長故大制不割　原第二十八章

將欲取天下而爲之古本爲之下有者天下神器上有夫吾見其不得已天下神器不可爲也爲者敗之執者失之故物或行或隨或歔或吹或强或羸或載或隳是以聖人去甚去奢去泰　原第二十九章

以道佐人主者不以兵强天下其事好還師之所處荊棘生焉大兵之後必有凶年善者果而已不敢以取强果而

馬叙倫曰姚說非也王弼五十五章物壯三句乃由此錯衍
又物或惡之二句因二十四章錯簡而複出
文子上仁篇引作兵者不祥之器不得已而用之
不嗜殺人者能一之

[illegible]

勿矜果而勿伐果而勿驕果而不得已果而勿强物壯則老是謂不道不道早已物壯則老十二字衍以在下篇含德章心使氣曰强下誦者誤入此勿强句下夫佳兵者不祥之器物或惡之故有道者不處君子居則貴左用兵則貴右兵者不祥之器非君子之器不得已而用之恬澹爲上勝而不美而美之者是樂殺人夫樂殺人者不可得志於天下矣吉事尚左凶事尚右偏將軍處左上將軍處右言居上勢則以喪禮處之殺人衆多以悲哀泣之戰勝以喪禮處之

道常無名樸雖小天下莫能臣也王侯若能守萬物將自賓天地相合以降甘露人莫之令而自均始制有名名亦

老子章義　上篇　七

既有夫亦將知止知止所以不殆譬道之在天下猶川谷之於江海以道之本言之無名而藏于樸也得之者處賤而尊處貴而化神矣以道之用言之制其樸而立其名名之既有夫人不必能知道也而因名亦知所當止之則苟不知所當止則必危殆故賢愚貴賤莫有離道者猶水之不能去江海也此與下篇止知不殆義不同解者多誤合之　道常無爲至天下將自正四十五字應原第三十二章移此

知人者智自知者明勝人者有力自勝者強知足者富強行者有志不失其所者久死而不亡者壽原第三十三章

大道汎兮其可左右萬物恃之以生而不辭功成不名有衣養萬物而不爲主常無欲可名於小萬物歸焉而不知主可名於大以其終不自爲大故能成其大原第三十四章

執大象天下往往而不害安平泰樂與餌過客止道之出

唯名与器不可以假人

口淡乎其無味。視之不足見，聽之不足聞，用之不可既。
口作言　道字本章作出
原第三十五章

將欲歙之，必固張之；將欲弱之，必固强之；將欲廢之，必固與之；將欲奪之，必固與之。是謂微明。柔勝剛，弱勝强。魚不可脫於深淵，邦之利器不可以示人。
一無深字
以上原第三十六章

道常無爲而無不爲，王侯若能守，萬物將自化。化而欲作，吾將鎮之以無名之樸。無名之樸，亦將不欲。
釋文作吾將鎮之以無名之樸，夫亦將不欲。今本重無名之樸四字涉上文而衍
馬叙倫曰：無名之三字衍文，之字涉上鎮之而衍，無名之樸涉三十二章而衍
從王本作夫亦將無欲，言使夫人皆無欲也

不欲以靜，天下將自正。
王本作無
原第三十七章

馬叙倫曰：三十二章樸雖小，天下莫能臣，侯王若能守，萬物將自賓；天地相合，以降甘露，民莫之令而自均。三十三章此文吾將鎮之以樸，下彼章天下將自賓，賓當作定，傳寫作正，即此章之天下將自正也。夫亦將不欲，不欲以靜，本是注文以無欲釋樸，本是五十七章之義，誤入經文耳。又四十三章吾是以知無為之有益，不言之教，無為之益，天下希及之四句，二章是以聖人處無為之事，行不言之教二句，十七章功成事遂，百姓皆謂我自然二句，皆當次于此文下

老子章義

八

老子章義

下篇

上德不德是以有德下德不失德是以無德上德無爲而
無以爲下德爲之而有以爲上仁爲之而無以爲上義爲
之而有以爲上禮爲之而莫之應則攘臂而扔之故失道
而後德失德而後仁失仁而後義失義而後禮夫禮者忠
信之薄而亂之首也前識者道之華而愚之始也是以大
丈夫處其厚不處其薄居其實不居其華故去彼取此
昔之得一者道生一至沖氣以爲和二十五字應在昔之得一上天得一以清地得一以寧神
得一以靈谷得一以盈萬物得一以生王侯得一以爲天

下貞其致之一也天無以清將恐裂地無以寧將恐發神無以靈將恐歇谷無以盈將恐竭萬物無以生將恐滅王侯無以貞而貴高將恐蹷故貴以賤爲本高以下爲基是以王侯自謂孤寡不穀此其以賤爲本邪非乎故字衍貴以賤爲本二十九字應在後章之首因侯王字誦者誤記於此耳故致數譽無譽不欲琭琭如玉珞珞如石

反者道之動弱者道之用反則得一矣所以動而無息也弱則能用其一也天下之物生於有有生於無上士聞道勤而行之勤而行之者反也弱也以存一也中士聞道若存若亡下士聞道大笑之不笑不足以爲道故建言有之明道若昧進道若退夷道若纇上德若谷大白若辱廣德若不足建德若偷質眞若渝大方無隅大器晚成大音希

馬叙倫曰四十章之天下之物生於有有生於無兩句及四十二章之道生一至沖氣以爲和字移入此章之故貴以賤爲本至落落十五字移至四十二章

馬叙倫曰此句是古注文

古本作侯王無以爲貞將恐蹶

馬叙倫曰致有誤作數者校者旁注後人傳寫誤入正文耳

以上原第三十九章

自反者至此原第四十章

河上本作萬物

古本作而大笑之

一本之上有曰字

辱傅奕本作黷

俞樾曰建讀爲健

傅奕本作媮

德

聲。大象無形。道隱無名。夫唯道。善貸且成。原第四十一章

道生一。一生二。二生三。三生萬物。萬物負陰而抱陽。沖氣以爲和。人之所惡。貴以賤爲本至非乎二十九字移之所惡上惟孤寡不穀。而王公以爲稱。故物或損之而益。或益之而損。人之所教。我亦教之。古本作人之所以教我亦我之所以教人疑是强梁者不得其死。吾將以爲教父。以上原第四十二章

天下之至柔。馳騁天下之至堅。無有入於無閒。吾是以知無爲之有益。不言之教。無爲之益。天下希及之。原第四十三章

名與身孰親。身與貨孰多。得與亡孰病。是故甚愛必大費。多藏必厚亡。知足不辱。知止不殆。可以長久。原第四十四章

大成若缺其用不敝大盈若沖（沖古本盅）其用不窮大直若屈大巧若拙大辯若訥（易順鼎曰文選解嘲注引作知清知靜爲天下正當從之兩句皆四字）躁勝寒靜勝熱淸靜爲天下正（躁動者使吾體和不必附火而溫能勝寒矣靜者使吾氣定不必當風而勝熱矣皆淸靜之道也此三句當在以正治國章首）（韻）（以上原第四十五章）

天下有道卻走馬以糞天下無道戎馬生于郊（天下有道四句當在後章天下多忌諱上）

罪莫大于可欲禍莫大于不知足（一本此句在咎莫大句下）咎莫大于欲得（韓非解老作憯）（侯之協韻）故知足之足常足矣（原第四十六章）

不出戶知天下（古本與韓非知天下見天道上皆有以二字）不窺牖見天道其出彌遠其知彌少是以聖人不行而知（知本或作是）不見而名（名韓非喻老引作明）不爲而成（原第四十七章）

爲學日益爲道日損損之又損之以至于無爲無爲而無不爲矣故取天下常以無事及其有事不足以取天下

聖人無常心以百姓心爲心善者吾善之不善者吾亦善之德善矣信者吾信之不信者吾亦信之德信矣聖人在天下歙歙爲天下渾其心百姓皆注其耳目聖人皆孩之

出生入死生之徒十有三死之徒十有三人之生動之死地者亦十有三夫何故以其生生之厚蓋聞善攝生者陸行不遇兕虎入軍不避甲兵兕無所投其角虎無所措其爪兵無所容其刃夫何故以其無死地

道生之德畜之物形之勢成之是以萬物莫不尊道而貴

德。道之尊。德之貴。夫莫之爵而常自然。故道生之。畜之長之育之。亭之毒之。養之覆之。生而不有。爲而不恃。長而不宰。是謂玄德。

原第五十一章

天下有始。以爲天下母。旣得其母。以知其子。旣知其子。復守其母。殁身不殆。塞其兌。閉其門。終身不勤。開其兌。濟其事。終身不救。見小曰明。守柔曰強。用其光。復歸其明。無遺身殃。是謂襲常。

以上原第五十二章

使我介然有知。行於大道。唯施是畏。施者不塞其兌而遺身殃者也

大道甚夷。而民好徑。朝甚除。田甚蕪。倉甚虛。服文采。帶利劒。厭飲食。資貨有餘。是謂盜夸。韓非子作盜竽雖古而說自訛何必從之非道也哉。

自使我句至此原第五十三章

善建者不拔善抱者不脱子孫祭祀不輟
修之于身其德乃眞修之於家其德乃餘修之于鄉其德
乃長修之於邦其德乃豐修之于天下其德乃普故以身
觀身以家觀家以鄉觀鄉以邦觀邦以天下觀天下吾何
以知天下之然哉以此

含德之厚比于赤子毒蟲不螫猛獸不據攫鳥不搏骨弱
筋柔而握固未知牝牡之合而全作精之至也終日號而
不嗄和之至也知和曰常知常曰明益生曰祥心使氣曰
强物壯則老謂之不道不道早已

知者不言言者不知塞其兌閉其門挫其鋭解其紛和其

光。同其塵。是謂玄同。不可得而親。不可得而疏。不可得而利。不可得而害。不可得而貴。不可得而賤。故爲天下貴。章

原第五十六章

以正治國。以奇用兵。清靜爲天下正故以正治國無二術矣奇者餘也零餘正兵之道備而不施以是用兵可謂世以奇譎解之大謬合韻以無事取天下。吾何以知天下之然哉。天下有道四句移然哉下言有道不以兵爲正。則走馬以供糞田事矣。無道以兵爲正。則戎馬生郊。天下多怨惡而民貧矣。糞貧昏合韻天下多忌諱。而民彌貧。民多利器。國家滋昏。人多技巧。奇物滋起。法令滋章。盜賊多有。故聖人云。我無爲而民自化。我好靜而民自正。我無事而民自富。我無欲而民自樸。其政悶悶。其民淳淳。其政察察。其民缺缺。

自樸以上原第五十七章

禍兮福所倚。福兮禍所伏。孰知其極。其無正。邪正復爲奇。

馬叙倫曰此章之文有錯入三十二章者譬道之在天下猶川谷之於江海也之句是也有錯

善復爲祅。人之迷也。其日固久矣。是以聖人方而不割。廉而不劌。直而不肆。光而不耀。原第五十八章 耀與割劌肆韻支脂之通猶詩大詩君子偕老其之 耀一作曜以是韻

治人事天莫如嗇。夫惟嗇。是謂早服。早服謂之重積德。重積德則無不克。服者事也。嗇則時暇而力有餘。故能于事物未至。而早從事以多積其德。逮事物之至而無不克矣。此章韓非說之未失。而後人皆失之無不克則莫知其極。莫知其極。可以有國。有國之母。可以長久。是謂深根固柢。長生久視之道。原第五十九章 人一作民 夫一作者 謂之一作是謂

治大國若亨小鮮。若亨小鮮者不矜也以道蒞天下。其鬼不神。非其鬼不神。其神不傷人。非其神不傷人。聖人亦不傷之。夫兩不相傷。故德交歸焉。以上原第六十章

大國者下流。天下之交。天下之牝。牝常以靜勝牡。以靜爲 傳本作天下之下流有天下之三字 傳本作以其靜

下故大國以下小國則取小國小國而下大國則取大國故或下以取或下而取大國不過欲兼畜人小國不過欲入事人夫兩者各得其所欲故大者宜爲下

道者萬物之奥善人之寶不善人之所保美言可以市尊行可以加人人之不善何棄之有善人美言不善人本所無也然可以聞而用之如市者不織而有布不耕而有粟也善人尊行不善人本所不能也然可以見而效之則亦加諸其人身矣然則何棄之有哉善人則求以得者也不善人則有罪以免者也故立天子置三公雖有拱璧以先駟馬不如坐進此道古之所以貴此道者何不曰求以得有罪以免耶故爲天下貴

爲無爲事無事味無味大小多少大小多少下有脫字耳不可强解也報怨以德

圖難于其易爲大于其細天下難事必作于易天下大事必作于細是以聖人終不爲大故能成其大夫輕諾必寡信多易必多難是以聖人猶難之故終無難其安易持其未兆易謀其脆易泮其微易散爲之於未有治之於未亂合抱之木生於毫末九成之臺起於累土千里之行始於足下

爲者敗之執者失之是以聖人無爲故無敗無執故無失民之從事常于幾成而敗之愼終如始則無敗事是以聖人欲不欲不貴難得之貨學不學復衆人之所過欲不欲承無執學不學承以恃萬物之自然而不敢爲無爲民之從事十九字當自爲一章

老子章義　下篇

民可使由之不可使知之

古之善爲道者非以明民將以愚之民之難治以其智多故以智治國國之賊不以智治國國之福知此兩者亦稽式知其兩者矣其不以智非昏昧也以稽考古聖之德而式法之能知稽式是謂玄德玄德深矣遠矣與物反矣乃至於大順

原第六十五章

江海所以能爲百谷王者以其善下之故能爲百谷王是以聖人欲上人以其言下之欲先人以其身後之是以處上而人不重處前而人不能害是以天下樂推而不厭以其不爭故天下莫能與之爭

馬敘倫曰百谷應作川谷

原第六十六章

天下皆謂我道大似不肖夫唯大故似不肖若肖久矣其細也夫

我有三寶寶而持之一曰慈二曰儉三曰不敢爲天下先夫慈故能勇儉故能廣不敢爲天下先故能成器長今舍其慈且勇舍其儉且廣舍其後且先死矣夫慈以戰則勝以守則固天將救之以慈衞之善爲士者不武善戰者不怒善勝敵者不爭善用人者爲之下是謂不爭之德是謂用人之力是謂配天古之極用兵有言吾不敢爲主而爲客不敢進寸而退尺是謂行無行攘無臂扔無敵執無兵禍莫大于輕敵輕敵幾喪吾寶故抗兵相加哀者勝矣

吾言甚易知甚易行天下莫能知莫能行言有宗事有君夫唯無知是以不我知也知我者希則我貴矣是以聖人

君子之道闇於而日章
小人之道的於而日亡

被褐懷玉。原第七十章

知不知上矣。不知知病矣。從古本夫唯病病是以不病。聖人之不病也。以其病病是以不病。道不可以知言也知不知之爲道則知之上矣不知若是之爲知也則病矣夫人既病而復日求于知之事是病病矣病日深反自喜之而不以爲病也聖人則以是病爲甚可病矣是以不有是病也　原第七十一章

民不畏威。則大威至矣。

無狹狹古本作狎是其所居。無厭其所生。夫唯不厭是以不厭。案陸由不狎看由作不厭按作不狎是是以聖人自知不自見。自愛不自貴。故去彼取此。自民不畏威至此原第七十二章

勇于敢則殺。勇于不敢則活。此兩者或利或害。天之所惡。孰知其故。敢則殺人不敢則活人然此二者各皆有利害焉夫不敢者以禍福爲心者也然而未必其無禍也天之故未可知也是以聖人猶難之。

天之道不爭而善勝不言而善應不召而自來繟然而善謀天網恢恢疏而不失

民常不畏死奈何以死懼之若使人常畏死而爲奇者吾得執而殺之孰敢常有司殺者殺而代司殺者殺是代大匠斲夫代大匠斲者希有不傷其手矣

民之饑以其上食稅之多也是以饑民之難治以其上之有爲也是以難治民之輕死以其生生之厚也是以輕死夫唯無以生爲者是賢于貴生無以生爲則上無欲而民化于朴矣無爲奇者矣烏用執而殺之

人之生也柔弱其死也堅强草木之生也柔脆其死也枯槁故堅强者死之徒柔弱者生之徒是以兵强則不勝木

老子章義　八

强則共（一作兵焉）强（一作堅强）大處下。柔弱處上。（原第七十六章）（折字以諧折藏爲韻）

天之道其猶張弓者與（從古本）高者抑之。下者舉之。有餘者損之。不足者補之。天之道損有餘而補不足。人之道則不然。損不足而奉有餘。孰能以有餘奉天下。唯有道者（古本孰能損有餘而奉不足于天下者。其惟有道者乎）是以聖人爲而不恃。成功（一作功成）而不居。其不欲見賢耶。（原第七十七章）

（馬叙倫曰为而不恃二句当在五十一章六十一章聖人不積以下当在此是以下其不欲見賢上但因錯簡衍聖人字）

天下莫柔弱于水。而攻堅彊者莫之能先。以其無以易之也。故柔之勝剛。弱之勝彊。天下莫不知。莫能行。是以聖人云。受國之垢。是謂社稷主。受國之不祥。是謂天下王。（原第七十八章正言若反一句屬此章）

正言若反。和大怨。必有餘怨。安可以爲善。（以正言教人不亦善乎然而聽者若其故反我）

也以言和怨不亦善乎然而怨終不泯也二者安足爲善哉是以聖人有化民之道而言不必用也是以聖人執左契而不責于人故有德司契無德司徹

天道無親常與善人

小國寡民上古建國多而小後世建國多而大周有方五百里方四百里之國國大人衆雖欲反上古之治亦愈難矣故老子欲小其國寡其民使有什伯之器而不用使民重死而不遠徙雖有舟車無所乘之雖有甲兵無所陳之使民復結繩而用之甘其食美其服安其居樂其俗鄰國相望雞犬之音相聞民至老死不相往來

信言不美美言不信善言不辯辯言不善知者不博博者不知

聖人不積既以爲人已愈有既以與人已愈多

天之道利而不害聖人之道爲而不爭

老子分章世率依河上公注本河上公注實流俗妄書託於神僊之作唐劉知幾已辨之矣世俗不察猥守其本於其章句誤合誤分者皆繳繞穿鑿迂其辭以曲就之雖高識如蘇子由王介甫者皆不免焉是可怪已若夫老子之說故閒與儒通及釋氏入中國遂竊取焉而世之異學雜家多附之矣要之老子之書自有本義彼偶同竊附者卒不可以爲老子世不察而專以儒釋解其書甚者附以言兵言刑僊解形化之術是見其一而

忘其全覩其末流而反遺其根本也可乎哉吾師桐城姚姬傳先生嘗讀而病之遂取舊本斷續離合分爲數十章正河上公之失其或本義未明舊解舛誤則別注數言數十言於下方葢自六朝至今解老子者甚衆自有此本然後分章當而析義精老子著書之意大略可知矣啓昌曩嘗假其書抄錄而伏誦之歎其美而不敢私也遂刊以公同好者先生舊有章義序一篇又嘗雜書數條於簡首其雜書首一條與序後意略相同葢卽爲序而未成者耳今併載之至於老子本之同異舊凡十餘家陸德明釋文及彭耜集注釋文具有專書先生

爲書時未嘗備載而閒列數字於下方今亦姑仍之不欲改其舊云嘉慶二十三年春二月門人吳啟昌謹序

廢字廢義表

廢字廢義表

是編所集為廢義廢字凡六百四十有四廢義者廢其義尚存其字廢字則并其字而廢之不惟其義之不可見也所以廢字之故至繇詳為表析之俾後討廢義之故十有五廢字之故十有三所以致此廢則濫用轉注段借之故轉注段借之權既張本字本義乃無權以抗而不得不廢不覽此編但々識其字而不知其本義知其義乃不識其本字亦識字之大憾也

辛巳四月

廢義表

轉注行本義廢表第一

字	本義	轉注
環	璧肉好若一謂之環	圜繞無端
瑞	以玉為信	祥瑞
謂	報也報當辠人情辠相當謂之報	論人論事得其實

一

該	軍中約也	該當
業	大版也所以飾縣鐘鼓捷業如鋸齒以白畫之象其鉏鋙相承从丵从巾	功業
融	炊气上出也从鬲蟲省聲	長也
爲	母猴也象形	作爲
貞	卜問也从卜从貝	正也
自	鼻也象形	自我之偁
骸	脛骨也	凡骨之偁
副	判也	副貳
互	所以收繩者也象形	彼此相互之詞
虔	虎行皃	固也敬也
久	從後灸之也象人兩脛後有距也	遟久
植	戶植也	栽植
賢	多財也	凡多皆曰賢
賴	贏也从貝剌聲	恃也
贅	以物質錢从敖貝、敖者猶放、謂貝當取之	贅子贅壻

暨	日頗見也	不及也、又及也
游	旌旗之流也、从㫃汓聲	浮游
宣	天子宣室也	宣布
裔	衣裾也	苗裔
欽	欠皃	敬也
題	頟也	題目
顆	小頭也	凡小物一枚之偁
頷	面黃也	頭
頗	頭偏也	凡偏之偁
廉	仄也	清也、儉也、
廢	屋頓也	廢置
驕	馬高六尺爲驕、一曰野馬	驕恣
驀	上馬也	猝乍之偁
馮	馬行疾也、从馬仌聲、	盛也、大也、滿也、
默	犬暫逐人也	靜默

獎	嗾犬厲之也	凡勉厲之偁
狀	犬形也	一切行狀之偁
戾	曲也、从犬出戶下、	為辠、為至、
猶	玃屬	猶豫也、又俗語之還、
爂	火飛也、从火囟、與䙴同意	今謂券為爂、又形變為票、
烝	火氣上行也	為進、為衆、
黠	堅黑也	奸黠
竭	負舉也	盡也
竣	居也、國語曰、有司已事而竣、	事已
憲	敏也、从心目、害省聲、	憲法
耿	耳箸頰也、从耳烓省聲、	耿耿、黏箸之意
職	記微也	職守
委	隨也	委任、委輸、原委、
戲	三軍之偏也、一曰兵也、	戲謔
戚	戉也	憂戚

乚	止乚詞也、从止一、一、有所蔽也、	倉猝之偁
區	踦區藏隱也、从品在匸中、品、眾也、	區域、區別、
匹	四丈也、从匸八、八揲一匹、八亦聲、	匹偶、匹敵、又布帛之一匹
甾	象器曲受物之形、或說曲、蠶薄也	凡委曲之偁
紀	別絲也	凡經理之偁
縮	亂也、一曰蹴也、	不伸則亂、伸之則直、故引伸爲詘伸兩義
終	絿絲也	終絕之偁
徽	衺幅也、一曰三糾繩也、	善也、止也、
績	緝也	功也
絜	麻一耑也	爲束
當	田相值也、	相持相抵之偁
疇	耕治之田也、从田、𠃬象耕田溝詰詘、𠃬疇或者、	疇類、又變形作疇、
鎮	博壓也	凡鎮壓之偁
軒	曲輈藩車也	軒舉
輯	車輿也	爲斂、爲和、

輟　車小缺復合也　佔輟之偁

輖　接軸車也　轗輖

際　壁會也　凡兩合皆曰際

字　乳也，从子在宀下　文字

存　恤問也，从子在省　在

孑　無右臂也，从了乚象形　凡獨立之偁

酷　酒味厚也　極也

右六十二字，皆引伸義行而本義廢。許君以考老為例，謂必建類一首，同意相受，而後可為轉注，嚴矣。然必泥建類一首之例，則轉注之用乃狹，而不能極文章之變化。故轉注當以爾雅為準，初、哉、首、基、肇、祖、元、胎、俶、落、權輿十二字，皆訓為始，而可展轉為注，立始為一首，集同乎始之字為一類，而使其相受，以盡文字之變，勿泥一義於一字，是轉注之廣例也。引伸即同意相受，由此義引而伸之於彼義之謂也。軍中約為軍中所該守該之字、因引伸為應該、可也、因引伸而使該為筆中約之本義遂廢、則不可、然而竟廢焉、是則學者不求本義之故、不知該為筆中約、則該之何以為應該、亦習焉而莫知其所以然、列諸字為一裹、亦望學者遇字必求其本義、本義通、則所以引伸之故亦通、古之人已引伸者、吾既知其所以引伸之故、古之人所未引伸者、吾既知其字之本義、斯可自我作古、而引伸為它義、漢以前文章之妙、則精熟本義、善為引伸之新義耳、後之人不通本義、則泥而師古之不遑、尚安望其敝而作古哉、義根於形、題頌顆頗諸字、既皆从頁、則本義必皆為頭、徒知題之引伸為題目、而不致疑於文章之題目、其字何以从頁、亦不一求之於許書、是猶終身啖飯、而不知飯之為米也、其可乎、一求之許書、則知題之本義為額、頁之本義為首、故題从頁、因題目為人所共見、主試者之命題、亦人所共見、故引伸為題目、既知其本形、復知其本義、復

知其所以引伸之故、三樂也、一勤而求之書、即得之、一情而不求、則不得、一切字本義之廢、皆學者一情之所召也、

借爲它義遂廢本義表第二

段字	段本義	段爲它義
禦	祀也、从示	禁禦
荅	小尗也、从艸	問荅、俗从竹、
茄	扶渠莖	菜類之茄
苟	艸也、从艸	苟且
余	語之舒也、从八舍省聲、	我
番	獸足謂之番、从釆、田象其掌	更番
喝	㵣也、㵣欲飲歠也、	飲
哨	不容也	哨聚
達	行不相遇也	通達
術	邑中道也	伎術

字	本義	今義
詭	責也	詭譎
叔	拾也，从又尗	伯叔
聿	所以書也，楚謂之聿，吳謂之不律，燕謂之弗，从聿一	語詞
殿	擊聲也，从殳屍	宮殿
盼	白黑分也	盼望
離	離黃，倉庚也，从隹	離別
舊	雖舊，舊留也，从雈	新舊
鷄	鷄鳥也，从鳥	鷄易
舄	䧿也，象形	履舄
焉	焉鳥，黃色，出於江淮，象形	詞助
胡	牛頷垂也，从肉	姓氏及夷狄之偁
胥	蟹醢也，从肉	相與之義，又胥吏
肎	骨間肉肎肎箸也，从肉从冎省，一曰骨無肉也	可
笨	竹裏也，从竹	笨拙
哥	聲也，从二可，古文以為歌字	以之呼兄

楷	木也	楷法
梢	梢木也	枝梢
榮	桐木也、一曰屋梠之兩頭起者為榮	榮辱
那	西夷國、从邑、	俗以為者那之儺
秧	禾若秧穰也	秧苗
穰	黍梨已治者	眾多之詞
帬	繞領也、裙或从衣	下裙
伴	大皃	伴侶
俺	大皃	魯人以俺為我
般	辟也、象舟之旋、从舟从殳、殳、令舟旋者也、	一般
歟	安气也	語詞
款	意有所欲也、从欠、窾省	款項
密	堂也	精密
而	須也、象形、周書曰作其鱗之而	語詞
彖	豕走也、从彑从豕省	易彖文

五

豫	象之大者、賈侍中說不害於物、从象、	寬大、舒緩、
騫	馬腹縶也	騫騰
駘	馬銜脫也	駑駘
麗	旅行也、鹿之性見食急則必旅行、从鹿丽、古者納聘蓋鹿皮也、丽古文、	美麗
狡	少犬也	狡獪
猒	犬暫逐人也	靜猒
亦	人之臂亦也、从大、象兩亦之形	語詞
奚	大腹也、从大、𦅻省聲	語詞
閣	所以止扉者	樓閣
姐	蜀謂母曰姐、淮南人謂之社	姐妹
嫡	孎也、孎謹也、	嫡庶
綸	糾絲青綬也	經綸
絡	絮也、一曰綿未漚也、	聯絡
雖	似蜥易而大、从虫唯聲	語詞
堪	地突也	勝任

錄　金色也
鐙　錠也、豆下跗、
錯　金涂也
鋌　八銖也
且　所以薦也、从几、下有二横、一其地也
且古文以為且、又以為几字、
所　伐木聲也、从斤戶聲
新　取木也、从斤
萬　蟲也、象形、
臾　束縛捽抴為臾
臾从申从乙

省錄
鐙盞俗又作燈
措置、厝厝、逪道
稱鋌
語詞
処所及分別之詞
新舊
千萬
須臾

右六十四字皆段借為它義、遂廢本義者、本無其字、依聲託事、段借之例也、本無千萬字、而以同聲訓蟲之萬字託之、可也、因段借為千萬、遂不知萬之為蟲、則又學者不、求之許書、望形不能起疑之過也、苟善疑者、則必望萬之形、而疑千萬之字、何以从屮从禺、急求之許書、始知篆文坐非从屮、乃作艸象蟲之角、中非从田、乃作

[illegible]，象蟲之腹，下非从肉，乃从厹，象蟲之足，今之作萬，乃隸之變。萬字之形，既通訓蟲之萬，絕不含千萬之義，於是萬為千萬之必屬於叚借，不屬於轉注引伸之義，亦同時可通矣。默為犬暫逐人，茲定叚借為靜默，苟究求之犬之忽趣逐人，欲噬人者，多默，其吠者，往往不必噬人，由乎此義，則默之為靜默，亦可謂之轉注引伸而不純乎叚借，茲乃以為叚借，則不欲學者之究求而流於鑿，苟究求之，六十四字中之本義，固有展轉可通於今用之義，不必一一皆純乎叚借也。

叚借為它字，遂廢本義表第三

字	本義	叚借為他字
菊	大菊，蘧麥，	蘜
蒙	王女也，从艸	冡
茲	艸木，多益，从艸	此
若	擇菜也，从艸右，右手也，	如

啓 遂 德 証 𢾾 敦 瞞 翁 畢 籥 䋎 樣 櫚 栟 椋

驚也、
匕也
升也
諫也
持去也
慦也、誠也、一曰誰何也、
平視也、从目、
頭毛也、从羽、
田网也、从田、从华、
象形、
書僮竹笘也
磔也、从拼在
木上也、
栩實也、
櫚木也、
判也、从木、屏聲、易曰
重門擊栟
壺夷此皮為匧狀如䇓尊之形也

脣 彖 悳 證 啟 惇 欺 公 戰 管 今 又 像 闌 引 本 果

譣之證
嘔之啟
厚之惇
謾之謾
龠
今但知為夏桀之名、
又造磔為桀字、
闌檻
引易說段為槼、而判之
本義遂廢、
果實之殼

棼　複屋棟也

鄙　五酇為鄙、从邑、

郎　魯亭也、从邑、

邪　琅邪郡也、从邑

郭　𩫏之郭氏虛

㫺　乾肉也、从殘肉、日以晞之、

㬎、　衆物杪也、从日中見絲、古文以為顯字、

施　旗旖施也、从㫃

霸　月始生魄然也、承大月二日、承小月三日　从月、䨣聲、周書曰哉生霸

種　先種後孰也

穆　禾也、从禾、

移　禾相倚移也、从禾、

黎　履黏也、从黍、

粲　稻一石、為米六斗大半斗為粲、

帥　佩巾也、从巾、

紛　亂之紛

啚　吝之啚

郎　子、郎官、皆良之

段　借

褎、　又段為語詞

城　𩫏之𩫏

能

顯　義行、本義廢、

岐

伯

種

㣎

迻　徙之迻

黎、

姣　美之姣

將　衛之衛

僚　好皃

俟　大也

儼　卬頭也

傋　慎也

俔　俾也

億　安也

儔　翳也

襲　ナ衽袍

褰　袴也

衷　裏褻衣

衰　艸雨衣、从衣、象形

居　蹲也

屈　無尾也

頒　大頭也

厄　科厄木節也、从卩

寮

竢

嚴

莆

婉　字、題字、

萬　薏之薏

疇　類之疇

褶

騫

中

瘶　減之衰字、俗又作蓑而異其讀

尻

詘

班

厄　難之厄

八

厲	旱石也、从厂、蠆省聲。厲或不省	癘　迾之癘、又濿烈之濿
厝	厝石也	措　置之措、又段為錯
厖	石大也	尨　雜之尨
勿	州里所建旗、象其柄有三游	毋
彙	彙蟲也、从㣇、胃省聲	會
騭	牡馬也	陟
篤	馬行頓遲也	竺
薦	獸之所食艸、从廌艸、	荐　藉之荐
孔	通也、嘉美之也、从乙子、請示之候鳥也、乙至而㝵子、嘉美之也、	空
闇	閉門也	幽　暗之暗
聊	耳鳴也、从耳	憀
嬰	頸飾也、从女賏、賏連也、頸飾	嫛　倪之嫛
媄	巧也、女子笑兒、从女、芺聲、詩曰桃之媄媄	祅　異之祅
弋	橜也、象折木衺銳著形、从厂、象物挂之也、	隿　射之隿
氏	巴蜀名山岸脅之𠂤旁箸欲墮落者曰氏	是字、當作是姓氏字

弘　弓聲也、从弓
純　絲也
給　絲勞即給
納　絲濕納納也
纂　似組而赤
強　蚚也、从虫弘聲
蠲　馬蠲也、从蜀象形
卝　古文卵字
勃　排也
釘　鍊鉼黃金也、
鋪　箸門鋪首也
矜　矛本也、从矛
範　軷也
附　附婁、小土山也　从阜
陳　宛丘也、从𨸏

宏　大之宏
醇
詒　欺之詒
内
撰　集之撰
彊
圭　字捐字
磺
慼　气𢦏孛之孛
鐕
斅
憐
笵
坿
敶

配　酒色也，从酉

醋　客酌主人也

酢　醶也

妃　酢　醋

右八十二字，皆段借為它字，㒸廢本義者，必本無其字而後可以依聲託事，段借之定例亦既嚴矣。是八十二字者，既有莂蒙至酢醋之八十二本字，即不應段莂蒙至醋酢之八十二同聲之字代之，乃不惟代之，且因而廢莂蒙醋酢之本義，既有乙之一人，乃必使用代之，代之久，乃㒸不知甲之為甲，是既可笑矣。若醋酢者，則互相段借，既以酬醋之醋為酸酢之酢，而作酸酢，又以酸酢之酢為酬醋之醋，而作酬酢，既使甲代乙，又使乙代甲，代之久，乃惟知甲之為乙，乙之為甲，且直以甲即為乙，乙即為甲。若是兩字者，雖段借見於經傳，愚終以為非剞劂之誤，即師儒之失，非好奇故為它文，即啚陋失檢，訛為別字，段使古人不訛於先，不亂酬醋酸酢之文，今人忽有作酬酢醱醋者，世必指爲鄉野之冬烘也。段借必取同聲，茲聲不同此，而段爲此，若聲不同如，而段爲如，亦非法達例，不可不知也。

段借本字爲它字，又段借別一字爲本字，而本字之本義遂廢，表第四

字	台	奪	盇	某	𣝛	耑	但	卬	襄
本義	說也	手持物失之也，从又奞	覆也，从皿大聲，按覆之上必大在下，三所覆宜从大	甘果也，从木	豐也，从林，𡗜从大、卌，卌數之積也，林者，木之多也	物初生之題也，上象生形，下象根	裼也	望也，从匕卩，欲有所庶及也	漢律，解衣而耕謂之襄
段爲它字	臺	段爲爭敓之敓	曷	誰某	大𣝛，今之有無字	專	徒	我	襄助
又段別一字爲本字	怡爲台	脫爲奪，脫，消肉臞也	蓋爲盇	梅爲某	蕪爲𣝛	端爲耑	袒爲但，袒，衣縫解也	仰爲卬	攘爲襄

頌 皃也，从頁	誦	容為頌
厭 笮也	懨足，猒	壓為厭
孃 煩擾也	耶孃之偁	攘為孃
芾 韠也，从人，从韋者，按宜从弓	不	拂為芾

右十二字，乃段本字為它字，又段別一字為本字，而本字之本義㒸廢者，既有臺字，乃段台為之，已違本無其字之例矣，台說之字，固可用台也，乃又禁之，而別段怡以代台說，遂使後人惟知台之為臺，怡之為怡說，不復知台之為台說，如以甲代乙，又以丙代甲，使人惟知甲之為乙，丙之為甲，不復知甲之為甲，是所謂一誤再誤矣，誰某耶孃本無其字，故以甘果之某，煩擾之攘代之，此兩字為差可襄助，亦可以為襄之轉注，猒足亦可以為厭之轉注，并坿於此表，希省一表耳，

段它字為本字，而本字之本義廢，它字之本義亦廢表第五

本字	本義	它字	本義
衛	將衛也	帥	佩巾也、从巾、𠂤聲
丶	有所絕止、丶而識之也	主	鐙中火主也、从丶、𡈼象形、
才	艸木之初也、从丨上貫一、将生枝葉、一地也、	纔	帛雀頭色也、一曰微黑也如紺、纔淺也、
族	矢鋒也、束之族族也、从㫃从矢、㫃以標眾、矢之所集	鏃	利也

右之四字段佩巾之帥為將衛之衛、而衛為將帥之本義廢、帥為佩巾之本義亦廢、如以乙為甲、人不知有甲、亦不知有乙、才族兩字、幸賴轉注、人才家族之用廣、故雖本義廢而本字猶存、若衛丶之兩字、則竝為帥主所敓、而不保其字矣、

段借為它字、又以一俗字代本字、而本字之本義遂廢表

第六

字	本義	段為它字	俗字
苣	束葦燒也	萊之萵苣	炬
專	六寸簿也、从寸、叀聲、一曰專紡專、	嫥壹	磚

稱	俛	縣	攲	馮	匪
銓也	低頭也、頫字、或从人免、	繫也、从系持県、県、到首也	持去也、从支	馬行疾也、从馬仌聲、	器、似竹匧从匸
偁 舉之偁	勉	州縣	攲 嶇之攲	凭 几之凭	非
秤	以俯為頫	懸	欹	憑	篚

右之八字、既段馮為凭、已違本無其字之例矣、又別造一憑字以代馮、人家不知馮之字為何義、馮之字雖幸存、亦等於廢矣、馮猶幸存為姓氏之用、若攲也、則人惟知俗從欠之欹、不知尚有从支之攲、其字蓋亦並廢、不徒持去之義之廢也、

段它字為本字、而本字之本義廢表第七

本字	本義	所段它字之本義
跽	長跽也	跪、拜也
又	手也、象形	右、助也

叚	借也	假、偽也	
段	椎物也、从殳、耑省聲　今以為段落字、	鍛、小冶也	
攷	敂也	考、成也	
爰	引也、从受从亏	援	

右之六字、既有爰為爰引、即不當叚援字為援引、尤不當廢爰為引之義、使人但知引之為援、不知爰之亦為引也、又也、段也、爰也、賴有轉注之用、字幸而存、惟段、攷之三字、則竝其字而廢之矣。

叚本字為它字、又叚它字為它義、兩字之本義皆廢表第八

本字	本義	叚為它字之本義	它字叚為它義
黨	不鮮也、从黑、尚聲	攩、朋群也、	抵攩
嫌	不平於心也	慊、疑也、从心	以慊為歉、為㥦

右之二字、既叚不鮮之黨為朋攩之攩、又叚朋攩之攩為抵攩之用、叚借之權張、人乃不知黨之為不鮮、亦不

知欂之為朋欂、不叚則兩字之本義竝存、一叚則兩字之本義皆廢、叚借之例、識文字之不幸也、

叚它字為本字、又後起一字為它字、而本字與它字之本義皆廢表第九

本字	本義	所叚它字	它字本義	代它字之後起字
气	雲气也、象形、	氣	亩氣也	餼
又	手也、象形	右	助也	佑
ナ	大、手也、象形	左	手相佐助也、	佐

右之三字、既不當叚右助之右為又手之右、尤不當廢又為又手之本義、竝廢右為右助之義、専以右為又手之用、至於右助則別起一佑字以代之、則妄之至也、說文不錄餼佑佐三字、可見許君之疾妄人、又之字、孳轉注之用而存气也、ナ也、則竝其字而廢之矣、

叚它字為本字之一義、本字祇存一義表第十

本字	兩義	為叚 一他 義字	存存 一字 義祇

奐	宧	何	俾	兄	捲
取奐也、大也	養也、室之東北隅、人所居	儋也、誰何也、	益也、一曰俾門侍人	滋長之義、引伸為兄弟	气埶也、收也
換為取	頤為養	荷為儋	裨為益	後起况字為滋長	拳為拳勇
大也	室	誰何	使	兄弟	收也

右之六字、皆一字本有兩義、乃段它一字代其一義、家廢其一義、又一義則以無可段而幸存、其廢者則不應段它字代之、而竟段它字代之也、

段為它義而本義廢又別造一字代本字表第十一

字	訝	孰	雅	佗
本義	相迎也	食飪也从亯羊	从楚烏也	負何也
段為它義	驚訝	誰	雅正	它
別造一字代本字	迓	熟	鴉	駝馱

絝	鈔	斯	隊	宁
脛衣也、	叉取也	析也、从斤	從高隊也	辨積物也、象形
紈絝	錢鈔	此	隊	宁立
袴	抄	撕	墜	宁 積作貯 佇 立作佇

右之九字、既段隊為剢隊、人已不知隊為隊落、又別造墜字、人乃益信隊落自有專字作墜、隊乃剢隊之本字、剢隊為隊之本義矣、始為段者固尸其咎、然望隊之形而不致疑於剢隊之隊何以从𨸏、則學者之過也、

兩義行一義廢一義表第十二

	毒	權	獨	錢
兩義	厚也、害人之艸、往往而生、从屮毒聲	黃華木、一曰反常	犬相得而鬥也、羊為群、犬為獨	銚也、古者田器、一曰貨也、
一義	害行、厚廢、	反常行、黃華木廢、	犬為獨行、	貨行、田器廢、

右四字雖行一義而廢一義存者要不失為本義所以廢者則習慣為之耳

俗義行本義廢表弟十三

字	本義	俗義
披	從旁持曰披	開
姸	技也、一曰不省錄事也、	姸媸
巴	蟲也、或曰食象它、象形	巴掌、巴結、
了	尦也、从子無臂象形	終結之詞

右四字則竝本義而廢之、所行者非轉注、非段借、直俗義耳、然既推滅本義、亦習慣之威也、

轉注段借行、本義廢表弟十四

字	本義	轉注義	段借義
諸	辯也	別事詞	為之為、又為之
於	象古文烏聲、烏取其助气、故以為烏呼、	於乎	於于
來	来麰也、象其芒刺之形	天所來也、故以為行來之來、乃轉注	許君以行來為段借

格	木長皃	長必有所至，故轉注為至	杆格
了	尥也，从子無臂	了戾	憭悟

右五字既轉注，復叚借，本義乃無知者，亦望形不疑，使然，一疑為格既从木，必不離乎木之義也。

轉注行又以一俗字代本字表弟十五

字	本義	轉注義	俗字
要	身中也，象形	簡要	腰
豈	還師振旅樂也，一曰欲登也，从𡴀豆	由欲登轉注為庶幾之詞，古無借字，即借	凱為還師樂
責	求也	稱責，即舉債	債
飾	㕞也，从巾，从人，食聲	修飾	拭
虛	大丘也	虛空	墟
臭	禽走臭而知其迹者，犬也，从犬自	凡气臭芳臭	嗅
㶾	火飛也	三倆㶾券取飛義，故票又倆飛	票

右之七字，轉注可也，因轉注而廢本義則不可也，更以一俗字代本字，使人但知腰為身中，不知要為身中，則

尤不可若與之字、則並其字之不存、是則隸變之辠也、

俗字行而本字廢表第一

本字	本義	俗字
蔐	蔐苢、一曰蔐英	薏
遦	習也	慣
訬	擾也	吵
甍	柔革也	軟
敂	擊也	叩　許無叩字
𠄔	惑也、从反予	幻
𢀩	有所依也、从𠬪工	穩
冎	剔人肉置其骨也	剮
刌	切也	忖
笮	迫也	窄
甹	亟詞也	拼
矤	況詞也	矧

隺 畐 𣏌 朾 桼 㯃 囗 𧴪 旳 夝 毌 秏 𥻆 宆 疧

隺：高至也，从隹、上欲出冂
畐：滿也
𣏌：赤實也
朾：撞也，从木
桼：木汁也，象形
㯃：桼也
囗：回也，象回帀之形
𧴪：聲也，从小貝
旳：明也，从日
夝：雨而夜除星見也
毌：穿物持之也，从一横毌，毌象貨貝之形
秏：稻屬
𥻆：酒母也
宆：空也
疧：頭也

礭

確 逼 柿 打 漆 漆 圍 瑣 的 睛 貫 耗 麯 挖 抖
偪

耗：義為廿

疞　腹中急痛也、
冃　小兒及蠻夷頭衣也、从冂、二其飾也
倂　送也
偄　弱也
𡿺　頭髓也
屟　履之荐也
兂　首笄也
歋　人相笑、相歋瘉
㳄　慕欲口液也
県　到首也
厀　脛頭卩也、从卩
匈　膺也
厈　卻屋也
灋　刑也、平之如水、从水、廌所以觸不直者去之、故从廌、
粦　兵死及牛馬之血為粦、粦鬼火也、从炎舛

絞
帽
媵
輭　軟
腦
屜　今作屧、又俗之抽字、即屟字、
簪
揶　揄
涎
懸
膝
胸
斥
法
燐

囟 𥷺 竵 𣬉 𨷲 𢹣 摩 姕 嬾 㛴 氐 組 緐 蝕 它

在牆曰牖，在屋曰囱

象形

窮治罪人也，从㚔人言

竹声

不正也

𣬉臍、人臍也，从囟，囟取

通气也，比声

関下牡也

拔取也

旌旗所以指

摩也

婦人小物也

懈也

有所恨痛也

至也，从氏下箸

一，一、地也

補縫也

馬髮飾也

敗創也，从虫人食，

食亦声

虫也，古艸居患它故

相問無它乎

窗 鞫 歪 皮 鑰 搴 麾 呰 懶 惱 低 綻 繁 蝕 蛇、

繁義為多

蛇、又叚他為它、

徹	發也	撤
勮	務也	劇
凭	依几也从任几	憑
𨏈	轢也	碾
䡜	車迹也	蹤 踪
絫	增也	累

右六十三字、若法蛇、則已見許書、逼漆圍瑣貫絞皮則為叚借、若肚皮之說、則叚之至局者、幻矧確的勝籊鑰繁則見諸經傳、而不錄於許書、亦見當時經傳皆作幺殀寉的脩先闕繇也、薏慣諸文、則直東漢以後之俗字耳、本字則義之廢、俗之權可畏哉。

叚借它字為本字、而本字廢、表弟二

本字	本義	叚借字
苷	甘艸也	甘
蘜	日精也以秋華	菊

十七

廢字	說解	今字	注
菌	䕼也、从艸、胃省	矢	
彖	从意也	豙	亾也
毀	亂也、从爻工交吅、一曰窒毀	擭	揖擭
趣	進也	漸	漸、水名
達	先導也	率	帥率、捕鳥畢、帥、佩巾、
徥	行平易也	夷	
假	至也	假	
屰	不順也、从干下屮、逆之也	逆	迎也
詒	相欺論也一曰遺也	段紿為欺詒 段貽為餽遺	
譺	騃也	癡	
誂	相評誘也	挑	
靪	補履下也	釘	鍊餅黃金。
𠬛	入水有所取也、从又在回下、回、古文回、回、淵水也	沒	
叚	借也	假	
𠂇	𠂇手也、象形	左	助也

十八

敶	列也	陳　国名、从木申声
敚	彊取也	奪
㪙	閑也	杜
𣪘	𣪘盡也	畢　捕鳥网
𤰈	具也、从用、苟省	備　慎也
隿	繳射飛鳥也	弋　橜也
爯	竝舉也、从爪冓省	偁　偁揚也
𡫳	窒也、从㠭、从窒宀中、㠭、猶齊也	塞　隔也
猒	飽也、豆也、从甘肰、	厭　笮也
尌	立也、从壴、从寸、持之也	樹
盉	調味也	味
盅	器虛也	沖　涌繇
昷	仁也、从皿以食囚也	溫　水石
𧖴	气液也、从血𦘔声	津
㓝	罰罪也、从刀、井	刑　剄也

匋	作瓦器也从缶包省声	陶 國名
𦎫	孰也	醇
䈞	厚也	篤 馬行遟也
㫗	厚也从反亯	厚 山陵之厚也
啚	啬也从口从㐭㐭猶受也	鄙 五酇為鄙
夊	行遟曳夊夊也	綏
罤	周人謂兄曰罤从弟眔	昆 同也
夅	服也从夂午相承不敢竝也	降
樣	栩实也	像
桄	充也	横
𧷸	行賈也从貝商省声	商
晐	兼晐也从日	該 賅
穜	埶也	種 先種後孰也
𥟖	虛無食也	巟
穌	把取禾若也	蘇 桂荏也

䄷	百二十斤也	石	
稘	復其時也	期	會也
寍	安也、从心在皿上、皿人之食飲器、以安人也	寧	願詞
𡨦	入家搜也	索	
竆	窮也	鞠	蹋鞠也
𥥍	深也、从穴火求省	深	水名
㝱	寐而覺者也、从宀从疒、夢声	夢	不明也
冡	覆也、从冂豕	蒙	
㒳	再也、从冂、从从、从丨、	兩	銖兩
㦗	㦗識也	標	
侸	立也	樹	
偁	擧也	稱	鈴也
𢼸	眇也	微	隱行也
⿰亻尌	市也	羌	奐今羌換、古為⿰亻尌
卬	望也、从匕卩、欲有所庶及也	仰	舉也

朢　月滿也、从月从臣从壬、壬朝廷也

覝　察視也

㵣　欲飲歠也

頪　難曉也从頁米

䭫　䭫首也

㣎　細文也、从彡㡭省

卩　瑞信也、象相合之形

勹　裹也

𥨪　曲脊也

帀　匝編也

厶　姦衺也

庢　礙止也

𡗝　衺也从交圍聲

竫　亭安也

䇓　立而待也

望　

廉　

渴　水盡也

類　謂犬之種類相似

稽　留止也

穆　禾也

節　竹約也

色　

鞠　

周　

私　禾主人也

室　

回　

靜　審也

須　須、面毛也

悳惲遯薏㤂懕憿忞犀攓攢挩臤嫥嬗

外得於人，內得於己也　从直心
㝵也
順也
滿也、十萬曰薏
恵也
安也
柔也
懲也
始開也
摳衣也
息也
解捝也
樂也
壹也
緩也、一曰傳也

德　升也
渾　混流聲
遯　遁也
億　安也
慶　行皃
燕
徼　循也，又俗作僥倖
乂　艾
犀　擊也
褰　綫也
慣　此俗字
脫　消肉臞也
熙　燥也
專　六寸簿也
禪　祭天也

娉	問也	聘 訪也
媘	減也	省
婎	恣婎、恣也、一曰醜也	睢 卬目也
婬	厶逸也	淫 浸淫、隨理也
𢧀	盾也	干
乚	匿也	隱 蔽也
𣞤	亾也	𣞤 豐也、隸變作無
縪	止也	畢
絑	純赤也	朱 赤心木
緟	增益也	重
纕	援臂也	攘 揖攘也
縗	喪服	衰 艸雨衣
𧑗	禽獸蟲蝗之怪謂之𧑗	孽 庶子也
亘	求囘也、从二从囘、囘古文回	桓 亭郵表也
坿	益也	附 附婁也

坴　土塊坴坴也
𣨶　廹也
鍇　可以箸物者
夰　放也
孨　謹也
𠫓　不順忽出也从到子

陸　高平地
強　斷也
釘
效　象也
屖　逆也呻吟也
突

右一百十二字皆本有其字而段借它字為之既違段借之例矣又並其本字而廢之使人不知有其字比之但廢本義猶存其字者蓋尤戚矣

段借為它字本義廢它字亦廢表弟三

段	本字
微	本義　隱行也
爾	麗爾猶靡麗也从冂从㸚㸚其孔㸚介聲此與爽同意
施	旗旖施也从㫃

段	段為它字
微	妙也
爾	段為爾汝又段為介字
施	敊也

私　禾也、北道名禾主人為私主人
顯　頭明飾也、从頁
厥　發石也、从厂
率　捕鳥畢也、象絲罔上下其竿柄也
塞　隔也
勦　勞也
陶　再成丘也

厶　姦衺也
㬎　眾微杪也、从日中視絲
瘚　欠屰氣也、从疒屰从欠
𧗿　⿺辶率
𡨄　窒𡨄
剿　絕也
匋

右之十字、有匋而段陶、既違段借之例矣、乃竝匋之字而廢之、又竝陶之本義而廢之、如段甲為乙、既不容乙之生存、甲幸而存、又不容其為甲、與苍茲諸字同科、陶匋之究皆無可呼籲矣、

段它字為本字而本字廢它字之本義亦廢表弟四

本字　本義
棥　藩也、从林爻
㪿　分離也、从攴从林、林分㪿之意

段它字　它字本義
樊　鷙不行也
散　雜肉也

胜	愻	瘚	𡝩	恑	尻
犬膏臭也	順也	屰氣也	三女為𡝩 𡝩美也	从女从月 變也	処也 从尸得几而止
腥	遜	厥	粲	詭	居
星見食豕、令肉中生小息肉也	遁也	發石也		責也	蹲也

右八字、雖與前表異名、其實則同、所為別立一表者、乃欲學者知段為它字本義廢它字亦廢云者、與其說即段它字為本字而本字廢它字之本義亦廢之謂也。

段為它字又別造一字代本字表第五

本字	右	左	圅	前
本義	助也	𠂇手相助也	舌也	齊斷也
段為它字	又 又手也	𠂇 𠂇手也	含	歬
別造一字代本字	佑	佐	函	剪

須 面毛也　須 待也　鬚

右五字、若右左剃須、猶存其字、面則竝其字之不存矣、必造一俗字代本字者、非妄也、乃迺不知有本字、又不知剃之字已有刀、須之字已有彡、於是刀下加刀、彡旁加髟、是直不識字形之害、不值責論矣

分同字為兩用不知兩字實為一字義第六

同　字	分　為　兩　用
孩 古文咳 小兒笑也	孩為小孩、咳為咳嗽、
膚 籀文臚 皮也	膚為皮、臚為傳、
其 籀文箕	箕為簸箕、其為語詞、
榘 巨或从木	榘為規榘、巨為大、
叨 俗饕字	叨為承受、饕為貪
仝 篆文全	仝為完、全為同、
康 穅或省作	康為安、穅為穀皮、
膂 篆文呂	膂為脊骨、呂為姓

裳　常或从衣　裳為下帬、常為尋常、
求　古文裘　求為尋求、裘為皮衣、
耐　耏或从寸　耐為能、耏為髡耏、
棲　卥或从木妻　棲為鳥棲、卥為東西、
抱　捊或从包　抱為裹、捊為引取、又作裒、
摭　拓或从庶　摭為拾、拓為開拓、
域　或或从土　域為邦、或為有、為疑、
賡　續或从庚貝　義為一、讀為二、
蛇　它或从虫　蛇為虫、它為它敉之偁、

右十八字皆誤仞同一之字為兩字，且兩其用、臚全域賡、則竝其声而二之、玫之經傳、蓋無以常為裳求為裘者、許君必猶見之、故惟知常、裳、裘、求為一字也。

段它字為本字，又段本字為它一字，而本字之本義廢，它字亦廢義表第七

所段它字	所段字義	本字	本字本義	又段為它字	兩廢
逗	止也	鬭	遇也	鬥 爭也	鬭字義廢 鬥字廢
陲	危也	垂	邊垂也	众 下众	陲字義廢 众字廢

右二字，既段逗止之逗為鬭遇之鬭，又段鬭遇之鬭為鬥爭之鬥，於是鬭之本義廢，鬥之本字亦廢，逗垂何幸而兩義竝行，鬥众何不幸而竝字之不能保，鬭與垂則幸而襍段它字以存其字，又不幸以代段它字而喪其義，是當各復其舊，使逗為止，鬭為遇，鬥為爭，陲為危，垂為邊，众為下众，不當妄為段借，交亂其本也。

國氏義行本義廢表第八

字	本義	後以為國氏
蔡	艸丯也	國與氏

范	艸也	氏
隋	裂肉也、从肉、	國與氏
籀	讀書也、	人名
羲	气也、从兮、	伏羲氏
彭	鼓声也、从壴彡	氏
虢	虎所攫畫明文也、从虎寽	國
韓	井橋也、从韋、取其帀也	國與氏
宋	居也、从宀木	國與氏
袁	長衣皃、从衣叀省声	氏
聶	坿耳私小語也从三耳	氏
紂	馬緧也	人名
蜀	葵中蠶也从虫罒、象形、	國
鐂	殺也、从金刀、	氏
乾	上出也、从乙、乙、物之達也	卦名
禹	蟲名、象形	人名

右十六字，今惟知為國與氏及人之名，而莫知其本義，皆望形而知疑，則見蜀之从虫，必知其本義不離乎蟲也。

誤兩字為一字表第九

一字	本義	一字	本義
鼔	擊鼓也，从攴壴	鼓	郭也，从屮，象其上見，又擊之。
茲	艸木多益也，从艸絲省声	玆	黑也，从二玄
冣	積也，从冂取	最	犯取也，从冃取
𡈼	善也，从人士	壬	象人褢妊之形
苟	艸也，从艸。	茍	自亟敕也从羊省从包省从口，口猶慎言也。

右之五字，本兩字也，乃誤為一字，是則隸变篆形之辠，形既变而為一，望之乃無可疑，是仞字所以必求之篆也。若巳為辰巳，又為巳止之詞，本一字也，隸乃亂為之別，辰巳之巳為巳，巳止之字為已，是亦必求之篆，乃知巳為它形，末畫必為屈尾之象，作已不屈尾，乃不象它矣。

形亂表第十一

本字	本義	形亂
𠛱	分解也、从冎从刀	別
𣍘	獄兩𣍘也、从㯥、在廷東也、从曰、治事者也、	曹
市	買賣所之也、市有垣、从冂从㇏、象物相及也、㇏古文及字之省声	市
朝	旦也、从倝舟	朝
冢	高墳也、从勹	冢
肆	極陳也、从長隶声	肆
恪	敬也、从心客、	恪
無	亡也、从亡、𣞤声、	無
陳	宛丘也、从𨸏、从木、申聲	陳

右之九字、為隸變篆而亂字之形、使人望形莫知其義者、中國字之超越無界、一切字、惟在望形即知其義耳、形亂而義乃莫知所出、是隸之罪也、姑舉九字耳、亂者何止千百、故求仞字、不可不仞篆文也.

繁筆行簡筆廢表第十二

本字簡筆	本義	繁筆
䚻	徒哥也、从言、肉声	謠
右	助也、从又口	佑
𠃋	臂上也、厷之古文	篆作厷　或作肱
𠬝	治也、从又卪、卪、事之節	服
𠂇	𠂇手也、象形、	左
臤	堅也	堅
毄	相擊中也	擊
尃	布也	敷
𣏟	藩也	樊
朋	古文鳳象形	鵬
刅	傷也、从刃从一	創
哥	聲也	歌
尌	立也、从壴从寸、寸持之也。	樹

十二

㐭	穀所振入也、从入从回、象屋形、中有户牖	廩
夊	行遲曳夊夊也	綏
复	行故道也、	復
才	艸木初生也	纔
㬎	眾微杪也	顯
夗	轉也、从夕卪臥有節也	宛
氣	饋客之芻米也	餼
𡱂	髀也、从尸下丌几	脽 臀
屖	遲也	遲
皃	頌儀也	貌
厲	旱石也	厲
昜	開也、从日一勿、	陽
烕	滅也、从火戌、火死於戌	滅
粦	兵死及牛馬之血為粦	燐
囱	在牆曰牖、在户曰囱、象形、	窗

		十
㦰	绝也从从持戈	纖
乚	匿也	隱
㔷	侧㔷也	陋
緐	馬髦飾也	繁
垔	塞也	堙 陻
𤰯	耕治之田也、从田、𢎘、象耕田溝詰詘	疇
劵	勞也	倦
与	賜予也、一勺為与	與
匋	作瓦器也	陶
宁	辨積物也、象形、	貯
叕	綴連也、象形	綴

右三十九字、本有簡筆之字、乃必捨而用緐、隸之改篆、意專趨簡、而不知法古之乚、即所以為簡、乃必於篆加𠂇為左之作、又加肉以為肱、求簡乃適以益緐、文與緌、才與纔、乚與隱相差之畫尤多、乃必叚借以為便、是則不知本字之為害、知之

必不復樂此緐矣、嘗檢古籀及金石文、得前畫之字七百餘、當別為一編以餉学者、茲特举其大略尓、

後起字行本字廢義表第十二

本字	本義	後起字
埶	種也从丮坴	蓺藝勢
𨽻	臨也	涖

右二字、本字皆為後起字所敚、人乃不知有本字、然蓺藝勢涖、經傳皆屢見之、則其起已不甚後、許君乃不錄焉、豈以其為隸變、於形有所不合耶

今有其語不知其字表第十三

其字	本義	今語
㱿	从上擊下也	蜀有之
炈	下擊上也	蜀楚有之
咅	相與語唾而不受也从丶、从否、	蜀有之
𥪰	磊埻、重聚也、	今多為此語
錭	鈍也	今以挫抑人為錭鈍

十九

右五字、今皆存其語、而莫知有其字、五字姑以為例耳、存其語而莫知其字者、固不止五字也、

十九